CB059884

Curso de Direito Civil

Volume 2

Direito das Obrigações

FABRÍCIO ZAMPROGNA MATIELLO

Advogado.

CURSO DE DIREITO CIVIL

VOLUME 2

DIREITO DAS OBRIGAÇÕES

Dados Internacionais de Catalogação na Publicação (CIP)
(Câmara Brasileira do Livro, SP, Brasil)

Matiello, Fabrício Zamprogna
    Curso de direito civil, volume 2 : direito das obrigações / Fabrício Zamprogna Matiello. — São Paulo : LTr, 2008.

    Bibliografia.
    ISBN 978-85-361-1125-4

    1. Obrigações (Direito) 2. Obrigações (Direito) — Brasil I. Título

08-01117   CDU-347.4(81)

Índices para catálogo sistemático:

1. Brasil : Direito das obrigações : Direito civil   347.4(81)
2. Brasil : Obrigações : Direito civil   347.4(81)

© Todos os direitos reservados

EDITORA LTDA.

Rua Apa, 165 – CEP 01201-904 – Fone (11) 3826-2788 – Fax (11) 3826-9180
São Paulo, SP – Brasil – www.ltr.com.br

LTr 3552.6   Março, 2008

SUMÁRIO

Parte I — DAS MODALIDADES DAS OBRIGAÇÕES

1. Aspectos essenciais da obrigação 17
   1.1. Considerações gerais e conceito 17
   1.2. Direitos reais e direitos pessoais 19
   1.3. Elementos constitutivos da obrigação 20
       1.3.1. Sujeito ativo 20
       1.3.2. Sujeito passivo 21
       1.3.3. Objeto 21
       1.3.4. Vínculo jurídico 23
   1.4. Execução da obrigação 23

2. Fontes das obrigações 25
   2.1. Análise introdutória 25
   2.2. Evolução histórica 26
   2.3. Fontes no direito brasileiro 28

3. Das obrigações de dar coisa certa 30
   3.1. Colocação do tema 30
   3.2. Execução específica 31
   3.3. Destino dos acessórios 32
   3.4. Destino dos melhoramentos e acréscimos 33
   3.5. Riscos da perda e da deterioração 36

4. Das obrigações de dar coisa incerta 41
   4.1. Colocação do tema 41
   4.2. Comparação com outras obrigações 42
   4.3. Escolha da prestação 43
   4.4. Riscos da coisa antes da tradição 44

5. Das obrigações de fazer 46
   5.1. Considerações gerais e conceito 46
   5.2. Espécies e execução 47

5.3. Execução da obrigação de emitir vontade	50
5.4. Impossibilidade da prestação	51
5.5. Fixação de multa	52

6. Das obrigações de não fazer 54
   6.1. Considerações gerais e conceito 54
   6.2. Inadimplemento da obrigação 55
   6.3. Questões processuais 57

7. Das obrigações alternativas 58
   7.1. Análise introdutória e conceito 58
   7.2. Comparação com outras obrigações 59
   7.3. Direito de escolha 60
   7.4. Impossibilidade ou inexecução da prestação 62

8. Das obrigações facultativas 65
   8.1. Observações necessárias e conceito 65
   8.2. Comparação com as obrigações alternativas 67
   8.3. Obrigação facultativa e cláusula penal 67
   8.4. Obrigação facultativa e dação em pagamento 69

9. Das obrigações divisíveis e indivisíveis 70
   9.1. Conteúdo e definição 70
   9.2. Indivisibilidade e solidariedade 71
   9.3. Espécies de indivisibilidade 73
   9.4. Obrigações passíveis de indivisibilidade 74
   9.5. Reflexos da divisibilidade e da indivisibilidade 76
   9.6. Extinção da indivisibilidade 79

10. Das obrigações solidárias 80
   10.1. Considerações gerais e conceito 80
   10.2. Solidariedade e indivisibilidade 81
   10.3. Fontes e espécies de solidariedade 82
   10.4. Solidariedade ativa 84
   10.5. Solidariedade passiva 88
   10.6. Falecimento do devedor solidário 89
   10.7. Cumprimento por um dos devedores e remissão 90
   10.8. Impossibilidade da prestação e mora 93
   10.9. Oponibilidade de exceções 93
   10.10. Renúncia à solidariedade 95

OUTRAS MODALIDADES DAS OBRIGAÇÕES

11. Das obrigações principais e acessórias 99
    11.1. Conceito 99
    11.2. Espécies de obrigações acessórias 100
    11.3. Repercussões jurídicas 100

12. Das obrigações puras e simples, condicionais, modais e a termo 102
    12.1. Exposição inicial 102
    12.2. Obrigações puras e simples 103
    12.3. Obrigações condicionais 103
    12.4. Obrigações modais ou com encargo 107
    12.5. Obrigações a termo 109

13. Das obrigações líquidas e ilíquidas 113
    13.1. Considerações gerais e conceito 113
    13.2. Formas de liquidação 114
    13.3. Principais repercussões jurídicas 115

14. Das obrigações naturais 119
    14.1. Linhas básicas e conceito 119
    14.2. Conseqüências das obrigações naturais 120

15. Das obrigações de meio, de resultado e de garantia 123
    15.1. Obrigações de meio e de resultado 123
    15.2. Obrigações de garantia 125

Parte II — DA TRANSMISSÃO DAS OBRIGAÇÕES

1. Da cessão de crédito 129
    1.1. Considerações gerais e conceito 129
    1.2. Comparação com outros institutos 130
    1.3. Requisitos de implementação 131
    1.4. Notificação do devedor 133
    1.5. Responsabilidade do cedente 135
    1.6. Cessão de crédito penhorado 137

2. Da assunção de dívida 138
  2.1. Considerações gerais e conceito 138
  2.2. Requisitos de implementação 139
  2.3. Conseqüências da assunção de dívida 140

3. Da cessão de contrato 143
  3.1. Considerações gerais e conceito 143
  3.2. Natureza jurídica do instituto 144
  3.3. Efeitos da cessão 145

Parte III — DO ADIMPLEMENTO E DA EXTINÇÃO DAS OBRIGAÇÕES

1. Do pagamento 151
  1.1. Liberação voluntária do devedor (CM 113) 151
  1.2. De quem deve pagar 151
    1.2.1. Pagamento feito pelo devedor 152
    1.2.2. Pagamento feito por terceiro interessado 152
    1.2.3. Pagamento feito por terceiro não interessado 153
    1.2.4. Pagamento feito por transmissão da propriedade 156
  1.3. Daqueles a quem se deve pagar 157
    1.3.1. Pagamento efetuado diretamente ao credor 158
    1.3.2. Pagamento efetuado ao representante do credor 158
    1.3.3. Pagamento efetuado a terceiro que não o credor 159
    1.3.4. Pagamento efetuado ao credor putativo 160
    1.3.5. Pagamento efetuado ao credor incapaz de quitar 161
    1.3.6. Presunção de legitimidade para receber 162
    1.3.7. Solução de crédito penhorado ou impugnado 163
  1.4. Do objeto do pagamento 164
    1.4.1. Conteúdo da prestação 164
    1.4.2. Princípio do nominalismo 166
    1.4.3. Pagamento em moeda estrangeira ou espécie diversa 167
    1.4.4. Cláusula da escala móvel 169
    1.4.5. Interferência do Poder Judiciário no volume da prestação 170
  1.5. Da prova do pagamento 172
    1.5.1. Quitação direta 172
    1.5.2. Presunção de pagamento 174
    1.5.3. Despesas com a quitação 176
  1.6. Do lugar do pagamento 176
  1.7. Do tempo do pagamento 180

2. Do pagamento em consignação ... 183
- 2.1. Considerações gerais e conceito ... 183
- 2.2. Hipóteses de cabimento ... 184
- 2.3. Pressupostos da consignação ... 187
- 2.4. Levantamento do depósito pelo devedor ... 189
- 2.5. Questões processuais ... 190

3. Do pagamento com sub-rogação ... 193
- 3.1. Considerações gerais e conceito ... 193
- 3.2. Efeitos da sub-rogação ... 193
- 3.3. Espécies de sub-rogação ... 195
  - 3.3.1. Sub-rogação legal ... 195
  - 3.3.2. Sub-rogação convencional ... 197
  - 3.3.3. Sub-rogação parcial ... 199

4. Da imputação do pagamento ... 200
- 4.1. Considerações gerais e conceito ... 200
- 4.2. Requisitos da imputação ... 200
- 4.3. Espécies de imputação ... 202
  - 4.3.1. Imputação pelo devedor ... 203
  - 4.3.2. Imputação pelo credor ... 204
  - 4.3.3. Imputação fundada na lei ... 205

5. Da dação em pagamento ... 206
- 5.1. Considerações gerais e conceito ... 206
- 5.2. Natureza jurídica ... 207
- 5.3. Requisitos e características ... 208
- 5.4. Evicção da coisa recebida em pagamento ... 209

6. Da novação ... 210
- 6.1. Considerações gerais e conceito ... 210
- 6.2. Espécies de novação ... 211
- 6.3. Requisitos da novação ... 212
- 6.4. Efeitos da novação ... 215

7. Da compensação ... 218
- 7.1. Considerações gerais e conceito ... 218
- 7.2. Espécies de compensação ... 219
  - 7.2.1. Compensação legal ... 219
  - 7.2.2. Compensação judicial ... 220
  - 7.2.3. Compensação convencional ... 220

7.3. Requisitos da compensação 221
    7.3.1. Reciprocidade das obrigações 222
    7.3.2. Liquidez das dívidas 224
    7.3.3. Exigibilidade das prestações 225
    7.3.4. Fungibilidade dos débitos 225
7.4. Dívidas insuscetíveis de compensação 226
7.5. Direito de terceiro 229
7.6. Compensação de dívidas fiscais e parafiscais 230

8. Da confusão 232
8.1. Considerações gerais e conceito 232
8.2. Efeitos da confusão 232
8.3. Espécies e origem 234
8.4. Direitos de terceiros 235

9. Da remissão das dívidas 237
9.1. Considerações gerais e conceito 237
9.2. Espécies de remissão 238
9.3. Direitos de terceiros e solidariedade 240

Parte IV — DO INADIMPLEMENTO DAS OBRIGAÇÕES

1. Disposições gerais 245
1.1. Observações necessárias 245
1.2. Caracterização e reflexos do inadimplemento 246
1.3. Culpa como pressuposto do inadimplemento 248
1.4. Excludentes da responsabilidade 249
1.5. Repercussão sobre os bens do devedor 250

2. Da mora 253
2.1. Considerações gerais e conceito 253
2.2. Mora e inadimplemento absoluto 254
2.3. Mora do devedor 255
    2.3.1. Caracterização 255
    2.3.2. Presença do elemento culpa 256
    2.3.3. Espécies de mora *debendi* 256
    2.3.4. Conseqüências da mora *debendi* 257

  2.4. Mora do credor 259
    2.4.1. Caracterização 259
    2.4.2. Presença do elemento culpa 259
    2.4.3. Conseqüências da mora *accipiendi* 260
  2.5. Mora simultânea e mora seqüencial 261
  2.6. Emenda ou purgação da mora 262

3. Das perdas e danos 264
  3.1. Considerações gerais e conceito 264
  3.2. Danos emergentes 265
  3.3. Lucros cessantes 266
  3.4. Perdas e danos nas obrigações em dinheiro 268
  3.5. Danos morais por inadimplemento obrigacional 269

4. Dos juros legais 271
  4.1. Conceito 271
  4.2. Classificação 271
    4.2.1. Juros compensatórios e juros moratórios 271
    4.2.2. Juros convencionais e juros legais 272
  4.3. Disciplina dos juros no Código Civil 273
  4.4. Disciplina complementar dos juros 274

5. Da cláusula penal 277
  5.1. Considerações gerais e conceito 277
  5.2. Natureza jurídica 278
  5.3. Funções da cláusula penal 279
  5.4. Espécies de cláusula penal e seus efeitos 281
  5.5. Valor da cláusula penal 284
  5.6. Cláusula penal e pluralidade de sujeitos 285

6. Das arras ou sinal 287
  6.1. Considerações gerais e conceito 287
  6.2. Natureza jurídica 288
  6.3. Funções das arras 289
  6.4. Arras confirmatórias 289
  6.5. Arras penitenciais 290

Bibliografia 293

Parte I

DAS MODALIDADES DAS OBRIGAÇÕES

Capítulo 1

ASPECTOS ESSENCIAIS DA OBRIGAÇÃO

1.1. Considerações gerais e conceito

Ao disciplinar a temática relativa ao Direito das Obrigações, o Código Civil tem em vista exclusivamente as obrigações concernentes aos direitos patrimoniais. Apenas elas são alvo de regramento, ficando alijadas desse universo, portanto, as obrigações de natureza diversa, tais como as de índole moral, religiosa, social e assim por diante. Se alguém é devedor de certa quantia em dinheiro, a obrigação é juridicamente exigível; mas, se está submetido a condutas que não podem ser executadas segundo as normas legais (*v. g.*, tirar o chapéu ao entrar em recinto religioso), o dever pertence unicamente ao plano extrajurídico.

As relações obrigacionais de sentido técnico existem em virtude da insuficiência da força do ser humano, isoladamente considerado, como fonte de provimento de todas as suas necessidades. Precisando interagir com os semelhantes, o indivíduo fica à mercê dos liames assim constituídos, seja na qualidade de titular de prerrogativas como na de sujeito de imposições ditadas pelo ordenamento jurídico. Com o aperfeiçoamento dos vínculos travados entre as pessoas, surgiram as contratações, sendo a primeira delas a troca, seguida posteriormente pela compra e venda e por outras avenças que civilizaram o convívio e supriram necessidades. Todavia, os contratos não funcionam como fonte única das obrigações, figurando, somente, como um dos seus mananciais, embora seja o principal. Desde sempre, a seara obrigacional vem constantemente evoluindo, sendo prova disso a inserção, no Código Civil de 2002, de normas mais avançadas do que as anteriores.

Na verdade, inexiste direito sem a correspondente obrigação, seja constituída pela via direta como por senda reflexa. Ao direito que o comprador tem de receber a coisa contrapõe-se o dever de pagar o valor ajustado. À imposição de pagar o aluguel opõe-se a faculdade de utilização do imóvel locado. Em análise invertida, o fenômeno não sofre modificação, de vez que toda obrigação surge a partir do direito, pois enquanto alguém está vinculado ao cumprimento de uma prestação há outro sujeito a quem se atribui a prerrogativa jurídica de exigir a observância do dever.

Considerado o campo do direito obrigacional disciplinado pela legislação brasileira, a amplitude de abrangência das normas cinge-se às relações encetadas entre pessoas. Atrela-se uma pessoa a outra, deferindo-se ao denominado sujeito ativo a faculdade de exigir determinada prestação, e impondo-se ao chamado sujeito passivo a sua entrega. Funciona como suporte desse liame a vontade das partes ou a força da lei.

A partir dos elementos acima explicitados, pode-se conceituar obrigação como sendo o vínculo jurídico de natureza pessoal estabelecido transitoriamente entre o sujeito ativo e o sujeito passivo, pelo qual se determina que este alcance àquele o conteúdo de uma prestação consistente em dar, fazer ou não fazer, situando-se no patrimônio do obrigado a garantia de adimplemento. O exame de cada um dos aspectos componentes do conceito expendido, feito na seqüência, auxilia na compreensão do tema. É importante dizer que o Código Civil de 2002, prudentemente, não elaborou o conceito de obrigação, preocupando-se, todavia, em estabelecer profundas raízes ao disciplinar o assunto.

Primeiramente, a obrigação é vínculo ou relação de caráter jurídico, porque nela não ficam abarcados liames de cunho estranho àqueles que dimanam das regras legais. Já se disse alhures que deveres fundados em gênese diversa (como os morais, religiosos, de gratidão etc.) não repercutem no âmbito técnico, de modo que as normas jurídicas serão de nenhuma prestabilidade para dirimir eventuais conflitos surgidos naqueles planos. A relação estabelecida possui tempo limitado de duração, senão porque fixado pela vontade das partes ou por lei, ao menos em virtude da permanente possibilidade de exaurimento pela via da entrega da prestação devida. Não há direito obrigacional perpétuo ou permanente, ao contrário do sucedido com o direito real (mormente o de propriedade), que pode assumir contornos de conservação indefinida no tempo. No campo obrigacional ou pessoal, o sujeito passivo fica livre do dever por meio do regular adimplemento, de maneira que a execução do direito é a própria causa do seu fenecimento.

A relação jurídica travada entre os sujeitos é de conformação eminentemente pessoal, vinculando a pessoa do credor à pessoa do devedor. Isso não acontece em se tratando de direitos reais (vide tópico subseqüente), em que a junção, embora se dê entre pessoas, apresenta sempre um grau de incidência sobre uma coisa, em que reside a garantia de adimplemento. O direito real é oponível contra todos *(erga omnes)*, ao passo que o pessoal somente recai sobre a figura do obrigado, sem atrelamento imediato a alguma coisa que componha o acervo patrimonial deste. Exemplo: o titular de crédito resultante da emissão de cheque sem fundos precisa buscar no patrimônio do emitente algum bem livre e desembaraçado, a fim de nele saciar o teor econômico da prestação pendente. No caso do direito real de hipoteca, eventual inadimplemento desde logo autoriza o sujeito ativo a executar o crédito fazendo incidir a constrição sobre o imóvel que desde o princípio garantia o cumprimento. Todos os membros da coletividade estão obrigados a respeitar o direito real (*v. g.*, propriedade de um veículo), enquanto a relação pessoal não tem igual abrangência, prevalecendo apenas entre as partes envolvidas.

O objeto da prestação pode ser positivo ou negativo, consistindo em obrigação de dar, fazer ou não fazer. A coisa ou fato devido pelo sujeito passivo pode ser exigida em espécie ou, restando impossível a execução específica, converter-se noutra modalidade, geralmente por meio de indenização em dinheiro. De qualquer forma, o conteúdo da prestação sempre terá natureza econômica, com expressão pecuniária direta ou indireta, mas cabendo primordialmente a exigibilidade do próprio bem ou fato, para somente depois admitir-se a possibilidade de solução mediante entrega da prestação diferente da original.

O vocábulo *obrigação*, observadas as peculiaridades deduzidas retro, permite análise tanto sob o ângulo do crédito como do débito. Afinal, para o sujeito ativo o termo deixa entrever o seu direito de exigir a prestação, e, para o sujeito passivo, ressalta a imposição do adimplemento segundo os moldes em que gerado o dever. Também é viável vislumbrar na palavra *obrigação* a dupla via acima especificada, significando, a um só tempo, o crédito do sujeito ativo e o débito do sujeito passivo. Releva salientar que as normas jurídicas somente terão aplicabilidade prática desde quando inexista, pelo devedor, o cumprimento da obrigação pendente. Do contrário, a regular entrega da prestação evita a geração do conflito, e, portanto, afasta a perspectiva de incidência concreta do direito positivo.

1.2. Direitos reais e direitos pessoais

Como no Livro I da Parte Especial, intitulado "Do Direito das Obrigações" o Código Civil trata exclusivamente de direitos pessoais, e considerada a necessidade de diferenciação destes em relação aos direitos reais, passa-se agora ao exame dos aspectos que os estremam. Inicialmente, é imprescindível asseverar que os direitos pessoais, também chamados obrigacionais, vinculam diretamente partes (envolvendo uma ou mais pessoas em cada pólo da relação), fazendo com que uma delas tenha de cumprir a obrigação mediante entrega de certa prestação à outra. Exemplo: quem emite nota promissória fica obrigado a pagar o valor nela indicada. Pode-se afirmar, assim, que nos direitos obrigacionais uma pessoa (sujeito ativo ou credor) exerce a sua faculdade imediatamente contra outra pessoa (sujeito passivo ou devedor). No caso dos direitos reais, a vinculação também se dá entre partes, mesmo porque não há como admitir a existência de liame jurídico entre indivíduos e coisas. Todavia, o sujeito ativo tem o seu direito incidindo sobre uma coisa, uma *res*, e daí a nomenclatura *direito real*. Exemplo: se o devedor hipotecário não pagar a obrigação garantida pela hipoteca, o credor poderá promover execução, com penhora do imóvel previamente atrelado. Neste compasso, os direitos reais expressam um poder do titular sobre a coisa, podendo fazê-lo prevalecer perante todos os outros indivíduos.

Ao contrário do que ocorre nos direitos pessoais, em que o credor deve buscar no acervo patrimonial do devedor algum bem passível de constrição, nos direitos reais já existe uma coisa vinculada à relação. E não apenas nos direitos reais de garantia (penhora, hipoteca, anticrese etc.), mas também em todas as demais modalidades (propriedade, superfície, servidões etc.), ainda que com nuanças diferentes. É de tamanha envergadura essa presença da coisa nos direitos reais que sobre ela incidem reflexos como a seqüela e a ambulatoriedade, pelas quais o gravame adere à coisa e a acompanha onde estiver, permitindo ao titular da prerrogativa buscá-la com quem esteja, com vistas à satisfação do seu interesse. Isso não acontece nos liames obrigacionais, pois, consoante frisado *supra*, não há uma coisa previamente atrelada à relação surgida entre os sujeitos.

Também é relevante observar que nos direitos pessoais o devedor está obrigado a dar, fazer ou não fazer algo, enquanto o sujeito ativo tem a prerrogativa de exigir o teor da prestação. Logo, há interação entre as partes, precisando inicialmente, o credor, de medida espontânea do devedor no sentido do cumprimento, para somente depois, havendo inadimplemento, tomar providências de natureza judicial. Nos direitos reais geralmente não há essa interação, pois o sujeito ativo exerce diretamente a sua faculdade contra todos, sem que dependa de qualquer espécie de atitude externa. Exemplo: o proprietário enfeixa os atributos de usar, fruir e dispor de maneira autônoma, estando todos os membros da coletividade, obrigados a respeitar o direito real, principalmente abstendo-se de comportamentos capazes de afetar o exercício dos atributos dominiais. Ao contrário do que ocorre com os direitos reais, os pessoais vinculam apenas as partes envolvidas, não sendo oponíveis contra terceiros estranhos à relação.

Pode-se perceber também uma diferença entre os direitos pessoais e reais no concernente ao sujeito passivo. Isto porque ele é determinado ou determinável na relação pessoal, enquanto na real ele se apresenta em formatação indeterminada no plano geral, carreando a todas as pessoas o dever de respeito. Exemplo: ninguém pode ignorar a preferência do credor anticrético quanto a outros direitos reais, pois o registro junto à matrícula do imóvel atribui prioridade. A partir do instante em que há violação dessa universal imputação de inércia, surge o devedor determinado, contra quem o lesado poderá voltar-se para repor o *status quo ante*. Assim, se alguém fere o direito de propriedade, que todos devemos respeitar em virtude da oponibilidade *erga omnes* dos direitos reais (sujeito passivo indeterminado), recaem sobre o violador (que se torna, então, sujeito passivo determinado), as conseqüências da sua conduta ilídima.

No pertinente à conservação no tempo, os direitos pessoais são efêmeros, temporários, desaparecendo com o cumprimento, espontâneo ou forçado, da obrigação constituída. Nisso diferem dos direitos reais, pois estes se mantêm mais efetivamente no tempo, chegando a existir um deles — a propriedade — que tem características de perpetuidade, pois perdura indefinidamente no tempo e apenas desaparece em situações especiais (*v. g.*, destruição da coisa). Também a enfiteuse é assim, mas ela deixou de ser prevista no Código Civil de 2002, exceto no que diz com o reconhecimento daquelas geradas sob a égide da codificação de 1916, cuja existência permanece assegurada até que sobrevenha causa de extinção.

1.3. Elementos constitutivos da obrigação

São três os elementos que constituem a relação obrigacional: partes (sujeito ativo e sujeito passivo), objeto e vínculo jurídico. Independentemente da natureza da obrigação gerada, nela sempre se entrevê a presença dos elementos acima discriminados, pois disso depende a sua regular constituição. Não há liame obrigacional que dispense a existência das partes envolvidas na relação, nem tampouco é admissível a ausência do objeto por elas visado. Disso resulta, por conseguinte, a vinculação jurídica entre os citados personagens. Examina-se cada um dos aspectos acima salientados, para melhor elucidação da matéria.

1.3.1. Sujeito ativo

O *sujeito ativo*, também denominado *credor*, é o titular da faculdade de receber a prestação, e de exigi-la no caso de inadimplemento. Nessa posição pode figurar qualquer pessoa física — capaz ou incapaz — ou jurídica. O sujeito ativo é individual ou simples quando singularmente inserido na relação (*v. g.*, comprador de automóvel), e coletivo na hipótese de obrigações conjuntas ou solidárias (*v. g.*, adquirentes de imóvel em sistema condominial solidário). No credor se concentram o anseio e a perspectiva de receber o conteúdo da obrigação, seja pelo espontâneo cumprimento oriundo da parte contrária, seja em virtude da promoção de medidas judiciais aptas à consecução do fim almejado.

Não há necessidade de determinação absoluta do sujeito ativo no momento da constituição da obrigação. Se ele não é determinado, basta apresentar-se como determinável, ou seja, que dos elementos disponíveis no instante da instalação do liame haja o apontamento de suficientes dados para especificá-lo quando do cumprimento. Exemplo: na promessa de recompensa, o direito de crédito surgirá para quem atender à imposição feita pelo promitente, sem que se conheça desde o princípio o beneficiário. O ordenamento jurídico admite inclusive que na qualidade de credor se postem pessoas naturais ainda não existentes, como o nascituro, ou pessoas jurídicas em formação, desde que identificada por caracteres gerais.

1.3.2. Sujeito passivo

O *sujeito passivo*, também chamado de *devedor*, é a pessoa natural ou jurídica sobre quem recai o dever de alcançar ao credor a prestação decorrente da obrigação constituída. Quanto às pessoas naturais, podem ser capazes ou incapazes, mas, quanto a estes, somente é possível a inserção no pólo obrigado quando não houver óbice posto na lei, haja vista a necessidade de maior proteção aos que não têm condições de reger o próprio destino civil. Como fontes do dever jurídico incidente sobre o devedor, tem-se a emissão de vontade (*v. g.*, contrato), a força da lei (*v. g.*, prestar alimentos aos filhos) ou a prática de ato ilícito (*v. g.*, provocação de danos em acidente de trânsito).

Assim como ocorre no tocante ao credor, o devedor não precisa estar perfeitamente identificado quando gerada a obrigação. Basta que existam dados bastantes à sua especificação até o instante em que deva acontecer o cumprimento do dever fixado. Exemplo: no condomínio edilício, será devedor da quota condominial a pessoa que figurar como proprietária do imóvel, de modo que eventual alteração de titularidade transmudará igualmente o sujeito passivo da relação obrigacional.

O sujeito passivo pode ser individual ou coletivo, conforme apareça isolada (*v. g.*, o comprador de um eletrodoméstico) ou conjuntamente (*v. g.*, os adquirentes de uma casa em regime de condomínio, em que todos assumem posição solidária) no pólo devedor.

1.3.3. Objeto

Outro elemento básico das obrigações é o objeto, consubstanciado na expressão do dever jurídico do sujeito passivo e no teor do crédito do sujeito ativo. Consiste em dar, fazer ou não fazer alguma coisa, de maneira que o conteúdo do objeto é a prestação devida. Difere do objeto do contrato, pois enquanto este é o elemento interno do próprio negócio que as partes entabulam, ou seja, a finalidade primacial da avença, o objeto da obrigação é aquilo que o sujeito passivo deve alcançar ao credor. Exemplo: na compra e venda, o objeto do contrato é a transmissão do bem de um titular para outro, ao passo que o objeto da obrigação do devedor é o pagamento do preço ajustado.

Para que tenha viabilidade jurídica, o objeto deverá preencher certos requisitos: possibilidade, liceidade, determinabilidade e conteúdo patrimonial. O objeto é impossível quando a prestação puder ser realizada, face à ausência de óbices físicos ou legais. A impossibilidade física ou material consiste na constatação de que a natureza da prestação indica ser ela irrealizável, como no caso de alguém se comprometer a entregar ao credor uma estrela (coisa inatingível), ou a carregar nos ombros uma casa (insuficiência de forças), ou a caçar uma bruxa (espécime inexistente). A impossibilidade jurídica decorre do estabelecimento de normas legais impeditivas de determinadas práticas, tais como a venda de cocaína ou de armas cuja entrada é proibida no país. Não é necessário que a vedação esteja patenteada diretamente em lei, pois, como se sabe, o ordenamento brasileiro coíbe a constituição de obrigações que afrontem a moral e os bons costumes, ainda que a respeito destes não aponte definição específica para enquadramento. Cada situação concreta, destarte, levará ao julgador a oportunidade de decidir a respeito do tema suscitado. Nisso se vislumbra a presença de íntima conexão entre os requisitos da possibilidade e da liceidade ou licitude, de vez que este último implica na adequação do objeto ao direito, à moral e aos bons costumes, sob pena de nulidade da relação (arts. 104 e 166, II e III), ao passo que aquele importa na adequação do dever ao conteúdo da ordem legal, seja por via direta ou indireta. Logo, entre ambos há evidentes pontos de contato, sendo correto afirmar que existe inequívoco entrelaçamento quanto à amplitude e ao alcance conceitual.

Cumpre atentar, ainda, para o fato de que a impossibilidade que macula a obrigação deve ser absoluta, no sentido de impedir totalmente a consecução da prestação ajustada. Com isso, o devedor não poderá ser compelido a prestar aquilo que a todos se mostra inviável. Tratando-se de mera dificuldade, transtorno ou óbice transitório, estará caracterizada a impossibilidade relativa, que não desobriga o sujeito passivo. Compete ao devedor, portanto, demonstrar que existe impossibilidade absoluta, pois do contrário continuará atrelado à obrigação, e eventual desatendimento acarretará a correspondente responsabilização na forma da lei, inclusive com a perspectiva de conversão do objeto original em indenização.

Assim como se dá com os sujeitos ativo e passivo, o objeto da relação jurídica também não precisa estar completamente individuado quando da geração do liame. Admite-se que seja determinado ou determinável, mas sempre será imprescindível a indicação de dados mínimos capazes de levar à especificação do objeto até o dia do cumprimento do dever. Se as partes ajustam a doação do animal de raça registrado sob certo número, já fica determinado o inteiro teor da prestação, porque desde logo identificada a coisa a ser entregue. Contudo, se os celebrantes ajustam que um dentre os animais do doador será entregue para cumprimento da obrigação, a prestação assumirá contornos de determinável e haverá necessidade de posterior concentração, traduzida na indicação exata do animal, para que se torne viável ao obrigado o regular adimplemento do dever assumido. Também nos contratos aleatórios o objeto é indeterminado, porém determinável, como no caso de venda de safra futura de grãos, em que o plantador não sabe exatamente quanto entregará ao adquirente, pois isso depende da produtividade da lavoura. A obrigação, contudo, é válida e eficaz, porque visível a perspectiva de apuração do conteúdo obrigacional até o instante ajustado para o cumprimento.

É preciso que o objeto tenha conteúdo economicamente aferível, pois ao mundo jurídico não interessa aquilo que não pode ser avaliado, valorado, medido em unidade monetária. Por isso, permanecem à margem das obrigações civis aqueles deveres sem conotação econômica, mesmo que ínsitos no direito positivo. É o caso, por exemplo, do dever de respeito mútuo entre os cônjuges, ou de educar adequadamente os filhos. Não há como executá-los segundo as regras de caráter obrigacional, porque lhes falta a exigibilidade própria das obrigações jurídicas de que trata o presente estudo.

1.3.4. Vínculo jurídico

Como derradeiro elemento da obrigação tem-se o vínculo jurídico, que pode ser definido como o elo que submete o devedor a cumprir a prestação surgida em proveito do credor. Pelo vínculo, o obrigado tem de entregar aquilo que o liberará frente ao sujeito ativo, extinguindo o dever originalmente constituído. Ao mesmo tempo em que compele o sujeito passivo a atender à imposição decorrente da vontade emitida, da lei ou da ilicitude praticada, o liame traz consigo a ameaça de responsabilização para a hipótese de eventual inadimplemento. Neste compasso, o vínculo representa, concomitantemente, dever de repassar a prestação e indicativo de responsabilidade caso haja descumprimento. Se o obrigado não se livrar pelo mecanismo do adimplemento espontâneo, o credor terá no acervo patrimonial daquele a fonte de satisfação do seu direito, operação aperfeiçoada por meio da constrição de itens patrimoniais passíveis de excussão judicial. Logo, é o devedor pessoalmente que se obriga, mas é o patrimônio dele que suporta as conseqüências da inobservância do dever jurídico contraído. O conjunto patrimonial do devedor, portanto, funciona como garantia de atendimento do crédito exigido e de composição das perdas acaso experimentadas pelo sujeito ativo, nas situações previstas em lei.

Observe-se, todavia, que nem sempre o devedor originário suportará os reflexos do inadimplemento. Exemplo disso está na locação guarnecida por fiança. Se o locatário não honrar o compromisso de pagar os aluguéis, caberá ao fiador fazê-lo. Destarte, o binômio débito e responsabilidade dirige às vezes os seus tentáculos para outra pessoa que não aquela vinculada em primeiro plano, mas a outra circunstancialmente enquadrada na posição de garantidora. Isso não desnatura a verdade pela qual o devedor precisa adimplir o débito, já que, no exemplo citado, o fiador acaba figurando também como obrigado, por força do teor contratual firmado.

1.4. Execução da obrigação

Executar a obrigação, na acepção civilista, significa dar-lhe cumprimento, satisfazer o seu conteúdo, exaurir os objetivos da sua existência. As partes, quando jungidas pela emissão de vontade ou pela força da lei, ficam submetidas a certas repercussões necessárias no âmbito técnico. Toda relação jurídica concentra direitos e deveres, em maior ou menor grau. Assim, por exemplo, nos contratos as partes celebrantes exteriorizam vontade no sentido de gerar um liame capaz de produzir os efeitos que lhe são inerentes. Tome-se como ilustração o mútuo, onde o mutuário recebe o bem fungível e se compromete a restituir outro na forma convencionada, ao passo que o mutuante tem o direito de auferir juros. Por outro lado, na hipótese de provocação de danos por destruição de coisa alheia, o causador do evento lesivo fica obrigado, por lei, a indenizar o valor do prejuízo ocasionado.

Em princípio, o comportamento natural do devedor consiste em honrar espontaneamente a obrigação assumida. Com isso, não há razão para que o credor provoque o aparato estatal com vistas à execução coercitiva, pois adequadamente observado pelo sujeito passivo o seu dever. Cuida-se, então, de *execução voluntária*. Todavia, desde o momento em que o obrigado desatende ao comando convencional ou emergente da lei, fica o credor autorizado a ajuizar as demandas que entender pertinentes, visando à obtenção compulsória da prestação. Tem-se, aí, a *execução judicial* ou *forçada* da obrigação inobservada, submetida às regras processuais editadas para tal fim. Sinteticamente, essa execução é traduzida na busca e penhora, dentro do acervo do sujeito passivo, de bens suficientes para satisfazer a dívida. Uma vez penhorados, serão avaliados e levados a venda pública, de onde é extraído numerário suficiente para entrega ao credor. Isso no caso de execução por quantia certa, já que, sendo hipótese de obrigação de fazer a solução pode passar pela sua realização por terceiro à custa do devedor, ou, em derradeira alternativa (porque personalíssimo o dever), haverá conversão em indenização pecuniária, pois impossível obter a prestação específica. Sendo obrigação de não fazer, o descumprimento enseja indenização segundo as normas aplicáveis à espécie. Enfim, ao permitir que o sujeito ativo execute judicialmente a obrigação, o ordenamento pretende viabilizar o recebimento da prestação devida, em moldes iguais ou semelhantes ao que prevaleceriam no caso de execução voluntária. Quanto mais próxima ficar do resultado desta, maior a fidelidade técnica daquela.

A menção à circunstância de que o direito obrigacional assume caráter estritamente pessoal não importa, obviamente, em aceitar a submissão física de um sujeito a outro, pois se o vínculo pode ser entendido como algo que se concretiza entre sujeitos, a execução material do dever não pode recair sobre o indivíduo, mas exclusivamente sobre o seu patrimônio. É sabido que ninguém responde com o próprio corpo (castigo físico, prisão etc.) pelo adimplemento das obrigações, medida que prevaleceu somente nos primórdios da civilização. Hoje, por questão de segurança das relações jurídicas e pelos caracteres dos deveres gerados, subsiste a perspectiva de encarceramento por dívida civil só nos casos de pendência alimentar ou de infidelidade do depositário. Nas demais hipóteses, embora o vínculo assuma contornos pessoais, a execução é sempre de cunho patrimonial, seja porque originariamente era esse o seu teor, seja em virtude de conversão decorrente da impossibilidade de obter a prestação primeva.

Capítulo 2

FONTES DAS OBRIGAÇÕES

2.1. Análise introdutória

Fontes das obrigações são todos os atos ou fatos que lhes dão origem, vinculando o sujeito passivo ao sujeito ativo da relação jurídica, nos moldes postos pelas normas de direito. Saliente-se desde logo que não há obrigação sem respaldo nestas, pois do contrário estaria instalada a mais absoluta insegurança nas relações interpessoais. Destarte, é o direito que atribui existência às obrigações, especificando os seus contornos e disciplinando o seu mecanismo de operação.

Embora as obrigações tenham no direito o impulso gerador da força com que se apresentam no plano técnico, são inconfundíveis as fontes das obrigações e as fontes do direito propriamente dito. Enquanto estas funcionam como germe das normas jurídicas, aquelas são produtos das regras estabelecidas. Das fontes do direito dimanam preceitos genéricos de conduta, trazidos abstratamente ao mundo jurídico para incidência concreta a partir do instante em que verificados acontecimentos capazes de desafiar o seu conteúdo normativo. Já as fontes das obrigações fazem verter elementos palpáveis de vinculação entre sujeitos, de maneira que um deles passa a ser devedor de certa prestação em favor do outro, a quem precisa entregá-la nos termos em que vazado o dever.

Diante do acima exposto, mister ficar esclarecida a circunstância de que as obrigações já surgem com finalidade previamente determinada e com praticidade emergente do seu próprio conteúdo. Não permanecem por um instante sequer no patamar abstrato, porque ao surgirem já estão destinadas a regrar concretamente determinada situação prevista no ordenamento. Por seu turno, as fontes do direito cuidam de elaborar normas de convivência social que se amoldam à dinâmica do agrupamento em que são inseridas, visando a nortear o comportamento e prevendo sanções para a hipótese de inobservância. Essas regras positivadas é que permitem assentar os liames obrigacionais, ainda que seja necessário examinar mais do que a lei como fonte das obrigações, pois ela nem sempre será o manancial imediato — por vezes figurará como repositório mediato ou indireto — dos deveres jurídicos enquadráveis no rol das obrigações.

2.2. Evolução histórica

Segundo notícia que vem dos escritos de *Gaio*, Roma conheceu originalmente as seguintes fontes das obrigações: o contrato e o delito. Posteriormente, o mesmo autor informa a inclusão de uma fonte descrita através da expressão genérica *ex variis causarum figuris*, que designava quaisquer outras causas geradoras de obrigações regularmente admitidas. Cabe destacar que o direito grego antigo também aceitava como fontes o contrato, o delito e quaisquer outros fatos jurídicos, contanto que fundados na legislação vigente. Na seqüência informa *Gaio* que o direito romano passou a reconhecer a existência de quatro fontes obrigacionais: o contrato, o quase-contrato, o delito e o quase-delito. E assim foi solidificada a idéia construída em torno das fontes das obrigações, cabendo destacar que a lei não foi originalmente incluída nesse rol, pois embora servisse de base para algumas das fontes, não lhe foi conferida independência absoluta para figurar no elenco aceito naquela época. Saliente-se que as *Institutas* de *Justiniano* fundaram a noção de fontes obrigacionais no quadrinômio acima aludido.

Sendo tão marcante a fixação das quatro fontes extraídas da evolução do direito romano, importa agora fazer breve referência ao significado de cada uma delas. Quanto ao *contrato*, é certo que a emissão volitiva das partes, que ajustam os termos em que se pretendem vincular, gera para uma ou para ambas obrigações de natureza jurídica. Assim, quem promove doação assume o dever de entregar a coisa, enquanto em favor do credor surge o direito de a exigir. De outra banda, na compra e venda ambos os celebrantes contraem deveres recíprocos, de modo que o comprador tem que pagar o preço e pode reclamar a entrega do bem, enquanto para o vendedor surge crédito correspondente ao valor avençado e a imposição de repasse da coisa. Assim, evidencia-se com clareza a geração de vínculo como resultado da convenção entabulada. Os contratos eram classificados em quatro grupos: a) consensuais, quando resultantes de mútuo acordo celebrado pelas partes; b) reais, se envolvessem a entrega de coisa; c) verbais, quando para a sua consecução fosse necessária a utilização de expressões solenes; d) literais, caso a celebração devesse obrigatoriamente assumir forma escrita.

Convém observar que em Roma havia distinção entre os *contratos*, afirmados como fonte obrigacional e, portanto, dotados de vigor capaz de legar as partes aos tribunais, e os chamados *pactos*, destituídos de caráter cogente e sem resguardo de cunho processual. Porém, com o passar do tempo os pactos também se tornaram instrumentos produtores de obrigações, seja porque reconhecidos pelos pretores, seja porque consagrados nas Constituições ou em virtude de servirem como elementos que se juntavam a contratos regularmente constituídos, funcionando como ajustes adicionais idealizados pelas partes.

O *quase-contrato*, como fonte das obrigações, surgiu em virtude da necessidade de reconhecer que situações não contratuais, muito assemelhadas às hipóteses de genuínos contratos, tinham potencial bastante para a criação de deveres, e, em contrapartida, de direitos. Consistiam em atos lícitos que não tinham nascedouro no acordo de vontades, ou seja, na manifestação volitiva com força de vinculação das partes; porém, atingiam patamar muito próximo dos liames de natureza convencional. Entre eles postava-se, por exemplo, o dever jurídico de repetição do indébito, surgido sempre que alguém pagava por erro. Com isso, passava a ser credor do *accipiens*, podendo exigir de volta o conteúdo da prestação. Também eram assim consideradas as obrigações decorrentes dos relacionamentos de vizinhança, pois embora não existisse entrelaçamento contratual, as operações e as repercussões emergentes desse contexto se pareciam com as de cunho convencional.

O *delito* tradicionalmente é considerado fonte das obrigações, pois desde sempre existe a idéia de que a provocação dolosa ou culposa de danos a outrem implica na obrigação de recompor o estado das coisas. Tem-se, no delito, a geração de um quadro pernicioso, nocivo e afrontoso ao direito da vítima, que acaba sendo injusta e ilegalmente atingida em seus atributos jurídicos protegidos. Daí que sobre o ofensor incide a obrigação de reparar o mal causado, fazendo volver a situação ao estado original, ou, na pior das hipóteses, levando-a de volta ao ponto mais próximo possível daquilo que primitivamente ocorria. Subsiste aí a noção de indenização, tendo como centro de apoio o acervo patrimonial do devedor, de onde são retirados meios econômicos suficientes para alcançar o desiderato acima apontado. Saliente-se que no direito romano eram conhecidas, na origem, quatro espécies básicas que caracterizavam delito: furto, roubo, dano e injúria. Ainda hoje a construção elaborada em Roma encontra eco na legislação moderna, embora, evidentemente, com profundas alterações na estrutura que alicerça a matéria, resultado da ampla evolução da ciência jurídica ao longo dos séculos.

Afora os delitos, havia outras figuras que, não configurando ilicitude sob o prisma de inserção daqueles, assemelhavam-se às hipóteses delituosas e geravam conseqüências graves no plano fático. Ficaram conhecidas como *quase-delitos*, traduzidos em condutas causadoras de danos cujas nuances pareciam com as resultantes dos delitos. A diferença básica entre ambos consistia no caráter doloso da atitude caracterizadora do delito, ao passo que na verificação do quase-delito despontava a iniciativa meramente culposa (fundada em imprudência, negligência ou imperícia). Exemplo disso era a colocação de objetos em janelas ou parapeitos de prédios, de onde poderiam cair e provocar danos a outrem. Também a prolação de sentença errada ou injusta, da qual resultassem prejuízos à parte.

Superada a fase espelhada acima, sobreveio providência de *Pothier* no sentido de incluir a lei entre as fontes das obrigações. Na verdade ele apanhou a fórmula das *Institutas de Justiniano*, que reconheciam como fontes o contrato, o quase-contrato, o delito e o quase-delito e adicionou a esse elenco a lei. Disse, então, que ela era fonte direta e imediata de deveres, além de funcionar, também, como fonte mediata e indireta nas demais hipóteses. Posteriormente, o Código Napoleão observou a tese de *Pothier* e tomou por base o rol por ele preconizado, circunstância que culminou por inspirar muitas das legislações estrangeiras que buscavam suporte na estrutura jurídica francesa.

Conforme lição de *Pothier*, a lei produz obrigações cuja consecução independe, na origem, da prática de ato humano, seja lícito ou não. É a força autônoma da lei, por si mesma, que gera o dever jurídico. Exemplo disso está na obrigação alimentar, pois o genitor fica a ela atrelado sem que se indague acerca da realização de qualquer espécie de conduta. Basta o vínculo de filiação para que o pai tenha de alimentar o filho, surgindo aí um dever jurídico do qual não se pode esquivar. Inexiste contrato ou ilicitude, mas a obrigação fica patenteada pelo suficiente vigor da norma legal.

2.3. Fontes no Direito brasileiro

O Código Civil de 2002 expressamente consagrou a existência de três fontes das obrigações: o contrato, a declaração unilateral de vontade e o ato ilícito. Ao assim proceder, não esgotou, todavia, o rol dos fatos capazes de gerar obrigações no plano civilista. Tanto é verdade que em todo o ordenamento jurídico brasileiro há fontes que não resultam das três arroladas pela codificação. *Washington de Barros Monteiro* (obra citada, p. 42) cita como exemplos o pagamento de impostos e a prestação de serviço militar, deveres jurídicos sem nuanças contratuais, dissociados de qualquer manifestação volitiva unilateral e independentes da prática de ilicitudes. Bem se vê, portanto, que o sistema pátrio aponta apenas a título exemplificativo as fontes obrigacionais, sem que isso permita ignorar, contudo, que no plano civil as três previstas pelo Código de 2002 são, efetivamente, capazes de dar nascedouro a praticamente todas as obrigações de igual natureza.

Sílvio Rodrigues (obra citada, p. 10) entende que as obrigações sempre têm por fonte a lei, *"sendo que nalguns casos, embora esta apareça como fonte mediata, outros elementos despontam como causadores imediatos do vínculo. Assim, a vontade humana ou o ato ilícito"*. A lei nunca deixa de servir de base para a produção de todas as obrigações; todavia, não funciona invariavelmente como fonte direta, eis que o contrato, as declarações unilaterais de vontade e o ato ilícito, não obstante encontrem guarida na norma legal (que os eleva à condição de fontes), são robustos o bastante para ocasionar o aparecimento dos deveres no âmbito civil. De resto, a lei é o caldo de cultura que permite o reconhecimento das fontes diretas, mas ela, sozinha, somente funciona como tal quando a obrigação surge à míngua da implementação de qualquer dos fatores acima apontados. Constata-se, então, que por vezes a lei continua servindo como fonte direta, nas hipóteses em que o dever não tem por substrato a contratação, a declaração unilateral ou a ilicitude, como acontece, por exemplo, com a imposição incidente sobre os pais no sentido de proverem ao sustento dos filhos. Em derradeira análise, portanto, não é inadequado afirmar que a lei sempre é fonte das obrigações, mas muitas vezes assim se considera apenas em conotação indireta ou mediata, porque outras atuam em caráter direto ou imediato.

O contrato é fonte porque exprime, por meio da vontade das partes, a perseguição de conseqüências jurídicas traduzidas em deveres assumidos por um ou por ambos os celebrantes. Nas declarações unilaterais de vontade encontra-se manifestação pela qual o sujeito admite contrair um dever jurídico para com aquele outro sujeito que se enquadrar em determinado contexto, como acontece, por exemplo, na promessa de recompensa. O indivíduo que cumprir as exigências formuladas pelo promitente dele se tornará credor, podendo exigir o conteúdo da prestação anunciada. Diz-se unilateral porque quando da constituição do dever inexiste convergência volitiva de duas partes, havendo apenas uma solitária exteriorização volitiva. No pertinente aos atos ilícitos, são condutas comissivas ou omissivas, culposas ou dolosas, que, indo de encontro a um preceito de comportamento, afrontam a ordem legal posta e causam danos a outrem. Disso exsurge o dever de recompor a estrutura alheia afetada, via de regra por meio do pagamento de indenização equivalente à expressão econômica do prejuízo experimentado. Finalmente, nas situações em que a lei atua como fonte direta é prescindível a presença de qualquer das fontes anteriormente aludidas, porque no teor normativo concentra-se de maneira imediata o vigor apto a provocar o surgimento das obrigações. Afora os exemplos citados *retro*, é preciso aludir também aos casos de responsabilidade objetiva, cada vez mais presentes na legislação nacional (*v. g.*, a maioria das relações de consumo regidas pelo Código de Defesa do Consumidor), e que têm na lei a sua fonte obrigacional exclusiva, independente das demais. Destarte, certos acontecimentos geram repercussões mesmo sem haver conduta ilídima ou manifestação volitiva do sujeito, bastando a inflexão da lei sobre os fatos concretamente verificados para disso emergir o dever de recomposição do estado das coisas.

Capítulo 3

DAS OBRIGAÇÕES DE DAR COISA CERTA

3.1. Colocação do tema

A obrigação de dar, que envolve o dever jurídico de entregar a outrem alguma coisa, biparte-se em: a) obrigação de dar coisa certa — vínculo jurídico em função do qual o devedor tem de alcançar ao credor determinado bem, perfeitamente individualizado e singularizado em relação a outros com os quais poderia manter ou mantém semelhanças (ex.: entregar o cavalo da raça X matriculado sob n. 1000); b) obrigação de dar coisa incerta — vínculo jurídico em razão do qual o devedor fica adstrito à entrega de coisa que escolhe e individualiza antes do cumprimento da obrigação, mas que não está perfeitamente singularizada no momento da constituição do dever, embora se conheça desde logo, ao menos, seu gênero e quantidade (ex.: entregar duzentas sacas de arroz em casca).

A entrega da coisa pode ser feita a título de execução de avença (*v. g.*, repassar ao locatário o imóvel), como mecanismo de constituição de direito (*v. g.*, a tradição do móvel, translativa da propriedade) ou com vistas ao cumprimento do dever de restituir (*v. g.*, devolução da coisa emprestada). Em todos esses casos há obrigação de dar coisa certa; cada uma com nuanças próprias, mas dotadas de um ponto comum, consistente na geração do dever de entregar algo perfeitamente identificado desde o instante do surgimento do liame. No mais das vezes, a obrigação de dar apresenta-se como operação destinada a transmitir o domínio da coisa, ou, então de produção de direito real sobre a mesma. É o que acontece em todas as situações que reclamam o ato de *dar* como elemento determinante da translação dominial. Contudo, essa conduta pode não envolver o ânimo de alterar a titularidade da coisa, servindo apenas como ocorrência capaz de implementar ato ou negócio que não implica na transferência da propriedade, sendo exemplo disso o comodato, o arrendamento etc., de onde não se extrai qualquer efeito sobre o domínio.

Para os fins explicitados no Código Civil, *coisa certa* é aquela cuja determinação se apresenta incontinenti, de modo que se distingue de todas as outras em virtude do apontamento de seus singulares caracteres. Ainda que haja outras da mesma natureza, ela consegue apartar-se delas como resultado da cautela dos interessados na sua identificação. Nisso se diferencia da *coisa incerta*, ponteada por uma relativa indeterminação, que somente cessará em momento futuro por meio da denominada *concentração* ou *escolha*, ato de apontamento de uma dentre as várias coisas que poderiam originalmente liberar o devedor, mas que estavam postadas no universo da obrigação apenas com suporte em informações genéricas sobre o seu gênero e a sua quantidade.

Embora pertençam ao mesmo gênero (obrigação de dar), entre as obrigações de entregar e de restituir há uma diferença fundamental que precisa ser identificada, para que se possa ingressar nos demais aspectos da matéria com maior adequação. Na obrigação de entregar, a coisa pertence ao devedor, que tem de repassá-la ao credor em razão de dever oriundo da convenção ou de outro fundamento jurídico. Em vista disso, até o momento da tradição a coisa pertence ao devedor, particularidade de decisiva influência na distribuição dos riscos advindos da perda ou da deterioração, conforme ocorra antes ou depois da *traditio*. Esse tema, relativo aos riscos, será abordado adiante, em tópico específico, dada a sua relevância. Já nas obrigações de restituir, a coisa desde sempre integra o acervo patrimonial do credor, mas se encontra circunstancialmente deslocada e sob poder do devedor, que, para liberar-se, terá de devolvê-la no tempo, modo e demais condições ajustadas. Portanto, mesmo no período antecedente à formação do liame obrigacional, a coisa integrava o patrimônio do credor, titular de direito real sobre a mesma, nascendo para o obrigado a imposição de restituir.

3.2. Execução específica

Na obrigação de dar coisa certa, o devedor está vinculado ao dever de cumprir a prestação em espécie, sendo vedada a sua substituição por outra, ainda que mais valiosa. Tal princípio dimana do art. 313 do Código Civil, em que genericamente se trata da questão do pagamento, e cuja aplicação às obrigações em geral atende à natureza do dever gerado. Essa adstrição ao exato conteúdo da prestação corresponde à aplicação do vetusto princípio do direito romano segundo o qual *aliud pro alio invito creditore solvi non potest*, ou seja, não se admite a entrega de uma coisa por outra como forma de pagamento, se isso contrariar a vontade do credor. Isso vale tanto para as obrigações de entregar (*v. g.*, o bem vendido) como de restituir (*v. g.*, o imóvel locado), pois ambas são espécies do gênero dar coisa certa. E com muito mais razão prevalece esse ditame nos deveres de restituir, pois seria abstruso imaginar, por exemplo, que o comodatário pudesse devolver coisa diferente da emprestada, ou que ao inquilino fosse lícito restituir outro imóvel.

Na verdade, ao entregar coisa diversa, e não mais podendo, por culpa, cumpri-la segundo o que fora originalmente avençado, o devedor se torna inadimplente. Submete-se, destarte, às conseqüências desse estado jurídico, suportando os ônus e encargos inerentes à espécie concretamente firmada. Não obstante, é possível que as partes ajustem, de comum acordo, a alteração do teor da prestação, fazendo-a incidir sobre coisa diversa da originalmente vinculada à relação obrigacional. Haverá, nisso, novação objetiva, constituindo-se nova obrigação em lugar da anterior, por substituição do objeto. Admite-se igualmente, por assim dizer, a dação em pagamento, que acontece sempre que as partes acertam a alteração da prestação primitiva, viabilizando ao devedor a entrega de outra coisa em lugar daquela indicada na origem. A novação objetiva e a dação em pagamento não infirmam o princípio *aliud pro alio*, pois é a vontade das partes que funciona como catalisador da mudança incidente sobre a prestação. Ausente o acordo volitivo, permanece com plena vigência, relativamente ao sujeito passivo, o dever de alcançar ao credor aquilo que desde sempre fora previsto.

O sistema acima aludido impõe tratamento igualitário entre as partes envolvidas. Se é verdade que o devedor não pode entregar ao credor coisa diversa para se liberar, também é certo que o credor não tem a faculdade de exigir outra prestação diferente da original, embora menos valiosa. Entregando a coisa consoante estabelecido, o sujeito passivo fica liberado da obrigação, restando sem fundamento qualquer iniciativa no *accipiens* em hostilizar o procedimento do *solvens*.

Obviamente, nas obrigações em que ao credor é dada a prerrogativa de escolher uma dentre várias prestações indicadas, o devedor não pode adimplir mediante entrega daquela que ele próprio preferir. Assim acontece nas obrigações *alternativas*, de que exsurge para o *accipiens* a faculdade de optar por qualquer das coisas previamente apontadas como capazes de liberar a parte devedora. Esta, após a individualização feita por iniciativa do credor, precisa entregar a prestação escolhida, não ficando livre da obrigação se proceder de maneira diversa. Também aqui não se verifica ofensa ao princípio *aliud pro alio*, pois a concentração acontece em virtude de ajuste feito entre as partes, e a prestação escolhida, que então não poderá ser substituída por outra, tem o poder de liberar o devedor.

A aplicabilidade do art. 313 do Código Civil não se restringe às hipóteses mencionadas *supra*, ampliando-se a sua área de abrangência também para a seara de certas obrigações contratuais. O art. 373, II, da codificação, diz que a diferença de causa nas dívidas não impede a compensação, exceto se uma se originar de comodato, depósito ou alimentos. Portanto, nos contratos de comodato e depósito inviabiliza-se a entrega de uma coisa em lugar da outra, pois o credor tem a prerrogativa de receber exatamente aquela que está em poder da parte adversa como decorrência do liame entabulado.

Ainda como conseqüência do art. 313, o credor de coisa certa não pode ser compelido a recebê-la por partes, embora a prestação seja natural ou juridicamente divisível. O seu direito importa na perspectiva de auferir a integralidade da prestação, de uma só vez, sem espécie alguma de divisão ou parcelamento. Qualquer mudança no rumo dessa realidade somente pode ter por fundamento a vontade das partes, inclusive porque o devedor, aplicando-se igual raciocínio, não pode ser forçado a cumprir fracionadamente a obrigação assumida.

3.3. Destino dos acessórios

O art. 233 do Código Civil estabelece: *"A obrigação de dar coisa certa abrange os acessórios dela embora não mencionados, salvo se o contrário resultar do título ou das circunstâncias do caso"*. A previsão normativa atende ao ditame da antiga máxima pela qual *accessorium sequitur principale*, ou seja, o acessório segue o principal. Assim, a sorte dos elementos secundários prende-se à da obrigação a que aderem, de maneira que eventual desaparecimento desta faz com que igualmente feneçam. O inverso não é verdadeiro, pois a afetação do acessório em nada afronta a conformação jurídica do principal.

Assume tamanha envergadura o preceito que mesmo a eventual falta de menção no título constitutivo não impede que os acessórios sigam o caminho ditado pela obrigação. Tal quadro somente não se operará na hipótese de haver expressa alusão no título, ou emergir das peculiaridades do caso concreto. Assim, os frutos, rendimentos, produtos, benfeitorias e tudo o mais que estiver atrelado ao objeto principal seguir-lhe-á o destino jurídico quando do cumprimento da obrigação. Logo, se o devedor tem de entregar ao credor determinada matriz bovina, a prenhez desta não autorizará o obrigado a negar o repasse do animal no tempo aprazado, e a cria que nascer após a tradição pertencerá ao titular da matriz. Ao contrário, se os contraentes convencionam que a cria do animal não o acompanhará no cumprimento da obrigação, e que será entregue ao antigo titular da matriz tão logo nasça, essa avença fará lei entre as partes.

Em relação aos acessórios que circunstancial e temporariamente estiverem separados da coisa, aplica-se a mesma regra acima aludida. É o que ocorre, por exemplo, com o equipamento de som que, instalado em veículo, é dele retirado para conserto na data da venda do automotor. Se não houver expressa exclusão pelas partes, o acessório também deverá ser entregue ao adquirente no momento da execução do contrato. Por outro lado, se à coisa vem somar-se algo que tem existência independente, e que não se enquadra na categoria de acessório em vista do contexto, inexiste vinculação entre ambos para fins de cumprimento da obrigação de dar coisa certa. Neste compasso, se é alienado um rebanho ovino, o adquirente não poderá reclamar do alienante a entrega do cavalo que havia comprado para auxiliar no pastoreio.

3.4. Destino dos melhoramentos e acréscimos

Sabe-se que no direito pátrio o contrato não é fonte de transferência da titularidade das coisas, prestando-se, apenas, à geração do dever de transmitir, que incide sobre o alienante em proveito do adquirente. É certo, em vista disso, que a propriedade das coisas móveis pertence ao alienante até o momento da tradição, e, dos imóveis, até o instante do registro. Diante de tão afirmativa realidade, o legislador preocupou-se em apontar o destino dos elementos que, sem poderem ser caracterizados como acessórios, somam-se à coisa antes da tradição. Salienta-se, pois relevante em função da diferença de tratamento das espécies, que a obrigação de dar coisa certa pode ser traduzida no dever de entregar (*v. g.*, o devedor tem de repassar ao comprador o bem alienado) ou de simples restituição (*v. g.*, quem toma algo emprestado fica jungido à imposição legal de devolver).

O art. 237 regula o tema: *"Até a tradição pertence ao devedor a coisa, com os seus melhoramentos e acrescidos, pelos quais poderá exigir aumento no preço; se o credor não anuir, poderá o devedor resolver a obrigação"*. Em contrapartida aos riscos suportados pelo devedor antes da tradição, e considerando o fato de que enquanto ela não acontecer o bem permanece sob o seu domínio, o legislador lhe atribui vantagens em determinadas situações. Assim, se ao invés de deteriorar-se a coisa vem a experimentar acréscimos ou melhoramentos, evidentemente que caberá certo grau de modificação no estado vigente a partir da avença. Isto porque entendimento contrário levaria à admissão de enriquecimento sem causa em proveito de credor, que nada fez para receber mais do que o ajustado, mas seria favorecido pela entrega da coisa certa mais os cômodos que a acompanhassem por ocasião do cumprimento da obrigação. Isso é inconciliável com a igualdade das partes e com o princípio do não enriquecimento imotivado. Destarte, sempre que a coisa aumentar de valor em função de melhorias ou acréscimos, terá o devedor o direito de reclamar do credor o correspondente aumento de preço, na medida da valorização da coisa. Exemplo: se o animal a ser entregue pelo devedor der cria antes da tradição, poderá este exigir do credor alteração para maior no preço anteriormente fixado, caso o adquirente insista em receber a matriz com o acréscimo. Negando-se o credor a pagar mais, poderá o devedor resolver a obrigação, sem que para tanto tenha de indenizar ou promover outra medida qualquer.

Embora sempre incida a norma em análise, a solução é bem mais simples na hipótese de os acréscimos ou melhoramentos serem dissociáveis da coisa, como no exemplo oferecido *retro*, pois se o credor não tiver interesse em receber os cômodos a obrigação conservará os contornos inicialmente firmados. O debate maior surge no caso de os cômodos não poderem ser separados da coisa sem prejuízo desta (*v. g.*, reforma para evitar a deterioração antes da *traditio*), porque então somente restará aos envolvidos a aplicação rígida do mandamento, podendo o devedor romper o negócio se não for aceita pelo credor a elevação no preço.

Não se confundem os acréscimos e melhoramentos com os acessórios, porque enquanto estes vinculam-se circunstancialmente à coisa e passam a integrá-la como parte indissociável, aqueles se caracterizam ora pela possibilidade de separação e formação de universos jurídicos distintos, ora pela necessidade de adotar medidas em favor da própria coisa para impedir a sua degradação ou alteração. Seguindo essa linha de raciocínio, pode-se afirmar que *acréscimo* é tudo o que avoluma a coisa, fazendo com que aumente sob o prisma físico ou econômico (*v. g.*, pedaço de terra que, por avulsão, passa a integrar território ao qual originalmente não estava aderido). De banda diversa, entende-se por *melhoramento* tudo aquilo que possa trazer vantagens para a coisa em termos de utilidade, estado geral etc. (*v. g.*, fornecimento de água canalizada onde antes não existia).

É preciso fazer também referência aos frutos da coisa, que consistem em utilidades dela mesma produzidas, via de regra em caráter periódico, sem afetação parcial ou total da sua substância (*v. g.*, os colhidos de um pomar). Quanto aos frutos, sejam naturais, civis ou de outra nuança qualquer, pertencem ao devedor se colhidos antes da tradição, porque a condição de dono atribui ao agente a prerrogativa de usar e fruir. Já no que concerne aos pendentes, submetem-se à regra de que o acessório segue o principal e pertencem ao credor, sem que ao pólo oposto caiba compensação pecuniária alguma. Exemplo: sendo vendida certa área de terras onde existe um pomar, os frutos colhidos entre a realização do negócio e a entrega da coisa ao adquirente são do devedor, que até então conserva a qualidade de proprietário. Por outro lado, os frutos em fase de desenvolvimento na data da entrega da coisa ao adquirente são automaticamente deste, que passa à condição de dono.

Tratando-se de obrigação de restituir coisa certa, a superveniência de melhoramentos ou acréscimos economicamente aferíveis terá conseqüência diversa da aplicável se fosse o caso de obrigação de dar coisa certa. O art. 241 estipula: *"Se, no caso do art. 238, sobrevier melhoramento ou acréscimo à coisa, sem despesa ou trabalho do devedor, lucrará o credor, desobrigado de indenização*". Isto porque, pertencendo a coisa ao credor desde sempre, eventuais comodidades que lhe forem somadas antes ou depois da tradição continuarão sendo parte integrante de seu patrimônio, pois assim como a coisa perece para o dono, acresce também em relação a ele, sem que tenha de indenizar o devedor. É o que se dá, por exemplo, no caso de acréscimo em imóvel, resultante do desprendimento violento de partes de outro imóvel situado na margem oposta de rio ou lago, fenômeno denominado avulsão, uma das chamadas acessões naturais.

A regra é excepcionada quando o melhoramento ou aumento decorrer de despesa feita pelo devedor para conservar, manter ou aperfeiçoar a coisa, ou então quando tiverem por origem o trabalho do devedor. A conclusão é extraída do teor do art. 242 do Código Civil: "*Se para o melhoramento, ou aumento, empregou o devedor trabalho ou dispêndio, o caso se regulará pelas normas deste Código atinentes às benfeitorias realizadas pelo possuidor de boa-fé ou de má-fé. Parágrafo único- Quanto aos frutos percebidos, observar-se-á, do mesmo modo, o disposto neste Código, acerca do possuidor de boa-fé ou de má-fé*". Na situação prevista na norma, haveria enriquecimento sem causa do credor se não fosse assegurado ao pólo adverso a contrapartida do esforço ou do numerário despendido em prol da coisa. Contribuindo com gastos ou com trabalho para que ela apresentasse mais cômodos, o devedor terá direito à percepção da correspondente indenização, que deverá ser paga na medida exata dos dispêndios ou do valor da mão-de-obra empregada.

Tendo em vista a similitude existente entre o tema benfeitorias e a matéria atinente aos melhoramentos ou aumentos verificados na coisa certa inserida em obrigação de restituir, cuidou o legislador de aproximar o tratamento jurídico dispensado aos aludidos institutos, equiparando-os para esse fim. Destarte, os melhoramentos ou acréscimos feitos de boa-fé, sendo úteis ou necessários, serão indenizados pelo credor em proveito do devedor, independentemente da ocorrência ou não de prévia autorização para somá-los à coisa. Já quanto aos voluntários, poderá o devedor levantá-los, se não lhe forem pagos, quando o puder fazer sem detrimento da coisa. Pelo valor dos melhoramentos ou aumentos necessários e úteis poderá o devedor da obrigação de restituir coisa certa exercer o direito de retenção sobre esta, mecanismo destinado a salvaguardar a operacionalidade da composição definida pela lei. A regra a ser aplicada como parâmetro, por expressa disposição do artigo em comento, encontra-se estampada no art. 1.220 do Código Civil.

Quanto aos melhoramentos e aumentos executados de má-fé pelo devedor, serão ressarcidos somente os necessários. Entretanto, não assiste ao devedor o direito de retenção pela importância destes, nem o de levantar os voluntários. Norteia o tema o art. 1.221 do Código Civil. Quanto aos úteis feitos de má-fé, não ensejam ressarcimento em favor do devedor, mas poderão ser por este levantados se não lhe forem pagos, quando possível fazê-lo sem prejuízo da substância da coisa. Do contrário, perdê-los-á em proveito do credor. Por fim, os voluntários não serão indenizados e nem levantados, mas simplesmente perdidos, dada sua natureza de recreação ou mero deleite. Ressalte-se, ainda, que em hipótese alguma poderá o devedor invocar o direito de retenção, conseqüência imediata da presença de má-fé no seu comportamento.

Por expressa imposição do legislador, contida no parágrafo único do art. 242, o destino a ser dado aos frutos percebidos da coisa restituível estará atrelado à análise do ânimo do devedor. Estando de boa-fé terá direito, enquanto ela durar, aos frutos percebidos; estando de má-fé, terá de repassá-los ao credor ou dar o equivalente, mais as perdas e danos porventura apurados. Quanto aos frutos pendentes ao tempo em que cessar a boa-fé, deverão ser restituídos, depois de deduzidas as despesas da produção, e custeio. Igual caminho seguirão os frutos colhidos com antecipação. É o que emerge do conteúdo do art. 1.215 e parágrafo único, do Código Civil, de inteira aplicação aos casos de obrigação de restituir coisa certa.

3.5. Riscos da perda e de deterioração

Fundamentalmente, a questão dos riscos de perda ou deterioração da coisa passa pelo exame do momento crucial de repasse da coisa por parte do devedor ao credor, fenômeno conhecido como tradição. No art. 234 do Código Civil está patenteada a seguinte regra: *"Se, no caso do artigo antecedente, a coisa se perder, sem culpa do devedor, antes da tradição, ou pendente a condição suspensiva, fica resolvida a obrigação para ambas as partes; se a perda resultar de culpa do devedor, responderá este pelo equivalente e mais perdas e danos"*. Tradição, em seu sentido mais vigoroso, é o ato translativo do domínio das coisas móveis, enquanto as coisas imóveis transferem-se pelo registro, que também pode ser chamado de transcrição. Todavia, nem sempre a tradição implicará na transmissão da titularidade da coisa, já que existe a modalidade *a non domino*, quando a *traditio* não constitui mecanismo de transferência da propriedade, mas apenas operação destinada a perfectibilizar o cumprimento do dever de dar a coisa ao credor, sem alteração do pólo que a titulariza. Nas obrigações de dar, a tradição tanto pode ser com desiderato de transmitir o domínio como sem a presença do mesmo, de acordo com a espécie obrigacional de que se trate e de consonância com as peculiaridades do liame entabulado.

A norma fala em *perda* da coisa, querendo indicar qualquer acontecimento que culmine por fazê-la fenecer totalmente (*v. g.*, livro destruído em incêndio), ou que acarrete o desaparecimento das suas qualidades básicas (*v. g.*, cegueira no animal de caça), fazendo-a imprestável aos fins originalmente colimados. Também abarca as hipóteses de indisponibilidade absoluta ou de inacessibilidade da coisa, como no caso de uma jóia definitivamente sepultada em alto mar. A perda pode ocorrer, ainda, quando a coisa se mescla com outra em caráter indissociável, perdendo a formatação da substância original (*v. g.*, espécie de óleo misturado a outra, deixando de ter a utilidade primitiva).

Quando a coisa que deva ser dada pelo obrigado perder-se, ou seja, deixar de ter condições mínimas para liberar o devedor em razão de alteração completa de sua substância ou extravio, faz-se necessário analisar dois aspectos essenciais: o momento em que ocorreu a perda e a presença ou não de culpa. Tendo ocorrido antes da tradição e sem culpa do devedor, a obrigação resolve-se e faz desaparecer a relação jurídica original, restituindo os contraentes à situação anterior ao ato ou negócio, como se o mesmo jamais houvesse existido. Isto porque antes da tradição o devedor ainda continua sendo o dono da coisa, e os prejuízos do perecimento são suportados pelo titular (*res perit domino*). Aliás, em relação à compra e venda tal princípio foi consagrado em norma específica (art. 492 do

Código Civil), em que se diz que até o momento da tradição, os riscos da coisa correm por conta do vendedor, e os do preço por conta do comprador.

Caso a perda ocorra antes da tradição e com culpa do devedor este arcará com o equivalente, respondendo pelo valor que a coisa tinha no momento em que pereceu e entregando ao credor tudo o que porventura já houvesse recebido. Ademais, suportará perdas e danos que forem demonstrados em ação própria ajuizada pelo lesado. Se a perda aconteceu depois da tradição, o fato de esta transferir o domínio faz com que o prejuízo seja suportado pelo novo titular, haja vista a incidência do já mencionado princípio *res perit domino*. A mesma regra se aplica quando pendente condição suspensiva, dado que a sua não-verificação importa em fazer com que o credor ainda não tenha adquirido o direito a que o ato negocial visava, motivo pelo qual inocorreu transferência de titularidade e a coisa perece para o dono (até então mero devedor).

Tendo em vista que a colocação da coisa à disposição do credor equivale à tradição para fins de apuração e assunção dos riscos, a mora em receber o bem jurídico faz com que a sua eventual perda seja suportada pelo credor, se não houve culpa do devedor. É que este se libera entregando efetivamente a coisa ou simplesmente colocando-a à disposição do credor na forma e tempo adequados, operação que, assim configurada, equipara-se em efeitos à *traditio*.

Como se percebe, quando a coisa perecer ou experimentar afetação antes de ser entregue ao credor, e sem que este esteja em mora de recebê-la, o ânimo do devedor exerce decisiva influência na fixação da sua responsabilidade. Agindo sem culpa, ficará isento de qualquer espécie de ônus, porque inviabilizado o cumprimento da obrigação em virtude de fatores alheios à sua vontade e conduta. Porém, suportará os encargos previstos na lei sempre que agir com imprudência, negligência ou imperícia, e também com dolo, porque então o elemento volitivo tornará culpado o devedor e inocente o credor em relação à impossibilidade de prestar aquilo que originalmente fora indicado. Tais ônus traduzem-se na necessidade de responder pelo equivalente mais perdas e danos. O legislador emprega o vocábulo *equivalente* como sinônimo de expressão pecuniária, de maneira que por equivalente entende-se o teor da amplitude econômica da coisa, a ser apurado mediante adequada avaliação. Ficando obrigado a responder pelo equivalente, o devedor não poderá simplesmente pretender liberar-se por meio da entrega de outra coisa, pois a equivalência importa na estimativa monetária do objeto, e não na perspectiva de preenchimento da lacuna por meio de substituição.

Idênticas soluções prevalecem na hipótese de perda da coisa nas obrigações de restituir, de vez que não havendo culpa o dever jurídico implica na supressão do liame por ausência de objeto. O art. 238 tem a seguinte construção: "*Se a obrigação for de restituir coisa certa, e esta, sem culpa do devedor, se perder antes da tradição, sofrerá o credor a perda, e a obrigação se resolverá, ressalvados os seus direitos até o dia da perda*". Havendo perda da coisa sem culpa do devedor, desaparece a obrigação de restituir coisa certa e o credor suporta os prejuízos, em atenção ao princípio *res perit domino*. Todavia, terá o credor direito de ver respeitados os seus direitos até o dia da perda, de modo que poderá reclamar junto ao devedor prestação de contas de tudo o que ocorreu enquanto intacta a coisa e vigente a obrigação. Exemplo: a locação de uma casa impõe ao locatário o dever de restituí-la ao final do contrato. Se o bem sofre incêndio que o destrói por inteiro, resolve-se a contratação e as partes nada mais terão a reclamar uma da outra, exceto no caso de haver aluguéis vencidos e pendentes de pagamento, pois quanto a estes persistirá a obrigação de pagar, por tratar-se de direito cabível ao credor antes mesmo do evento que ocasionou a perda.

A presença de culpa na perda da coisa restituível faz recair sobre o devedor a força do art. 239 do Código Civil: *"Se a coisa se perder por culpa do devedor, responderá este pelo equivalente, mais perdas e danos"*. Como se percebe, à obrigação de restituir coisa certa aplica-se, constatada a culpa do devedor na perda, regra idêntica àquela aplicável à obrigação de dar coisa certa, ou seja, terá o devedor de responder pelo equivalente (valor da coisa no momento da avença, monetariamente atualizada) e ainda indenizar as perdas e danos que o credor comprovar dentro do processo que vier a ajuizar. Exemplo: se no momento aprazado para o cumprimento do dever jurídico o depositário não mais tiver em seu poder a coisa que estava obrigado a restituir, terá de responder pelo valor da mesma e reparar as perdas e danos acaso provocados, afora sujeitar-se à aplicação de outras medidas específicas eventualmente cabíveis (incidência de juros, multa etc.).

A respeito do dever de indenizar perdas e danos, tanto nas obrigações de dar como na de restituir não é possível estabelecer presunção acerca da verificação de sua ocorrência, pois a composição dos prejuízos tem em vista exatamente restabelecer o estado anterior, de modo que a falta de provas quanto à ocorrência de diminuição patrimonial obstará a indenização, porque então não haverá o que repor.

Quanto à deterioração da coisa, o legislador ditou normas específicas, visando a fixar repercussões um pouco diversas daquelas concernentes à perda. Considera-se deterioração todo evento que acarreta a desvalorização da coisa, sem que ela desapareça do mundo jurídico. Ainda quando venha a sofrer agressão a alguma de suas qualidades essenciais, isso não pode obstar completamente o aproveitamento ordinário que possui, pois do contrário estar-se-á diante de perda e não de mera deterioração. Esta tem, em visão mais estrita, o sentido de afetação menor, por não conduzir ao fenecimento do bem, à sua total inutilização e tampouco à caracterização da inacessibilidade. Significa, em última análise, que a coisa sofreu a incidência de evento que a deprecia, mas, em comparação com a perda, apresenta menor envergadura, porque o bem continua tendo algum grau de prestabilidade. Assim, enquanto a perda assume cunho absoluto, impedindo que a coisa seja objeto da relação jurídica, a deterioração revela caráter relativo, pois, não obstante atingida em sua valoração, ainda pode teoricamente ser aproveitada de alguma forma para o cumprimento da obrigação a que se atrela, embora sem liberar pura e simplesmente o devedor como ocorreria se estivesse em perfeitas condições.

No art. 235 inicia-se a regulação do assunto: *"Deteriorada a coisa, não sendo o devedor culpado, poderá o credor resolver a obrigação, ou aceitar a coisa, abatido de seu preço o valor que perdeu"*. A deterioração da coisa exterioriza-se por meio de alteração da substância, degradação física e/ou rebaixamento do seu valor econômico original, circunstância que decorre ou não de culpa das partes. O elemento anímico, assim como na hipótese de perda, desempenha essencial papel na definição das conseqüências relacionadas ao evento. Inexistindo culpa do devedor, e considerando-se que a coisa certa a ser entregue ainda lhe pertence por inocorrência da tradição, ele é dono e tem de suportar os prejuízos. Contudo, visando a aproveitar ao máximo o potencial econômico remanescente da coisa, o legislador deixa a critério do credor a opção entre a preservação e o rompimento do negócio jurídico. Na primeira hipótese, poderá ficar com a coisa e reclamar abatimento no preço, em singela operação aritmética que considerará a avaliação feita pelas partes ao entabularem o negócio e o valor que passou a ter a partir da deterioração. A diferença entre os montantes apurados configurará o *quantum* a ser abatido, solução que o credor pode inclusive buscar em juízo. Trata-se de faculdade conferida ao credor, cujo exercício não pode ser obliterado ou cerceado pela parte contrária. Porém, o credor pode preferir romper o negócio, sem que para tanto esteja jungido à imposição de explicitar o porquê de assim agir. Nesse caso, as partes voltarão ao estado anterior e nenhuma delas terá de indenizar em favor da outra, haja vista a ausência de culpa e o retorno dos envolvidos ao *status quo ante*.

Diverso é o caminho a ser seguido havendo culpa do devedor na deterioração, pois entram em cena os dispositivos que atribuem ao lesante o dever jurídico de recompor o contexto afetado, indenizando prejuízos e suportando perdas e danos. É o art. 236 que dita o rumo: *"Sendo culpado o devedor, poderá o credor exigir o equivalente, ou aceitar a coisa no estado em que se acha, com direito a reclamar, em um ou em outro caso, indenização das perdas e danos"*. A existência de culpa do devedor na deterioração da coisa, objeto da obrigação pactuada, atribui ao credor a opção de exigir o equivalente (expressão econômica estimada do bem) ou aceitar a coisa no estado em que se encontra. No primeiro caso ficará o devedor obrigado a restituir tudo o que houver recebido entregando ao credor o equivalente à avaliação original da coisa. No segundo, ficará mantida a avença e o devedor estará encaminhando sua liberação pela simples entrega da coisa, embora física e economicamente degradada. Todavia, em ambas as hipóteses terá o credor direito a reclamar as perdas e danos cuja ocorrência demonstrar, haja vista a presença de culpa do devedor na deterioração.

Embora tenha adotado outra terminologia, a solução encontrada pelo ordenamento no art. 236 conserva alternativas idênticas às do mandamento correspondente no Código Civil de 1916 (art. 867), pois a primeira opção é pela resolução do pacto e retorno das partes ao estado anterior, enquanto a segunda é pela conservação dos efeitos da obrigação. O diferencial, dada a presença de culpa do devedor, reside na prerrogativa que assiste ao credor de exigir o equivalente, se decidir romper o liame jurídico, e no dever de o obrigado indenizar pelas perdas e danos apurados. Observe-se, porém, que a doutrina e a jurisprudência entendem que a existência da prerrogativa de romper o liame fica condicionada à ocorrência de considerável deterioração, pois se assim não fosse o credor poderia, arbitrariamente, desfazer o negócio ante o menor sinal de depreciação, embora ínfima em relação ao valor global da coisa. Destarte, nem toda minoração na valia gera a faculdade de ablação do vínculo jurídico, pois somente aquela interferência economicamente relevante alcançará ao credor a alternativa apontada na norma legal. Assim, somente no caso concreto será possível ao juiz aquilatar as circunstâncias peculiares do evento e dizer se a situação enseja o desfazimento ou apenas confere ao credor o direito de receber a coisa com abatimento no preço, acompanhado de perdas e danos.

No pertinente à deterioração da coisa nas obrigações de restituir, o ordenamento também editou preceitos específicos. O art. 240 dispõe: *"Se a coisa restituível se deteriorar sem culpa do devedor, recebê-la-á o credor, tal qual se ache, sem direito a indenização; se por culpa do devedor, observar-se-á o disposto no art. 239".* Ocorrendo deterioração da coisa a ser restituída, sem que para isso tenha contribuído o devedor com imprudência, negligência, imperícia ou mesmo dolo, terá o credor de recebê-la no estado em que se encontra, inclusive porque dentre os riscos que deve suportar estão os inerentes à condição de titular de direito real. Mais do que isso: receberá a coisa deteriorada e sem direito a qualquer espécie de indenização, pois o sistema legal pátrio assenta a responsabilidade civil, quando não expressamente prevista a incidência da modalidade objetiva, na existência de culpa, ou seja, na responsabilidade subjetiva. Exatamente em função disso é que o legislador prevê o surgimento do direito de ser indenizado o credor sempre que a deterioração da coisa restituível ocorrer por culpa do devedor, depreciando-a economicamente. Tal se dará na forma do art. 239 do Código Civil, ou seja, pelo equivalente mais perdas e danos efetivamente demonstrados pelo lesado.

Capítulo 4

DAS OBRIGAÇÕES DE DAR COISA INCERTA

4.1. Colocação do tema

Obrigação de dar coisa incerta é aquela em que o devedor se obriga a entregar objeto que não está perfeitamente singularizado no momento da constituição do dever jurídico. Há apontamentos elementares acerca da coisa, especificamente quanto ao seu gênero e quantidade, mas sem que isso tenha suficiente vigor para identificar exatamente o teor da prestação capaz de liberar o devedor. Pode-se afirmar, portanto, que a coisa é indeterminada; todavia, terá de ser ao menos determinável, pois do contrário a manifestação de vontade não vinculará o devedor. Há, por assim dizer, indeterminação relativa, de vez que a absoluta não é admitida. Ao contrário do que ocorre na obrigação de dar coisa certa, que, em virtude da determinação imediata do objeto, é também conhecida como obrigação *específica*, na modalidade de dar coisa incerta o objeto, ou conteúdo da prestação, está apontado de forma parcial, e somente será determinado por meio de ato de escolha que precede o cumprimento, permitindo denominá-la *obrigação genérica*.

Nessa linha de entendimento, o art. 243 do Código Civil estabelece: *"A coisa incerta será indicada, ao menos, pelo gênero e pela quantidade"*. Embora relativamente desconhecido o objeto, no dever de dar coisa incerta a estipulação não prescinde da sua indicação ao menos pelo gênero e pela quantidade, sob pena de restar inviabilizado o ato de escolha por indeterminação absoluta. Destarte, podem os interessados, *v. g.*, pactuar que um deles entregará ao outro cem (quantidade) bovinos da raça Nelore (gênero) em certo dia. O que se não admite é a alusão vaga e imprecisa como fonte geradora da obrigação, eis que a impossibilidade de determinação futura do objeto acarretará a insubsistência do pactuado, como aconteceria, por exemplo, na hipótese de alguém se comprometer com a outra parte a entregar *alguma coisa* em certa data. Isso inviabiliza o ato de escolha, pois o credor sequer tem idéia do que receberá, e o devedor não deixa entrever o universo sobre o qual se abaterá a atividade de concentração. Disso resulta a conclusão já expendida *retro*, no sentido de que na obrigação de dar coisa incerta a indeterminação do teor do objeto é apenas relativa, pois se absoluta afetará de invalidade a avença.

O legislador emprega no dispositivo o vocábulo *gênero* como sinônimo de grupo de seres que apresentam semelhança estrutural, deixando de lado a conotação mais assente em termos de vernáculo, pela qual *gênero* é o comum das espécies, e *espécie* é o grupo de indivíduos que guardam ampla semelhança estrutural entre si. Agiu com acerto o legislador, pois acaso houvesse feito menção ao vocábulo *espécie* estaria colocando exigência de prévia determinação do objeto, o que caracterizaria não a obrigação de dar coisa incerta, mas sim a de dar coisa certa.

Além do apontamento do gênero, é imprescindível que a coisa seja descrita também pela quantidade, pois se assim não fosse o credor não saberia qual o teor quantitativo do crédito, e o devedor estaria liberado entregando quanto desejasse, colocando em permanente risco a segurança da relação jurídica entabulada. Note-se que o art. 243 lança a conjuntiva *"e"* para dizer da necessidade de menção não apenas ao gênero, mas também à quantidade. Admite, apenas, que para o plano futuro se projete a identificação da qualidade do objeto, mediante ato de escolha a ser implementado no momento oportuno. Tem-se aí um estado precário, transitório e superável de incerteza, quadro que, aliás, funciona como característica mais peculiar desse tipo de obrigação.

4.2. Comparação com outras obrigações

Entre a obrigação de dar coisa incerta e a de dar coisa certa há pontos comuns e acentuadas diferenças. Ambas constituem dever jurídico que se define pelo repasse de um objeto precisamente identificado, mas enquanto na primeira inexiste a etapa da escolha, na segunda essa operação aparece como elemento decisivo, aparelhado quando do cumprimento daquilo que foi avençado. Na obrigação de dar coisa certa, o devedor libera-se mediante a entrega do próprio objeto devido, cuja determinação, identificação e qualificação já são conhecidas no momento da constituição da relação jurídica. Ao contrário, na obrigação de dar coisa incerta o conteúdo da prestação é determinável, e a sua singularização depende de um ato preparatório de escolha, que aponta, dentre outros objetos do mesmo gênero e na quantidade previamente fixada, qual servirá para o adimplemento do dever jurídico. A partir da individualização da coisa, desaparecem as razões conducentes à diferenciação de tratamento legal entre as aludidas modalidades obrigacionais, motivo pelo qual o legislador estabeleceu igual tratamento jurídico desde então (art. 245).

Também não se confunde a obrigação de dar coisa incerta com a obrigação alternativa, pois enquanto naquela o objeto é um só — referido em termos genéricos — e ainda não determinado em seus aspectos específicos, nesta existem dois ou mais objetos perfeitamente individualizados já ao início da relação, devendo a escolha ou concentração recair sobre um deles. Há, por assim dizer, diferença substancial entre ambos os institutos, de vez que na obrigação de dar coisa incerta a indeterminação é muito mais ampla e se espalha por entre inúmeras coisas do mesmo gênero, ao passo que na obrigação alternativa há uma pluralidade antecipadamente determinada de prestações possíveis, das quais será eleita aquela que servirá para liberar o devedor. Há alternatividade, por exemplo, quando o alienante se propõe a vender por 1.000 um dos bens que especifica: o veículo X, a casa Y ou o terreno Z. Qualquer dos itens serve para a satisfação da dívida, bastando escolher um deles para oportuno repasse. De banda diversa, existe incerteza quando o alienante assume o dever de entregar 10 sacas de arroz ao adquirente, pois patenteada relativa ausência de definição quanto ao teor da prestação que exonerará o devedor. Em comum, a obrigação de dar coisa incerta e a alternativa passam pela etapa da escolha ou concentração, em que o objeto é perfeitamente apontado. Também coincide o sujeito legitimado para concentrar, pois se nada foi ajustado em contrário, a tarefa incumbe ao devedor.

Importa mencionar, em complementação, a circunstância de que a impossibilidade das prestações traz conseqüências diferentes na obrigação de dar coisa incerta e na alternativa. Se um dos objetos perece nesta, a concentração é fixada no remanescente, de maneira que, por exemplo, a destruição do carro fixa o direito do credor sobre a casa, na hipótese de a alternativa dizer respeito a esses dois elementos. Por outro lado, o desaparecimento de um ou de todos os objetos pertencentes ao devedor, quando a prestação consistir na entrega de coisa incerta, não faz concentrar o dever noutro bem, pois então prevalecerá o princípio segundo o qual o gênero não perece (*genus nunquam perit*). Destarte, a perda total de todas as coisas do mesmo gênero, integrantes do acervo patrimonial do devedor, não impede que ele adquira outra de mesmo gênero e em igual quantidade, com média qualidade, para posterior entrega ao credor.

4.3. Escolha da prestação

O art. 244 estabelece: *"Nas coisas determinadas pelo gênero e pela quantidade, a escolha pertence ao devedor, se o contrário não resultar do título da obrigação; mas não poderá dar a coisa pior, nem será obrigado a prestar a melhor"*. De ordinário, na obrigação de dar coisa incerta a escolha cabe ao devedor, salvo se a vontade das partes envolvidas, a quem é dado alterar essa realidade em virtude de estarem diante de direitos patrimoniais disponíveis, solucionar a questão de maneira diversa. Observe-se, ainda, que qualquer estipulação em contrário precisa constar expressamente do título constitutivo, pois do contrário não produzirá efeitos jurídicos.

O ato de escolha é denominado *concentração*, traduzindo-se no plano concreto por meio da conduta de medir, separar, pesar, contar etc. Em razão dele, cessa a circunstancial indeterminação da prestação e passa a existir um contexto exatamente idêntico ao vislumbrado na obrigação de dar coisa certa, porque se terá conhecimento exato do conteúdo obrigacional em todas as suas minúcias. Não obstante seja ato jurídico unilateral de competência do devedor (ou do credor, quando expressamente previsto), a concentração não importa senão em uma faculdade que em muito difere da arbitrariedade. Logo, não poderá o devedor escolher a pior das coisas do gênero que se obrigou a entregar. Por outro lado, também não ficará adstrito à escolha e entrega da melhor, dada a necessidade de tratamento igualitário entre as partes. Disso se infere que a escolha não fica ao puro alvedrio de qualquer das partes, mas obedece ao critério da média qualitativa, a denominada *media aestimatio*, o que impõe seja escolhida pela parte encarregada a coisa que, dentre as demais do gênero, enquadrar-se no patamar da qualidade mediana, ou seja, nem a pior e nem a melhor. É claro que se a escolha pertencer ao devedor poderá este optar pela entrega da melhor, ou, se competir ao credor, ficará este autorizado a escolher a pior, pois em ambos os casos o ato de escolha não prejudicará o pólo adverso. Por outro lado, se não existir coisa de qualidade média, poderá o interessado escolher ou entregar a pior ou a melhor, face a inviabilidade de atendimento da previsão normativa mencionada acima.

Em termos processuais, a entrega de coisa incerta é regida pelos arts. 629 a 631 do Código de Processo Civil. Quando a execução recair sobre coisas determinadas pelo gênero e quantidade, o devedor será citado para entregá-las individualizadas, se lhe couber a escolha; mas se essa couber ao credor, este a indicará na petição inicial. (art. 629) Qualquer das partes poderá, em 48 (quarenta e oito) horas, impugnar a escolha feita pela outra, e o juiz decidirá de plano, ou, se necessário, ouvindo perito de sua nomeação (art. 630).

Ainda que o legislador não tenha previsto expressamente, a hipótese de a escolha ser delegada pelas partes a terceiro deve ser admitida, eis que amparada pelo princípio da autonomia da vontade, que tem elastério muito amplo em se tratando de normas que disciplinam matéria de ordem essencialmente privada. Não bastasse, poder-se-ia invocar, por simetria, o preceito insculpido no art. 1.930 do Código Civil, relativo ao pagamento dos legados de bens genéricos. Assim, faculta-se aos interessados indicar pessoa estranha à relação obrigacional, constituindo-a como encarregada de promover a concentração. Aceitando o encargo, a atuação do terceiro terá plena eficácia perante os envolvidos, vinculando-os ao apontamento realizado.

A partir do momento em que o credor tomar ciência da escolha, o liame passa a ser norteado pelas regras atinentes às obrigações de dar coisa certa. É o que preconiza o art. 245: *"Cientificado da escolha o credor, vigorará o disposto na Seção antecedente"*. Isto porque a comunicação da escolha faz cair a única barreira que separava tais modalidades obrigacionais: a indeterminação relativa do objeto. Como o teor da prestação torna-se conhecido em todas as suas nuanças, o mecanismo de tratamento em nada difere daquele idealizado para as obrigações que desde sempre têm por objeto coisa certa. A cientificação do credor pode acontecer por ato próprio, pois se ele tiver a prerrogativa de concentrar automaticamente estará conhecendo o teor da prestação. Quando a escolha competir ao devedor, caberá a este fazer a escorreita comunicação à parte adversa, seja por instrumento particular, notificação judicial ou extrajudicial, correspondência com aposição de recebimento e assim por diante. Reputa-se cientificado o credor na hipótese de o devedor, encarregado da individualização, ter colocado à sua disposição a coisa.

4.4. Riscos da coisa antes da tradição

A entrega da coisa individualizada exaure o conteúdo da obrigação, operando o último ato da relação jurídica. Em virtude disso, o legislador editou o art. 246, com a seguinte redação: *"Antes da escolha, não poderá o devedor alegar perda ou deterioração da coisa, ainda que por força maior ou caso fortuito"*. Levando-se em consideração a verdade de que o gênero jamais perece, não poderá o devedor, antes de comunicar a escolha ao credor (e de colocá-la à sua disposição), alegar perda ou deterioração da coisa como forma de liberar-se do dever jurídico, ou como meio de amenizá-lo. Até o momento em que se dá a concentração, a obrigação se cinge a uma indeterminação relativa, sem que seja exatamente conhecida a prestação. Disso decorre esta realidade: mesmo no caso de perecimento de todas as coisas que estavam ao alcance do devedor naquele momento, ainda assim restarão outras passíveis de obtenção para satisfação da pendência. Exemplo: caso a obrigação consista em dar cem sacas de trigo, a destruição das mil sacas que o devedor possuía e que foram vitimadas por enchente não importarão em desaparecimento de todo o trigo (gênero) do mercado, motivo pelo qual a liberação do obrigado somente acontecerá quando cumprir rigorosamente o dever como constituído.

A regra é de tamanho rigor que nem mesmo a perda ou deterioração por caso fortuito ou força maior será capaz de liberar o devedor. Tal posição deriva exatamente do princípio *genus nunquam perit* (o gênero nunca perece). Deve-se atentar para um aspecto de suma relevância: ainda que o legislador não mencione essa circunstância, não basta a mera separação da coisa pelo devedor para que o seu posterior perecimento ou deterioração possa ser alegado. Tampouco basta a só separação e a subseqüente comunicação ao credor; impõe-se que a coisa seja ao menos posta efetivamente à disposição deste, pois somente assim não incidirá o princípio *res perit domino*, que, aliado ao princípio *genus nunquam perit*, faz com que todo prejuízo seja suportado, ainda que sem culpa e por caso fortuito ou força maior, pelo titular.

Feita a escolha, comunicada ao credor e colocada a coisa à disposição deste, poderá o devedor alegar perda ou deterioração sem culpa como fundamento para resolver a obrigação, ou ao menos para limitar a amplitude de seus efeitos, nos termos previstos para a perda ou deterioração da coisa na obrigação de dar coisa certa (a cujo norteamento submete-se a obrigação de dar coisa incerta após a cientificação, ao credor, do ato de escolha — art. 245 do Código Civil). Isto porque a concentração individualiza, singulariza o objeto, de modo que o fenecimento parcial ou total do mesmo, sem culpa do obrigado, acarreta a impossibilidade absoluta de cumprimento. Não mais se considerará, então, a existência de outras coisas de igual gênero, pois a concentração dissolve a indeterminação e aponta exatamente para o objeto que liberará o devedor.

Capítulo 5

DAS OBRIGAÇÕES DE FAZER

5.1. Considerações gerais e conceito

As obrigações de fazer caracterizam-se pela imposição de uma determinada conduta ao devedor, traduzida na prática de um ato, no cumprimento de uma missão, na execução de uma tarefa ou em qualquer outro comportamento similar, realizado em proveito do credor ou de terceiro. Exemplo disso tem-se na contratação de um pedreiro para edificar uma garagem no terreno do credor da obrigação de fazer. Via de regra, ao se constituir essa modalidade obrigacional as partes têm em vista uma prestação de trabalho pelo devedor (*Clóvis Bevilacqua apud Caio Mário da Silva Pereira*, obra citada, p. 43). Mas essa não é característica essencial do dever jurídico, pois se admite o ajustamento de condutas traduzidas em prestação imaterial, como na hipótese de alguém assumir a obrigação de contratar futuramente (*v. g.*, promessa de compra e venda). Nisso não reside nenhuma imposição de esforço físico, apenas é estabelecida a necessidade de fazer o contrato especificado pelas partes. De outra banda, também é comum encontrar obrigações de fazer voltadas para a área artística ou intelectual (*v. g.*, escrever novela ou livro), que, se apresentam alguma aplicação física do devedor, não caracterizam propriamente uma prestação laboral como as verificadas em deveres como os de construir prédios, pontes etc. É sem dúvida muito vasto o seu campo de aplicação. Em suma, para a configuração dessa espécie obrigacional não é decisiva a natureza da atividade ajustada, mas sim a supremacia do *fazer* sobre as demais nuanças da avença entabulada.

São inconfundíveis as obrigações de fazer e de dar, embora tenham certos pontos de proximidade capazes de acarretar dúvidas em situações fronteiriças. Primeiramente, é indispensável observar a existência de um *dar* praticamente em toda obrigação de *fazer*. Isto porque o devedor, ao concluir o ato encomendado, geralmente terá de repassar o produto do seu esforço ao credor, como na hipótese de ter sido contratada a execução de uma escultura por famoso artista. Percebe-se aí que a principal missão do contratado é a de fazer a obra, mas ao depois precisará promover a tradição como forma de efetiva aquisição dominial pelo credor. Ademais, a conduta de entregar o resultado do trabalho importa também na aceitação do seu conteúdo pelo *accipiens*, embora ainda possa, após essa etapa, reclamar contra eventuais imprecisões segundo as normas gerais. De tudo isso emerge, porém, a nítida percepção de que, tratando-se de obrigações de fazer, o ato de dar não passa de exaurimento daquele outro dever jurídico primacial. Vale dizer, a entrega, quando necessária em virtude da natureza da relação jurídica, funciona como mecanismo de finalização do dever contraído, sem que com isso transforme a obrigação de fazer em obrigação de dar, ou noutra qualquer dotada de cunho híbrido.

Na realidade, vários aspectos servem para diferenciar as duas espécies acima referidas. A começar pela circunstância de que na obrigação de fazer a prestação sempre se concentra num ato ou fato dependente da atuação positiva do devedor, enquanto na obrigação de dar a liberação do sujeito passivo acontece pela entrega de uma coisa. Em comum, ambas apresentam a atividade do obrigado como fonte de liberação, o que pode eventualmente ocasionar perplexidade na definição exata da espécie examinada. Outro importante aspecto foi salientado originalmente por *Lacerda de Almeida* (*apud Sílvio Rodrigues*, obra citada, p. 32), cuja lição encaminhava-se no sentido de existir, na obrigação de dar, a perspectiva de acesso ao Poder Judiciário com vistas à obtenção da prestação acaso sonegada pelo devedor (*v. g.*, apreensão ou arresto da coisa), fenômeno ausente na obrigação de fazer, já que o princípio da liberdade do ser humano veda o emprego de força física para a obtenção da atividade contratada. Destarte, não se admite a coerção corporal como mecanismo direcionado a obrigar o devedor a praticar o ato pelo qual se liberaria caso praticado voluntariamente (*v. g.*, pintar um quadro). A visão estampada nessa tese é bastante segura e ainda hoje guarda evidente utilidade na definição da natureza da modalidade obrigacional que se esteja a examinar. Todavia, a evolução da ciência do direito revelou a insuficiência da teoria então apregoada, pois as obrigações de fazer que não consistem em um ato físico direto ou indireto, mas sim na emissão de uma vontade, podem ser compulsoriamente obtidas por meio da intervenção do Poder Judiciário. É o caso, por exemplo, da obrigação de fazer a escritura definitiva de compra e venda após a celebração de avença preliminar. A sentença produz os mesmos efeitos da manifestação de vontade sonegada pelo devedor, de maneira que o critério do acesso ao Poder Judiciário como fonte de diferenciação entre as obrigações de dar e de fazer, embora extremamente útil, em determinadas ocasiões apresenta um valor apenas relativo.

Na verdade, nenhuma fórmula estanque, padronizada e matemática, consegue estabelecer um mecanismo seguro e definitivo quando se trata de saber se a obrigação é de fazer ou de dar. Fundamentalmente, é preciso verificar se a prestação essencial consiste na prática de ato para posterior entrega do resultado ao credor ou se o repasse do objeto já configura o núcleo do dever jurídico. Quando o devedor tem de atuar na formação da coisa para posteriormente dá-la ao credor, a obrigação é de fazer, considerando-se o ato de dar simples exaurimento do *facere*. De outra banda, se o devedor limita a sua conduta a entregar coisa já existente e que se encontra em seu poder no momento da execução, a obrigação é de dar. Enfim, se o ato de dar é corolário do fazer, a obrigação é de fazer; do contrário, é de dar.

5.2. Espécies e execução

No momento da constituição da obrigação de fazer, é possível que o dever jurídico incidente sobre o sujeito passivo seja daqueles cujo cumprimento assume conformação personalíssima, ou, ao revés, indique prestação realizável por qualquer outra pessoa dotada de condições semelhantes às do contratado. Noutras palavras, determinadas obrigações de fazer são geradas porque a pessoa do devedor figura como elemento absolutamente essencial na relação, de modo que o cumprimento somente por ele pode ser feito. Em contrapartida, existem obrigações de fazer cujo objeto, embora direcionado para execução pelo devedor originalmente indicado, tem em vista mais a prestação almejada do que a pessoa a quem o encargo de realização é atribuído. Por isso, a fungibilidade ou não do *facere*, analisada sob a ótica da pessoa encarregada do cumprimento, ditará a solução a ser dada quando inadimplido o dever jurídico emergente da relação estabelecida.

O art. 247 do Código Civil dispõe: "*Incorre na obrigação de indenizar perdas e danos o devedor que recusar a prestação a ele só imposta, ou só por ele exeqüível*". Já se afirmou alhures que obrigação de fazer é o liame jurídico pelo qual o devedor assume o dever de praticar determinado ato, material ou imaterial, ou prestar certo serviço. Via de regra, toda e qualquer atividade humana pode ser objeto das obrigações de fazer, e muito especialmente aquelas que reclamam a atuação pessoal do agente. Não que isso seja essencial, mas é bastante comum que a obrigação de fazer constitua um vínculo *intuitu personae*, isto é, nasça do interesse de um dos contraentes em ver executado diretamente pelo outro o ato ou o serviço. Exemplo: quando um artista de renome é contratado para esculpir em madeira uma imagem sacra, tem-se em vista as qualidades pessoais do indivíduo, razão pela qual ninguém poderá por ele praticar o ato a que se comprometeu. Trata-se de uma obrigação de fazer *intuitu personae*, da qual o devedor somente se libera praticando o ato avençado. O mesmo não acontece, por exemplo, quando um trabalhador comum é contratado para fazer um muro, pois nesse caso qualquer pessoa de mediano conhecimento na área poderia executar o serviço. A diferença posta acima tem grande relevância na hipótese de inadimplemento, pois no primeiro caso (obrigação constituída em razão da pessoa) o descumprimento dará ao credor a possibilidade de resolver a avença e de exigir perdas e danos, enquanto no segundo caso (obrigação constituída em razão do ato ou serviço) poderá ele optar entre a cessação da avença, reclamando perdas e danos, ou a prática do ato ou serviço por terceiro, às expensas do devedor, como será visto adiante.

Quando a obrigação é constituída *intuitu personae*, tem-se um *facere* infungível sob o prisma do obrigado, pois apenas a ele caberá a execução. A pessoalidade pode derivar de expressa previsão firmada entre as partes ou das circunstâncias concretamente vislumbradas. Assim, será pessoal em virtude das circunstâncias a obrigação que envolva, como no exemplo dado acima, qualidades específicas do devedor (artista, compositor, cirurgião plástico, indivíduo especializado etc.). Todavia, as próprias partes têm a faculdade de tornar pessoal a obrigação também nas situações em que a execução poderia, em tese, ser consumada por pessoa diversa sem prejuízo para o resultado final pretendido. É o que acontece, *v. g.*, quando uma edificação comum é deixada a cargo de certo construtor mediante exigência de que pessoalmente a execute. Em qualquer das hipóteses, sendo *intuitu personae* a obrigação, a recusa imotivada e injustificada do devedor em dar-lhe cumprimento sujeita-o à indenização das perdas e danos suportados e de ocorrência provada pelo credor. A execução por terceiro, com imposição das respectivas despesas ao devedor, é possível especialmente — mas não exclusivamente — nas obrigações de fazer que não tenham surgido em razão da pessoa obrigada, e ainda assim como simples faculdade conferida ao credor, que, portanto, não está obrigado a aceitar o cumprimento do mister por outrem.

No tocante ao dever gerado sem a qualidade de personalíssimo, o legislador trouxe solução diferente. A disciplina é dada pelo art. 249: *"Se o fato puder ser executado por terceiro, será livre ao credor mandá-lo executar à custa do devedor, havendo recusa ou mora deste, sem prejuízo da indenização cabível. Parágrafo único- Em caso de urgência, pode o credor, independentemente de autorização judicial, executar ou mandar executar o fato, sendo depois ressarcido"*. O credor da obrigação de fazer não pode ser forçado a aceitar que outra pessoa a execute, a menos que expressamente admitida essa possibilidade quando da contratação, ou ainda quando o próprio credor optar por tal solução. Sendo fungível a prestação, e havendo recusa do devedor ou mora no cumprimento, poderá o credor optar pela execução da obrigação por outra pessoa de sua livre escolha, prioritariamente, sempre que viável, dentro de padrões econômicos aproximados aos originalmente acertados entre as partes.

Ao encomendar a terceiro a execução da obrigação inadimplida, às custas do devedor, o credor não estará renunciando ou desistindo de reclamar perdas e danos, a menos que o faça de modo expresso. Mesmo após a obtenção do objeto por meio da atividade de terceiro, poderá pleitear indenização das perdas e danos contra o devedor, desde que demonstre a sua ocorrência. Isto porque o inadimplemento, seguido da prática do ato ou do serviço por outrem, pode deixar um rastro de prejuízos a serem recompostos, como os decorrentes do atraso na execução, da qualidade do resultado final, de despesas extras etc., todos imputáveis a quem deu causa ao descumprimento.

Em circunstâncias normais, fica o credor obrigado a requerer ao Poder Judiciário autorização para mandar realizar a atividade por terceiro, fazendo prova da recusa ou da mora do devedor. Essa providência encontra justificativa na necessidade de que sejam evitados abusos por parte do credor, ou mesmo equívocos por ele protagonizados, dado que ao menor sinal ou indicativo de inadimplemento poderia precipitadamente ordenar a realização do ato ou serviço por outra pessoa que não a contratada. Disso emerge o risco de que o credor mande cumprir a obrigação por conta do devedor ainda quando não estiver diante de inadimplemento causado por este, mas sim perante incidência de caso fortuito ou força maior, como aconteceria, *v. g.*, na hipótese de o credor encomendar junto a outro profissional a execução de obra sem saber que a pessoa inicialmente contratada sofrera acidente que a incapacitara para cumprir no tempo devido a avença. Essa situação não importaria em gerar direito de indenização por perdas e danos, e o serviço do terceiro teria seus custos suportados por quem ordenou a realização. Exatamente por isso é que a execução por terceira pessoa somente pode ser viabilizada depois de autorizada pelo juízo.

Em circunstâncias especiais, que deixem entrever urgência na adoção de medidas tendentes a dar cumprimento à obrigação de fazer inadimplida, poderá o credor executá-la ou mandar que alguém a realize de imediato, sem a prévia intervenção do Poder Judiciário, ficando legitimado a formular posterior pedido de ressarcimento perante o devedor original. Todavia, isso não elidirá o risco de que possa vir a ter de suportar os gastos, eis que somente no caso de recusa do devedor ou descumprimento culposo mostra-se viável a execução da obrigação de fazer às expensas do obrigado. A urgência mencionada no parágrafo único do art. 249 somente pode ser aferida em cada situação concreta, resultando sempre das peculiaridades e do contexto vivenciado. Exemplo: se uma pessoa é contratada para combater insetos que infestam um galpão no qual será depositada no dia seguinte a produção de milho colhida pelo credor, poderá este, no caso de descumprimento do dever, ordenar de imediato a execução do combate à praga, pois não haverá tempo hábil para a busca de autorização junto ao Poder Judiciário. Depois, pleiteará contra o devedor inadimplente, que se recusou ou incorreu em mora, o ressarcimento dos valores despendidos na atividade.

5.3. Execução da obrigação de emitir vontade

Conforme frisado *retro*, a obrigação de fazer pode consistir na emissão de uma vontade, figura presente com especial destaque, e bastante comum, nos pactos de *contrahendo* (*v. g.*, promessa de compra e venda). Isso é admitido na generalidade das avenças dessa natureza, com aplicação tanto aos ajustes unilaterais como bilaterais, a título oneroso ou gratuito, comutativos ou aleatórios e assim por diante. Nesse caso, da celebração preliminar emerge o dever de *fazer* o contrato definitivo, segundo os moldes convencionados pelas partes.

Ao contrário do que acontece quando estipulado um *facere* traduzido em ato personalíssimo do devedor, nas obrigações em que a liberação do sujeito passivo acontece por meio da emissão de vontade é possível obter junto ao Poder Judiciário decisão que terá o mesmo vigor da prestação originalmente acertada. Vale dizer, a sentença produz os efeitos que adviriam da manifestação volitiva do devedor, caso ele houvesse cumprido espontaneamente o dever. Tal solução não afronta os princípios constitucionais concernentes à liberdade individual, pois ninguém estará forçando o sujeito passivo a emitir a vontade sonegada. Ocorrerá, na prática, a substituição da conduta do agente pelo teor da decisão judicial, sem afetar a substância do resultado perseguido.

Imagine-se a seguinte situação: promitente comprador e promitente vendedor celebram contrato preliminar, de que resulta, para as partes, o dever jurídico de celebrar a contratação definitiva. Esse quadro revela a geração de uma obrigação de fazer, cujo cumprimento se dará no momento indicado pelos contratantes. O Código de Processo Civil cuida das obrigações de fazer nos arts. 632 a 641, dedicando normas especificamente direcionadas à situação agora sob análise. Na hipótese de haver negativa de adimplemento por parte do promitente vendedor, a parte adversa poderá ajuizar demanda visando à obtenção de sentença que fará as vezes da própria vontade sonegada. O devedor será citado para satisfazer a pretensão no prazo que o juiz lhe assinar, se outro não estiver determinado no título executivo (art. 632). Se aquele que se comprometeu a concluir o contrato não cumprir a obrigação, a outra parte, sendo isso possível e não excluído pelo título, poderá obter uma sentença que produza o mesmo efeito do contrato a ser firmado (art. 639). Porém, tratando-se de contrato, que tenha por objeto a transferência da propriedade de coisa determinada, ou de outro direito, a ação não será acolhida se a parte, que a intentou, não cumprir a sua prestação, nem a oferecer, nos casos e formas legais, salvo se ainda não exigível (art. 640). Condenado o devedor a emitir declaração de vontade, a sentença, uma vez transitada em julgado, produzirá todos os efeitos da declaração não emitida (art. 641).

O Código Civil não abordou a questão de maneira tão profunda, mas deixou entrever sintonia com o caderno processual ao estipular, em certas normas, a sua opção por solução idêntica. Assim é que, concluído o contrato preliminar, com observância do disposto no art. 462 do caderno substantivo, e desde que dele não conste cláusula de arrependimento, qualquer das partes terá o direito de exigir a celebração do definitivo, assinando prazo à outra para que o efetive (art. 463). Esgotado o prazo, poderá o juiz, a pedido do interessado, suprir a vontade da parte inadimplente, conferindo caráter definitivo ao contrato preliminar, salvo se a isto se opuser a natureza da obrigação (art. 464). Cumpre salientar, demais, que se o estipulante não der execução ao contrato preliminar, poderá a outra parte considerá-lo desfeito, e pedir perdas e danos (art. 465).

5.4. Impossibilidade da prestação

O art. 248 do Código Civil indica as conseqüências da impossibilidade de cumprimento do dever pelo sujeito passivo, conferindo especial destaque, no encaminhamento do tema, ao elemento anímico com que ele se portou e à interferência desse quadro no desencadeamento do episódio que tornou inviável a prestação: *"Se a prestação do fato tornar-se impossível sem culpa do devedor, resolver-se-á a obrigação; se por culpa dele, responderá por perdas e danos"*. Quando não houver propriamente recusa do devedor em cumprir a obrigação, mas sim impossibilidade de assim proceder, deve-se perquirir a sua causa, mais exatamente a influência exercida pelo devedor no desencadeamento do óbice. Constatada a ocorrência de caso fortuito ou força maior como eventos inviabilizadores do cumprimento, a obrigação ficará resolvida e as partes volverão ao estado anterior, mediante a restituição do que tiverem recebido uma da outra, mas sem que qualquer delas tenha de indenizar perdas e danos. Isto porque ninguém pode ser compelido a fazer coisas impossíveis, como no caso de um pintor que depois de contratado sofre acidente e perde a mão que utilizava para executar suas obras. Entretanto, se a prestação inviabilizar-se por culpa do devedor, terá este de responder pelas perdas e danos suportados pelo credor. Exemplo disso é a contratação de um cantor que deixa de se apresentar no dia marcado porque na noite anterior participou de outro evento e, sentindo-se estafado, preferiu abster-se da apresentação avençada.

Incumbe a quem alegou a impossibilidade sem culpa o dever de provar a sua ocorrência. Isso vale para os casos em que o acontecimento apresentado como justificativa pelo obrigado se caracteriza como caso fortuito ou força maior, e, com igual vigor, para as hipóteses de alegação de culpa do próprio credor na produção da inviabilidade. Nesta última hipótese, porém, não se estará diante de simples reposição das partes ao estado anterior, porque a culpa do credor na provocação da impossibilidade fará com que suporte as conseqüências advindas do seu ato, especialmente quanto aos prejuízos causados ao devedor, nisso incluídos danos emergentes e lucros cessantes. Essa responsabilidade funda-se não apenas no preceito genérico inserido no art. 186 do Código Civil, mas também no princípio da isonomia das partes na relação jurídica, de maneira que, estando uma delas vinculada abstratamente à idéia de reparação de prejuízos culposamente causados, o mesmo tratamento precisa ser dispensado à outra.

Ao regular a matéria referente à impossibilidade, o ordenamento jurídico não está querendo defini-la como mera dificuldade, de caráter transitório, passageiro, contornável. Reporta-se, isto sim, à absoluta inviabilidade de cumprimento da obrigação fixada, face a óbice inarredável para o devedor. Caso se trate de singela exigência de maior empenho, terá ele de envidar todos os meios possíveis e disponíveis para cumprir aquilo que se ajustou, sob pena de ser considerado inadimplente e suportar os ônus decorrentes dessa condição. Observe-se, porém, que, sendo transitória a impossibilidade, o devedor não poderá ser considerado em mora se não houve contribuído culposamente para a sua verificação. Somente quando superado o obstáculo é que será facultado ao credor constituir em mora o sujeito passivo, caso este não cumpra o dever jurídico assumido.

5.5. Fixação de multa

Segundo o art. 461 do Código de Processo Civil, na ação que tenha por objeto o cumprimento de obrigação de fazer ou não fazer, o juiz concederá a tutela específica da obrigação ou, se procedente o pedido, determinará providências que assegurem o resultado prático equivalente ao do adimplemento. Com base nisso, admite-se a fixação de *astreinte*, consubstanciada em multa a ser paga pelo devedor no caso de ignorar o comando expendido com vistas ao cumprimento do dever jurídico pendente. Exemplo: quando se determina a um banco a exclusão, por abusividade, do nome do cliente do cadastro existente em órgãos de proteção ao crédito, a coerção agregada à medida, visando ao atendimento da obrigação de fazer, pode assumir forma de multa. A providência tem como finalidade compelir o sujeito passivo a fazer aquilo a que se encontra obrigado, afora funcionar como elemento de punição pela inobservância do dever jurídico. Destarte, admite-se a estipulação de multa como forma de assegurar o adimplemento da obrigação de fazer, pois nisso não vai nenhuma forma de coerção física contra a pessoa do devedor. Cuida-se de mecanismo indireto de reconhecida eficiência, mas cuja utilização precisa ser feita com parcimônia, sob pena de restar desvirtuado e gerar problemas maiores do que os já existentes.

A quantificação da multa não poderá ser motivo de enriquecimento sem causa do credor e tampouco de injustificado empobrecimento do sujeito passivo. Guardará amplitude econômica suficiente para preencher a expectativa de que sirva como elemento auxiliar na execução da obrigação de fazer até então sonegada pelo devedor. Caberá ao juiz, em cada situação concreta, avaliar as peculiaridades presentes e fixar montante adequado a título de multa, a incidir em caráter diário ou de uma só vez. É facultada ao magistrado a imposição de multa independentemente do pedido do exeqüente, a fim de que cumpra a obrigação de fazer. Contudo, ela não pode ser fixada em patamar que ultrapasse o critério da razoabilidade e o bom senso, para não se transformar em fonte de vantagens indevidas para a parte que dela se aproveita. Quanto à amplitude do instituto, o Superior Tribunal de Justiça já decidiu que *"é cabível, mesmo contra a Fazenda Pública, a cominação de multa diária (astreinte) como meio executivo para cumprimento de obrigação de fazer (fungível ou infungível) ou entregar coisa"* (RE 766699/RS). A propósito, a fixação pode acontecer em qualquer fase do processo, seja em sede cognitiva como no âmbito executivo, desde que preenchidos os pressupostos elencados *retro*.

Tomada em linha de conta a circunstância de que a finalidade da *astreinte* é unicamente a de influir no ânimo do devedor, fazendo com que ele cumpra de imediato a obrigação a que se encontra jungido, resta patente a sua inoperância, e, portanto, o seu descabimento, quando for impossível ao devedor cumprir a obrigação, se para essa inviabilidade não contribuiu de maneira culposa. Aí está outra razão para que o julgador analise com profundidade o contexto, pois o caráter punitivo não figura como fator principal quando da fixação de multa, cujo desiderato maior é, conforme sobredito, compelir o devedor a fazer aquilo que, mesmo estando ao seu alcance, pura e simplesmente desatendeu.

Capítulo 6

DAS OBRIGAÇÕES DE NÃO FAZER

6.1. Considerações gerais e conceito

Obrigação de não fazer é o liame jurídico pelo qual o devedor assume o dever de abster-se da prática de um ato que poderia livremente realizar se não fosse o *non facere* assumido perante o credor, com ou sem contraprestação por parte deste. Noutras palavras, a prestação é exatamente o não fazer, de modo que a inação ou inércia do devedor em relação a tal objeto durante o período avençado libera-o da obrigação assumida, que é tipicamente negativa. Exemplos: o devedor obriga-se a não edificar em seu terreno além de determinada altura; o obrigado compromete-se com o adquirente de fundo de comércio a não fazer concorrência na mesma zona; o dono de animal obriga-se com outro criador a não apresentá-lo em certa exposição etc. Enquanto as obrigações positivas *(facere)* visam à prática de uma conduta ativa do devedor, que pode consistir em um ato qualquer ou mesmo na tradição de coisas, nas obrigações negativas *(non facere)* o dever corresponde a uma omissão, a um não agir. O inadimplemento se dá exatamente quando o obrigado age, descumprindo o dever de se manter inerte.

Às vezes, a obrigação negativa pode assumir contornos que a aproximam, em repercussões materiais, a algumas espécies de servidão. Assim, ao assumir o dever de não edificar além de certa altura, o sujeito passivo fica impedido de executar a obra, sob pena de incidirem as normas e as conseqüências pertinentes à espécie. Quadro semelhante existe quando, por servidão de luz, o titular do imóvel serviente acaba privado da possibilidade de realizar obras capazes de suprimir a iluminação do prédio dominante. Em função disso, percebe-se acentuada proximidade entre os institutos supracitados, mas isso não implica, em absoluto, na sua equiparação jurídica. Isto porque a constituição da servidão, caracterizada como direito real, exige sejam atendidos rigorosos pressupostos, entre eles a confecção de escritura pública e o posterior registro junto à matrícula imobiliária. A obrigação de não fazer, ao contrário, prescinde de maiores formalidades para a sua geração e pode ser criada por escrito particular. Ademais, cuida-se de instituto pertencente ao campo obrigacional, tendo caráter estritamente pessoal. Logo, o seu vigor jurídico limita-se às partes envolvidas, não vinculando terceiros, enquanto a servidão regularmente implementada possui eficácia *erga omnes*.

Volvendo agora ao exame específico da obrigação de não fazer, releva observar que, quanto ao ambiente de aplicação, ela pode dizer respeito a qualquer espécie de dever, contanto que lícito e não marcado pela abusividade, pela ofensa à moral e aos bons costumes. Em geral, é amplamente facultado ao sujeito passivo restringir a sua prerrogativa de atuação, assumindo obrigação de não fazer algo que, noutras circunstâncias, poderia executar. Porém, nem mesmo a aparente licitude primária do objeto assegura a pertinência do dever contraído, pois abstenções ordinariamente lídimas podem, quando guindadas à condição de obrigação formal, conter elevado grau de nocividade e grande capacidade de afetação de princípios gerais relativos à liberdade das pessoas. Cumpre afirmar, portanto, que o *non facere* será permitido nos casos em que não restringir consideravelmente o princípio da liberdade de conduta, ressalvadas as hipóteses previstas em lei.

Não se considera factível, por exemplo, a assunção da obrigação genérica de não trabalhar, pois isso contraria norma constitucional que assegura o direito ao exercício de profissão ou ofício (art. 5º, XIII). Por razão similar, afigura-se inexeqüível o dever de não consumir certos gêneros alimentícios, não utilizar veículo automotor etc. Tudo isso, além de afrontar a razoabilidade esperada do teor de qualquer relação jurídica, interfere nos padrões de convivência social e afeta a harmonia da coletividade. Reputa-se nula, à evidência, toda obrigação contraída nos moldes acima expostos, de maneira que dela não se extrai vinculação jurídica alguma.

6.2. Inadimplemento da obrigação

Conforme aludido *retro*, o sujeito passivo da obrigação de não fazer permanece atrelado, ao longo da sua vigência, a preceito que veda a prática de certo ato. A prestação consiste, por assim dizer, na manutenção de um estado inercial. Todavia, é preciso examinar o elemento anímico do indivíduo quando porventura restar implementado o acontecimento cuja abstenção constituía o cerne do dever jurídico assumido. Afinal, a ausência de culpa produz reflexos totalmente diversos daqueles produzidos pela atuação culposa que leva à consecução do ato vedado. Reconhecendo a diversidade das situações, o art. 250 do Código Civil preconiza: "*Extingue-se a obrigação de não fazer, desde que, sem culpa do devedor, se lhe torne impossível abster-se do ato, que se obrigou a não praticar*".

Como se percebe pelo texto da norma, as conseqüências do descumprimento da obrigação de não fazer estão diretamente relacionadas com a presença ou não do elemento subjetivo culpa. Ausente a culpa no inadimplemento, extingue-se a obrigação sem que o devedor tenha de indenizar perdas e danos, pois as partes simplesmente retornam ao estado anterior. É o que ocorre quando o obrigado vê-se, por caso fortuito ou força maior, na contingência de praticar o ato a cuja abstenção se obrigara. Exemplo: o proprietário de terreno no qual se situa um poço assume a obrigação de não impedir a retirada de água pelos vizinhos para consumo, mas sobrevém ordem judicial no sentido de que, face à contaminação da água, seja pelo titular impedida a captação pelos habitantes das cercanias. O devedor descumpriu o dever de não bloquear o acesso à água em virtude de ordem judicial a que não poderia legitimamente resistir, e por isso não responderá por perdas e danos. O dever jurídico simplesmente será extinto, com reposição das partes ao *status quo ante*.

Outro será o caminho se o sujeito passivo, podendo regularmente abster-se, pratica o ato que figurava como núcleo da obrigação negativa. Ficando plasmada a culpa do devedor, surgem para o credor alternativas que se prendem à utilidade ou não da reversão do quadro produzido a partir da inobservância do dever. Uma delas está contida no art. 251, enquanto a outra emerge do ditame geral ínsito no art. 389 do Código Civil, secundado pelo parágrafo único do art. 643 do Código de Processo Civil. O primeiro dispositivo mencionado afirma: *"Praticado pelo devedor o ato, a cuja abstenção se obrigara, o credor pode exigir dele que o desfaça, sob pena de se desfazer à sua custa, ressarcindo o culpado perdas e danos. Parágrafo único- Em caso de urgência, poderá o credor desfazer ou mandar desfazer, independentemente de autorização judicial, sem prejuízo do ressarcimento devido"*. A inexecução culposa do *non facere* confere ao credor a possibilidade de exigir do devedor que desfaça o ato, sob pena de ser desfeito pelo credor, ou por terceiro a comando deste, às expensas do inadimplente. É óbvio que para isso o desfazimento terá de apresentar-se como possível, mesmo porque do contrário a obrigação será resolvida em perdas e danos. É o que acontece, por exemplo, se o devedor que se obriga a não expor certo animal em determinada feira acaba por fazê-lo, exaurindo de um só golpe toda possibilidade de voltar atrás e remediar a situação. Disso resultará, atuando com culpa, o surgimento do dever de indenizar perdas e danos eventualmente causados ao credor. O mesmo ocorre se o dono de um imóvel assume o compromisso de não locá-lo para funcionamento de bar e termina agindo em sentido contrário ao dever jurídico fixado. Não há outra solução diversa da indenização, pois o ato de locar não poderá ser revisto coercitivamente. Esse posicionamento exsurge do texto do art. 389 do Código Civil, onde se diz que não cumprida a obrigação, responde o devedor por perdas e danos, mais juros e atualização monetária segundo índices oficiais regularmente estabelecidos, e honorários de advogado. De resto, o já indicado parágrafo único do art. 643 do diploma processual trilhou semelhante senda, apontando como desfecho a indenização dos prejuízos.

A indenização das perdas e danos não é cabível somente na hipótese de ser impossível o desfazimento do ato praticado pelo devedor que se obrigara à abstenção; também nos casos em que o desfazimento é feito à custa do devedor inadimplente cabe pleito indenizatório, porque o fator determinante da prerrogativa criada em proveito do credor é a presença de culpa na inexecução do dever jurídico incidente sobre a parte adversa.

Dentro de condições normais, o credor precisa requerer ao Poder Judiciário autorização para desfazer pessoalmente ou mandar desfazer o ato que deveria ter sido omitido pelo obrigado, fazendo prova da culpa deste. Essa providência encontra justificativa na necessidade de que sejam evitados contratempos, dado que ao menor sinal ou indicativo de inadimplemento poderia o credor precipitadamente desfazer ou ordenar indevidamente o desfazimento. Disso emerge o risco de que incorra em erro ou pratique abusos, como no caso de ignorar que o descumprimento do dever jurídico de abstenção deu-se em razão de caso fortuito ou força maior, situação que não gera direito de indenização por perdas e danos e nem enseja o desfazimento do ato. Entretanto, em ocasiões especiais que deixem entrever urgência na adoção de medidas tendentes a desfazer o ato praticado, e sendo isso possível, poderá o credor tomar essa providência ou mandar que alguém a tome de imediato, sem a prévia intervenção do Poder Judiciário, cabendo-lhe posterior pedido de ressarcimento perante o devedor original pelos danos e gastos suportados. Isso, porém, não elidirá o risco de que possa vir a ter de suportar inteiramente tal dispêndio, eis que somente no caso de culpa do devedor mostra-se viável o desfazimento às expensas do obrigado e o pleito reparatório.

A urgência mencionada no dispositivo somente pode ser aferida em cada situação concreta, resultando sempre das peculiaridades do contexto vivenciado. Exemplo: se uma pessoa se obriga a não bloquear o curso de águas por seu território, mas em dia de intensa chuva o faz, ocasionando risco iminente de alagamento no prédio contíguo, poderá o credor desfazer a barreira sem prévio assentimento judicial, dada a falta de tempo hábil para a busca de autorização junto ao Poder Judiciário. Fica-lhe ainda facultado buscar indenização das perdas e danos contra o devedor que culposamente inadimpliu a obrigação de não fazer.

6.3. Questões processuais

Inicialmente, impende referir que é facultado ao juízo, de ofício ou a requerimento da parte, fixar multa (*astreinte*) para incidência no caso de desatendimento da obrigação de não fazer. Valem aqui as mesmas considerações já expendidas quando do exame dessa possibilidade na obrigação de fazer, mesmo porque ambas as espécies são praticamente idênticas em sua gênese, diferindo basicamente apenas em função de uma ser positiva e outra negativa.

O Código de Processo Civil trata da obrigação de não fazer, especificando a disciplina da execução daquilo que está previsto em abstrato no caderno substantivo, e que foi alvo de anterior análise. Se o devedor praticou o ato, a cuja abstenção estava obrigado pela lei ou pelo contrato, o credor requererá ao juiz que lhe assine prazo para desfazê-lo (art. 642). Havendo recusa ou mora do devedor, o credor requererá ao juiz que mande desfazer o ato à sua custa, respondendo o devedor por perdas e danos (art. 643). Não sendo possível desfazer-se o ato, a obrigação resolve-se em perdas e danos (parágrafo único).

Ao contrário do que acontece com as obrigações de fazer, cuja prestação pode ser consignada em pagamento quando houver causa legal a ensejar essa providência, nas obrigações de não fazer a medida é inviável. Como se exige do devedor uma omissão, eventual desatendimento somente poderá ser contornado por meio de lide ordinária com pleito cominatório, pois por meio dele o sujeito passivo será instado a desfazer o ato (se ainda possível tal iniciativa), sob pena de multa, sem prejuízo de indenização das perdas e dos danos que houver ocasionado. Também é adequada a demanda ordinária cominatória nos casos em que o autor postula a emissão, pelo juízo, de obrigação de não fazer em sede cautelar ou de antecipação de tutela. O art. 287 do Código de Processo Civil diz que se o autor pedir que seja imposta ao réu a abstenção da prática de algum ato, tolerar alguma atividade, prestar ato ou entregar coisa, poderá requerer cominação de pena pecuniária para o caso de descumprimento da sentença ou da decisão antecipatória de tutela (arts. 461, § 4º, e 461-A). Exemplo: determinação judicial no sentido de que o banco não remeta o nome do cliente para órgãos de proteção ao crédito, fixando pena pecuniária para o caso de descumprimento.

Capítulo 7

DAS OBRIGAÇÕES ALTERNATIVAS

7.1. Análise introdutória e conceito

As obrigações alternativas pertencem ao grupo das denominadas obrigações complexas, cuja principal característica, sob o prisma do seu conteúdo, consiste na existência de multiplicidade de objetos. No caso das alternativas, essa pluralidade esgota-se a partir do momento em que, dentre todos os objetos identificados, um deles é apontado com vistas à entrega e conseqüente liberação do devedor.

Portanto, obrigação alternativa é o liame jurídico que tem por objeto uma pluralidade de prestações determinadas, das quais somente uma será entregue pelo obrigado para o cumprimento do dever assumido. Há, por assim dizer, unidade de vínculo e pluralidade de prestações (*Caio Mário da Silva Pereira*, obra citada, vol. II, p. 75). As características básicas da obrigação alternativa, por assim dizer, são: a) pluralidade de prestações singularizadas, ou seja, perfeitamente identificadas em meio a outras de mesmo gênero (*v. g.*, o automóvel de placas XYZ-1000 ou a área de terras matriculada sob o número 2000; b) liberação do devedor por meio da entrega de apenas uma das prestações. Exemplo: Paulo pactua com José a venda de um dos quatro automóveis que possui, sem precisar exatamente qual deles será entregue. O momento do cumprimento será precedido (ou, no máximo, coincidente) pelo de escolha da coisa que liberará o devedor, ocasião em que a relação obrigacional terá prestação individualizada em todas as suas nuanças, passando a incidir o dever jurídico sobre aquele bem específico.

Saliente-se que o objeto da obrigação alternativa não se cinge a coisas, podendo abranger igualmente fatos, serviços, deveres de inércia etc. Assim, cabível a constituição da alternativa em relação tanto às obrigações de dar como no pertinente às de restituir, fazer e não fazer. E nada impede que se mesclem deveres de natureza diversa, como na hipótese de alguém assumir a obrigação de fazer um muro ou dar certa quantia em dinheiro ao credor. Da falta de coincidência das prestações quanto à sua gênese não dimana qualquer afetação sobre o liame jurídico estabelecido, havendo plena viabilidade desde que atenda às demais prescrições ínsitas no ordenamento vigente.

Sopesada a formulação técnica dessa espécie obrigacional, fica claro que o devedor não pode ser compelido a fornecer todas as prestações arroladas como aptas a gerarem o cumprimento do dever assumido. A alternatividade reside exatamente na perspectiva de que o devedor repasse ao sujeito ativo a prestação que vier a ser escolhida, seja por uma ou por outra parte, conforme preconizado pela lei ou no ajuste constitutivo. O instante da seleção, denominado *escolha* ou *concentração*, figura como marco de transformação da obrigação, que deixa de ser complexa (porque na origem possuía várias prestações possíveis) e passa a ser simples (porque separada a prestação que vai levar ao cumprimento).

7.2. Comparação com outras obrigações

Considerados os caracteres básicos de outras obrigações cuja existência é admitida pelo ordenamento jurídico brasileiro, vislumbram-se algumas semelhanças, mas principalmente destacadas diferenças entre elas. De início, é preciso dizer que as obrigações cumulativas e as facultativas também pertencem ao plano das que possuem caráter complexo (as últimas, em caráter imperfeito), e nisso encontram classificação semelhante às alternativas. Contudo, entre elas há marcantes aspectos de diferenciação, em especial no concernente ao mecanismo de liberação do devedor.

Nas obrigações cumulativas, várias são as prestações que servem para a exoneração do devedor, mas inexiste alternativa à disposição dele. Noutras palavras, cabe ao obrigado a entrega de todas as prestações indicadas quando da geração do liame jurídico (*v. g.* pagar certa importância em dinheiro *e* dar o veículo previamente discriminado). Por isso, as obrigações cumulativas também são denominadas *conjuntivas*, pois existem tantas obrigações diferentes quantas forem as prestações devidas, que são perfeitamente singularizadas, e por isso mesmo a liberação do obrigado somente se processa mediante a satisfação integral de todas elas. Nas alternativas a situação é totalmente oposta, pois embora estejam arrolados e identificados vários objetos, a entrega é precedida pelo fenômeno da escolha, pela qual apenas um dentre eles recebe a indicação para cumprimento do dever jurídico.

Também não se confundem, as obrigações alternativas, com as chamadas *facultativas*. Nestas, o objeto consiste em apenas uma prestação, que desde o princípio está indicada para entrega ao credor no momento oportuno. Todavia, já na origem as partes ajustam, ou a força da lei estabelece, que o devedor poderá liberar-se entregando outra que não a primitivamente apontada. Assim, o repasse da segunda prestação acaba tornando-se uma faculdade conferida ao devedor, e daí a origem da denominação da aludida obrigação. O ordenamento brasileiro não previu de maneira expressa a existência das obrigações facultativas, de maneira que o seu emprego somente pode derivar da vontade das partes, e ainda assim somente será tida como facultativa quando, dadas as suas características e sendo seguidas as regras gerais do direito obrigacional, não se enquadrar noutra classificação. Exemplo: se forem apontadas duas prestações perfeitamente identificadas e uma delas funcionar como fator de liberação do devedor, a obrigação será alternativa; mas, se uma só for a prestação, admitindo-se que o devedor escolha outra a seu critério, segundo padrões ditados pelo gênero, poderá restar patenteada a faculdade acima mencionada.

Por outro lado, necessário observar que tanto nas obrigações alternativas como nas de dar coisa incerta existe o momento da escolha, o que poderia aproximar os institutos e trazer algum grau de dificuldade na sua diferenciação. Entrementes, é sensível a presença de um elemento que as estrema por inteiro, traduzido na circunstância de que nas obrigações de dar coisa incerta a prestação é extraída de um universo mencionado apenas pelo gênero e quantidade (*v. g.*, entrega de um automóvel Ford, ano X), ao passo que nas alternativas a prestação exsurge de um conjunto cujas unidades componentes se encontram perfeitamente identificadas e singularizadas (*v. g.*, entrega do automóvel Ford de placas XYZ-1000 ou do caminhão Chevrolet de placas WKM-3000). Essa configuração tem sobrelevada relevância quanto às conseqüências advindas do perecimento do objeto, conforme análise a ser feita adiante.

7.3. Direito de escolha

Já se disse, em etapa anterior, que a escolha ou concentração consiste na individualização da prestação que servirá para liberar o devedor, mediante entrega ao credor no momento oportunamente aprazado. Cumpre agora examinar a quem compete apontar, dentre as coisas, fatos ou serviços, aquele que conduzirá o devedor à exoneração, extinguindo o dever jurídico por intermédio do cumprimento do objeto ajustado. Sempre sem olvidar que desde quando feita, a concentração faz incidir sobre aquela prestação selecionada toda a gama de corolários emergentes da espécie obrigacional constituída, que, em virtude desse fenômeno, faz enquadrar-se como juridicamente simples a obrigação originalmente complexa. Também é necessário investigar os reflexos da escolha sobre o liame entabulado, tendo em vista as várias hipóteses elencadas pelo legislador.

O art. 252 do Código Civil estabelece: *"Nas obrigações alternativas, a escolha cabe ao devedor, se outra coisa não se estipulou. § 1º – Não pode o devedor obrigar o credor a receber parte em uma prestação e parte em outra. § 2º – Quando a obrigação for de prestações periódicas, a faculdade de opção poderá ser exercida em cada período. § 3º – No caso de pluralidade de optantes, não havendo acordo unânime entre eles, decidirá o juiz, findo o prazo por este assinado para a deliberação. § 4º – Se o título deferir a opção a terceiro, e este não quiser, ou não puder exercê-la, caberá ao juiz a escolha se não houver acordo entre as partes"*. Desde logo impende obtemperar que as partes têm completa liberdade para o fim de apontar a quem competirá o encargo. A elas é lícito estabelecer, ainda, que a escolha não se dará apenas em relação à prestação propriamente dita, podendo ficar ajustado que a concentração também abrangerá o tempo, o lugar e as peculiaridades do cumprimento, contanto que nesse processo esteja incluído o elemento principal, ou seja, o próprio objeto da obrigação.

Aduza-se, porém, que uma vez formulada a escolha adquire a conotação de ato definitivo e irrevogável, em nome da segurança das relações jurídicas e da harmonia do convívio social. Tanto os diretamente envolvidos (credor e devedor) podem receber a incumbência, nada impedindo que se delegue a terceiro, estranho à relação, a mencionada tarefa. Disso resulta que a solução apontada no *caput* diz respeito às situações em que prepondera o silêncio dos celebrantes, aspecto a importar na presunção de terem optado por atribuir ao devedor a concentração.

Cuida-se de regra idêntica à incidente nas obrigações de dar coisa incerta. Porém, entre ambas existe essencial diferença, pois enquanto nestas o objeto, conquanto indeterminado, é um só, naquelas há vários objetos adrede individualizados e somente um deles será entregue para a liberação do devedor. A escolha deve ser feita dentro do prazo avençado, ou naquele fixado por meio da competente notificação promovida pela parte que não tem a prerrogativa da escolha. O art. 571 do Código de Processo Civil dispõe no sentido de que, quando a escolha couber ao devedor, este será citado para exercer a opção e realizar a prestação dentro em 10 (dez) dias, se outro prazo não lhe foi determinado em lei, no contrato, ou na sentença. O § 1º informa que se devolverá ao credor a opção, se o devedor não a exercitou no prazo marcado. O § 2º explicita que, se a escolha couber ao credor, este a indicará na petição inicial da execução. Caso o devedor tome a iniciativa de instar o credor a promover a escolha, e este não respeitar o prazo convencionado, determinado em lei ou fixado pelo juiz, caberá cominação de perda da prerrogativa de concentrar, ficando sujeito a receber aquela que vier a ser indicada pelo devedor. Em qualquer das hipóteses, a culpa da parte em retardar o cumprimento implicará na indenização das partes e dos danos causados ao pólo contrário.

O cumprimento da obrigação se dá pela entrega de uma das prestações possíveis, mas nisso há impositiva indivisibilidade, de modo que após a escolha o devedor terá de entregar ao pólo contrário, por inteiro, o objeto sobre o qual recaiu a concentração, sendo-lhe vedado entregar parte de uma prestação e parte de outra como forma de liberação. Assim, se o dever consiste alternativamente em entregar ao credor os quatro cavalos ou os quatro bovinos pertencentes ao obrigado, não poderá este se exonerar por meio do repasse de dois cavalos e dois bovinos, pois isso desvirtua a inteireza da prestação.

Relativa exceção ao princípio acima aludido existe quando se tratar de prestações periódicas. Nelas, à evidência, a parte a quem competir a opção exercê-la-á no momento em que consumado cada período. Disso decorre a possibilidade de ser escolhida outra prestação que não a selecionada no período anterior, como no caso de alguém se obrigar, como contraprestação de determinada locação, a pagar semestralmente certa quantia em dinheiro ou o equivalente em sacas de trigo. A cada semestre haverá nova escolha e o subseqüente pagamento, sem que entre os vários períodos exista qualquer espécie de vinculação no que concerne à concentração, cuja ocorrência é verificada de maneira absolutamente autônoma. Na prática, portanto, há tantas obrigações alternativas quantos forem os períodos de vigência do pacto firmado entre os interessados.

Sendo integrado por mais de uma pessoa o pólo a quem compete a escolha, e cabendo esta a qualquer um dos membros, terão estes de entrar em acordo acerca da concentração. Tal deliberação será necessariamente unânime, pois a discordância de uma só pessoa que seja faz com que ao juízo caiba a tarefa de fixar prazo final para que entrem em acordo, sob pena de o próprio julgador apontar qual das prestações servirá para a exoneração do pólo devedor.

Consoante sobredito, às partes é facultado atribuir a terceiro, nas obrigações alternativas, a escolha da prestação que será entregue ao credor. Entretanto, deve considerar-se a hipótese de que o indivíduo apontado pelas partes não queira ou não possa desempenhar a função cometida, fato que, à míngua de acordo entre os interessados, carreará ao juiz a tarefa da concentração. Por isso, a obrigação alternativa jamais sucumbirá ante a negativa ou impossibilidade de o terceiro indicado promover a escolha, eis que a todo tempo as partes poderão fazer nova indicação ou cometer a uma delas o ato de escolha, e, se isso não acontecer, decidirá o juiz segundo as circunstâncias do contexto.

7.4. Impossibilidade ou inexecução da prestação

Quando duas forem as prestações previstas na constituição da obrigação alternativa, a impossibilidade física ou jurídica, ou a inexeqüibilidade de uma delas, faz com que desapareça a prerrogativa de opção. A afirmativa tem respaldo no art. 253 do Código Civil: *"Se uma das duas prestações não puder ser objeto de obrigação ou se tornada inexeqüível, subsistirá o débito quanto à outra"*. Como se percebe, a verificação desse acontecimento não faz desaparecer a obrigação, pois a liberação do devedor passará automaticamente a depender do cumprimento pela entrega da prestação remanescente. Exemplo: a) prestação que não pode ser objeto da obrigação – o devedor compromete-se a entregar certa soma em dinheiro ou o imóvel de que é titular, mas ao depois se constata que este último bem era inalienável; b) prestação que se torna inexeqüível – se a obrigação consiste na entrega de um cavalo ou um bovino, e este último vem a perecer, haverá inexeqüibilidade de uma das prestações, e terá o devedor de entregar a outra, pois somente assim ficará exonerado.

Com a supressão da viabilidade de uma das prestações, e ficando concentrado o dever jurídico sobre a remanescente, a obrigação se torna simples, eis que ausente a perspectiva de escolha originalmente fixada. Desimporta se a impossibilidade que atinge uma das duas prestações é física ou jurídica, porque em qualquer hipótese fenecerá a prerrogativa de opção e passará o dever a recair sobre a prestação supérstite.

Igual solução se aplicará quando forem mais de duas as prestações aventadas em obrigações alternativas. No caso de apenas uma delas subsistir intacta e as demais terem sido atacadas de impossibilidade ou inexeqüibilidade, caberá ao devedor liberar-se por meio do repasse da remanescente. Note-se que o desfecho é diametralmente oposto ao previsto para as obrigações de dar coisa incerta, pois nestas o desaparecimento das prestações pertencentes ao devedor não impede que obtenha outra de mesmo gênero junto a terceiro, adquirindo-a para posterior repasse ao credor.

O teor do art. 253 permite concluir que a culpa do devedor no desaparecimento de uma das prestações, quando a escolha for de sua incumbência, não trará repercussão nenhuma no âmbito da relação jurídica. Isto porque, sendo sua a prerrogativa de concentração, o fenecimento de uma das opções faz recair sobre a outra a expectativa do credor. Assim, seja por evento alheio à vontade do devedor ou por deliberada iniciativa dele, a supressão da prestação não interfere no deslinde do liame, já que o direito do credor se concentrará no objeto remanescente.

Ainda sob o prisma de análise do elemento volitivo, o art. 254 estabelece: *"Se, por culpa do devedor, não se puder cumprir nenhuma das prestações, não competindo ao credor a escolha, ficará aquele obrigado a pagar o valor da que por último se impossibilitou, mais as perdas e danos que o caso determinar"*. Quando a escolha couber ao devedor e este, por culpa, fizer com que não se possa cumprir nenhuma das prestações, nem por isso desaparecerá o dever jurídico, porque tal solução seria um convite à fraude e à má-fé. Terá o obrigado, então, de pagar o valor correspondente à última prestação que se impossibilitou, arcando ainda com as perdas e danos suportados pela parte adversa. A solução apontada pelo legislador corresponde a uma ficção no sentido de que a concentração incide sobre a última das prestações a tornar-se impossível. Como o cumprimento direto fica inviabilizado e a escolha não cabia ao credor, altera-se a natureza do dever jurídico, que passa a corresponder ao equivalente da derradeira prestação impossibilitada em pecúnia, a ser repassada ao credor pelo tempo e modo originalmente ajustados. Ademais, pelo princípio da exclusão seqüencial das prestações também se chega a igual desfecho, dado que a eliminação de todas, uma a uma, centra na última delas a obrigação do devedor, que se converte em valor pecuniário por força da inviabilidade de sua entrega direta. Cuida-se de efetivo cumprimento do dever jurídico, e não de indenização, mesmo porque esta consiste no pagamento das perdas e danos apurados.

Quando uma das prestações se impossibilita sem culpa do devedor e a outra, na seqüência, com culpa, a regra a ser aplicada é a de que o devedor a quem cabia a escolha pagará o valor desta última, mais perdas e danos, até mesmo como forma de punição da má-fé. Já no caso de o devedor a quem competia a escolha intencionalmente inviabilizar uma das prestações, e a isso seguir-se o perecimento da outra sem culpa, caberá ao obrigado indenizar pelo equivalente da prestação tornada impossível sem culpa, porque se presume que o ato de provocar a impossibilidade caracteriza opção pela prestação remanescente. Em tal hipótese, não caberá pleito de indenização por perdas e danos, já que a concentração se deu na última prestação sobejante e esta se tornou impraticável por circunstâncias alheias à vontade do devedor.

No art. 255, o legislador enfoca a mesma temática, mas tendo em linha de conta o fato de que a escolha compete ao sujeito ativo da relação jurídica: *"Quando a escolha couber ao credor e uma das prestações tornar-se impossível por culpa do devedor, o credor terá direito de exigir a prestação subsistente ou o valor da outra, com perdas e danos; se, por culpa do devedor, ambas as prestações se tornarem inexeqüíveis, poderá o credor reclamar o valor de qualquer das duas, além da indenização por perdas e danos"*. A ocorrência de culpa do sujeito passivo na supressão da alternativa primitivamente direcionada ao credor autoriza este último a optar entre o objeto que sobrou e a expressão pecuniária da prestação fenecida, partindo-se do princípio de que o credor poderia ter interesse em escolher exatamente aquela que se inviabilizou.Se assim não fosse, o devedor poderia maliciosamente obstar o acesso da parte contrária a uma das prestações, seja qual fosse o motivo conducente a esse comportamento. Permitindo o exercício do direito segundo o modo posto na primeira parte da norma, o legislador encaminha o cumprimento da obrigação pelo mecanismo mais próximo possível da satisfação ajustada na origem, ainda que isso aconteça pelo recebimento de valor correspondente à prestação desaparecida por culpa do obrigado.

Quando todas as prestações tornarem-se impossíveis por culpa do devedor, e competindo a escolha ao credor, terá este o direito de exigir o valor correspondente a qualquer delas, além das perdas e danos experimentados. A solução definida pela norma tem em vista os mesmos objetivos assinalados acima, visando, mormente, a evitar que a malevolência do devedor torne insubsistente a obrigação como constituída em seus moldes originais. Volta-se a observar, contudo, que, independentemente de caber a escolha ao sujeito ativo ou ao passivo, o desaparecimento de todas as prestações sem culpa do devedor faz as partes retornarem ao estado anterior à vinculação, sem que em favor do credor surja qualquer direito de indenização. É esse o rumo expressamente apontado pelo art. 256 do Código Civil: *"Se todas as prestações se tornarem impossíveis sem culpa do devedor, extinguir-se-á a obrigação"*. Na realidade, trata-se da aplicação do princípio geral incidente também sobre as obrigações de dar, fazer e não fazer, onde a ausência de culpa, associada à falta de condições de cumprimento do dever entabulado, acarreta a pura e simples volta dos envolvidos ao estado primitivo. Em derradeira análise, a própria relação jurídica deixa de existir, por absoluta falta de objeto.

Capítulo 8

DAS OBRIGAÇÕES FACULTATIVAS

8.1. Observações necessárias e conceito

Sendo certo que toda obrigação traz em si um conteúdo cogente para o devedor, pode causar estranheza a perspectiva da existência de obrigações *facultativas*. A rigor, a palavra faculdade apresenta significado incompatível, *prima facie*, com a noção de vinculação compulsória do sujeito passivo ao cumprimento da obrigação ajustada. Logo, faz-se mister adequar o sentido do vocábulo à realidade jurídica, eis que, efetivamente, há obrigações que se classificam tecnicamente como facultativas. Obviamente, isso não importa na concessão, ao sujeito passivo, de qualquer prerrogativa no sentido de optar entre cumprir ou não o dever assumido, pois se fosse assim não se trataria de obrigação com características jurídicas. Daí o porque de ser necessário entender o termo *facultativa* como sendo alusivo ao reconhecimento de uma faculdade de substituição da prestação original por outra quando da execução da avença. Quando da elaboração do Anteprojeto de Código das Obrigações, havia um capítulo dedicado a essa modalidade obrigacional, então denominada *"obrigação com faculdade de mudança de objeto"*, terminologia mais adequada à realidade técnica do instituto. Não obstante, jamais foi positivada essa matéria em caráter específico, mas fica aqui a referência ao fato de que obrigação alguma encerra arbitrariedade acerca do atendimento do seu teor coercitivo, pois nenhuma delas permite ao sujeito passivo escolher se quer ou não cumprir aquilo a que se atrelou.

Obrigação facultativa é aquela cujo objeto corresponde a uma única prestação principal, sendo lídimo ao devedor, contudo, liberar-se mediante substituição por outra, de caráter secundário, também apontada quando da constituição do vínculo. Segundo o Código Civil argentino (art. 653), obrigação facultativa é aquela que, não tendo por objeto senão uma só prestação, confere ao devedor a faculdade de substituição por outra. Em suma, faculta-se ao *solvens* o deslinde da pendência mediante entrega de objeto diverso do primitivo, desde que haja expressa previsão das partes a validar a iniciativa e perfeita descrição da prestação substitutiva. Frise-se, todavia, que a obrigação diz respeito especificamente àquela prestação identificada como apta a liberar o devedor, figurando a opção apenas como elemento colocado à sua disposição para substituí-la. Vale dizer, o credor não pode exigir a entrega da prestação secundária, pois tem direito cingido à percepção da primária. O obrigado tem ao seu alcance, submetida ao livre arbítrio, a possibilidade do repasse do objeto substituto, sem que a parte contrária possa questionar o exercício dessa prerrogativa.

Sendo nula ou impossível a prestação no momento em que constituído o dever jurídico, este não fica concentrado na prestação ponteada pela faculdade, considerando-se nula a própria obrigação em sentido geral, por falta de objeto. De banda diversa, se a nulidade atingir a prestação substitutiva, remanesce o dever sobre a primária, deixando de existir apenas a faculdade inicialmente cogitada.

O Código Civil não dedicou normas específicas sobre as obrigações alternativas, mas deixou entrever a sua existência em vários dispositivos. Logo, mesmo sem delinear tipicamente a estrutura da espécie, o legislador previu a ocorrência de hipóteses obrigacionais marcadas pela faculdade de alteração do objeto liberatório pelo devedor. O art. 1.234, por exemplo, reportando-se ao dever de restituição da coisa alheia perdida, estabelece direito de recompensa em favor do descobridor (não inferior a 5% da avaliação), mas permite que o dono da coisa prefira abandoná-la a pagar o valor devido. Logo, determina ao proprietário o pagamento da recompensa, mas alcança-lhe a opção de se liberar mediante abandono da titularidade da coisa. Quem encontra e restitui objeto alheio perdido tem direito, exclusivamente, à percepção do prêmio indicado na lei, não podendo forçar o dono a abdicar da propriedade; todavia, a este se permite escolher esta última solução, com o que ficará livre da obrigação de pagar a recompensa. Também o art. 1.382 consigna espécie facultativa, pois permite ao dono do prédio serviente, responsável pela feitura das respectivas obras de conservação e uso, exonerar-se por meio do ato de abandonar, total ou parcialmente, a propriedade ao dono do dominante. Este não tem ao seu dispor ação alguma para compelir a parte contrária a realizar o abandono, eis que o seu direito limita-se à exigibilidade da execução das obras. Todavia, ao titular do imóvel que serve faculta-se escolher o abandono como mecanismo de liberação.

Considerando-se que as obrigações facultativas têm como fonte a lei ou a vontade das partes, o direito contratual é seara fértil para a sua produção. Afinal, é lícito aos celebrantes o estabelecimento de deveres jurídicos centrados em uma só prestação, mas cujo implemento pode ser verificado pela entrega do objeto previsto como substituto, deixando-se ao alvedrio do sujeito passivo rechaçar a prestação primária e repassar ao sujeito ativo a secundária. Neste compasso, nada impede que na compra e venda de veículo as partes ajustem que o vendedor entregará ao adquirente o bem alienado, admitindo expressamente que opte por alcançar ao comprador o imóvel descrito no contrato. Quando do cumprimento, faculta-se ao devedor a entrega do veículo ou do imóvel, mas ao credor não se outorga a possibilidade de exigir este último objeto, já que o seu direito se concentra naquele outro.

Quanto à natureza jurídica, a obrigação facultativa precisa ser examinada sob dois prismas. No concernente à ótica do credor, trata-se de obrigação simples, pois ele somente pode reclamar do sujeito passivo o cumprimento da prestação posta em evidência como elemento capaz de provocar a liberação. Já no que pertine ao devedor, tem-se uma obrigação complexa, haja vista a sua perspectiva de decidir qual das prestações entregará para se exonerar. Porém, não é um dever jurídico complexo dotado de caracteres comuns, pois na realidade não há duas prestações indicadas em igual nível de consistência obrigacional, mesmo porque se assim fosse o credor poderia, circunstancialmente, exigir o objeto remanescente (*v. g.*, quando impossível adimplir a primeira). É preferível considerar, face ao quadro acima explicitado, como sendo *complexas imperfeitas* as obrigações facultativas.

Há quem as classifique como modalidade *sui generis* das obrigações alternativas (*Ennecerus-Kipp-Wolf*, Derecho de Obligaciones *in Tratado de Derecho Civil*, p. 114), mas esse enquadramento não encontra abrigo na própria formatação da espécie, que, consoante asseverado *retro*, apresenta prestação única primária e um elemento de liberação que não é alternativo, correspondendo, antes disso, a uma faculdade conferida unilateralmente ao devedor. É bem verdade que as modalidades se assemelham nesse particular, mas uma não pode ser simplesmente colocada como subespécie ou derivativo da outra.

8.2. Comparação com as obrigações alternativas

A exposição feita acima deixa perceptível a grande diferença da obrigação facultativa em relação à obrigação alternativa, pois enquanto naquela o dever do sujeito passivo se concentra na única prestação capaz de originariamente exonerá-lo, nesta existe a possibilidade de ser escolhida, dentre as várias prestações possíveis, a que levará ao cumprimento da imposição. O fenômeno característico da obrigação facultativa consiste na possibilidade, conferida ao devedor, de substituir o objeto por aquele outro que for indicado secundariamente quando da constituição do vínculo (*aliud pro alio*). Exemplos ilustram a questão: se José assume o dever de entregar um dentre vários automóveis perfeitamente identificados, a sua obrigação é alternativa, pois existem diversas prestações viáveis, mas a partir da escolha de uma o conteúdo obrigacional ficará nela concentrado. Ao revés, se Manoel contrai o dever de repassar ao credor um caminhão adequadamente singularizado, mas reserva a si próprio a prerrogativa de, querendo, entregar certa quantia em dinheiro para cumprimento da obrigação, esta é facultativa. Destarte, a faculdade não reside na opção de cumprimento, mas sim na liberdade de indicação da prestação secundária como substitutiva da primária.

Outro aspecto a estremar obrigações facultativas e alternativas diz respeito à questão da escolha ou concentração. É sabido que nas alternativas compete ao devedor, se outra coisa não se estipulou, a indicação do objeto que servirá para cumprimento do dever jurídico firmado. Há um momento de apontamento exato da prestação devida pelo sujeito passivo ao ativo, competindo a este ou ao credor, segundo decorra da lei ou da convenção, o atributo da especificação acima referida. Nas obrigações facultativas isso não acontece, pois nem mesmo a vontade das partes conseguiria transferir ao credor a oportunidade de escolha da prestação, já que isso impediria a caracterização da faculdade e transportaria o debate para o campo da alternativa. É da natureza das obrigações facultativas conferir ao devedor a prerrogativa de optar entre a entrega da prestação primária ou daquela posta como eventual substituta.

8.3. Obrigação facultativa e cláusula penal

Ainda que existam alguns aspectos em comum, obrigação facultativa e cláusula penal são institutos totalmente diferentes em seus contornos e finalidades. Cabe frisar que tanto numa como noutra há apenas um objeto, sendo de observar que a cláusula penal surge como hipótese viável a partir do desatendimento, pelo sujeito passivo, do dever original que lhe incumbia (dar, fazer ou não fazer). Quanto à obrigação facultativa, já se disse que a prestação exigível pelo credor é única, surgindo como opção do devedor a entrega daquela outra prevista quando da constituição do liame. Percebe-se, por assim dizer, que o devedor se libera da obrigação repassando a prestação facultativa, enquanto que, incidindo a cláusula penal, o seu adimplemento mantém o sujeito passivo atrelado à imposição primitivamente ajustada.

Também é de ser salientada a semelhança entre ambas quando se trata do perecimento do objeto. Na obrigação facultativa, desaparecendo a prestação primária, o credor não pode exigir a secundária, pois inexistente o fenômeno da concentração. Este é próprio das obrigações alternativas, que, consoante visto anteriormente, não se confundem com as facultativas. Nestas, resolve-se o dever jurídico desde quando fenecida a possibilidade de cumpri-lo em virtude do perecimento do seu objeto. O mesmo acontece quando se atrela cláusula penal a uma obrigação, pois o perecimento do objeto desta acarreta automaticamente o rompimento do vínculo e o desaparecimento do dever. Ressalva-se, contudo, a hipótese de culpa do devedor, pois então a solução consistirá em legitimar o lesado a postular indenização de perdas e danos, ou, no caso da cláusula penal, em dotá-lo da prerrogativa de exigir o seu teor econômico.

As diferenças entre os institutos são marcantes. A começar pelo fato de que na obrigação facultativa o credor, consoante salientado acima, somente pode reclamar a prestação primária, pois o direito creditório se encontra totalmente centrado nela. Em suma, nunca lhe será dado exigir do devedor o objeto cujo repasse fica jungido à faculdade conferida por lei ao *solvens*. Em termos de cláusula penal, o art. 410 do Código Civil prevê situação em que ela se torna alternativa em proveito do credor. Realmente, quando se estipular a cláusula penal para o caso de total inadimplemento da obrigação, esta converter-se-á em prerrogativa ao alcance do *accipiens*, que poderá reclamá-la em lugar da prestação original. Nesse particular aspecto, o dever vinculado a uma cláusula penal acaba se aproximando da obrigação alternativa, por deixar a cargo do credor escolher entre exigir o cumprimento do objeto em espécie ou auferir o conteúdo da cláusula penal. Cabe asseverar que se está falando de inadimplemento, e não de impossibilidade, pois esta, quando não houver culpa do devedor, romperá a relação jurídica e fará as partes volverem ao estado anterior.

Por outro lado, a cláusula penal não pode ser oferecida pelo devedor como substitutivo da prestação original. A ele não é permitido fazer mera opção entre cumprir ou pagar o montante correspondente à pena estabelecida. Isto porque, como asseverado, o direito do credor recai sobre o objeto avençado e não sobre a cláusula penal, que somente virá em socorro do *accipiens* no caso de inadimplemento. Portanto, ao mesmo tempo em que o devedor não tem a faculdade de substituir a prestação pela cláusula penal ao seu livre alvedrio, também o credor não pode impor ao obrigado a entrega desta, senão quando desatendida aquela. Nas obrigações facultativas, o sujeito passivo cumpre a sua parte ao entregar o objeto primário, mas também se libera juridicamente com igual pertinência ao repassar a prestação capaz de substituí-lo. Daí ser adequado afirmar que a cláusula penal não é sequer alternativa de cumprimento da obrigação, pois configura apenas o meio idealizado pelo legislador para resolver da melhor maneira possível o inadimplemento protagonizado pelo devedor.

8.4. Obrigação facultativa e dação em pagamento

Sabe-se que a dação em pagamento constitui instituto pelo qual o credor pode consentir em receber prestação diversa da que lhe é devida (art. 356 do Código Civil). Imprescindível, à evidência, a assentimento do *accipiens* quanto à percepção de objeto diferente daquele que fora originalmente indicado. Exemplo: João aluga a Pedro uma casa, ficando avençado aluguel mensal de 100. Quando do cumprimento, aceita receber uma jóia como pagamento, em substituição da espécie primitiva. Ao contrário, na obrigação facultativa é desnecessária — e inclusive vedada — a participação da vontade do credor na definição da opção cabível ao devedor. Este pode ou não escolher a prestação substitutiva como forma de ficar liberado do dever assumido. A decisão do *solvens* depende exclusivamente do seu íntimo querer, admitindo-se até mesmo que frustre a vontade do *accipiens*, a quem não é dado opor-se tecnicamente à escolha feita pela parte adversa.

Em comum, obrigação facultativa e dação em pagamento trazem a perspectiva de exoneração do devedor pela entrega de objeto diferente daquele previsto como mecanismo específico de cumprimento. Ambas apresentam objeto inicial único, mas nas duas espécies é viável, quando da execução, a entrega de outro. Contudo, enquanto na facultativa a opção é livre por parte do devedor, na dação em pagamento somente pelo ajuste de vontades, posterior à fixação dos contornos do dever, é factível a substituição da prestação convencionada.

Capítulo 9

DAS OBRIGAÇÕES DIVISÍVEIS E INDIVISÍVEIS

9.1. Conteúdo e definição

Sabe-se que são consideradas juridicamente simples as obrigações que apresentam credor, devedor e objeto únicos. No lado oposto situam-se as obrigações complexas, ponteadas pela verificação de pluralidade de credores, de devedores ou de objetos. É exatamente quando há mais de um credor, mais de um devedor ou multiplicidade deles em ambos os pólos, que surge a necessidade de verificar se o conteúdo da prestação é divisível ou indivisível, pois disso dependerá, muitas vezes, a definição do modo pelo qual será dado cumprimento à obrigação.

São divisíveis as obrigações que têm por objeto prestações passíveis de serem cumpridas de maneira fracionada, sem prejuízo à substância e ao valor emergentes da relação jurídica entabulada. É esse o enquadramento ordinário das obrigações em dinheiro, ressalvadas as hipóteses em que a lei ou a vontade das partes estabeleça solução diversa. Se João e Pedro devem o valor de 100 para Marta, a liberação de qualquer dos devedores individualmente considerados dar-se-á por meio do pagamento de 50, eis que cada um deve metade da importância pendente, sendo, portanto, divisível a obrigação.

Por seu turno, são indivisíveis as obrigações que não ensejam cumprimento fracionado da prestação ajustada, devendo esta ser entregue por inteiro ao credor. Há um critério objetivo que geralmente deixa entrever de maneira razoável a perspectiva da existência de indivisibilidade, embora não seja absolutamente definitivo, porque leva em conta primordialmente a realidade material da prestação. Neste compasso, não há mal em dizer, com relativo grau de segurança, que será indivisível a obrigação quando não se puder fracionar o seu objeto sem alteração da substância, ou sem considerável depreciação do seu teor econômico. Comumente, a indivisibilidade tem íntima vinculação com a natureza do objeto, que, sendo indivisível, igual característica emprestará àquela. Porém, cabe salientar que a indivisibilidade também pode resultar da lei ou da vontade das partes, consoante se explicitará na seqüência com maior ênfase. Existe inclusive expressa previsão legal no sentido de que os bens naturalmente divisíveis podem tornar-se indivisíveis por determinação da lei ou por vontade das partes (art. 88 do Código Civil), circunstância a corroborar a assertiva feita acima.

Embora seja equivocado confundir a divisibilidade física da coisa com a divisibilidade da prestação em que é inserida, normalmente existe forte ponto de contato entre a possibilidade de fracionamento material e a divisibilidade jurídica da prestação, pois se as porções em que vier a ser fracionada a coisa conservarem as características essenciais do todo de que provieram, como no caso de uma área de terras que, partilhada, formará novas áreas que guardam utilidade econômica independentemente do seu universo gerador, via de regra estar-se-á ante obrigação divisível. Já nas prestações indivisíveis o fracionamento acarreta a perda das qualidades essenciais da coisa, como no caso de um televisor ser dividido em duas metades, atitude que levará à destruição do único bem economicamente apreciável até então existente.

Não obstante afirmar-se que a obrigação é divisível ou indivisível, na realidade o que guarda essa característica é a prestação, pois o adimplemento desta é que levará à liberação do devedor. Todavia, como a prestação encontra limites e contornos na própria obrigação, acaba que não se afigura equivocado tratar da divisibilidade e da indivisibilidade como características da obrigação. Mais importante do que a simples terminologia é observar que essa classificação somente assume relevância quando, consoante asseverado *retro*, disser respeito à pluralidade de sujeitos situados no pólo ativo ou passivo da relação obrigacional, pois caso apenas um sujeito esteja obrigado ou seja credor, a prestação, quer se afigure partilhável ou não, via de regra terá de ser executada por inteiro, pois o sujeito ativo não poderá ser compelido a receber em frações ou etapas o objeto a que tem direito, cabendo-lhe a prerrogativa de recebê-lo integralmente e de uma só vez.

O art. 257 do Código Civil estabelece: *"Havendo mais de um devedor ou mais de um credor em obrigação divisível, esta presume-se dividida em tantas obrigações, iguais e distintas, quantos os credores ou devedores"*. Tal presunção, de natureza *juris tantum* (porque admite prova em contrário), tem origem no princípio do *concursu partes fiunt*, segundo o qual a pluralidade de integrantes em um ou em ambos os pólos obrigacionais faz com que nenhum credor possa exigir senão a sua parte, e nenhum devedor tenha de pagar senão a fração a que está obrigado. Destarte, em uma obrigação divisível que totaliza o valor de 100, havendo dois credores e dois devedores, cada credor somente poderá exigir 50, assim como cada devedor somente estará obrigado a pagar 50, que é a sua quota no débito.

Tendo em vista a situação jurídica gerada, outra observação se impõe: sendo divisível a obrigação, o devedor que pagar o todo a apenas um dos credores não estará liberado quanto ao outro, continuando a dever-lhe a fração a que se obrigara, embora possa buscar a repetição do *plus* junto ao credor que recebeu além de seu direito. Observe-se também que a insolvência de um dos co-devedores não aumenta a quota da obrigação dos demais, porque o limite de sua participação no rateio do dever jurídico já era de antemão conhecido. Assim, quanto a essa fração o credor suportará o prejuízo resultante do inadimplemento, podendo inclusive ficar definitivamente inviabilizada a percepção daquela quota, caso absoluta e permanente a insolvência do coobrigado.

9.2. Indivisibilidade e solidariedade

Há duas situações que deixam visualizar a conservação da integridade da prestação devida, obstando o cumprimento parcial do dever jurídico, mesmo havendo pluralidade de devedores ou de credores: a indivisibilidade e a solidariedade. Havendo uma ou outra, o credor tem o direito de reclamar do pólo obrigado o adimplemento completo, de uma só vez, vedada a partição em quotas. Por igual razão, sendo vários os credores e somente um o devedor, este pagará tudo a qualquer daqueles com vistas a livrar-se da obrigação, observadas as cautelas legais. O credor que receber o todo, porém, ficará responsável pela entrega, aos consortes, das quotas individuais que lhes corresponderem. É que, não tendo direito à prestação inteira, mas apenas à sua própria fração, culminou por recebê-la integralmente em virtude da indivisibilidade ou da solidariedade, de modo que precisará ajustar contas perante os consortes.

Sopesadas as considerações antecedentes, percebe-se que a indivisibilidade não se confunde com a solidariedade, pois embora em ambas cada devedor possa ser demandado pelo todo, ou cada credor esteja apto a receber o todo para posterior partição com os consortes, há diferenças substanciais entre os institutos. Entre elas, destacam-se as seguintes: a) a indivisibilidade decorre, via de regra, da natureza da prestação; a solidariedade tem origem no título constitutivo; b) nas obrigações indivisíveis o devedor paga por inteiro porque há impossibilidade jurídica de partição da prestação; nas solidárias, o devedor paga o total porque efetivamente deve o todo; c) a indivisibilidade é uma relação objetiva, porque visa a assegurar a integridade e a unidade da prestação; a solidariedade é liame de ordem subjetiva, pois tenciona agilizar e facilitar o cumprimento do dever jurídico; d) a indivisibilidade muitas vezes prende-se a razões de ordem material, pois nos casos em que o objeto é insuscetível de partição física a obrigação automaticamente será indivisível; a solidariedade não atenta para o aspecto físico, eis que sempre tem por substrato um fator técnico, decorrendo da vontade das partes ou da lei; e) convertida a obrigação em perdas e danos por qualquer motivo juridicamente plausível, cessa a indivisibilidade e cada devedor responde apenas por sua quota pecuniária, como se desde o princípio fosse divisível a obrigação; a solidariedade, porém, persiste ainda quando houver conversão em perdas e danos, de modo que todos continuam obrigados a pagar por inteiro o valor fixado; f) a morte dos devedores não extingue a indivisibilidade enquanto a prestação conseguir sustentá-la; a solidariedade, entretanto, cessa com o aludido evento, pois é um instituto puramente técnico e pouco afetado por acontecimentos fáticos.

A obrigação solidária, por si mesma, não é obrigação indivisível, assim como esta, nela própria considerada, não é solidária. Todavia, é perfeitamente possível que uma mesma obrigação seja, concomitantemente, indivisível e solidária. Para tanto, basta, por exemplo, que a prestação seja insuscetível de partição sem prejuízo à substância e ao valor da coisa, e que, ao mesmo tempo, a lei ou a vontade das partes estabeleça a geração de solidariedade entre os devedores. Nesse caso, qualquer dos sujeitos passivos poderá ser demandado pela totalidade do conteúdo da obrigação, ficando-lhe assegurado direito regressivo contra os consortes, pelas respectivas frações individuais. A possibilidade de reclamar dos demais membros do pólo a reposição das quotas decorre da circunstância de que a solidariedade somente prevalece frente aos integrantes do pólo contrário, de maneira que, uma vez satisfeita a obrigação, novo liame começa a vigorar entre o *solvens* e os demais componentes do lado passivo, tendente a gerar, em favor de quem pagou, a recuperação dos valores concernentes às porções individuais.

9.3. Espécies de indivisibilidade

À vista do conteúdo do art. 258, torna-se perceptível a existência de vários planos de análise da indivisibilidade, considerada a origem de tal estado jurídico. Diz o citado mandamento legal: *"A obrigação é indivisível quando a prestação tem por objeto uma coisa ou um fato não suscetíveis de divisão, por sua natureza, por motivo de ordem econômica, ou dada a razão determinante do negócio jurídico"*. Há ordinariamente, portanto, três espécies de indivisibilidade da obrigação: física, jurídica e convencional. A primeira diz respeito à inviabilidade de partição material da coisa ou fato sem perda da substância (*v. g.*, entregar o animal vendido, devolver o carro cedido em comodato). É também denominada, em virtude disso, *absoluta*, pois não há como contornar o óbice referente ao parcelamento do objeto. A segunda decorre da lei, ainda que em termos materiais a coisa ou o fato seja divisível (*v. g.*, o acervo hereditário não partilhado). Diz-se que é *relativa*, pois na verdade se trata de exceção à regra geral da divisibilidade e por vezes incide sobre coisa materialmente fracionável. A terceira, também colocada no patamar de *relativa*, advém da vontade das partes celebrantes de contratação, pela qual tornam indivisível uma prestação cujo objeto não sofre restrições físicas ou jurídicas à partição (*v. g.*, dívida em dinheiro). A propósito, o ajustamento dos contratantes, no sentido de estabelecer a indivisibilidade, certamente produz vantagens ao credor, que fica cercado de maiores garantias frente aos devedores plurais. Isto porque, podendo reclamar de um a totalidade da prestação, amplia o leque de possibilidade de receber aquilo a que faz jus, haja vista o risco de insolvência de algum ou de vários dos obrigados. Assim, mesmo remanescendo apenas um devedor apto a satisfazer a pendência, estará assegurada ao credor a percepção do objeto perseguido.

A indivisibilidade física do objeto da prestação, que surge da própria natureza deste, importa na indivisibilidade da obrigação, porque então o cumprimento somente se dará pela entrega da coisa ou pelo implemento do fato de uma só vez, sem possibilidade de fracionamento. Trata-se, portanto, de quadro que torna impraticável a entrega fracionada da prestação em virtude da conformação mesma do objeto da obrigação contraída. Ainda que se quisesse atribuir a cada devedor responsabilidade direta pelo adimplemento de somente uma parte do conteúdo obrigacional, haveria óbice de caráter físico a fazer necessário o cumprimento do todo. Destarte, a única saída consiste em dotar o credor da prerrogativa de exigir de qualquer dos devedores a solução integral da obrigação, de tal sorte que, liberado o pólo passivo, estará legitimado o *solvens* a reclamar dos consortes o reembolso dos respectivos quinhões individuais.

Ainda que a natureza, a lei ou a vontade das partes não apontem para a indivisibilidade da obrigação, poderá esta circunstância ser reconhecida em juízo, o que acontecerá quando o objeto, por motivo de ordem econômica ou dada a razão determinante do negócio jurídico, não puder ser fracionado. Trata-se de norma que humaniza as relações e as aproxima de realidades fáticas nem sempre auscultáveis a partir da análise do conteúdo literal do negócio jurídico. A previsão no sentido de que motivos de ordem econômica ou as razões determinantes do negócio jurídico funcionam como fatores de fixação da indivisibilidade das obrigações corresponde, em verdade, à máxima de que o credor não pode ser forçado a receber por partes, nem o obrigado pode cumprir em parcelas o dever jurídico.

Disso decorre a possibilidade de o credor exigir o todo de apenas um dos devedores, porque insuscetível de fracionamento a prestação. Por outro lado, a liberação do pólo passivo somente se dá com o cumprimento integral da obrigação, seja por um dos integrantes (que ficará sub-rogado no direito do credor contra os demais), seja por todos em conjunto. Exemplos: a aquisição de uma frota de veículos de carga para atender demanda emergencial de transporte de passageiros pode fazer com que os co-devedores, embora empresas distintas e que contrataram em grupo, tenham de entregar de uma só vez todos os bens vendidos ainda que não previsto expressamente no contrato, pois a razão determinante do negócio foi a necessidade premente de obtenção daquele número certo de veículos em apenas um ato de entrega, na data aprazada.

9.4. Obrigações passíveis de indivisibilidade

A divisibilidade ou indivisibilidade não se atrela a uma ou a algumas modalidades obrigacionais específicas, eis que em geral depende apenas da natureza da prestação, caso não esteja condicionada pela lei ou pela convenção. Em princípio, a maioria das obrigações encontra enquadramento como divisível ou indivisível, segundo os peculiares caracteres apresentados nas hipóteses concretamente analisadas. Em vista disso, tanto as obrigações de dar como as de fazer e de não fazer admitem classificação nos moldes dos referidos critérios, mas a efetiva inserção num ou noutro liga-se à verificação das particularidades do seu objeto.

Ordinariamente, as obrigações de dar coisa certa são divisíveis, como acontece, por exemplo, quando certa pessoa precisa entregar cem sacas de arroz a quatro credores. Entregando vinte e cinco a cada um, terá adimplido adequadamente o objeto avençado. Mesmo na eventual existência de indivisibilidade física pode não haver obstáculo à entrega fracionada do objeto. Exemplo disso está no dever de dois condôminos entregarem o imóvel vendido. Sendo econômica e juridicamente útil o recebimento, pelo credor, da parte do bem que estava sob sua responsabilidade, a operação autônoma realizada por eles, em momentos distintos, não afeta a efetividade do negócio. Assim, embora primitivamente indivisível o objeto, enquadra-se a obrigação como divisível, face às suas peculiaridades. Porém, nem sempre será assim, pois inclusive em situações das quais resulte a divisibilidade original da prestação poderá existir impedimento ao seu cumprimento fracionado (*v. g.*, a entrega de mercadorias no porto, para embarque único, não pode ser feita em porções, sob pena de ocasionar prejuízos ao adquirente). Logo, mesmo nas obrigações de dar coisa certa a divisibilidade não é regra absoluta, circunstância extensiva às demais modalidades. Veja-se o seguinte exemplo: dois devedores assumem o compromisso de entregar duas máquinas agrícolas a certo credor, que delas necessita, em conjunto, para o plantio da lavoura. Não poderá, qualquer dos sujeitos passivos, pretender liberar-se mediante repasse de uma das máquinas, já que o dever jurídico somente estará atendido mediante integral cumprimento, seja por um ou por ambos os obrigados. De outra banda, tratando-se de prestação indivisível relativa a coisa única (*v. g.*, dar um automóvel), a obrigação correspondente também seguirá o mesmo rumo de indivisibilidade, pois, sejam vários os credores ou os devedores, qualquer daqueles receberá sempre o objeto integralmente, enquanto qualquer destes ficará obrigado pela entrega do todo.

As obrigações de restituir tendem a ser indivisíveis, pois em geral decorrem de relação convencional de que emerge a necessidade, para o devedor, do repasse do mesmo bem recebido, de uma só vez e sem fracionamento. É o que ocorre, por exemplo, com o comodatário, que recebe em empréstimo gratuito uma coisa que terá de restituir no momento oportuno. Também o depositário se encontra em idêntica situação, cabendo-lhe alcançar ao depositante o objeto primitivamente recebido. Todavia, em ambas as situações é possível que as partes ajustem a restituição fracionada, alterando a conformação estrutural comum do negócio.

Nas obrigações de dar coisa incerta, a etapa anterior à escolha do objeto da prestação é marcada pela indivisibilidade, por não se saber exatamente o que será entregue ao credor. A falta de concentração impede o exame do teor obrigacional, de sorte que, embora eventualmente possível antever em abstrato a natureza divisível ou não da prestação, somente com o apontamento exato do objeto se tornará factível vislumbrar tal característica. Feita a escolha, a obrigação passa a ser de dar coisa certa. Daí em diante as partes conhecem rigorosamente a natureza da prestação, mostrando-se viável extrair do contexto a sua divisibilidade ou não. Raciocínio jurídico idêntico aplica-se às obrigações alternativas, por também estarem sujeitas ao procedimento de concentração ou escolha da prestação cujo cumprimento liberará o devedor.

Quanto às obrigações de fazer, poderão ser divisíveis ou indivisíveis, segundo o formato assumido quando da constituição. O exame passa, também aqui, pela verificação do objeto pendente, pois do seu caráter fracionável ou monolítico decorrerá a natureza do dever jurídico. É possível que os devedores ou os credores ajustem o cumprimento integral de prestação insuscetível de divisão, como no caso dos autores de uma escultura. Está claro, na hipótese, que somente pela feitura e entrega do trabalho final o pólo passivo será liberado, restando impraticável a exoneração por meio do repasse de somente uma parte da obra. Porém, se a tarefa consistir na construção de duas casas, ficando previsto o prazo de seis meses para a finalização de cada uma, o devedor ficará liberado desde o momento em que repassar aos credores as unidades no tempo estabelecido. Isto porque a prestação é divisível, haja vista existir um tempo fixado para a solução de cada etapa da obrigação global assumida. As tarefas cujo adimplemento se vincula a tempo de duração ou a etapas autônomas de execução configuram, via de regra, obrigações divisíveis, ao passo que as incumbências referentes a um fazer unitário, insuscetível de desmembramento, têm caráter indivisível.

As obrigações de não fazer são, comumente, indivisíveis. Ao assumir dever negativo (*v. g.*, não concorrer em atividade mercantil), o obrigado que pratica qualquer ato de execução daquilo que teria de evitar já terá incorrido em descumprimento. Como se percebe, a abstenção parcial representa, em verdade, o inadimplemento total. Entretanto, quando duas ou mais imposições de inércia são conjugadas em uma só obrigação, o desatendimento de uma não implica, necessariamente, no das outras, exceto se o contrário estiver previsto. Assim, quando o pólo passivo fica jungido ao dever de não construir em certo terreno e de não o vender durante certo tempo, a execução de qualquer dessas atividades configurará inobservância de somente uma das facetas da obrigação contraída.

9.5. Reflexos da divisibilidade e da indivisibilidade

As conseqüências da divisibilidade e da indivisibilidade das obrigações variam conforme se esteja tratando de pluralidade de credores ou de devedores. O legislador disciplinou a matéria em dispositivos específicos, sempre levando em consideração a circunstância de que o caráter divisível ou não somente tem relevância quando houver mais de um credor ou devedor, pois na hipótese de existir apenas um membro em cada pólo, ao obrigado incumbe adimplir por inteiro a prestação, ao passo que ao titular da prerrogativa assiste o direito de perseguir integralmente o seu conteúdo.

O art. 259 estabelece: *"Se, havendo dois ou mais devedores, a prestação não for divisível, cada um será obrigado pela dívida toda. Parágrafo único – O devedor, que paga a dívida, sub-roga-se no direito do credor em relação aos outros coobrigados"*. Sendo indivisível a prestação, cada um dos co-devedores responde pela totalidade da dívida, eis que a inviabilidade de fracionamento do objeto leva à necessidade de seu cumprimento por inteiro, e isso pode ser buscado pelo credor junto a qualquer dos obrigados. Exemplo: se Pedro e João obrigam-se a entregar um veículo a Carlos, poderá este reclamar tanto de um como de outro dos integrantes do pólo passivo o cumprimento do dever, mas aquele que pagar ficará sub-rogado nos direitos creditórios para voltar-se contra o co-obrigado e buscar o ressarcimento do correspondente à metade do valor desembolsado. Isso em razão do fato de que, sendo indivisível o objeto e afigurando-se impraticável o seu fracionamento, cada devedor fica obrigado pelo todo, embora somente deva efetivamente uma fração. Logo, garantir a recuperação das quotas pertinentes aos coobrigados é medida capaz de restabelecer o equilíbrio entre os membros do pólo passivo, atribuindo a cada um a responsabilidade final por aquilo que realmente lhe cabia suportar. Tratando-se de pluralidade de credores, a regra a ser aplicada, quanto ao aspecto abordado, é exatamente a mesma, ou seja, cada um deles poderá reclamar o crédito por inteiro junto ao pólo passivo. Daí em diante a relação passa a ser travada entre os consortes, competindo ao *solvens* distribuir aos demais as respectivas quotas no crédito.

A sub-rogação implica na assunção de pleno direito, pelo devedor que satisfez a pendência, de todas as prerrogativas até então cabíveis ao pólo credor. O efeito principal da sub-rogação consiste em permitir ao obrigado, que solveu a dívida, o exercício do direito de regresso contra os consortes, a fim de reaver junto a eles, que ficam liberados em relação ao credor original por obra do pagamento feito, as respectivas quotas. Além de assegurar o exercício do direito regressivo, a sub-rogação, que insere o indivíduo na mesma situação até então mantida pelo credor primitivo, não se limita a viabilizar a recuperação das quotas dos co-devedores, pois ao mesmo tempo concentra no novel credor as garantias que porventura orbitavam em torno da obrigação original. Assim, se a obrigação indivisível era alvo de garantia real, esta se mantém em proveito do devedor sub-rogado nas prerrogativas do credor primitivo.

Quanto à pluralidade de integrantes do pólo ativo, o art. 260 dispõe: *"Se a pluralidade for dos credores, poderá cada um destes exigir a dívida inteira; mas o devedor ou devedores se desobrigarão, pagando: I – a todos conjuntamente; II – a um, dando este caução de ratificação dos outros credores*". Quando houver em uma obrigação indivisível vários credores, poderá qualquer deles reclamar e receber o todo, haja vista a impossibilidade de fracionamento do objeto. Contudo, para se livrar de maneira eficaz da obrigação, o devedor assim precisará proceder: a) pagando toda a dívida a um só tempo e a todos os credores, em conjunto; b) pagando a apenas um deles, medida que dependerá de prévia autorização dos demais credores; c) pagando a apenas um deles, sem autorização dos consortes, contanto que aquele que receber preste caução idônea, capaz de assegurar o repasse das quotas cabíveis aos outros integrantes do pólo ativo. Outras formas de pagamento a somente um dos credores não liberam o devedor em relação aos demais, embora lhe autorizem a recuperar o valor pago a maior ao recebedor único, a quem não é dado obter vantagem despida de suporte jurídico.

Ao ser interpelado para pagar a apenas um dos credores, caberá ao devedor ver se alguma das hipóteses previstas nas alíneas da nota acima está presente, pois a sua inteira liberação dependerá do correto pagamento. Caso o contexto aponte para a inexistência de condições ideais para o cumprimento da obrigação, cumprirá ao devedor constituir os credores em mora e depositar em juízo a prestação devida. Também é prudente a constituição dos credores em mora na hipótese de inércia quanto ao recebimento da prestação, pois a inação do pólo contrário não autoriza o devedor a também se manter silente.

Tendo em vista as nuanças da indivisibilidade, a recusa de um só dos credores em receber a prestação conduz à constituição em mora *accipiendi* de todos eles, com as conseqüências inerentes ao instituto. Daí o porquê de muitas vezes ser suficiente ao devedor oferecer a apenas um dos credores a prestação, contanto que estejam presentes os requisitos legais relativos a essa providência.

Ao se reportar à situação criada a partir do escorreito recebimento da prestação por somente um dos integrantes do pólo ativo, o art. 261 indica a solução: *"Se um só dos credores receber a prestação por inteiro, a cada um dos outros assistirá o direito de exigir dele em dinheiro a parte que lhe caiba no total"*. Quando um dos credores recebe a prestação integral, fica de imediato obrigado para com os demais, na proporção das quotas cabíveis a cada um deles. De outra banda, e como corolário lógico, o devedor que regularmente pagou exonera-se por inteiro do dever, podendo opor a qualquer dos credores a quitação passada por aquele que recebeu.

O dispositivo legal aplica-se quando inexistir previsão convencional, celebrada entre os interessados, tendente a regular as relações internas do pólo ativo. O legislador, tencionando evitar conflitos, determina que o credor beneficiado pelo cumprimento da obrigação indivisível repasse aos consortes o conteúdo da prestação, ou o equivalente em dinheiro se não for possível a primeira solução, em correspondência às frações que de direito pertencem aos consortes. Via de regra a única saída viável é o reembolso das frações em dinheiro, porque, sendo material a indivisibilidade, firma-se a total impossibilidade de partição do objeto, restando somente a conversão em pecúnia. Exemplo: o devedor entrega a um dos credores a escultura que era objeto da obrigação. Aos outros credores caberá, após a devida avaliação da coisa, pleitear o recebimento em dinheiro de cada quota individual.

À falta de previsão de participação ou quotas de cada credor ou devedor no total do crédito ou do débito, presumem-se exatamente iguais as frações de direito ou de responsabilidade. Destarte, na hipótese de serem quatro os credores, e ante a completa ausência de estipulação entre eles, presume-se que cada um participe em um quarto do total do crédito, sendo desse modo distribuído o produto do cumprimento da obrigação.

Ainda a propósito da matéria, o art. 262 acrescenta: *"Se um dos credores remitir a dívida, a obrigação não ficará extinta para com os outros; mas estes só a poderão exigir, descontada a quota do credor remitente. Parágrafo único – O mesmo critério se observará no caso de transação, novação, compensação ou confusão"*. Remissão é o perdão concedido pelo credor ao devedor, exonerando-o da obrigação até então existente. Tratando-se de pluralidade de credores em obrigação indivisível, e considerando que o ato de remitir é eminentemente pessoal, o perdão de apenas um dos integrantes do pólo ativo não extingue a totalidade do débito, mas apenas a quota-parte ideal que caberia ao remitente. Desta forma, os demais credores somente poderão exigir junto ao devedor o remanescente do crédito, ou seja, aquilo que era originalmente devido descontada a fração remitida. Exemplo: três devedores têm de entregar certo caminhão a quatro credores, obrigação que é naturalmente indivisível. Todavia, um dos consortes do pólo ativo remite a sua quota no crédito, liberando os devedores. Ao exigirem o cumprimento da obrigação, os três credores que restaram, não obstante tenham direito ao veículo conforme inicialmente pactuado, terão de indenizar em dinheiro à parte contrária a parcela remitida. Se o caminhão vale 100, receberão o veículo e indenizarão em dinheiro a fração correspondente a 25, que foi perdoada por um dos credores. No caso de obrigação divisível nenhuma dificuldade existe, pois quem remite exonera o pólo devedor quanto à sua quota individual, sem atingir as dos demais consortes.

O parágrafo único preconiza solução idêntica para outras hipóteses, cabendo fazer breve exame individual a respeito delas. *Transação* é o contrato pelo qual é alterada ou fulminada uma pendência, mediante concessões recíprocas. Caso um dos credores transija com o pólo oposto no sentido da extinção do débito, desaparece a relação obrigacional. Isso, todavia, acontece apenas em relação à parte que caberia ao credor na obrigação indivisível, sem que as parcelas dos demais consortes sejam afetadas. *Novação* é a conversão de uma dívida em outra, mecanismo que põe a nova dívida no lugar da antiga e a faz tomar o posto da relação original. Com isso, fica extinta a primeira obrigação, mas somente na fração cabível ao credor que participou da novação com o devedor comum, ficando intacto o direito dos outros credores. *Compensação* é modo de extinção, parcial ou total, das obrigações existentes entre duas pessoas que são, simultaneamente, devedora e credora uma da outra, por dívidas líquidas, vencidas e referentes a bens jurídicos fungíveis de mesma espécie e qualidade. Assim, se um dos credores em obrigação indivisível tem participação de "X" na relação estabelecida, mas ao mesmo tempo é devedor de "X" para com a parte adversa em razão de outro liame obrigacional, o encontro de contas levará à extinção de ambas as relações obrigacionais. Todavia, isso em nada atingirá o crédito dos demais credores, que continuarão podendo reclamar do pólo contrário o cumprimento do dever fixado, exceto quanto à fração compensada, que de direito não lhes pertencia e que restou fulminada. Finalmente, *confusão* é a reunião, em um só sujeito, das qualidades de credor e devedor, situação que leva ao fenecimento da obrigação como originalmente instituída. Exemplo: Paulo, um dos credores em obrigação indivisível, torna-se herdeiro de José, que é um dos devedores na mesma relação obrigacional. Assim, na realidade tornar-se-á credor de si mesmo, fazendo com que a sua participação no liame desapareça. Contudo, o direito dos outros consortes permanecerá intacto, podendo os mesmos exigir o cumprimento da obrigação junto ao pólo devedor, salvo no que concerne à fração objeto da confusão.

9.6. Extinção da indivisibilidade

Enquanto subsistente o fator que deu origem à indivisibilidade, ou seja, persistindo a inviabilidade de fracionamento da prestação, essa qualidade jurídica se mantém intacta. Noutras palavras, somente com o desaparecimento da causa geradora é que fenece a conseqüência técnica. O art. 263 prevê situação em que o conteúdo original da prestação experimenta profunda mutação, ensejando, destarte, a quebra do óbice à partição do teor obrigacional. Com efeito, a conversão da prestação primitiva em perdas e danos torna divisível, inclusive em sentido natural, a pecúnia correspondente. Daí que a eventual manutenção do estado primevo acarretaria mais dificuldades do que proveitos, face à concreta perspectiva de fracionamento do valor das perdas e danos entre os coobrigados. A norma legal não deixa margem para dúvidas quanto ao encaminhamento do tema: *"Perde a qualidade de indivisível a obrigação que se resolver em perdas e danos. § 1º – Se, para efeito do disposto neste artigo, houver culpa de todos os devedores, responderão todos por partes iguais. § 2º – Se for de um só a culpa, ficarão exonerados os outros, respondendo só esse pelas perdas e danos".*

Diante da literalidade da regra, é perceptível que se por qualquer motivo (*v. g.*, impossibilidade da prestação, ocasionada por culpa) houver resolução da obrigação em perdas e danos, com transformação da prestação em seu equivalente pecuniário, cessará a indivisibilidade até então reinante na relação obrigacional. Sendo o caso de pluralidade de devedores, cada qual passará a dever apenas a sua quota, e somente por ela poderá ser demandado. Exonerar-se-á, portanto, com o pagamento do valor que corresponder à sua participação no débito, pois a obrigação torna-se divisível pela resolução assim verificada, já que a prestação em dinheiro fica sub-rogada no lugar da prestação que incidia sobre coisa ou serviço indivisível. Ademais, como salientado *retro*, é inerente à natureza do dinheiro a sua divisibilidade, restando visível, assim, a possibilidade de partição sem perda das qualidades essenciais. A própria natureza do novo dever jurídico, substitutivo do anterior, funciona como mecanismo de cessação da indivisibilidade inicialmente estabelecida.

Capítulo 10

DAS OBRIGAÇÕES SOLIDÁRIAS

10.1. Considerações gerais e conceito

Obrigação solidária é aquela na qual, sendo plural a composição do pólo credor e/ou do pólo devedor, cada um de seus integrantes tem direito ao todo, como se fosse o único credor, ou deve o todo, como se fosse o exclusivo devedor. São, portanto, características básicas da obrigação solidária: a) pluralidade subjetiva (de credores, de devedores, ou de uns e outros simultaneamente); b) unidade objetiva, ou seja, unidade de prestação, consistente na circunstância de que cada devedor responde pela totalidade da prestação e cada credor tem direito ao crédito em seu todo, ficando, contudo, obrigado a partilhar com os consortes na proporção das quotas individuais.

A presença de mais de um credor ou de mais de um devedor é que implica na existência, respectivamente, da solidariedade ativa e na solidariedade passiva. Havendo vários credores e apenas um devedor, faculta-se a qualquer daqueles reclamar deste a totalidade dos direitos creditórios, sem a participação dos demais sujeitos ativos da relação jurídica. Vale dizer, o credor atua sozinho e em nome próprio, exigindo a integralidade da prestação, ficando, a partir do recebimento, obrigado a repassar aos consortes as respectivas quotas individuais, na proporção convencionalmente estabelecida ou em partes iguais, se nada em contrário restou pactuado. Sendo hipótese de pluralidade de devedores e existindo apenas um credor, este possui legitimidade para escolher, dentre os membros do pólo passivo, um ou alguns contra quem queira demandar pela totalidade da dívida. O consorte que pagar liberará os demais, investindo-se na prerrogativa de reclamar deles as correspondentes quotas. Caso qualquer dos membros do pólo obrigado seja insolvente, o credor não sofre nenhum abalo no seu direito, desde que um dos obrigados seja solvente. Postulará então junto a ele a prestação inteira, distribuindo-se entre os co-devedores o prejuízo resultante da citada insolvência, de modo que o consorte que pagou não suporte sozinho o prejuízo quando demandado a resolver o débito global.

O devedor chamado a responder pelo todo não pode opor óbices ao credor alegando que arcará apenas com a própria fração ideal no débito. Isto porque a essência da solidariedade ou correalidade consiste exatamente em facilitar ao sujeito ativo o acesso à prestação, por meio do mecanismo de escolha de qualquer obrigado para satisfação plena da dívida.

Não há o chamado *benefício da divisão*, que noutras circunstâncias (*v. g.*, contrato de fiança) poderia ser invocado como forma de liberação do sujeito passivo mediante solução da sua parcela no débito.

10.2. Solidariedade e indivisibilidade

Quando da abordagem da matéria relativa às obrigações divisíveis e indivisíveis, já foram tecidas considerações acerca das diferenças entre a indivisibilidade e a solidariedade. Contudo, nesta nova etapa do trabalho é preciso reiterar e consolidar as impressões inicialmente deduzidas, haja vista a sua relevância no contexto do ordenamento jurídico e na prática forense. Por primeiro, faz-se mister observar que tanto nas obrigações indivisíveis como nas solidárias o dever jurídico se apresenta como um todo único e sem perspectiva de fracionamento. Em razão disso, quem acaso visualizar a relação jurídica em sua faceta exterior perceberá que, na hipótese de pluralidade de membros nos pólos, cada credor fica munido da faculdade de reclamar a prestação inteira e cada devedor responde por ela. Indubitavelmente, trata-se de um ponto em comum e característico das obrigações indivisíveis e das solidárias. Todavia, a partir daí as diferenças são marcantes e não permitem maior aproximação conceitual.

Um dos aspectos que estremam tais modalidades obrigacionais é o pertinente à origem. Enquanto as obrigações indivisíveis têm na natureza do objeto fator marcante de fixação da indivisibilidade, as obrigações solidárias nascem da lei ou da vontade das partes envolvidas na relação jurídica. Assim, o dever de entregar um automóvel não pode ser fracionado, pois o conteúdo da prestação é insuscetível de partilha em virtude da natureza mesma do objeto. Na indivisibilidade, eventual iniciativa no sentido de dividir o objeto acarreta perda da substância ou do valor, afetando a estrutura do liame mantido entre as partes. Logo, havendo vários devedores qualquer deles poderá ser demandado para adimplemento da prestação inteira, cabendo ao credor optar entre um, alguns ou todos os integrantes do pólo passivo para fins de direcionamento da demanda. Já no caso de dívida em dinheiro, cuja natureza indica *prima facie* a possibilidade de divisão, admite-se que a vontade das partes fixe o caráter solidário da obrigação. Com isso, cada sujeito passivo ficará submetido ao risco de ser demandado pelo pagamento integral, embora na essência a espécie de objeto fosse partilhável em frações menores. Essa partição, todavia, é obstada pelo elemento anímico dos interessados, como também poderia ser, noutras hipóteses, por expressa determinação legal. Como se percebe, a solidariedade importa na agregação, em uma só, de várias obrigações que poderiam originalmente ser considera-das independentes e autônomas. Com isso, resta inviável o cumprimento fracionado e cada devedor pode ser buscado pelo credor para adimplemento da obrigação inteira.

Outro aspecto a diferenciar as obrigações solidárias das indivisíveis reside na solução aplicável quando da conversão do dever primitivo em perdas e danos. Sabe-se que a eventual impossibilidade de cumprimento da obrigação pode decorrer de acontecimento alheio à vontade das partes ou de alguma conduta culposa. Na primeira hipótese, a obrigação ordinariamente resolve-se e as partes retornam ao estado anterior; na segunda, o agente responderá pelo comportamento culposo perante a parte inocente. Sendo indivisível a obrigação, a conversão em perdas e danos faz desaparecer o óbice advindo da natureza do objeto, transformando o seu conteúdo em algo eminentemente fracionável, ou seja, moeda corrente. Como o único elemento de verificação do caráter indivisível do dever era a espécie de objeto fixado, o desaparecimento de tal faceta implica na solução indicada acima. Daí que a obrigação se dividirá em tantas quantos forem os devedores, impondo-se a cada um apenas o adimplemento da sua respectiva quota. Portanto, se um grupo de devedores estava atrelado à obrigação de entregar um veículo, e se ela se converteu em perdas e danos como decorrência da impossibilidade de cumprimento na espécie ajustada, caberá a cada sujeito passivo responder pela sua fração no valor final apurado. Ao contrário, se a obrigação era solidária, mantém-se a característica original e os devedores permanecerão jungidos à imposição de suportar a dívida inteira, facultando-se ao credor escolher aquele que entenda estar em melhores condições de adimplir. A persistência da solidariedade tem por fundamento o fato de que a alteração do objeto último não afeta a estrutura da determinação normativa — ou a vontade das partes — de onde se originou a conotação solidária do dever jurídico estabelecido.

10.3. Fontes e espécies de solidariedade

Acerca das fontes de que se pode originar o instituto, o art. 265 do Código Civil preconiza de maneira incisiva: *"A solidariedade não se presume; resulta da lei ou da vontade das partes"*. A solidariedade é uma realidade eminentemente técnica, motivo pelo qual somente existe quando prevista em lei ou por força da vontade das partes envolvidas. Não tem, portanto, relação direta com a incindibilidade do objeto, ao contrário do que ocorre em se tratando de indivisibilidade da obrigação, que pode ser indivisível não apenas porque as partes ou a lei assim o querem, mas também com base em critérios de ordem material ou circunstancial.

Tendo em vista a natureza da solidariedade, cujo substrato é puramente técnico, não se admite presunção acerca de sua existência. Destarte, fica desde sempre afastada toda e qualquer possibilidade de que as circunstâncias do evento ou a qualidade do objeto possam levar à presunção de que determinada obrigação seja solidária. Exclusivamente a lei e o querer dos interessados podem estabelecê-la, pois a solidariedade — notadamente a passiva — consiste em uma alteração que agrava a responsabilidade dos devedores e faz com que assumam o dever jurídico de satisfazer, integral e individualmente, a prestação.

Tanto no caso de pluralidade de credores como no de múltiplos devedores, a solidariedade representa uma junção de pessoas que no mais das vezes poderiam cumprir ou receber em frações as respectivas quotas, mas que se sujeitam à conjunção de posições jurídicas para fins de cumprimento da obrigação ou de recebimento da prestação. Face a isso, e como não podem ser forçadas senão por lei a tal reunião, somente a norma ou o próprio ânimo dos interessados terão o poder de criar vínculos solidários nas obrigações. Do contrário, a multiplicidade de credores ou de devedores faz com que, sendo fracionável o objeto, incida o princípio geral pelo qual cada um dos envolvidos tem direito ou fica obrigado apenas ao teor da sua própria fração individual.

A opção do ordenamento brasileiro, no sentido de vedar a presunção de solidariedade, encontra justificativa na relevância de se defender a situação singular dos membros dos pólos ativo e passivo das relações jurídicas, de maneira que somente em caráter excepcional ficarão jungidos à sorte dos demais. Ao revés, os que pugnam pela adequação de se presumir a solidariedade entendem ser ela um mecanismo de resguardo do interesse público e da harmonia dos liames técnicos, na medida em que facilita a solução das pendências ao permitir mais fácil acesso ao conteúdo do crédito. O Código Civil italiano, por exemplo, no seu art. 1.294 consagrou o princípio de que *"os co-devedores são obrigados solidariamente, se da lei ou do título não resultar diversamente"*. Adotou, portanto, rumo rigorosamente contrário ao do legislador brasileiro, pois exige que o afastamento da solidariedade presumida dependa de previsão legal ou de expressa consignação pelas partes.

Do exposto acima, denota-se a consagração, pelo direito brasileiro, de duas modalidades básicas de solidariedade: a) legal, quando tem origem no comando da norma vigente; b) convencional, como resultado da vontade dos celebrantes. Segundo *Van der Made* (*apud Sílvio Rodrigues*, obra citada, p. 68) a solidariedade emergente da lei tem em vista, por vezes, fixar desde logo o que as ordinariamente estariam pretendendo, *v. g.*, do comodatário para com o comodante, art. 585 do Código Civil. Noutras oportunidades, objetiva principalmente criar maior espectro de garantias ao credor, *v. g.*, entre os testamenteiros, quanto aos bens confiados, art. 1.986 do Código Civil. Por derradeiro, em certas situações visa a punir o cometimento de uma infração, *v. g.*, entre autores e cúmplices do ato ilícito, parágrafo único do art. 942 do Código Civil. Na verdade, porém, as conseqüências são invariavelmente as mesmas, ofertando mais ampla segurança aos credores e obrigando de modo acentuado os sujeitos passivos. Quanto à adoção da solidariedade convencional, não há para isso nenhuma imposição de fórmula específica, nem é preciso que resulte da menção, pelos interessados, da palavra *solidariedade*. Basta que utilizem construção gramatical da qual brote a convicção de pretenderem estipular o surgimento de obrigação solidária. Entrementes, eventual dúvida que subsista no contexto importará na aplicação da regra geral, qual seja, a da inexistência da solidariedade.

Há algumas variantes de relacionamento entre os pólos da relação jurídica solidária cujo exame se faz necessário. Com efeito, o art. 266 disciplina o tema: *"A obrigação solidária pode ser pura e simples para um dos co-credores ou co-devedores, e condicional, ou a prazo, ou pagável em lugar diferente, para o outro"*. A existência de solidariedade não significa que todos os integrantes do pólo credor ou do pólo devedor estejam necessariamente submetidos às mesmas peculiaridades quanto ao cumprimento do dever jurídico a que se vinculam. Isto porque a obrigação pode ser pura e simples para um e condicional, ou a prazo, ou pagável em lugar diverso, para outro dos membros de qualquer dos pólos. Portanto, é admissível que um dos devedores esteja obrigado a satisfazer de imediato a prestação, enquanto outro disponha de certo prazo para isso, ou tenha a seu favor determinada particularidade. Em verdade, são elementos acidentais que alteram a forma de cumprimento, mas não a substância da obrigação e da prestação que nela se incrusta. Aliás, a solidariedade refere-se à prestação, e não necessariamente à forma ajustada para o seu cumprimento no que pertine ao lugar, modo e tempo. *Washington de Barros Monteiro*, citando *Pothier*, justifica o conteúdo da norma dizendo que *"com relação ao seu objeto, isto é, à coisa devida, a obrigação seria uma só, mas com referência às pessoas vinculadas, existem tantas obrigações quantos os coobrigados"* (obra citada, 4º vol., p. 163).

10.4. Solidariedade ativa

Como já referido, a solidariedade ativa atribuiu a todos os credores, isolada ou cumulativamente, a faculdade de exigir do devedor comum a integralidade da prestação. Caso não houvesse a agregação solidária dos sujeitos ativos, a obrigação seria dividida em tantas unidades autônomas e independentes quantos fossem os credores, de maneira que o sujeito passivo somente se exoneraria do dever assumido pagando a cada membro do lado contrário a correspondente quota individual. O art. 267 esclarece qual a conseqüência mais evidente da solidariedade: *"Cada um dos credores solidários tem direito a exigir do devedor o cumprimento da prestação por inteiro"*.

Em termos práticos, a solidariedade ativa, afora de rara aparição, é instituto que apresenta sérios inconvenientes, pois os credores estão ligados por laços absolutamente tênues, e vinculados mais pelo aspecto moral do que propriamente por elementos de segurança jurídica. Isto porque se um dos consortes receber por inteiro a prestação e vier a dissipá-la, nenhuma alternativa restará aos demais credores, que arcarão com o prejuízo e jamais perceberão as suas quotas. Quanto ao devedor, desde que tenha regularmente entregue a prestação ficará liberado da obrigação e nenhum encargo adicional suportará. Para piorar a situação, somente por unânime vontade dos integrantes do pólo ativo poderá ser desfeita a solidariedade após a sua instituição, dado que a simples falta de confiança recíproca não autoriza tal medida, *manu militari*, por parte de apenas um ou alguns dos envolvidos. Em relação ao pólo devedor, a solidariedade entre co-credores somente traz vantagens, pois o obrigado livra-se do dever jurídico entregando a prestação a qualquer dos integrantes do lado oposto, à sua escolha e sem necessidade de aviso aos consortes ou prestação de caução, ao contrário do que sucede nas obrigações indivisíveis.

O art. 268 indica uma das formas de liberação do devedor comum, conforme alusão feita acima: *"Enquanto alguns dos credores solidários não demandarem o devedor comum, a qualquer daqueles poderá este pagar"*. Com o preenchimento dos requisitos adrede estipulados para o cumprimento da obrigação (tempo, lugar, modo etc.), poderá o devedor liberar-se entregando a qualquer dos co-credores a prestação avençada, sem que tenha de fazer prévia notificação aos mesmos ou adotar providência diversa. Bastará cumprir o dever jurídico assumido junto a qualquer dos credores e estará exonerado da obrigação. A prerrogativa de pagar a credor à sua escolha cessará para o devedor se houver demanda judicial pela qual algum dos integrantes do pólo ativo reclame o cumprimento da obrigação, pois que, pelo denominado *princípio da prevenção*, ficará o devedor adstrito à entrega da prestação exclusivamente ao credor que a postula. Caso assim não proceda, e venha a pagar a outro dos co-credores, não se liberará da obrigação e poderá ser compelido a pagar àquele que demanda, restando-lhe, ao depois, pleitear a restituição do valor inadequadamente alcançado aos demais.

Importa frisar que o direito de o devedor escolher a quem deseja alcançar a prestação em obrigação solidária somente se esvai se houver ação judicial proposta por credor que invoque para si a primazia no recebimento, pois isso torna prevento e direciona o cumprimento do dever. Nenhuma forma diversa de cientificação extrajudicial, ou mesmo judicial (sem conotação de *demanda*, v. g., medidas preventivas ou preparatórias de ações) será capaz de afastar a prerrogativa de escolha de que é titular o devedor.

Por outro lado, uma vez reclamado o cumprimento da obrigação por um dos credores solidários, descabe ao devedor opor-se à entrega da prestação sob o argumento de que àquele cabe apenas fração do crédito. A partilha do produto não é prerrogativa do devedor, mas imposição que recai sobre o credor que recebeu por inteiro o que era devido. Assim, ao obrigado resta cumprir rigorosamente tudo quanto pactuado, deixando para os co-credores o problema da partição da prestação alcançada a um deles. Daí que às vezes se tem na solidariedade ativa um inegável manancial de desconfiança entre os consortes, pois cabendo a qualquer deles a iniciativa de postular o todo, os demais se tornam alvo potencialmente fácil de atitudes ilídimas do *accipiens* ou da eventual insolvência dele. O devedor, estando integralmente liberado pelo pagamento feito a um dos credores, não poderá ser demandado novamente por algo que já despendeu.

Entre outras repercussões, da solidariedade ativa extraem-se as seguintes: a) a cada um dos credores compete a defesa judicial e extrajudicial dos direitos relacionados ao pólo ativo, inclusive constituindo em mora o devedor comum; b) as atitudes defensivas de qualquer dos consortes a todos aproveita; c) interrompida a prescrição a pedido de um dos co-credores, ou mesmo quando suspensa em obrigação de prestação indivisível, todos passam a ser beneficiários da medida; d) o recebimento da totalidade da prestação por apenas um ou por alguns dos credores faz com que fiquem obrigados frente aos consortes pela distribuição das quotas individuais correspondentes.

É preciso analisar ainda a questão referente à extensão do pagamento feito a um dos credores, eis que viável aventar a hipótese de cumprimento total ou apenas parcial da obrigação. A matéria encontra guarida no art. 269: "*O pagamento feito a um dos credores solidários extingue a dívida até o montante do que foi pago*". Como dito alhures, ao receber o valor devido incumbe ao credor solidário fazer o repasse das quotas de seus consortes, circunstância alheia ao devedor e que em nada depende — e nem admite — a ingerência deste. Caso tenha o devedor satisfeito a prestação nos moldes devidos e por inteiro, estará totalmente liberado da obrigação. É corolário natural do pagamento perfeito a liberação do devedor, motivo pelo qual o dispositivo legal nada mais faz do que reforçar essa inabalável verdade jurídica.

Levando-se em linha de consideração o conteúdo do art. 266 do Código Civil, é possível imaginar situação em que ao devedor caiba satisfazer de imediato certa fração obrigacional e noutro momento o restante, porque sujeito a condição, prazo ou lugar diversos. Nessa hipótese, o pagamento feito a um dos credores provocará a exoneração do devedor até onde alcance, ou seja, dentro dos limites previstos para aquele instante obrigacional. Porém, a sua liberação integral ficará sujeita ao cumprimento completo da obrigação a que está jungido, nos termos em que constituída. Destarte, a parcela adimplida será descontada do total inicialmente devido, de modo que ao final se tenha o cumprimento geral do dever, ainda que circunstancialmente fracionado.

O falecimento de um dos credores solidários provoca a incidência do art. 270: *"Se um dos credores solidários falecer deixando herdeiros, cada um destes só terá direito a exigir e receber a quota do crédito que corresponder ao seu quinhão hereditário, salvo se a obrigação for indivisível"*. Com o óbito de um dos credores solidários, cada um de seus herdeiros somente poderá reclamar e obter a quota de crédito que lhe cabe por direito sucessório, ressalvada a hipótese de obrigação indivisível, pois nesta poderá receber o todo, ficando obrigado a indenizar em dinheiro os consortes em conformidade com as quotas individuais. A previsão normativa deriva do chamado *princípio da refração do crédito*, cujo efeito, no caso, é fazer com que o direito de herdeiro encontre limites na porção individual que lhe cabe, por força sucessória, no quinhão obrigacional solidário de que tomava parte o *de cujus*. Também poderá exigir a totalidade da prestação o herdeiro único, independentemente da indivisibilidade ou não da prestação, pois nesse caso o óbito do *de cujus* simplesmente repassa ao sucessor todos os bens e direitos existentes.

A conversão do dever jurídico original em perdas e danos é situação que não pode escapar de exame mais detido, embora já tenha sido alvo de breve abordagem em etapa anterior. É aplicável à espécie o art. 271: *"Convertendo-se a prestação em perdas e danos, subsiste, para todos os efeitos, a solidariedade"*. Uma das características básicas das obrigações solidárias é a unidade de prestação. Mesmo que por algum motivo haja conversão da obrigação em perdas e danos, subsistirá a solidariedade para todos os efeitos, sem afetação, portanto, da unidade de prestação. Com base nisso, é lídimo a qualquer dos co-credores reclamar, seja com ou sem conversão do dever jurídico em perdas e danos, o cumprimento do todo junto a qualquer dos co-devedores, para quem também continua intacta a solidariedade. A persistência da solidariedade alcança não somente o principal da conversão, como também os juros de mora e demais acréscimos porventura incidentes, que podem, portanto, ser reclamados pelos co-credores em moldes exatamente idênticos aos que seriam utilizados para a busca do cumprimento da obrigação solidária originalmente constituída.

O mandamento legal revela outra grande diferença entre as obrigações solidárias e as obrigações indivisíveis, pois nestas a superveniência de sua conversão em perdas e danos extingue a indivisibilidade e faz com que cada credor e cada devedor tenham, respectivamente, a prerrogativa de receber apenas a sua quota ou de liberar-se pagando apenas a fração individualmente devida.

Como na essência a solidariedade deixa entrever a ocasional junção de obrigações autônomas e independentes, que passam a formar um só corpo para fins de execução, não se afigura adequado descartar a superveniência de acontecimentos capazes de afetar, para melhor ou para pior, a situação de apenas um ou alguns dos integrantes do pólo ativo. O art. 272 aponta o caminho para duas situações específicas: *"O credor que tiver remitido a dívida ou recebido o pagamento responderá aos outros pela parte que lhes caiba"*. Caso um dos credores solidários promova a remissão (perdão) de toda a dívida emergente de obrigação solidária, responderá perante os consortes pelas porções individuais, descontada a sua própria fração. Assim, *v. g.*, se quatro os credores e um o devedor, sendo obrigação solidária no valor de 100 e havendo remissão total promovida por um dos titulares, os três co-credores ficarão com direito de buscar junto ao remitente, em ação regressiva, os 75 a que fazem jus, em frações individuais, na proporção de 25 para cada um.

À semelhança do exposto acima, também fica obrigado perante os consortes o credor que receber pagamento parcial. Aos demais credores ficará facultado pleitear o recebimento das frações individuais que lhes cabiam. Idêntica solução aplica-se aos casos de novação, compensação, transação e demais formas de extinção da obrigação, quando promovida por um dos credores solidários em relação a todo o crédito, pois tal conduta afeta os interesses dos co-credores e os autoriza a buscar o reembolso de suas porções.

No tocante às defesas que podem ser apresentadas pelo devedor para esquivar-se do cumprimento da obrigação, o art. 273 estabelece: *"A um dos credores solidários não pode o devedor opor as exceções pessoais oponíveis aos outros"*. A existência de crédito solidário não importa na comunicação, entre os co-credores, das circunstâncias pessoais constituídas entre cada um deles e o devedor comum. As porções individuais mantêm absoluta autonomia quando se trata da oponibilidade de exceções. Assim, se o credor "A", cuja fração no crédito solidário é "X", ao mesmo tempo deve ao obrigado comum valor equivalente à totalidade do débito solidário, não poderá haver compensação entre o débito solidário e a dívida de "A" para com o devedor comum, pois somente o seu quinhão ficará sujeito ao encontro de contas. Quanto às demais porções individuais, continuam sendo objeto da obrigação solidária e terão de ser satisfeitas pela maneira avençada sem qualquer espécie de restrição, descontada apenas a parte que caberia ao credor alcançado pela oposição pessoal invocada pelo sujeito passivo.

O devedor em obrigação solidária somente pode opor as exceções que forem pessoais a um ou alguns dos credores (compensação, novação etc.), ou então as exceções comuns a todos (impossibilidade absoluta da prestação, extinção da obrigação etc.). No primeiro caso, somente ficará liberado da porção que devia ao credor contra quem apresentou a exceção; no segundo, ficará exonerado de toda a obrigação, desde que as quotas cabíveis a cada um dos co-credores sejam diluídas, uma a uma, pela invocação de circunstâncias capazes de elidir por inteiro a relação obrigacional.

Finalmente, o art. 274 dispõe: *"O julgamento contrário a um dos credores solidários não atinge os demais; o julgamento favorável aproveita-lhes, a menos que se funde em exceção pessoal ao credor que o obteve"*. Atento ao princípio de que, como regra, a coisa julgada somente produz diretamente todas as conseqüências que lhe são inerentes contra quem foi parte na causa, o legislador impede que a decisão judicial contrária aos interesses dos credores solidários somente afetem os que efetivamente tomaram parte na lide. Para que o *decisum* favorável ao devedor comum atinja todos os co-credores, é imperioso que estes sejam postados em litisconsórcio, ou sofram demandas individuais em que possam exercer pleno direito defensivo, pois do contrário apenas o credor que integrou a relação processual suportará os efeitos da sentença. De igual modo, se a ação foi proposta por um dos co-credores e vier a ser julgada improcedente, isso em nada afetará a posição jurídica dos demais.

Sendo favorável a decisão judicial, quer proposta a demanda pelo devedor comum ou por algum dos co-credores solidários, tal pronunciamento a todos aproveitará, ficando impedido o obrigado de rediscutir o tema noutras lides. Porém, quando a decisão favorável a um dos credores solidários tiver por fundamento exceção pessoal lastreada em relação mantida entre ele e o devedor comum, não poderão os co-credores aproveitar seus efeitos, pois as exceções pessoais não se comunicam, nem estendem tentáculos para além do limitado âmbito em que foram deduzidas. Exemplo: se o credor solidário Paulo obtém sentença favorável em processo movido pelo devedor comum, no qual este buscava o reconhecimento de compensação de valores, nada obsta que o obrigado venha a propor novas ações visando ao reconhecimento da extinção total ou parcial do dever jurídico contra os demais credores, ou mesmo contra todo o pólo ativo, contanto que respeitada a coisa julgada no que pertine ao credor vitorioso na demanda finda.

10.5. Solidariedade passiva

A principal característica da solidariedade passiva, instituto destinado a reforçar a relação obrigacional e a posição do credor, consiste no fato de que cada um dos devedores está obrigado a cumprir a prestação inteira e segundo os termos em que constituída, como se tivesse desde o princípio assumido sozinho e com exclusividade os encargos a ela pertinentes. Demandado isoladamente, não poderá o devedor invocar o chamado *benefício da divisão*, pagando apenas a sua fração abstrata ou fazendo incluir os co-devedores na lide. Disse extraem-se importantes efeitos, entre os quais destaca-se a faculdade, que assiste ao credor, de receber todo o crédito junto a um, alguns ou todos os devedores, acionando-os em litisconsórcio ou isoladamente, e sem que perca a prerrogativa de demandar contra os outros caso não consiga receber o valor daquele contra quem interpôs a ação. O art. 275 do Código Civil fornece as linhas básicas do instituto: "*O credor tem direito a exigir e receber de um ou de alguns dos devedores, parcial ou totalmente, a dívida comum; se o pagamento tiver sido parcial, todos os demais devedores continuam obrigados solidariamente pelo resto. Parágrafo único – Não importará renúncia da solidariedade a propositura de ação pelo credor contra um ou alguns dos devedores*".

O pagamento feito por um dos co-devedores, se integral, a todos libera, passando estes à condição de devedores junto ao consorte, que fica investido de direito regressivo para obter o reembolso dos valores despendidos. Sendo apenas parcial o pagamento, porque assim exigido pelo credor, ou porque incidente outra causa plausível, a dívida se extingue até onde atingida pelo adimplemento fracionado, persistindo a solidariedade quanto ao remanescente. Assim, se a obrigação é de 100 e o devedor satisfaz 25, o valor faltante continuará podendo ser cobrado de qualquer dos co-devedores, inclusive daquele que pagou parcialmente.

A opção por litigar apenas contra um ou alguns dos integrantes do pólo passivo obrigacional não significa que o credor esteja renunciando o direito de propor posteriormente outras demandas contra os que inicialmente não foram acionados em juízo. Como não se trata de litisconsórcio necessário (embora seja lícito formá-lo), ao credor compete escolher contra quem ajuizar a lide e em que momento fazê-lo, sem que isso afete a qualidade da obrigação ou do crédito. Assim, poderá ser primeiramente interposta ação contra o co-devedor "A", e, restando infrutífera, contra o consorte "B", até que se esgotem todas as possibilidades de recebimento daquilo a que tem direito.

Embora a situação jurídica do sujeito passivo solidário seja bastante severa, o legislador criou um mecanismo capaz de preservar o encargo exatamente nos moldes em que constituído. Se assim não fosse, o ônus do obrigado poderia avultar-se em virtude de eventuais atitudes individuais dos consortes. Neste compasso, diz o art. 278: *"Qualquer cláusula, condição ou obrigação adicional, estipulada entre um dos devedores solidários e o credor, não poderá agravar a posição dos outros sem consentimento destes"*. Os devedores solidários estão obrigados a cumprir aquilo que foi estabelecido quando da constituição da obrigação. Isso não impede que as partes alterem posteriormente o conteúdo obrigacional, contanto que essa medida conte com a aquiescência de todos os interessados. Por isso mesmo, o cumprimento de eventuais cláusulas, condições ou obrigações adicionais que onerem o pólo passivo para além dos limites originais não poderá ser exigido junto aos co-devedores quando apenas um deles, sem autorização dos consortes, entrou em entendimento com o credor comum para modificar o contexto inicialmente formado. Exemplo: se o co-devedor solidário Paulo conveniciona com o credor José a elevação da taxa de juros para 1% ao mês, quando originalmente estava estipulada em 0,5% ao mês, a alteração produzirá efeitos pessoais e exclusivos contra o acordante, sem atingir os consortes Batista e Pedro.

Contrário senso, se as alterações, ainda que promovidas com a intervenção de apenas um dos co-devedores e sem o consentimento dos demais, vierem em proveito do grupo, a todos os consortes aproveitará o novo quadro fixado, de modo que poderão fazê-lo valer com força de *lex inter partes* contra o credor comum. É que o legislador impede o agravamento da situação do pólo passivo por ingerência não unânime dos consortes, mas não inviabiliza a melhoria do contexto a seu favor, embora por iniciativa de somente um ou alguns dos integrantes do pólo passivo. Exemplo: se o co-devedor solidário Paulo conveniciona com o credor José o aumento do prazo para cumprimento da obrigação, estarão os consortes Batista e Pedro obrigados a cumprir o dever jurídico somente quando do advento da nova data demarcada.

10.6. Falecimento do devedor solidário

É sabido que a morte da pessoa natural importa na imediata transmissão, aos herdeiros, da propriedade e da posse da herança, por aplicação do *princípio da saisina*, ínsito no art. 1.784 do Código Civil. Por conseguinte, os herdeiros automaticamente se investem em todas as qualidades jurídicas do *de cujus*, sejam positivas ou negativas. Assim como recebem os bônus, suportam os ônus, limitados estes, porém, às forças da herança. Caso o falecido fosse devedor solidário, tal condição passaria aos herdeiros, nos termos das normas pertinentes.

O falecimento de qualquer dos obrigados não passou ao largo, restando disciplinadas as suas repercussões no art. 276: *"Se um dos devedores solidários falecer deixando herdeiros, nenhum destes será obrigado a pagar senão a quota que corresponder ao seu quinhão hereditário, salvo se a obrigação for indivisível; mas todos reunidos serão considerados como um devedor solidário em relação aos demais devedores".* Essa norma guarda estreita ligação, e assim deve ser interpretada, com o art. 270 do Código Civil, que disciplina a solidariedade ativa em caso de falecimento de um dos co-credores. O óbito de um dos devedores solidários não rompe o liame obrigacional, mas sob o ângulo das relações internas extingue a solidariedade entre os herdeiros do obituado (mantendo-a quanto aos demais co-devedores), se divisível a obrigação. Analisada a situação individual, não respondem os herdeiros senão por suas respectivas quotas no débito; porém, no conjunto serão tidos como um só devedor solidário, e assim considerados perante o credor e os co-devedores.

Noutras palavras, sendo divisível a obrigação solidária, a mesma sofre fracionamento e atribui responsabilidade aos herdeiros sobre as correspondentes quotas, mas com limitação às forças da porção hereditária recebida, pois do contrário estar-se-ia admitindo a possibilidade de o débito do *de cujus* atingir o patrimônio pessoal dos sucessores, o que não é tolerado no direito pátrio. Já na hipótese de indivisibilidade da obrigação solidária, todos os herdeiros serão considerados como um universo indissociável perante os co-devedores para fins de cumprimento do dever jurídico, pois se sub-rogaram na situação em que se inseria o falecido. Tal situação torna-os meros substitutos do *de cujus* na relação obrigacional, podendo ser demandados pelo todo, mas ainda assim com responsabilidade que não ultrapassa as forças da herança recebida, tendo em vista que esse é um dos princípios norteadores do direito sucessório. *Caio Mário da Silva Pereira* (obra citada, vol. II, p. 73), com a perspicácia de sempre, ensina: *"Proposta ação enquanto a herança estiver indivisa, o monte responderá por toda a dívida, em razão de os herdeiros formarem um grupo que, em conjunto, pode ser demandado por todo o débito. Ajuizada a ação após a partilha, o credor poderá haver apenas a quota-parte de cada um, e, em havendo algum insolvente, não podem os co-herdeiros ser compelidos a compor toda a res debita".*

10.7. Cumprimento por um dos devedores e remissão

Sobrevindo pagamento da obrigação solidária por apenas um dos devedores, é evidente que sofreu diminuição patrimonial fundada no cumprimento de dever jurídico que não lhe pertencia com exclusividade. Consoante mencionado em etapa anterior, a solidariedade não passa, a rigor, da soma de várias obrigações que, não fosse o estado solidário, teriam plena autonomia e independência tanto na formação como na execução. Assim, qualquer análise mais acurada do contexto interno do liame demonstrará que entre os sujeitos passivos prevalece a regra segundo a qual cada um deve suportar apenas a sua parcela na dívida toda. Porém, quando confrontados com o credor, a solidariedade importa na perspectiva de que este reclame de quaisquer daqueles o adimplemento integral da obrigação. Diante disso, aquele que pagar ficará investido de direito regressivo contra os demais, sendo-lhe facultado exigir de cada co-devedor a respectiva fração individual, visam a evitar que suporte sozinho o peso final da prestação adimplida.

O assunto está fixado no art. 283: *"O devedor que satisfez a dívida por inteiro tem direito a exigir de cada um dos co-devedores a sua quota, dividindo-se igualmente por todos a do insolvente, se o houver, presumindo-se iguais, no débito, as partes de todos os co-devedores".*

O direito regressivo consiste na prerrogativa de o devedor que satisfez a obrigação voltar-se contra os consortes para reembolsar-se do valor despendido, sendo-lhe facultado pleitear de cada um deles o montante correspondente à sua quota individual. Desimporta a circunstância de o devedor ter cumprido voluntária ou coercitivamente a obrigação, bastando, para o exercício do direito de regresso, que a prestação fosse exigível pelo credor ao tempo do adimplemento.

A base jurídica do rateio do ônus entre todos os consortes deita raízes no princípio do não-enriquecimento sem causa. Ao deixarem de pagar, os co-obrigados não integram ao acervo diretamente valor algum, mas, como nada entregaram, é certo que enriquecem por via indireta como resultado do *minus* evitado. Logo, ao *solvens* é permitido reembolsar-se das frações econômicas cuja responsabilidade final é dos consortes, arcando apenas com a sua própria parcela. Funda-se o direito regressivo, portanto, na existência de relações internas entre os integrantes do pólo passivo da obrigação, assim como na necessidade de prestigiar o devedor que cumpriu o dever jurídico a que todos estavam jungidos. O devedor que solve fica sub-rogado em todas as qualidades creditórias contra os consortes, exceto no que diz com a solidariedade que os unia, pois ao voltar-se contra os co-devedores somente poderá fazê-lo objetivando pleitear de cada um a sua respectiva quota-parte (já deduzida a própria parcela na dívida), mas não a totalidade do que foi cumprido. Daí decorre a liberação dos co-devedores, um a um, conforme forem satisfazendo as porções correspondentes à participação individual no débito.

Exceção à regra surge quando houver fração em aberto por força da insolvência de um dos co-devedores, pois então os outros membros do pólo passivo ficarão na contingência de reembolsar ao consorte que pagou a dívida a parcela cabível ao insolvente, depois de descontada a fração a ele mesmo imputável em razão da correalidade. Exemplo: se Pedro, Carlos e João são devedores solidários e o primeiro deles paga a totalidade da dívida (no valor de 90) a Francisco, Pedro poderá voltar-se regressivamente contra os dois consortes para buscar de cada um o valor de 30 (pois ele mesmo responde por 30). Caso João seja insolvente, Pedro e Carlos suportarão individualmente, na realidade, o valor de 45, porque a fração cujo responsável era João passa a ser imputada aos consortes na partição final. Logo, o direito regressivo de Pedro em relação a Carlos limitar-se-á ao valor de 45, ficando ambos com direito de, no futuro e ante eventual reversão do quadro de insolvência de João, pleitear o *plus* que lhes foi impingido.

Se nenhuma previsão específica houver, ou se das circunstâncias não se inferir a existência de diversidade de valores nas partes cabíveis a cada um dos co-devedores no total da obrigação, presume-se que todos estejam obrigados por parcelas iguais. Trata-se, como visto, de presunção *juris tantum* e que cede diante de prova inequívoca em sentido contrário. Havendo insolvência por parte de algum dos integrantes do pólo passivo, os demais devedores, nos termos do art. 283, ratearão entre si, em partes iguais, o valor da correspondente fração para fins de cumprimento da parcela sob responsabilidade do insolvente. Nenhum dos co-devedores estará livre de tal dever jurídico, nem mesmo aqueles que foram exonerados da solidariedade pelo credor. Portanto, o rompimento da solidariedade por iniciativa do credor em favor de certos devedores não os libera da participação no rateio da quota de insolvência, pois é direito dos consortes fazer o rateio, sendo vedado ao credor imiscuir-se na relação interna do pólo passivo, seara que lhe é estranha e insuscetível de ingerência da vontade de alguém cuja prerrogativa limita-se ao recebimento da prestação. O art. 284 estabelece: *"No caso de rateio entre os co-devedores, contribuirão também os exonerados da solidariedade pelo credor, pela parte que na obrigação incumbia ao insolvente"*. Na verdade, ao exonerar da solidariedade este ou aquele indivíduo, o credor está abrindo mão de direito próprio, o que é plenamente admissível; em contrapartida, o rateio da fração do insolvente entre os co-devedores — e inclusive entre o liberado da solidariedade — é direito exclusivo destes.

O art. 285 aborda situação especial: *"Se a dívida solidária interessar exclusivamente a um dos devedores, responderá este por toda ela para com aquele que pagar"*. Como regra geral, e por presunção relativa, a dívida solidária a todos os consortes passivos interessa, pois de origem comum. Todavia, do próprio título ou de ato posterior regularmente constituído pode constar que, embora solidária, a obrigação é de exclusivo interesse de algum dos co-devedores. Nesse caso, aquele que pagar ficará com direito regressivo somente em relação ao sujeito direta e exclusivamente interessado, que responderá pela totalidade da prestação. Aos co-obrigados assiste a prerrogativa de defender-se em sede de ação regressiva mediante apresentação desse argumento, que terá de restar provado de maneira cabal e inarredável, pois do contrário subsiste a presunção de interesse comum.

A regra em nada afeta o credor, que, sendo titular de direito emergente de obrigação solidária, pode demandar de qualquer dos co-obrigados o pagamento da dívida inteira. Isto porque a exclusividade de interesse somente afeta as relações internas travadas entre os consortes, mas não projeta seus efeitos para o liame mantido entre estes e o credor, motivo pelo qual apenas no momento do exercício do direito regressivo é que poderá ser feita a análise da situação mencionada no dispositivo. Exemplo: Pedro é fiador de Joaquim em locação de imóvel residencial ocupado pelo segundo. Carlos, locador, pode reclamar do fiador todo o valor dos aluguéis em atraso, mas depois de pagar o montante integral poderá Pedro voltar-se contra o afiançado com o fito de buscar o reembolso da totalidade do pagamento realizado, eis que o interesse jurídico na dívida era exclusivamente do locatário.

O adimplemento parcial e a remissão também foram regrados pelo legislador, nos moldes do art. 277: *"O pagamento parcial feito por um dos devedores e a remissão por ele obtida não aproveitam aos outros devedores, senão até à concorrência da quantia paga ou relevada"*. Já foi dito, mas é oportuno repetir, que se um dos co-devedores pagar totalmente a dívida, exonerará os consortes e contra eles poderá exercer direito regressivo visando à recuperação das respectivas quotas. Todavia, pagando apenas parcialmente não estará livrando os co-devedores e nem suprimindo a solidariedade, pois a satisfação incompleta da obrigação produz como efeito a amortização da dívida, persistindo a solidariedade, pelo remanescente, quanto aos demais devedores. Porém, estes poderão ser demandados somente quanto ao valor faltante, abatida a porção satisfeita pelo consorte. Cabe salientar que o devedor responsável pelo adimplemento parcial continua solidariamente obrigado pelo valor pendente, sendo facultado ao credor comum demandar junto a qualquer dos co-devedores o cumprimento integral da prestação.

Caso um dos co-devedores obtenha remissão (perdão) por liberalidade do credor, continuarão os demais devedores obrigados pelo remanescente, abatida a fração remitida. Nesse aspecto a solidariedade passiva tem tratamento diferente daquele dispensado à solidariedade ativa, pois enquanto nesta o perdão concedido por um dos credores exonera inteiramente o devedor, naquela a remissão alcançada a um dos co-devedores não tem o condão de exonerar os demais, autorizando apenas a dedução da quota perdoada quando de algum deles for reclamado o cumprimento da obrigação. Cumpre lembrar que o perdão concedido a um dos devedores em relação à sua quota libera-o totalmente do dever jurídico, mantendo solidários os consortes quanto ao remanescente.

10.8. Impossibilidade da prestação e mora

Quando a prestação inserida no liame solidário se tornar impossível, será mister analisar a presença ou não do elemento culpa como fator de desencadeamento do quadro de impossibilidade. Inexistindo culpa, porque inviabilizado o adimplemento em razão de circunstâncias alheias à conduta positiva ou negativa do obrigado (*v. g.*, caso fortuito, força maior, fato do príncipe etc.), as partes retornarão ao estado anterior em virtude da extinção do dever jurídico. Caso contrário, incidirá o art. 279: *"Impossibilitando-se a prestação por culpa de um dos devedores solidários, subsiste para todos o encargo de pagar o equivalente; mas pelas perdas e danos só responde o culpado"*. A impossibilidade da prestação por culpa exclusiva de um ou de alguns dos devedores não extingue a solidariedade, mantendo-a quanto ao valor em que se converteu o dever jurídico. Por este, considerado *equivalente* da obrigação original, respondem todos os co-devedores, porque nada mais representa do que o conteúdo econômico da própria *obligatio*. Porém, pelas perdas e danos responderá apenas o devedor que agiu com culpa e impossibilitou a prestação, pois quanto aos demais falta o nexo de causalidade gerador da responsabilidade civil. Ademais, é preciso compreender a norma em consonância com o disposto no art. 278 do Código Civil, de onde exsurge previsão no sentido de que o comportamento isolado de um dos devedores não pode agravar a situação jurídica dos demais. E, se lhe é vedado prejudicá-los em virtude de conduta voluntária e lícita, com muito mais fundamento não poderá causar repercussões negativas sobre os co-devedores quando praticar ato ilícito. Destarte, se Carlos, Francisco e Maria são co-devedores solidários e o primeiro deliberadamente destrói o veículo que teria de ser entregue ao credor, ficarão todos os consortes solidariamente obrigados a alcançar ao pólo contrário o equivalente em dinheiro, podendo quaisquer deles ser isolada ou cumulativamente demandados com vistas ao desembolso do valor devido. Entretanto, sobrevindo perdas e danos em razão da destruição do objeto e conseqüente impossibilidade da prestação, apenas Carlos terá de reparar os prejuízos suportados pela parte adversa, situação que tem origem na responsabilidade subjetiva e que, portanto, não atinge os devedores inocentes.

Por outro lado, ainda que não ocorra impossibilidade, mas simples verificação de mora no cumprimento da obrigação pendente, as conseqüências da impontualidade projetam-se segundo o mecanismo posto no art. 280: *"Todos os devedores respondem pelos juros da mora, ainda que a ação tenha sido proposta somente contra um; mas o culpado responde aos outros pela obrigação acrescida".* Para a perfeita compreensão do dispositivo outra vez faz-se necessário analisar a situação sob o ângulo das relações internas travadas entre os co-devedores e das relações externas que mantêm com o credor comum. Sendo acessórios que seguem o principal, os juros moratórios são imputáveis a todos os integrantes do pólo passivo, pois diante do credor quem está em mora não é este ou aquele devedor, mas sim a parte contrária como um só universo. Disso decorre o fato de que perante o credor todos os co-devedores são responsáveis pelos juros de mora, ainda que apenas um ou alguns deles sejam demandados pelo cumprimento da obrigação. Porém, sob o prisma das relações internas, e sendo a mora imputável na prática a este ou aquele devedor, poderão os demais buscar o reembolso da quantia despendida no pagamento dos juros moratórios, pois se não tivesse havido culpa daquele que provocou a mora os consortes não seriam onerados com a obrigação acrescida à original. Logo, poderão reclamar do co-devedor culpado a quantia alcançada ao credor a título de juros moratórios, embora frente a ele sejam solidários quanto a esse aspecto.

10.9. Oponibilidade de exceções

Visando a permitir ao devedor solidário demandado o exercício mais amplo possível do direito de defesa, o legislador admite que apresente exceções, consistentes na argüição de matérias específicas capazes de mitigar o dever jurídico ou mesmo de afastá-lo. Diz o art. 281: *"O devedor demandado pode opor ao credor as exceções que lhe forem pessoais e as comuns a todos; não lhe aproveitando as exceções pessoais a outro co-devedor".* As exceções de cunho pessoal somente podem ser opostas pelo titular da relação capaz de afetar a obrigação contraída perante o credor. No caso da solidariedade passiva, o devedor demandado somente poderá invocar as exceções que lhe forem pessoais (compensação, novação etc.) e as que forem comuns a todos (nulidade da obrigação, ilicitude da prestação, extinção do dever jurídico etc.), mas ficará impedido de argüir as que disserem respeito exclusivamente a qualquer dos consortes. Em suma, as matérias fundadas em fatos ligados a todos os devedores e hábeis a ferir a relação obrigacional em razão da unidade da prestação podem ser argüidas como exceção por qualquer dos consortes, carreando proveito a todos. Entrementes, quando o tema a ser apresentado disser respeito não à prestação em si mesma, mas apenas à situação da obrigação frente a outros vínculos que lhe possam afetar e ao co-devedor acionado em juízo, caberá a este declinar a exceção em proveito próprio, sem que os demais sejam beneficiados por eventual procedência da invocação, e sem que suportem os prejuízos de uma circunstancial improcedência. Isto porque a coisa julgada somente atinge quem tomou parte na demanda de onde proveio a sentença.

No dizer do saudoso *Washington de Barros Monteiro* (obra citada, p. 195), a norma adotada pelo legislador pátrio leva com conta a *"circunstância de que, na obrigação solidária, ao lado da unidade da prestação devida, paira a multiplicidade de vínculos. Sendo uma só a prestação, tudo quanto lhe disser respeito estender-se-á a todos os coobrigados indistintamente. Ao inverso, múltiplos os vínculos obrigacionais, autônomos entre si, o que concernir a um deles exclusivamente não se estenderá aos demais".* Assim, há duas facetas básicas evidenciadas na perspectiva de oponibilidade das exceções: a que aproveita unicamente ao argüidor e a que amplia tentáculos em proveito de todos os consortes. No primeiro caso, a invocação terá como resultado proveitoso, no máximo, a liberação total ou parcial daquele específico sujeito a quem beneficia a exceção de natureza pessoal. Isto porque diz respeito à específica relação mantida entre o argüidor e o sujeito ativo, que constitui um microcosmo dentro da solidariedade, haja vista a circunstância de que em derradeira análise a obrigação solidária pode ser percebida como a conjugação de várias obrigações menores de cunho individual e ocasionalmente reunidas por força da lei ou pela vontade das partes. De banda diversa, a exceção de índole comum, embora apresentada por apenas um dos co-devedores, estende a sua eficácia vantajosa a todos os interessados, porque diz respeito ao universo da obrigação solidária, vista então como um complexo eminentemente indiviso.

10.10. Renúncia à solidariedade

Como a solidariedade é instituto apto a carrear vantagem de natureza econômica ao credor, e considerando-se a regra geral que preconiza a disponibilidade dos direitos patrimoniais, admite-se a renúncia provinda do interessado, que assim agindo abdica dos proveitos oriundos daquela situação jurídica. O tema está previsto no art. 282: *"O credor pode renunciar à solidariedade em favor de um, de alguns ou de todos os devedores. Parágrafo único – Se o credor exonerar da solidariedade um ou mais devedores, subsistirá a dos demais"*. É importante atentar para o fato de que a solidariedade passiva existe para favorecer o credor, facilitando o seu acesso à prestação avençada. Em assim sendo, nada impede que renuncie o benefício constituído, independentemente de a solidariedade ter origem na lei ou na vontade das partes. A renúncia em favor de todos os devedores chama-se *absoluta*, cuja conseqüência mais evidente é a liberação de cada integrante do pólo passivo que satisfizer a sua quota-parte na obrigação. Já a renúncia em favor de apenas um ou alguns dos devedores denomina-se *relativa*, tendo como efeito maior a liberação dos beneficiados mediante pagamento de sua quota-parte, ficando os demais devedores solidariamente responsáveis pelo remanescente.

A renúncia não reclama forma especial, bastando que siga a adotada para a constituição do liame obrigacional solidário. Assim, se a solidariedade decorre da lei, a renúncia é de forma livre, admitindo-se que seja manifestada verbalmente ou por escrito (expressa), como também por atitudes que denotem a inequívoca intenção do credor em abrir mão do benefício (tácita). Tratando-se de solidariedade convencional, a forma da renúncia segue a do ato constitutivo, de modo que se este consistiu em escritura pública, somente por outra poderá o credor renunciar validamente, e assim por diante.

O ato de renunciar contraria o que ordinariamente acontece, pois não é da natureza humana a abdicação corriqueira de vantagens, garantias e liberalidades. Por isso, não se admite presunção de renúncia, nem que resulte de manifestação dúbia, contraditória ou obscura. Somente haverá renúncia quando o sujeito, a quem aproveitaria a sua conservação, deixar claro, seja de maneira expressa ou tácita, o desiderato de não mais manter o estado original das coisas. Afora essa exteriorização inequívoca, serão considerados beneficiários da medida apenas aqueles a quem o renunciante apontar, também por meio induvidoso, como destinatários da emissão de vontade. Nessa esteira de raciocínio, não acarreta renúncia o ato de acionar um ou alguns dos devedores pelo pagamento da dívida inteira, deixando de fora da relação processual os demais. Consoante aludido anteriormente, ao credor é facultado escolher os devedores contra quem tenciona litigar, preferindo certos sujeitos passivos e afastando outros, tanto em caráter precário como definitivo.

OUTRAS MODALIDADES DAS OBRIGAÇÕES

Capítulo 11

DAS OBRIGAÇÕES PRINCIPAIS E ACESSÓRIAS

11.1. Conceito

No art. 92 do Código Civil, o legislador classificou os bens, quando reciprocamente considerados, em principais e acessórios. Ao assim proceder, enfatizou ser principal o bem que existe sobre si, abstrata ou concretamente; acessório, aquele cuja existência supõe a do principal. Embora não tenha reservado às obrigações um dispositivo de tamanha especificidade, deixou entrever em vários momentos a circunstância de ter adotado igual critério para classificá-las quando reciprocamente consideradas.

São *principais* as obrigações que possuem existência autônoma e independência técnica, subsistindo no plano do direito sem vinculação com qualquer outra relação de natureza jurídica. Exemplo disso é o dever, que todo vendedor tem, de entregar a coisa alienada. Nele não se vislumbra espécie alguma de subordinação a liame diverso, de modo que a obrigação de entrega existe em si mesma e assim é cumprida. O mesmo não acontece com as obrigações *acessórias*, cuja existência está umbilicalmente relacionada à de outra relação jurídica, sem a qual não surge e nem se desenvolve. Exemplo disso é a fiança, que precisa ficar atrelada a outra espécie obrigacional (*v. g.*, locação) para sobreviver.

O princípio jurídico elementar que norteia a matéria reside na vetusta máxima segundo a qual *accessorium sequitur suum principale*, ou seja, o acessório segue o destino do elemento principal. Disso emergem vários reflexos, a serem analisados na seqüência.

O apontamento de certa obrigação como acessória pode ter origem na lei ou na vontade das partes. Quando partir de indicativo do legislador, os interessados não poderão interferir na sua estrutura jurídica, de modo que o mecanismo de geração, vigência e eficácia segue o rumo descrito na norma. De outra banda, se provier da vontade das partes (*v. g.*, juros convencionais), poderão elas instituir o elemento de qualidade acessória a qualquer tempo, juntamente com a criação do dever jurídico a que acedem ou em momento posterior.

Como preceito genérico, admite-se a renúncia da obrigação acessória sem reflexo algum sobre a substância da obrigação principal, mas eventual abdicação em torno desta última produzirá a extinção do item acessório, a menos que a ordem jurídica ou o conteúdo da declaração volitiva indique o contrário.

11.2. Espécies de obrigações acessórias

Há um elenco bastante amplo de obrigações classificadas juridicamente como acessórias. Uma das mais comuns é a fiança (arts. 818 a 839), que, independentemente da espécie contratual a que esteja jungida, jamais assumirá conformação principal. Sendo contrato destinado a garantir uma obrigação, nunca deixará de estar submetido, em seu destino, à sorte do dever jurídico cujo adimplemento assegura. Outro item de formatação eminentemente acessória são os juros (arts. 406 e 407), pois consistem em frutos civis de obrigações em dinheiro e seguem o curso delas. Os juros não surgem e nem se desenvolvem ou conservam sem que tenham uma obrigação apta a funcionar como fonte.

Os direitos reais de garantia têm cunho acessório, aderindo à obrigação cujo adimplemento resguardam. A hipoteca, o penhor e a anticrese protegem um crédito e acompanham o destino por ele tomado. Tanto é assim que, por exemplo, a remissão da dívida provoca a extinção da garantia real. Contudo, a insubsistência deste não afeta a obrigação principal, embora ela fique, daí em diante, desacompanhada da segurança até então mantida.

Também a obrigação denominada *cláusula compromissória* tem natureza acessória, consistindo em ajuste pelo qual as partes aceitam submeter a juízo arbitral as controvérsias contidas em determinada questão. Assim, o tema tratado pelos envolvidos é o objeto principal, enquanto o pacto de atribuir a outrem a solução figura como elemento secundário.

Entre as obrigações acessórias situam-se ainda as garantias contra a evicção e contra a verificação de vícios redibitórios. Implícitas em todas as convenções onerosas, tais garantias aderem a uma relação jurídica que lhes é superior em forças, *v. g.*, compra e venda de bens duráveis.

11.3. Repercussões jurídicas

Traçadas as linhas conceituais básicas, passa-se agora ao exame das conseqüências práticas resultantes da classificação das obrigações em principais e acessórias. Inicialmente, importa destacar o fato, já apontado acima, de que o existir do acessório depende da sua ligação com o principal, de maneira que este, via de regra, encaminha a sorte daquele. Tudo o que afetar o principal atinge também o acessório, sendo de tamanha envergadura essa dependência que o fenecimento da obrigação principal acarreta o desaparecimento daquela outra cuja sobrevivência lhe era creditada.

Qualquer causa de invalidade da obrigação principal promove similar repercussão sobre a acessória, como no caso da nulidade da locação, que produz como necessário fruto a insubsistência da fiança. No mesmo compasso, nula será a cláusula que estabelece juros se a obrigação principal emergente de contrato de mútuo for invalidada. Todavia, o contrário não prevalece, pois, sendo inválida a obrigação acessória, a principal permanecerá intacta, como no caso de somente a fiança locatícia ser imperfeita, aspecto que a fará desaparecer; porém, subsistirá o contrato de locação. Por iguais razões, fulminada a cláusula de fixação de juros, preserva-se a obrigação principal que a sustentava. A propósito, o art. 184 diz que, respeitada a intenção das partes, a invalidade parcial de um negócio jurídico não o prejudicará na parte válida, se esta for separável; a invalidade da obrigação principal implica a das obrigações acessórias, mas a destas não induz a da obrigação principal.

A situação explicitada *retro* permite um passo adiante nas conclusões, sendo correto afirmar que a prescrição da obrigação principal também ocasiona idêntico efeito na acessória. Destarte, se prescrita a ação para reclamar o pagamento de um crédito, o sujeito ativo não terá legitimidade para ajuizar demanda visando ao recebimento da multa por atraso no pagamento. Porém, cumpre observar que em determinadas situações específicas não haverá extinção do acessório juntamente com o principal, sendo exemplo disso a perspectiva da cobrança de juros não prescritos (art. 206, § 3º, III, do Código Civil) atrelados a uma obrigação em dinheiro satisfeita, quanto ao montante principal, pelo pagamento. O mesmo pensamento não prevaleceria, *v. g.*, no caso de prescrição do crédito, pois os juros neles inseridos também sofreriam fenecimento em virtude da incidência do preceito segundo o qual *accessorium sequitur suum principale*.

Outra conseqüência do enquadramento das obrigações como acessórias ou principais está incrustado no art. 233, de que se extrai que a obrigação de dar coisa certa abrange os acessórios dela embora não mencionados, salvo se o contrário resultar do título ou das circunstâncias do caso. Tal norma tem em vista a finalidade dos elementos acessórios, que, pela sua natureza, existem para servir ao objeto principal. Destarte, os itens incorporados ao solo tendem a acompanhar o destino deste, como na situação gerada pela venda de uma área de terras. Não se dirá, logicamente, que as plantas vicejantes no local estarão de fora do negócio jurídico translativo da propriedade, exceto se acontecer expressa exclusão no contrato, ou se à vista das peculiaridades do quadro for possível concluir de modo diverso.

Capítulo 12

DAS OBRIGAÇÕES PURAS E SIMPLES, CONDICIONAIS, MODAIS E A TERMO

12.1. Exposição inicial

Antes de adentrar no estudo das espécies obrigacionais a que se dedica este tópico, é preciso tecer algumas considerações básicas a respeito dos elementos que compõem os negócios jurídicos. A rigor, tais elementos podem ser inseridos em três classes distintas: essenciais, naturais e acidentais. Cada um deles apresenta facetas próprias e atende a finalidades específicas dentro da estrutura negocial.

São considerados *essenciais* os elementos que constituem a estrutura do negócio jurídico, como é o caso do preço na compra e venda. Vale dizer, sem eles o negócio jurídico não se formata, e, portanto, não adquire existência no plano do direito. Existem também elementos *naturais*, traduzidos nas conseqüências comuns, ordinárias e inerentes à espécie negocial versada. Dispensa-se a sua expressa menção pelas partes, eis que decorrem da força da lei e incidem *pleno jure* sobre a relação mantida entre os envolvidos. Exemplo disso é a garantia contra vícios redibitórios, existente em todos os contratos onerosos de alienação. Por fim, há elementos denominados *acidentais*, porque resultam do exercício da faculdade de inserção deles no negócio celebrado. As partes podem optar pela aposição de elementos acidentais, sem que eventual ausência implique na afetação da existência, da validade ou da eficácia do negócio. Logo, essa acidentalidade revela exatamente o caráter acessório das citadas previsões, que, quando concretamente inseridas, provocam a modificação de certas repercussões naturais daquela específica negociação.

Fundamentalmente, são elementos acidentais a condição, o termo e o encargo, previstos nos arts. 121, 131 e 136 do Código Civil. Enquanto os elementos essenciais e os naturais têm origem na previsão normativa, os acidentais são fruto da vontade humana, de maneira que a escolha entre promover ou não a sua incidência sobre a obrigação atrela-se exclusivamente ao elemento anímico dos interessados, que, todavia, não podem escapar das suas conseqüências na hipótese de terem optado pela aposição. Nesse contexto, adquirem o mesmo vigor jurídico daqueles outros fatores que se agregam ao negócio em virtude de previsão legal. Isto porque consubstanciam limitação deliberada da vontade, vinculando os envolvidos de maneira tão vigorosa quanto qualquer outro aspecto estrutural ou natural do liame jurídico. Adotados, alteram o mecanismo de execução dos negócios, adicionando à sua estrutura básica e às repercussões ordinárias outros reflexos que normalmente não seriam extraídos daquela figura negocial.

Cabe destacar que os elementos acidentais podem ser inseridos nos atos jurídicos patrimoniais em geral, tanto de índole contratual (onde são mais comuns) como nos de cunho unilateral (*v. g.*, promessa de compra e venda). Todavia, em razão de expressas determinações legais não podem constar de atos como a aceitação ou renúncia da herança e outros em que prevalece o interesse público. Exemplo: ao herdeiro não é dado condicionar o recebimento da herança à existência de bens imóveis no seu quinhão. Também são incompatíveis com atos de caráter personalíssimo e com os que emergirem de regras atinentes ao direito de família, pois então haverá admissibilidade apenas das formas puras e simples de conduta. Exemplo: o pai não pode condicionar o pagamento de verba alimentar ao acatamento, pelo filho, de imposições previamente deduzidas. O primeiro volume desta obra contém um capítulo voltado exclusivamente ao estudo das três espécies mencionadas, restando agora fazer considerações complementares em torno da matéria, direcionando o exame para a conjugação efetiva dos elementos acidentais com as obrigações geradas.

12.2. Obrigações puras e simples

Em definição que parte de uma análise excludente, pode-se afirmar que são puras e simples as obrigações não submetidas a condição, termo ou encargo. Livres de elementos de conotação acidental, prevalece a conformação ditada pela lei, ou seja, os seus efeitos e repercussões decorrem dos elementos essenciais e naturais componentes da estrutura típica do negócio. Assim, tratando-se de uma compra e venda pura e simples, caberá ao adquirente o direito de exigir a entrega imediata do bem, e, ao alienante, a prerrogativa de reclamar incontinenti o pagamento do valor ajustado. O mesmo vale para a doação, em que, ausentes fatores modificativos previamente entabulados, veda-se ao doador reclamar do donatário o cumprimento de exigências para o recebimento da coisa. Cuida-se, portanto, da observância da ordem comum das coisas, em que o conteúdo da norma legal imprime ao ato jurídico a produção dos resultados esperados, como regra geral, daquela determinada modalidade.

Tanto as obrigações firmadas *inter vivos* como as originadas *causa mortis* podem ser puras e simples, sendo exemplo desta última hipótese a deixa testamentária pela qual o testador direciona certo bem a um legatário sem fixar imposições ou espaços temporais relacionados à aquisição ou ao exercício do direito transmitido, mesmo que lhe fosse possível, observadas certas limitações, promover a sua estipulação por ato de derradeira vontade.

12.3. Obrigações condicionais

Considera-se condição a cláusula que, derivando exclusivamente da vontade das partes, subordina o efeito do negócio jurídico a evento futuro e incerto (art. 121 do Código Civil). Inicialmente observe-se que se trata de cláusula escrita, não sendo viável a previsão meramente verbal. Ela se adapta a qualquer modalidade de ato jurídico, seja a título oneroso ou gratuito. Porém, assim como acontece com os demais elementos acidentais, não pode ser agregada a obrigações personalíssimas, nem às oriundas do direito de família e tampouco a outras situações vedadas por lei.

A definição posta no texto da lei permite vislumbrar as principais características do instituto. Em primeiro lugar, deve reportar-se a acontecimento futuro e incerto, de vez que eventos pretéritos não podem ser fixados como base de condição. Também as ocorrências presentes, embora desconhecidas em sua materialidade pelos interessados, não funcionam como condição, pois faltará a futuridade que caracteriza esse elemento acidental, e, portanto, nenhum acontecimento estará jungido à eficácia do negócio. Destarte, não haverá condição quando se disser, por exemplo, que certa compra e venda será feita se ontem tiver chovido em determinada localidade, ou se no instante da contratação lá estiver chovendo.

Por outro lado, o acontecimento a que se subordinam os efeitos do negócio deverá ser incerto quanto à sua ocorrência. Precisa estar evidenciada a possibilidade de que se verifique ou não, pois do contrário não haverá condição. Submeter a eficácia do negócio ao futuro óbito de alguém não configura o aludido elemento acidental, eis que a morte é evento certo. Contrário senso, caracteriza condição a submissão do negócio, em seus resultados, à obtenção do primeiro prêmio no próximo sorteio da loteria. Impende destacar que a incerteza é fator objetivo, perceptível para a generalidade das pessoas e não apenas para os indivíduos diretamente envolvidos na relação obrigacional. Se somente eles consideram incerto o acontecimento, enquanto a média dos demais seres humanos percebe nisso um evento de concretização certa, não haverá espaço para interpretar como condição a cláusula idealizada. Exemplo: o negócio jurídico será celebrado se chover ao menos um milímetro ao longo de um ano na região amazônica. O evento previsto, embora futuro, é certo quanto à verificação, retirando qualquer perspectiva de se estabelecer a incerteza inerente às condições convencionais.

Saliente-se, por relevante, que o texto normativo não deixa dúvidas quanto à circunstância de que a condição sempre decorre de inserção por vontade dos declarantes. Não importa em elemento acidental a previsão que, embora se assemelhe em formato à condição prevista no art. 121, tem como fonte a lei e não o livre querer dos interessados. As chamadas *conditio juris* têm gênese e finalidades absolutamente destoantes das condições previstas como acessórios eventuais das obrigações.

Fixada a condição pela vontade das partes, algumas situações se apresentam para exame. A primeira diz respeito ao período em que se aguarda a implementação da *conditio*, sendo certo que, nesse interregno, nenhum dos efeitos inerentes à concretização do acontecimento incidirá sobre a obrigação estabelecida. Caso o evento futuro e incerto se materialize, a eficácia do ato ou negócio experimentará as conseqüências próprias daquela relação jurídica. Por fim, não se pode descartar a hipótese de que reste impossibilitada a realização da condição, seja em virtude de aspectos físicos como jurídicos. Tudo isso interfere no deslinde de cada caso que surgir no plano concreto, razão pela qual na seqüência da exposição serão abordados os principais corolários dos estágios acima elencados.

Sob o prisma da licitude, as condições podem ser lícitas ou ilícitas. São lícitas, em geral, todas as condições não contrárias à lei, à ordem pública ou aos bons costumes; entre as condições defesas se incluem as que privarem de todo efeito o negócio jurídico, ou o sujeitarem ao puro arbítrio de uma das partes (art. 122). Invalidam os negócios jurídicos, a que estão subordinados, as condições ilícitas ou de fazer coisa ilícita (art. 123, II), como no caso de se condicionar certa doação à omissão de socorro ou à execução de homicídio. Por outro lado, ficam vedadas as previsões que na prática tolhem a eficácia do negócio não obstante verificada a condição que o tornaria apto a gerar todas as conseqüências que lhe seriam naturais. Como exemplo, cita-se a hipótese do contrato de compra e venda de terras aráveis que estabelece como condição de eficácia do pacto o não cultivo pelo adquirente. A condição é ilícita, pois impede que o objeto seja utilizado no fim precípuo a que se destina, ou seja, a agricultura. De banda diversa, se a condição privar apenas parcialmente de certos efeitos o negócio, ele subsiste plenamente. No exemplo dado acima, não estaria sujeito a desfazimento o negócio se estabelecesse como condição de eficácia a não utilização das terras, durante dez anos, para cultivo do mesmo tipo de cereal que o vendedor cultiva na propriedade limítrofe e que tenciona proteger da concorrência.

É importante frisar que a liberdade individual de atuação, ou seja, a faculdade de fazer tudo aquilo que a lei não veda, é princípio consagrado no ordenamento pátrio. Não pode, via de regra, ser atropelado pela vontade das partes envolvidas em relações de caráter obrigacional. Contudo, admite-se que elas limitem certos aspectos da liberdade, sem suprimi-lo por inteiro. Neste compasso, conforme exposto *retro*, são ilícitas as condições quando tolherem por inteiro o direito da pessoa agir em conformidade com a lei (*v. g.*, a cláusula que proibir o indivíduo de fazer testamento público). Porém, se a condição for a de não ser feito testamento público nos dois anos seguintes à assunção do dever jurídico, ilicitude não haverá, prevalecendo o elemento acidental idealizado. A restrição relativa é reputada lícita, ao contrário do que sucede com a de natureza absoluta.

Também são ilícitas as condições que sujeitarem o negócio jurídico ao puro arbítrio de uma das partes, isto é, quando atribuírem a um dos envolvidos absoluto poder sobre a eficácia do negócio, como ocorreria, *v. g.*, no caso de ficar prevista ineficácia da compra e venda se o vendedor vestir roupa preta nos dez dias seguintes à assinatura do contrato. Todavia, *Washington de Barros Monteiro* chama a atenção para a circunstância de que somente as condições *puramente potestativas* (ex.: haverá eficácia na contratação se eu levantar o braço, se eu for à cidade etc.) são defesas, enquanto as *simplesmente potestativas* são válidas, pois dependem da prática de algum ato específico pelo contraente, sem que disso resulte poder integral sobre a sorte do ato ou negócio. São exemplos destas últimas: o adquirente pagará a coisa adquirida quando a revender; ao locatário caberá prorrogar ou não a locação pelo mesmo prazo original etc. (obra citada, 1º vol., p. 228). A propósito, o legislador foi expresso ao apontar como vedadas somente as condições que submeterem o negócio jurídico ao *puro arbítrio* (e não ao relativo querer) de uma das partes.

Reputa-se verificada, quanto aos efeitos jurídicos, a condição cujo implemento for maliciosamente obstado pela parte a quem desfavorecer, considerando-se, ao contrário, não verificada a condição maliciosamente levada a efeito por aquele a quem aproveita o seu implemento (art. 129). Tal solução decorre do fato de que os negócios jurídicos devem ser celebrados por partes imbuídas de boa-fé objetiva, ou seja, que realizem condutas compatíveis com as de quem não tenciona frustrar a finalidade da lei ou prejudicar o pólo oposto. O mesmo vale para os atos unilaterais, nos quais é exigido do sujeito comportamento adequado e espírito desarmado. Em vista disso, o legislador comina sanções contra a malevolência e o agir escuso, como fez no dispositivo acima citado.

Quanto ao mecanismo de atuação sobre a relação jurídica, as condições podem ser suspensivas ou resolutivas. Condição *suspensiva* é aquela que protela temporariamente a eficácia do negócio jurídico, até que o evento futuro e incerto fixado pelas partes se realize. Subordinando-se a eficácia do negócio jurídico à condição suspensiva, enquanto esta se não verificar, não se terá adquirido o direito, a que ele visa (art. 125). Condição *resolutiva* é aquela dotada de força suficiente para, uma vez verificado o acontecimento futuro e incerto, extinguir o direito criado pelo negócio jurídico, repondo a situação ao estado original. Ela pode ser aposta de maneira expressa ou emergir tacitamente do contexto, por meio de previsão escrita da qual se possa concluir seguramente ser intenção dos declarantes integrá-la ao ato ou negócio. Se for resolutiva a condição, enquanto esta se não realizar, vigorará o negócio jurídico, podendo exercer-se desde a conclusão deste o direito por ele estabelecido (art. 127). Enquanto a de natureza suspensiva impede que o direito previsto pelas partes seja exeqüível, pois, embora exista como alusão abstrata, depende de uma ocorrência específica para se materializar, a condição resolutiva faz com que o negócio jurídico tenha cessada a eficácia originalmente adquirida, na hipótese de concretização do evento a que se subordina. Assim, se determinada doação estiver condicionada à formatura do beneficiário (condição suspensiva), este somente terá direito de receber o bem após formado. Se ficar estabelecido que a doação será desfeita se o donatário casar nos dois anos subseqüentes (condição resolutiva), as partes volverão ao estado anterior na hipótese de se concretizar o mencionado acontecimento.

O art. 130 do Código Civil diz que ao titular do direito eventual, nos casos de condição suspensiva ou resolutiva, é permitido praticar os atos destinados a conservá-lo. A pendência de condição suspensiva traz ao agente a expectativa de que o direito venha a ser efetivamente adquirido, pois bastará a verificação do evento futuro e incerto a que se subordina o negócio jurídico para que se torne definitiva a relação pactuada. Observe-se, por outro lado, que a pendência de condição resolutiva não obsta ao agente a permanência no exercício integral da sua qualidade de titular de direito resolúvel. Daí porque em ambas as hipóteses o legislador permite ao interessado a conservação da prerrogativa em todos os seus aspectos, para que não desapareça por ausência de medidas adequadas. Poderá o interessado, destarte, valer-se de meios judiciais e extrajudiciais pertinentes, tais como: lides possessórias, interrupção da prescrição, notificações, petições às autoridades administrativas, reforma do bem, realização de benfeitorias necessárias etc.

Analisadas sob o ângulo da possibilidade, as obrigações são possíveis ou impossíveis. Invalidam os negócios jurídicos que lhes são subordinados as condições física ou juridicamente impossíveis, quando suspensivas (art. 123, I), assim como as incompreensíveis ou contraditórias (art. 123, III). As condições fisicamente impossíveis apresentam um obstáculo natural à sua verificação, como aconteceria, por exemplo, diante da estipulação de que a doação subsistirá se dentro de certo período o donatário descer no mar a uma profundidade de dois mil metros sem equipamentos de mergulho. Já as condições juridicamente impossíveis não encontram óbice da natureza, mas sim da lei, que lhes impede a consumação. No exemplo acima referido, a mesma doação não poderia ter a sua eficácia condicionada à renúncia genérica e permanente ao direito de dispor em testamento.

Têm-se por inexistentes as condições impossíveis, quando resolutivas, e as de não fazer coisa impossível (art. 124). Isto significa que o negócio prevalecerá como se não houvessem sido escritas, pois adquiriu validade e eficácia a partir do instante em que concretizado e não deixará de produzir todas as conseqüências que lhe são comuns. Está-se diante de genuína inexistência de condição, por ser inadmissível imaginar que o negócio possa ser resolvido em razão da presença de condição impossível, que, sendo irrealizável, nunca logrará afetar a essência da manifestação original de vontade. Diferente é o caminho se suspensiva a condição marcada pela impossibilidade, porque então a própria aquisição de eficácia é que em tese ficaria subordinada à sua verificação, e, sendo impossível o implemento da condição, em momento algum o negócio restará perfeito.

Por fundamentos similares, as condições de não fazer coisa impossível, sejam suspensivas ou resolutivas, também se reputam inexistentes, pois são de tal modo impertinentes que delas nenhum proveito jurídico se extrai. É o que acontece, *v. g.*, se o negócio fica subordinado à condição de que um dos contraentes não faça a volta ao mundo em uma hora. Fica patente a inviabilidade de realização da tarefa, mesmo que não estivesse apontada como condição. Logo, desconsiderada e tida como inexistente, não afeta a integridade do negócio, que subsiste em todos os seus contornos.

Analisadas quanto à fonte de onde provém a sua concretização, as condições são casuais, potestativas ou mistas. Como *casuais* situam-se as que dependem de acontecimento fortuito, independente da vontade das partes (*v. g.*, o negócio será eficaz se chover amanhã). No rol das *potestativas* figuram todas as que se verificam a partir da incidência de vontade positiva ou negativa das partes (*v. g.*, farei a doação se fores visitar-me). Volta-se a destacar, contudo, que apenas as meramente ou simplesmente potestativas são tidas como lícitas, vedadas as puramente potestativas, também conhecidas como cláusula *si voluero*, cuja tradução livre é *se quiser* (*v. g.* pagarei o preço se desejar). Por fim, as *mistas* caracterizam-se por dependerem, a um só tempo, da vontade de uma das partes e do agir de terceiro estranho à relação obrigacional (*v. g.*, vender-te-ei a minha casa se comprares o apartamento de João).

12.4. Obrigações modais ou com encargo

São modais ou com encargo as obrigações que contêm cláusula no sentido de que o beneficiário de determinada liberalidade ficará submetido a uma imposição específica para receber ou para não perder o proveito estipulado. Podem agregar-se a negócios jurídicos feitos a título gratuito, *inter vivos* ou *causa mortis*, como também a declarações unilaterais (*v. g.*, promessa de recompensa, disposições de última vontade etc.). É muito comum em doações, que pela aposição do elemento acidental não se apresentam como puras e simples, mas como modais ou com encargo. Tais previsões acessórias se mostram freqüentes também em testamentos, tanto na hipótese de instituição de herdeiros como de legatários (art. 1.897 do Código Civil). Ao impor um encargo, o autor da liberalidade restringe a amplitude da obrigação por ele mesmo assumida, estabelecendo mecanismos de contenção dos efeitos do ato jurídico, que, na ausência do fator de limitação, atribuiria maior proveito ao destinatário final. Exemplos: a) Pedro doa um terreno a João, a fim de que nele seja construída uma creche; b) José institui Carlos como herdeiro testamentário, mas deixa-lhe o encargo de que os rendimentos produzidos pela fração hereditária sejam destinados mensalmente a certo asilo.

Em geral, a existência de encargo não obsta ao agente o recebimento do direito, nem tampouco impede que passe a exercê-lo plenamente. Todavia, submete a pessoa ao cumprimento do dever estabelecido pelo disponente, sob pena de desfazer o negócio em todos os seus aspectos. Tem caracteres que o assemelham, em repercussões jurídicas, à negociação envolvendo condição resolutiva, pois em ambos a falta de concretização do elemento acidental faz as partes volverem ao estado anterior. Faculta-se aos interessados, porém, estabelecer que enquanto não for implementado o encargo à aquisição do direito, o seu exercício ou mesmo ambos os atributos ficarão suspensos. Exemplo: Francisco doa a Fabiano um terreno para que nele seja construído um clube de pesca, mas estabelece que a titularidade da área somente será transferida ao donatário depois que ele efetivamente edificar as dependências e obtiver o registro da entidade. O donatário é obrigado a cumprir os encargos da doação, caso forem a benefício do doador, de terceiro, ou do interesse geral. Se desta última espécie for o encargo, o Ministério Público poderá exigir sua execução, depois da morte do doador, se este não tiver feito (art. 553, e parágrafo único, do Código Civil). A doação onerosa pode ser revogada por inexecução do encargo, se o donatário incorrer em mora. Não havendo prazo para o cumprimento, o doador poderá notificar judicialmente o donatário, assinando-lhe prazo razoável para que cumpra a obrigação assumida (art. 562 do Código Civil).

O encargo não pode ser aposto em negócios jurídicos onerosos, porque isso o transformaria em elemento ativo da contraprestação, ou seja, fator integrante do dever assumido pela parte contrária, fazendo com que eventual descumprimento pudesse corresponder ao inadimplemento do obrigado, com as conseqüências legais geradas pela situação. Tal faceta — de contrapartida — não existe no encargo, que consiste em imposição ao beneficiário em negócios gratuitos cuja eficácia estará atrelada à submissão do agente à vontade do disponente. A liberalidade pode ou não ser aceita pelo destinatário, mas o encargo, se acolhido, estará presente como verdadeiro pressuposto de conservação do potencial de eficácia do ato ou negócio, levando-os à anulação se desatendido. Nos contratos onerosos, a exigência acaso formulada por um dos celebrantes ficará incorporada à obrigação assumida pelo adquirente, como elemento componente da contraprestação. Exemplo: Pedro aceita vender o seu estabelecimento comercial desde que durante certo período ele não comercialize determinado produto. Veja-se, na hipótese ilustrativa, que o dever imposto ao adquirente integra o próprio adimplemento contratual. Se tivesse ocorrido doação, o encargo seria apenas um pressuposto de preservação da eficácia da liberalidade.

Considera-se não escrito o encargo ilícito ou impossível, salvo se constituir o motivo determinante da liberalidade, caso em que se invalida o negócio jurídico (art. 137 do

Código Civil). Constatada a ilicitude ou a impossibilidade do encargo (física ou jurídica), ele não subsiste. Então, o ato ou negócio será tratado como se desde o princípio fosse puro e simples. Isso não ocorrerá, porém, se o encargo defeituosamente instalado figurar como motivo determinante da manifestação volitiva principal, que nesse caso será levada à invalidação total, porque inviável aproveitá-la em virtude da ausência de elemento essencial à sua conservação. A preservação do negócio considera a presunção de que, sendo ilícito ou impossível o encargo, prepondera o desiderato do disponente no sentido de beneficiar do que a de reclamar do destinatário a produção de certo resultado, circunstância que leva à conservação do negócio sempre que isso for viável e não contrariar a sua essência. Exemplo: Marcos doa a Paulo uma área de terras para que nela instale uma casa de prostituição. Sendo ilícito o encargo, e considerado o fato de que a liberalidade teve por finalidade exclusiva e determinante um objetivo repelido pelo ordenamento, o negócio jurídico será considerado integralmente inválido, fazendo as partes voltarem ao estado primitivo. Igual desfecho haveria, por exemplo, se Marcos doasse um barco para que nele o donatário atravessasse o oceano em um dia, encargo impossível sob o prisma físico e que inviabiliza a eficácia da manifestação de vontade.

Entre o encargo e a condição existem marcantes diferenças, a começar pela constatação de que na condição, a existência ou extinção do direito fica suspensa até a verificação do acontecimento futuro e incerto; o encargo, ao contrário, não suspende a aquisição, nem o exercício do direito, salvo quando estipulado pelas partes. Por outro lado, o encargo é coercitivo, e o seu descumprimento anula a disposição; ao contrário, ninguém pode ser constrangido a submeter-se a uma condição. Quanto à terminologia que pode funcionar como fator de distinção prática, a conjunção *se* serve para indicar que se trata de condição; o emprego das locuções *para que, a fim de que* ou *com a obrigação de* denota a presença de encargo (*Washington de Barros Monteiro*, obra citada, p. 239). A respeito especificamente da condição resolutiva e do encargo, é preciso salientar que na hipótese de desatendimento deste o autor da liberalidade poderá ou não promover demanda tendente a revogá-la, enquanto a verificação do evento resolutivo produzirá de pleno direito as suas repercussões ordinárias. Acresça-se, ainda, que a sentença proferida na ação de desfazimento da liberalidade por descumprimento do encargo produzirá efeitos *ex nunc*, ou seja, a partir de quando vazada e sem retroatividade no tempo.

12.5. Obrigações a termo

As obrigações em geral podem ser submetidas a termo, para fins de produção dos efeitos que lhes são inerentes. Considera-se termo a cláusula que estabelece, quanto ao aspecto temporal, a eficácia do negócio jurídico, subordinando-o a evento futuro e certo. Quando estipulam termo, as partes definem o instante em que principia ou cessa a produção dos efeitos relacionados ao ato ou negócio realizado. Embora não existam restrições acentuadas à inserção de termo, algumas obrigações não podem ser a ele atreladas (*v. g.*, reconhecimento de filho, adoção etc.), haja vista a natureza instantânea que revelam e a conseqüente necessidade de que produzam imediatamente todas as repercussões previstas na lei. No concernente à função que desempenha nas obrigações, o termo é inicial ou final.

Diz-se *inicial*, ou *suspensivo* (*dies a quo*), quando estabelece o instante em que os efeitos começarão; chama-se *final*, ou *extintivo* (*dies ad quem*), se nele está concentrada a força que tolhe a eficácia até então verificada.

O termo inicial suspende o exercício, mas não a aquisição do direito (art. 131 do Código Civil). Isto porque a sua única finalidade consiste em retardar no tempo a assunção do total controle da situação pelo titular. Exemplo: se na escritura pública de doação de imóvel, devidamente registrada, as partes ajustam que o donatário receberá o bem um mês após a celebração, isso não obstará a aquisição da propriedade, mas impedirá o imediato exercício da posse. Como se denota, o termo se caracteriza como evento futuro (na hipótese ilustrativa, terá lugar em um mês) e certo (entrega da posse pelo doador ao donatário). Nisso difere substancialmente da condição, que submete a eficácia do ato ou negócio a episódio futuro e incerto. Todavia, o termo inicial apresenta alguma parecença com a condição suspensiva, pois em ambos projeta-se para o futuro algum aspecto do liame jurídico (na condição, a aquisição do direito; no termo, o começo do exercício). Em virtude dessa circunstancial aproximação quanto a determinados elementos, o legislador estabeleceu que ao termo inicial e final aplicam-se, no que couber, as disposições relativas à condição suspensiva e resolutiva (art. 135). Nessa esteira de raciocínio, sabendo-se que a pendência do termo inicial não impede a aquisição do direito, mas apenas suspende o exercício (art. 131), o interessado terá legitimidade para praticar atos de conservação e proteção, exatamente como poderia fazer se pendesse condição suspensiva. Afinal, em ambos projeta-se para o futuro a completa implementação do direito na esfera jurídica do titular.

Havendo termo final, o quadro aproxima-se daquele produzido pela expectativa de implementação de condição resolutiva. Nas duas hipóteses se constata que o advento do marco ou do episódio aventados no ato ou negócio jurídico faz cessar a sua eficácia, e via de regra afeta em definitivo o próprio direito da parte. Destarte, produzem reflexos semelhantes, na prática, o empréstimo que aguarda pelo *dies ad quem* estipulado pelos contraentes e o empréstimo submetido a uma condição capaz de acarretar a sua resolução. Isso, todavia, não deve ser considerado como equiparação jurídica entre a condição e o termo, pois eles são elementos acidentais muito distintos em sua natureza. A norma legal serve somente para viabilizar a invocação, em liames obrigacionais envolvendo termo, das normas aplicáveis à condição suspensiva e resolutiva sempre que essa operação for pertinente e não se chocar com os mandamentos específicos do termo.

Analisado sob o ângulo da fixação de data específica para o início ou término da produção dos efeitos emergentes da obrigação, o termo pode ser certo ou incerto. Ainda que seja acontecimento futuro e de implementação inequívoca, o termo admite relativa dose de incerteza, mas somente quanto ao exato momento da sua verificação. Não se trata, portanto, de incerteza referente à ocorrência ou não do evento futuro, pois do contrário se estaria diante de condição; cuida-se, apenas, de ficar projetada para momento posterior, sem data estipulada com base direta no calendário, a repercussão do termo sobre a obrigação. Exemplo: se Maria assume para com Francisco o dever de, no dia 10 de março, entregar certo bem, reside aí denominado *termo certo*. Todavia, se o dever for de entregar a coisa em qualquer dia situado entre o início e o fim da primavera, haverá nisso *termo incerto*. Perceba-se que a incerteza não está na ocorrência do evento, mas sim na data propriamente dita. No exemplo fornecido, é certo que Maria fará a entrega do bem (evento futuro e certo), mas o exato dia do cumprimento do mister dependerá de deliberação interna do sujeito passivo, respeitados os limites temporais estipulados. Fosse absoluta a incerteza (*v. g.,* praticar o ato em *algum dia*), o negócio jurídico não subsistiria, por ser imperiosa a necessidade de que o termo inicial se afigure antevisto pelo menos de maneira relativa.

Termo e prazo são institutos diferentes, ainda que tenham umbilical vinculação jurídica. *Prazo* é o lapso temporal que flui entre a manifestação de vontade e o termo (inicial ou final). Exemplo: no dia 5 é assinado contrato que passará a posse do bem a um dos contraentes no dia 15; o prazo é, portanto, de 10 dias. Também pode ser constatada a presença da figura jurídica *prazo* no período de tempo que transcorre entre o termo e o acontecimento previsto pelas partes. Exemplo: no dia 5 é firmado pacto para que no dia da primeira chuva um dos contraentes prepare certa área de terras para cultivo; se chover no dia 11, o prazo terá sido de 6 dias. Salvo disposição legal ou convencional em contrário, computam-se os prazos, excluído o dia do começo, e incluído o do vencimento (art. 132). Se o dia do vencimento cair em feriado, considerar-se-á prorrogado o prazo até o seguinte dia útil (§ 1º). Observe-se que a extensão do prazo impede que haja constituição em mora ou que sobre o obrigado recaia qualquer outro encargo, pois a postergação do *dies ad quem* funciona como fator de obstaculização do advento do marco final na data especificamente prevista em lei ou estipulada pelas partes. Meado considera-se, em qualquer mês, o seu décimo quinto dia (§ 2º). A regra existe para que nas obrigações cujo vencimento não seja fixado em número, mas com a expressão "meado do mês X", "metade do mês X" ou equivalente, tenha-se o dia 15 como *dies ad quem*. Os prazos de meses e anos expiram no dia de igual número do de início, ou no imediato, se faltar exata correspondência (§ 3º). Exemplo: se o prazo para a devolução do dinheiro submetido a contrato de mútuo celebrado no dia 10 for de dois meses, o prazo iniciará no dia 11 e terá por marco final o 60º dia que se seguir, exceto quando recair em data não útil. Destaque-se, ainda, que os prazos fixados por hora contar-se-ão de minuto a minuto (§ 4º). Quando o prazo for estatuído em anos, aplica-se o art. 1º da Lei n. 810, de 6.9.49, *verbis: "Considera-se ano o período de doze meses contados do dia do início ao dia e mês correspondentes do ano seguinte"*. Exemplo: se a vontade das partes é manifestada no dia 10 de janeiro, o prazo de um ano esgota-se em igual dia e mês do ano subseqüente, situação que confirma a regra da exclusão da data em que se manifestam as partes e inclusão da derradeira.

Nos testamentos, presume-se o prazo em favor do herdeiro, e, nos contratos, em proveito do devedor, salvo, quanto a esses, se do teor do instrumento, ou das circunstâncias, resultar que se estabeleceu a benefício do credor, ou de ambos os contratantes (art. 133). Os negócios jurídicos entre vivos, sem prazo, são exeqüíveis desde logo, salvo se a execução tiver de ser feita em lugar diverso ou depender de tempo (art. 134). Todo negócio jurídico tem por objetivo produzir as conseqüências que lhe são comuns, e isso não encontra óbices temporais senão quando apontados pelos declarantes. A aquisição da executoriedade importa em que a parte em proveito da qual foram fixadas cláusulas ou previsões poderá exigir do obrigado, de imediato, o cumprimento dos deveres jurídicos contraídos, sem necessidade de esperar a fluência do tempo. Por fim, cumpre aduzir que o inadimplemento da obrigação, positiva e líquida, no seu termo, constitui de pleno direito em mora o devedor (art. 397 do Código Civil).

Capítulo 13

DAS OBRIGAÇÕES LÍQUIDAS E ILÍQUIDAS

13.1. Considerações gerais e conceito

Obrigações *líquidas* são aquelas certas quanto à existência e determinadas quanto ao objeto. Isto porque a existência já foi demonstrada no âmbito próprio (*v. g.*, processo de conhecimento que antecede a execução) e o respectivo teor também não mais se sujeita a deliberações, eis que plenamente explicitado. As obrigações líquidas, por assim dizer, não dependem de qualquer procedimento prévio destinado à verificação da sua inserção no mundo jurídico, nem tampouco de medidas tendentes a decifrar o seu conteúdo.

Nas obrigações dotadas de liquidez, elementos como a quantidade, a qualidade e a espécie de relação jurídica entabulada estão integralmente especificados. Se a modalidade obrigacional estivesse submetida à necessidade de apuração de valores, da amplitude dos direitos e deveres nela consubstanciados ou de quaisquer outros fatores pertinentes ao seu teor, estar-se-ia ante obrigação ilíquida. É bem verdade, porém, que a pendência de detalhes de somenos relevância e facilmente apuráveis (*v. g.*, falta mera soma de parcelas econômicas já economicamente definidas) não desalinham a obrigação do rol das líquidas. Há de ser diferenciada a situação em que pendem de exame questões nucleares daquelas outras em que a total elucidação dos contornos obrigacionais reclama apenas singela atividade complementar, mormente quando de natureza aritmética.

São *ilíquidas* as obrigações dependentes de prévia explicitação, tendo em vista a incerteza incidente sobre a sua quantidade, qualidade ou elemento essencial diverso. Em suma, a prestação não está perfeitamente discriminada, sendo necessária atividade substancial para a elucidação do seu conteúdo. Isso acontece em sede judicial, dentro de lide adequada ao mencionado desiderato. Existe inclusive procedimento específico, denominado *liquidação de sentença* (arts. 475-A a 475-H, do Código de Processo Civil), cuja finalidade primacial consiste em permitir, ao titular do direito emergente da obrigação fixada, exata apuração do teor jurídico de que se reveste, quando não tiver sido possível estabelecê-lo ao longo da lide cognitiva.

Em certas situações é possível que a prestação originalmente estipulada pelas partes ou na sentença não tenha como ser cumprida em espécie pelo devedor. Isso acontece em hipóteses como a superveniente impossibilidade do objeto material em virtude de culpa do devedor. Em casos desse jaez, haverá conversão da modalidade primitiva em pecúnia, mediante aparelhamento da atividade de liquidação. O legislador, a propósito, expressamente determina que se o devedor não puder cumprir a prestação na espécie ajustada, substituir-se-á pelo seu valor, em moeda corrente (art. 947 do Código Civil). Ao assim proceder, o ordenamento jurídico facilita a composição do relacionamento jurídico, evitando a perplexidade que por certo se instalaria em alguns casos, face à ausência de perspectiva de adimplemento do dever na espécie adotada inicialmente pelas partes. De outra banda, o legislador atribui à obrigação ilíquida característica que, de resto, também se verifica nas demais situações que a envolvem: a de se transmudar em obrigação líquida como mecanismo de solução de pendências e de viabilidade prática do direito do credor. Afinal, seja por meio da fixação imediata do conteúdo obrigacional, seja por liquidação da obrigação ilíquida ou em virtude de conversão ante eventual impossibilidade do objeto, o sujeito ativo sempre terá alternativa plausível com vistas à percepção daquilo que lhe cabe.

Entre as obrigações ilíquidas e as de dar coisa incerta há um ponto comum que as aproxima. Nas duas modalidades o credor não sabe com precisão que conteúdo terá a prestação final, pois a indefinição paira sobre a relação jurídica. Somente em etapa seguinte é que será conhecido com exatidão o objeto obrigacional, fruto, respectivamente, da liquidação e da escolha. Todavia, no concernente à origem da incerteza acima mencionada há diferenças essenciais. Nas obrigações de dar coisa incerta, a indefinição do teor da prestação já surge quando do estabelecimento do liame, ao passo que nas obrigações ilíquidas a falta de certeza não nasce com o próprio vínculo, tendo como fonte o tipo de relação gerada. Exemplo: se Paulo aliena a João um animal bovino da raça "X", que deve ser apontado entre todos os de sua propriedade, a obrigação é de dar coisa incerta, restando patente a incerteza do crédito, que somente se esfumará pela posterior especialização ou escolha. Se Carlos é devedor de Manoel em virtude de acidente de trânsito que envolve danos emergentes e lucros cessantes não apurados ao longo da lide cognitiva, a obrigação é ilíquida, característica que somente será afastada mediante liquidação.

13.2. Formas de liquidação

Foi dito acima que o ato de apurar o exato conteúdo da obrigação ilíquida passa, via de regra, pelo procedimento de liquidação, feito em juízo com observância de regramento próprio. Por ele chega-se ao volume preciso do dever obrigacional a ser entregue pelo sujeito passivo ou ativo. Prevista no Código de Processo Civil (arts. 475-A a 475-H), apresenta-se como procedimento situado no meio do caminho entre a demanda de conhecimento e a executiva, guardando, em sua gênese, cunho cognitivo que permite debater a matéria sem alterar a substância da decisão anteriormente proferida. Como dito, a liquidação é atividade imprescindível para viabilizar a exigibilidade concreta do direito creditório. O art. 586 do caderno processual diz que a execução para cobrança de crédito fundar-se-á sempre em título líquido, certo e exigível. Quando o título executivo for sentença, que contenha condenação genérica, proceder-se-á primeiro à sua liquidação (§ 1º). Quando na sentença há uma parte líquida e outra ilíquida, ao credor é lícito promover simultaneamente a execução daquela e a liquidação desta (§ 2º). Cabe aduzir que o pagamento parcial acaso feito pelo devedor não retira da obrigação a certeza referente ao seu montante, de tal sorte que remanesce pendência líquida pelo saldo.

Segundo o art. 475-A, do Código de Processo Civil, quando a sentença não determinar o valor devido, procede-se à sua liquidação. Isso se dá por uma das formas previstas em lei: arbitramento ou por artigos. Far-se-á a liquidação por arbitramento se determinado pela sentença ou convencionado pelas partes, ou então se o exigir a natureza do objeto da liquidação (art. 475-C). Requerida a liquidação por arbitramento, o juiz nomeará o perito e fixará o prazo para a entrega do laudo. Apresentado o laudo, sobre o qual poderão as partes manifestar-se no prazo de dez dias, o juiz proferirá decisão ou designará, se necessário, audiência. Far-se-á a liquidação por artigos, quando, para determinar o valor da condenação, houver necessidade de alegar e provar fato novo (art. 475-E). Na liquidação por artigos, observar-se-á, no que couber, o procedimento comum (art. 272). É defeso, na liquidação, discutir de novo a lide ou modificar a sentença que a julgou. Da decisão de liquidação, em qualquer das suas formas, caberá agravo de instrumento.

A sentença penal condenatória consubstancia título executivo judicial cível *sui generis* (art. 475-N, II, do diploma processual), eis que automaticamente faz repercutir as suas conseqüências no plano civil sem necessidade de prévio ajuizamento de ação cognitiva. Para que a decisão criminal fique apta a gerar execução no âmbito cível, depende de liquidação por artigos. Exemplo: Francisco é condenado por homicídio doloso pelo Tribunal do Júri, por ter assassinado Mateus, arrimo de seus genitores. Com o trânsito em julgado do pronunciamento, os pais poderão pleitear liquidação da sentença na seara cível, demonstrando o *quantum* da contribuição que o filho lhes prestava mensalmente. Com isso, terão direito à percepção mensal do valor que deixou de lhes ser ofertado em virtude do óbito.

Nem sempre será necessário liquidar a decisão judicial para executá-la. Aliás, a liquidação aparece como exceção à regra, pois normalmente a sentença já contém em si os elementos imprescindíveis ao aparelhamento direto de lide executiva. Mister salientar, ainda, que em determinados quadros o valor da obrigação não está definitivamente apontado no *decisum*, reclamando simples cálculo aritmético como medida de encaminhamento da execução. Caso isso ocorra, prescinde-se do ato de liquidar como procedimento jurisdicional, bastando ao credor o oferecimento do cálculo juntamente com a peça portal da demanda executiva. Cumpre ao credor, ao requerer a execução, pedir a citação do devedor e instruir a petição inicial com o demonstrativo do débito atualizado até a data da propositura da ação, quando se tratar de execução por quantia certa (art. 614, II, do Código de Processo Civil). Essa medida não configura forma especial de liquidação, mas apenas uma atividade adicional do sujeito ativo que tenciona executar o teor econômico da obrigação de que é titular.

13.3. Principais repercussões jurídicas

Não obstante as considerações até agora expendidas, é preciso examinar o tema sob o prisma das demais conseqüências produzidas pela liquidez ou iliquidez das obrigações. Analisado o tema quanto aos reflexos produzidos no âmbito puramente civil, vislumbra-se desde logo a sua relevância no concernente à mora. Somente pode ser constituído em mora o devedor de obrigação líquida, ou seja, certa quanto à existência e com objeto determinado. Sendo ilíquida, não haverá como patentear a mora (*in iliquidis non fit mora*) senão depois de submetida à liquidação prevista na lei e após a adoção das medidas indicadas no ordenamento jurídico. A propósito, o art. 397 do Código Civil diz que o inadimplemento da obrigação, positiva e líquida, no seu termo, constitui de pleno direito em mora o devedor. Não havendo termo, a mora se constitui mediante interpelação judicial ou extrajudicial.

Como se percebe, a liquidez é pressuposto da constituição do devedor em mora, da qual resultam diversos efeitos, entre os quais se destaca a incidência de juros e demais encargos. Ainda que não se possa mais discutir a existência da obrigação, porque já afirmada ou reconhecida no momento adequado (*v. g.*, por sentença transitada em julgado), a afirmação da mora dependerá da liquidação do débito, para que o teor da imposição feita ao sujeito passivo seja vislumbrado em todos os seus contornos. Idêntica exigência haverá em quaisquer decisões judiciais de onde emergir a necessidade de prévia liquidação do valor pendente de adimplemento. Realizada a liquidação e apurado o *quantum debeatur*, estará legitimado o sujeito ativo a constituir em mora o devedor, valendo-se para tanto da interpelação mencionada no art. 397 do caderno civil.

É claro que a constatação da existência de culpa do devedor na colocação ou manutenção do dever jurídico em estado de iliquidez acarreta a aplicação das normas relativas à responsabilidade por perdas e danos, já que no direito pátrio não se toleram, em caráter geral, as condutas imperitas, negligentes ou imprudentes causadoras de prejuízos à parte inocente. Veja-se o seguinte exemplo: Pedro celebra compra e venda de veículo, em que Lucas figura como adquirente. Pelas partes é fixado como objeto um dos três veículos do vendedor, perfeitamente individualizados, pelo preço de 100. Cabendo a escolha ao alienante, e deixando ele de indicar tempestivamente o automotor que deve ser entregue ao comprador, poderá haver constituição em mora e conseqüente responsabilização por perdas e danos. Ao omitir-se, o vendedor deu causa à conservação da incerteza — decorrente da circunstancial iliquidez — por lapso temporal superior ao estabelecido pelas partes, chamando para si os riscos inerentes àquele comportamento.

No pertinente à incidência de juros, a matéria merece algumas observações. Ainda que se não alegue prejuízo, é obrigado o devedor aos juros da mora que se contarão assim às dívidas em dinheiro, como às prestações de outra natureza, uma vez que lhes esteja fixado o valor pecuniário por sentença judicial, arbitramento, ou acordo entre as partes (art. 407 do Código Civil). Ao assim proceder, o legislador está afirmando que os mecanismos apontados no aludido mandamento são aptos a liquidar as obrigações. Logo, a fluência de juros tem como *dies a quo* o marco temporal da liquidação, a data em que a obrigação se torna líquida com suporte na referida norma. Enquanto permanecer ilíquida a obrigação principal, da qual os juros são acessórios, haverá de ser feita a devida constituição em mora por meio da citação do devedor na ação própria, de que emergirá o reconhecimento do dever jurídico e a perspectiva da sua quantificação. A Súmula n. 163, do Supremo Tribunal Federal, dispõe: "*Salvo contra a Fazenda Pública, sendo a obrigação ilíquida, contam-se os juros moratórios desde a citação inicial para a ação*". Nas obrigações originalmente líquidas e com prazo certo para o cumprimento, incidem juros de mora a partir do vencimento, por inteligência do art. 397 do Código Civil.

No concernente à garantia do cumprimento de obrigações líquidas e ilíquidas, é certo que elas podem ser alvo de fiança. Porém, nas obrigações futuras o fiador não será demandado senão depois que se fizer certa e líquida a obrigação do principal devedor (art. 821 do Código Civil). Assim, por exemplo, podem ser antecipadamente garantidas as obrigações decorrentes de mútuo previsto para data vindoura, contanto que rigorosamente discriminados os elementos constitutivos e adequadamente explicitada a obrigação. Basta que a obrigação afiançada seja determinável para que exista a possibilidade de escorreita celebração; o que se não admite é a indeterminabilidade do dever jurídico assegurado (*v. g.*, se o fiador se comprometesse a assegurar o cumprimento de qualquer obrigação que certa pessoa viesse a contrair). Convém ressaltar que mesmo nas obrigações de constituição instantânea, e que não se projetam no tempo, a existência de liquidez é requisito de procedibilidade de ações executivas aparelhadas contra o fiador. Isto porque, independentemente da natureza da obrigação garantida, ele tem vínculo limitado estritamente ao conteúdo econômico da obrigação que resguarda, de maneira que a iliquidez impede a apuração exata da responsabilidade do fiador, reclamando prévia liquidação para tornar factível a propositura da demanda.

No depósito, a lei estabelece que o depositário poderá reter a coisa até que lhe seja entregue o líquido valor das despesas (art. 644 do Código Civil), aspecto a gerar conclusão no sentido de que o *jus retentionis* não terá cabimento na hipótese de o montante das despesas ser ainda ilíquido. Tal solução tem em vista munir o depositário de meios de coerção capazes de estimular o depositante ao pagamento das despesas, mas apenas nos casos em que forem exatamente conhecidas em sua expressão econômica. Do contrário, o depositário continuará sendo credor pelo valor do reembolso, mas sem que lhe seja facultado reter o objeto até a ocorrência do adimplemento.

Outra seara em que se destaca a importância prática da liquidez ou não das obrigações é a da *compensação*. Esta consiste na possibilidade de fazer encontrar débitos e créditos pertencentes a duas pessoas que são credoras e devedoras uma da outra, extinguindo-os até onde se compensarem (art. 368 do Código Civil). Sabendo-se que a compensação somente se efetua entre dívidas líquidas, vencidas e de coisas fungíveis (art. 369), denota-se a inviabilidade de aplicação do instituto em se tratando de obrigações ilíquidas, eis que a estas falta certeza quanto ao teor econômico incrustado. Destarte, a liquidez é pressuposto inarredável da compensação, de maneira que, por exemplo, não pode o devedor compensar dívida líquida e certa em dinheiro com crédito que alegue ter como resultado de responsabilidade civil da parte adversa, a ser apurada nas vidas ordinárias.

Semelhante raciocínio serve para casos envolvendo imputação de pagamento. A pessoa obrigada por dois ou mais débitos da mesma natureza, a um só credor, tem o direito de indicar a qual deles oferece pagamento, se todos forem líquidos e vencidos (art. 352 do Código Civil). Logo, o pagamento eventualmente feito não pode ser imputado em obrigações ilíquidas, quer por iniciativa do sujeito ativo como do passivo. Se o devedor não fizer a indicação mencionada na norma acima aludida, e a quitação for omissa quanto à imputação, esta se fará nas dívidas líquidas e vencidas em primeiro lugar. Se as dívidas forem todas líquidas e vencidas ao mesmo tempo, a imputação far-se-á na mais onerosa (art. 355 do Código Civil). A lei não prevê a imputação em obrigações ilíquidas nem mesmo na hipótese de silêncio do *solvens* e omissão do *accipiens*, circunstância a fazer incontornável o descabimento de invocação do instituto em relações jurídicas sem liquidez.

Em termos processuais, a consignação em pagamento (art. 890 a 900 do Código de Processo Civil) só é admitida quando líquida a obrigação que se pretende extinguir. Ao se consignar dinheiro, em qualquer circunstância deve haver perfeita discriminação de conteúdo da consignação, pois não é possível relegar para momento posterior a apuração do *quantum debeatur*. Isto porque ao colocar o montante à disposição do credor o sujeito passivo tenciona solver por inteiro a obrigação pendente, não se prestando, o instituto, para quitação parcial do débito. Depositada quantia inferior à devida, e omitida a complementação prevista no art. 900, a lide será julgada improcedente e ficará sem efeito a iniciativa do autor. Logo, percebe-se a inviabilidade de proceder a qualquer espécie de debate acerca da existência e da quantificação do dever jurídico ao longo do transcurso da demanda, cuja natureza impede outra providência que não seja o depósito de valor já liquidado em seara diversa.

A medida cautelar de arresto também se funda na existência de obrigação dotada de liquidez. O art. 814, I, do Código de Processo Civil, informa que para a concessão do arresto é essencial prova literal da dívida líquida e certa, não deixando margem para dúvidas quanto à imprescindível demonstração prévia do *quantum* da obrigação que se pretende resguardar por meio da medida acima mencionada.

Capítulo 14

DAS OBRIGAÇÕES NATURAIS

14.1. Linhas básicas e conceito

Desde Roma vem notícia sobre a existência de obrigações denominadas *naturais*, sempre cercadas de mistérios e controvérsias que o fluir dos séculos não apagou. Ao contrário, as discussões que envolvem a matéria perpassam gerações e não parecem estar próximas de uma solução completa. À ciência jurídica sempre causou apreensão a idéia de aceitar plenamente a constituição de obrigações destituídas de mecanismos processuais capazes de levar à sua consecução prática, ou seja, aptos a levarem ao credor a perspectiva do ajuizamento de ação tendente a impor ao devedor o cumprimento da *obligatio*. Pois aí está uma das facetas mais peculiares da obrigação natural, traduzida no reconhecimento de um dever que não encontra lugar no rol dos que adquirem conformação jurídica. Pairam, por assim dizer, na orla anterior ao marco que consagra as obrigações munidas de espaço no plano do direito, sem receber assento dentre estas. Assim, já os romanos traziam consigo a noção de que a obrigação natural era aquela reconhecida pelo convívio social como exigível, sem que o ordenamento visse nela, porém, qualquer força coercitiva sob a ótica jurídica. Ao mesmo tempo em que o direito não atribuía àquela modalidade obrigacional cogência suficiente para adentrar a esfera técnica, jamais vedou a sua constituição fática, mantendo-a, consoante salientado *retro*, em patamar *sui generis*. É relação originalmente de fato, com eventual repercussão no ambiente do direito. Tal concepção ainda hoje prevalece em sentido doutrinário, sem que a isso corresponda exaustiva disciplina positivada, de modo que o debate acerca da estrutura do instituto tende a persistir.

A obrigação de caráter civil reconhecido possui vigor que a eleva à condição de mecanismo gerador de amplos efeitos no campo do direito. O titular da *facultas agendi* pode valer-se da ação que guarnece a sua prerrogativa e reclamar do Poder Judiciário o cumprimento, pela parte contrária, do dever contraído. No pólo oposto situa-se a obrigação natural, que confere ao sujeito apenas a expectativa de que a parte adversa venha a adimpli-la por espontânea deliberação interna, livre de ingerências exógenas ou de intervenções provindas do poder estatal. Quem assume obrigação natural nunca poderá ser compelido em juízo a cumpri-la, porque inexiste ação capaz de forçar o indivíduo a tanto. Pode-se afirmar inclusive que a obrigação natural não produz, em favor do sujeito ativo, qualquer espécie de crédito judicialmente exigível, ao contrário do que acontece com os deveres civis afirmados pelo legislador.

É correto dizer que obrigações naturais são aquelas que, não obstante juridicamente inexigíveis, podem ser livremente contraídas e pagas. Criam para o devedor um ônus moral de solvê-las. Por isso, se o credor não as pode reclamar em juízo, também não poderá o devedor, após quitá-las, postular judicialmente a devolução da prestação entregue à parte contrária. Essa formatação especial das obrigações naturais deixa nítida a impressão de que se está diante de instituto cujas bases não chegaram a se constituir de maneira completa, ficando estagnadas no meio do caminho evolutivo que as conduziria à plenitude jurídica. Daí que não receberam do ordenamento a disciplina específica conferida às modalidades obrigacionais efetivamente consagradas pelo direito pátrio. A teoria das obrigações naturais tem mais acentuada aplicação nos casos em que os deveres assumidos por um indivíduo junto a outro não encontra guarida direta na lei, ou nos casos em que a ação guarnecedora do direito civil originalmente reconhecido se perde em virtude da prescrição. Tais hipóteses atribuem ao devedor a opção entre cumprir um deve que existe apenas no plano moral ou simplesmente inadimplir. Desta última conduta não brotará qualquer mecanismo judicial de resguardo em proveito do credor, pois as obrigações naturais são despidas de exigibilidade.

14.2. Conseqüências das obrigações naturais

Diante do quadro anteriormente esboçado, seria de indagar, então, qual o fundamento que conserva a obrigação natural no rol das que produzem, em dados contextos, determinados reflexos no âmbito jurídico. Responde-se com igual singeleza: conforta o ser humano a idéia de que deveres de consciência ou puramente morais venham a ser voluntariamente cumpridos, pois isso incentiva o respeito a princípios inatos que estão incrustados na alma humana, embora muitas vezes soterrados pelas atribulações do cotidiano.

Pode parecer contraditório que o ordenamento jurídico atribua alguns efeitos às obrigações naturais, quando ele próprio cuidou de ignorá-las quando se manteve inerte ante a perspectiva de promover adequada disciplina da matéria. O legislador brasileiro, seguindo orientação da maioria das codificações estrangeiras, simplesmente silenciou quanto à normatização das obrigações naturais, não se preocupando sequer em fixar-lhes o conceito e a estrutura básica. Não obstante, reconheceu no cumprimento voluntário provindo do devedor um ato de natureza jurídica e que impede a volta das partes ao estado anterior. Adimplido o dever moral ou de consciência, o *solvens* não poderá pleitear repetição da prestação repassada, que se integra definitivamente ao acervo patrimonial do *accipiens*. Ao assim nortear o tema, a lei aplicou com acerto um critério de política legislativa, conferindo à obrigação natural, desde quando cumprida, contornos que de certo modo a aproximam do dever jurídico adimplido, conservando a estabilidade do novo quadro formado.

No Código Civil existe apenas uma solitária alusão direta às obrigações naturais, posta no art. 564, III, segundo o qual não se revogam por ingratidão as doações que se fizerem em cumprimento de obrigação natural. As liberalidades assim realizadas não serão puras e simples (sujeitas a revogação quando constatada e provada atitude ingrata do donatário), nem acarretarão para o donatário propriamente um benefício *stricto sensu*, tendo em vista que a causa geradora do contrato foi um dever moral que pendia sobre o doador. Se de um lado ele atendeu a um chamado da consciência, de outro resta patente que não foi imotivada a liberalidade, e isso é suficiente para que se vede a revogação da avença por ingratidão do beneficiário. Exemplo: Jair doa a Marta um veículo, querendo com isso solver débito oriundo de aposta (obrigação natural). Mesmo que a donatária pratique ato que em liberalidade pura e simples caracterizaria ingratidão, o contrato não poderá ser desfeito com base nesse argumento.

A ausência de dispositivos legais imediatamente direcionados ao regramento das obrigações naturais não obsta que se vislumbrem outras hipóteses de incidência prática da teoria que as agasalha. Como já salientado *retro*, o campo das obrigações prescritas é fértil para a aplicação da idéia da existência de um dever que paira acima das regras de conduta positivadas. É sabido que a prescrição, resultado da passagem do tempo sobre as obrigações em geral, priva o titular da ação que guarnecia o direito. Logo, a invocação do benefício prescricional pelo devedor determina a extinção da lide ajuizada, sem, contudo, apor empecilho ao adimplemento voluntário, que então adquirirá ampla eficácia jurídica. O mesmo acontece com as dívidas resultantes de jogos ou apostas, que, embora judicialmente inexigíveis, não alcançam remédio ao *solvens* para pleitear a repetição daquilo que a tal título houver voluntariamente pago. Por razões semelhantes, a quitação de juros não estipulados pelas partes impede o devedor de reclamar devolução do montante pago.

Em todas as situações aventadas é perceptível a presença do elemento basilar que diferencia as obrigações civis das naturais: a exigibilidade. Enquanto as de índole civil permitem ao credor que reclame judicialmente do devedor o cumprimento, as de cunho natural são desprovidas desse mecanismo de coerção. Saliente-se, contudo, que ao efetuar pagamento o obrigado não estará promovendo ato de desprendimento estranho ao mundo jurídico, mas genuíno adimplemento da obrigação natural, por si mesmo definitivo e irrepetível. A retenção da prestação é direito oponível pelo credor à parte contrária, revelando-se como conseqüência jurídica de uma relação inicialmente desprovida de tutela no ordenamento.

As obrigações naturais não podem ser alvo de novação, eis que não se admite a substituição de um dever jurídico não reconhecido pelo ordenamento por outro a que se pretenda atribuir vigor técnico. A afirmação do devedor, no sentido de confessar a existência da obrigação natural, não a torna apta a produzir efeitos similares aos das obrigações civis comuns. Já se disse que somente a efetivação do pagamento é capaz de gerar repercussões jurídicas relacionadas ao dever de consciência, traduzidas na prerrogativa, em que se investe o *accipiens*, de exercer direito de retenção. Para que houvesse novação seria necessária a existência de anterior obrigação válida e eficaz, que então restaria substituída por outra com diferenciados contornos. Assim, qualquer tentativa destinada a novar obrigação natural não passará de ato tendente a gerar dever jurídico independente, surgido naquele momento e dotado dos caracteres que os interessados lhe conferirem. Importa salientar, também, que as obrigações naturais não podem ser compensadas, pois a compensação acontece entre dívidas líquidas, certas e exigíveis. Este último atributo, o da exigibilidade, não está presente naquela modalidade obrigacional, aspecto a tornar inviável a compensação.

Como decorrência adicional da inexigibilidade, convém observar que nenhum direito real ou pessoal de garantia pode ser vinculado às obrigações naturais. Afinal, tais mecanismos foram concebidos para assegurar o adimplemento de deveres jurídicos reconhecidos plenamente na órbita civil, afigurando-se inadequado pensar que institutos como a hipoteca, a anticrese, o penhor, a fiança, a caução e outros mais pudessem permanecer jungidos a deveres situados apenas na órbita moral. Ademais, como acessórios que são, seguem sempre o destino do principal. Se este (no caso, a obrigação natural) não subsiste no mundo jurídico para fins de coerção sobre o devedor, aqueles não possuirão base apta a sustentá-los.

Capítulo 15

DAS OBRIGAÇÕES DE MEIO, DE RESULTADO E DE GARANTIA

15.1. Obrigações de meio e de resultado

Analisadas pelo ângulo da finalidade que impregna a sua existência, as obrigações podem ser de meio, de resultado e de garantia. Serão agora vistas as duas primeiras espécies, porque uma representa o contraponto da outra. São consideradas de *meio* aquelas em que o sujeito passivo assume o dever jurídico de aplicar todo o esforço possível, dentro do conhecimento e da habilidade que tiver, para atingir determinada meta. Terá adimplido a prestação desde quando efetivamente empenhe no desenvolvimento da missão a dedicação esperada, consideradas as circunstâncias da relação jurídica. Não haverá inadimplemento, portanto, se o devedor não lograr êxito no esforço despendido com o fito de alcançar a meta estabelecida. Atingi-la é evento que dependerá de outros aspectos orbitantes em volta do núcleo, mas que não integram o dever jurídico propriamente dito. Exemplo disso é a obrigação contraída pelo advogado junto ao seu cliente, pois o profissional não estará com isso assumindo o dever de ganhar a causa, mas apenas de aplicar adequadamente a ciência e a técnica a serviço do constituinte. Desde que assim atue, terá cumprido a prestação e terá direito à percepção integral da contrapartida pecuniária ajustada. Talvez ilustração ainda mais candente seja a do médico, que, por óbvio, não se compromete a salvar a vida do paciente ou de curá-lo da patologia de que padece. O facultativo estará exonerado da obrigação desde que se porte segundo aquilo que o exercício da medicina reclama, valendo-se da diligência e da presteza esperadas na espécie concreta.

Face ao exposto, percebe-se que a responsabilização civil do sujeito passivo somente poderá acontecer quando ele desatender ao conteúdo da prestação contraída. Para que isso se dê, caberá ao credor a demonstração de ter havido imprudência, negligência ou imperícia da parte adversa, ou seja, que o devedor não aplicou corretamente os conhecimentos, a habilidade e a cautela necessários no caso concreto. Pode-se afirmar que ao proceder culposamente, frustrando a prestação pendente, via de regra o devedor retira do credor a possibilidade de alcançar a meta estatuída, ainda que, consoante mencionado *retro*, o êxito não integre o conteúdo da obrigação convencionada. E mesmo que a perda da oportunidade não restasse comprovada na prática, ainda assim subsistiria a responsabilidade civil do devedor, porque desatendida a obrigação. Em função disso, poderia ser compelido a restituir tudo o que houvesse recebido a título de remuneração, compondo as perdas e os danos cuja ocorrência fosse demonstrada.

São obrigações de *resultado* as que, assumidas pelo sujeito passivo, impõem-lhe o dever jurídico de alcançar uma determinada meta. Estará inadimplida a imposição, portanto, pelo simples fato de não ser atingido o objetivo traçado. É o que ocorre, por exemplo, no contrato de transporte, pelo qual o transportador fica obrigado a entregar a mercadoria ou a ensejar o desembarque da pessoa no destino previsto, incólume e da maneira ajustada. De nada adianta, portanto, que seja empregado todo o esforço exigido dentro do quadro gerado, pois importa ao credor a consecução da meta fixada, independentemente da eficiência maior ou menor dos meios utilizados. Vale dizer, a responsabilidade civil emerge do descumprimento, e este exsurge da falta de atendimento ao dever de obtenção do objeto avençado.

Nas obrigações de resultado, a responsabilidade civil do sujeito passivo não será ilidida por ausência de culpa. Isso somente ocorrerá se o devedor provar que a falta de produção do efeito previsto se deu em virtude de acontecimento imputável à própria vítima (culpa exclusiva do sujeito ativo) ou de evento tido como caso fortuito ou força maior. Observe-se, porém, que na avença de transporte a responsabilidade contratual do transportador por acidente com o passageiro não é elidida por culpa de terceiro, contra o qual tem ação regressiva (art. 735 do Código Civil), de maneira que nem mesmo a culpa exclusiva de pessoa estranha à relação jurídica será capaz de afastar o dever de indenizar incidente sobre o transportador. Tal norma encontra ressonância na Súmula n. 187 do Supremo Tribunal Federal, de semelhante conteúdo.

Situação bastante comum e que traz alguma controvérsia doutrinária e jurisprudencial é o da natureza do dever imposto ao cirurgião plástico. Discute-se acerca do surgimento de obrigação de meio ou de resultado, haja vista que a atividade do facultativo dirige-se para a melhoria do aspecto físico da pessoa. Contudo, é majoritário o entendimento de que a cirurgia plástica de caráter puramente estético gera para o médico obrigação de resultado, pois ninguém se submeteria aos riscos de qualquer intervenção cirúrgica, nem despenderia recursos financeiros se não estivesse imbuído de uma meta perfeitamente definida, consistente na correção daquilo que se julga ser imperfeição estética. Tampouco é crível que isso aconteceria se o profissional não vislumbrasse a perspectiva do efetivo melhoramento das condições do paciente. Sendo obrigação de resultado, haverá inadimplemento pelo simples fato de não ser alcançada a meta visada, ainda que empreendido esforço bastante e aplicada a técnica adequada. É claro que a situação deve ser analisada sob o prisma do que se mostra esteticamente viável, considerada a situação original do paciente. Não se pode esperar e nem exigir transformação substancial quando o quadro da realidade existente não permite. Todavia, é certo que se impõe ao médico o dever de melhorar, em grau possível, a aparência física do local submetido à intervenção.

Sendo reparadora a cirurgia plástica, assume o médico obrigação de meios, pois o paciente não optou pela intervenção com o desiderato exclusivo de ficar mais belo ou agradável em termos físicos. Ao contrário, a cirurgia destinava-se primordialmente à correção de problemas mais profundos, geralmente de conotação funcional, embora de algum modo atrelados à aparência física. É o que se dá, por exemplo, quando alguém sofre queimaduras de terceiro grau e precisa de intervenção cirúrgica para reparação dos danos verificados. Portando-se da maneira recomendada pela medicina, o profissional terá adimplido o dever, ficando imune à responsabilização civil ainda que não atingido o resultado que se desejava.

15.2. Obrigações de garantia

As obrigações de garantia, como a própria denominação sugere, têm em mira assegurar o credor contra o risco de que ocorra o inadimplemento de prestação pendente, ou minorar, senão suprimir, as repercussões do desatendimento do dever jurídico que compete ao sujeito passivo. A garantia funciona como acessório de outra relação jurídica, eis que a ela se vincula e lhe segue a sorte jurídica. Pode ser aplicada inclusive na hipótese de superveniente evento lesivo originado de caso fortuito ou força maior, a menos que os interessados convencionem a exclusão de tais circunstâncias.

Tendo em linha de conta a formatação dessa espécie obrigacional, constata-se que o responsável pela garantia já está cumprindo o seu dever a partir do momento em que se posta como potencial fonte de recomposição de danos ou mitigação de riscos. Caso se concretize o perigo a que em tese estava submetida a relação jurídica de cumprimento protegido, a obrigação de garantia ensejará ao credor acionar o devedor pelo conteúdo ajustado. Adequado vislumbrar nessa modalidade, portanto, dois estágios diferenciados: o primeiro deles, consistente no potencial de segurança, persistente enquanto o risco não se consumar no plano concreto; outro, traduzido na efetiva cobertura das conseqüências da eventual materialização do risco.

Mesmo que a garantia não precise ser efetivamente lançada em socorro do credor (*v. g.*, porque o sinistro indicado em contrato de seguro não ocorreu), será considerada adimplida a obrigação como resultado da presença do sujeito passivo na posição que lhe cabe no liame jurídico, qual seja, a de assegurar que no caso de consecução do perigo poderá ser acionado para, então no plano concreto, entregar a prestação devida. Isso se dá porque *"a eliminação do risco, que pesa sobre o credor, representa um bem suscetível de aferição econômica"* (*Maria Helena Diniz*, obra citada, p. 186), o que justifica a existência do instituto como mecanismo originalmente preventivo e potencialmente supressivo ou corretivo de danos. São exemplos de obrigações de garantia os contratos de seguro (art. 757) e de fiança (art. 818), a proteção contratual implícita contra evicção (art. 447) e vícios redibitórios (art. 441), dentre outros.

Parte II

DA TRANSMISSÃO DAS OBRIGAÇÕES

Capítulo 1

DA CESSÃO DE CRÉDITO

1.1. Considerações gerais e conceito

No direito romano a cessão de crédito não era reconhecida, pois a obrigação assumia caráter pessoal tão severo que o credor poderia, ante eventual inadimplemento, submeter fisicamente o devedor a conseqüências que iam desde a venda ou a tomada como escravo até o castigo corporal e a morte. Logo, o terceiro estranho ao negócio não poderia sofrer as repercussões positivas ou negativas do vínculo estabelecido entre outras pessoas. Não bastasse, o caráter solene da quase totalidade dos negócios fazia com que o indivíduo que não houvesse tomado assento no ato de celebrar fosse considerado permanentemente estranho a ele, e, portanto, aos seus resultados favoráveis ou gravosos.

A evolução do direito, porém, tornou visível a presença, nos negócios jurídicos, de aspectos pessoais e também de particularidades econômicas dotadas de autonomia em relação àqueles. Logo, se a importância da pessoa frente ao liame podia ser circunstancialmente abstraída, a transmissão de qualidades inerentes ao negócio, quando despidas de relevância absoluta sob o prisma pessoal, afigurava-se lógica e razoável. Daí o surgimento de institutos incipientes como o *processo formular*, algo como uma procuração em causa própria outorgada pelo cedente ao cessionário, viabilizando a este o ato de cobrança da dívida junto ao sujeito passivo sem posterior necessidade de prestação de contas ao cedente. Com isso, ao mesmo tempo em que não se abdicava da noção de pessoalidade da relação jurídica, obtinha-se genuína transmissão de crédito por via indireta. Esse mecanismo foi precursor da moderna cessão, que somente veio a se integrar ao direito brasileiro no Código Civil de 1916.

Cessão de crédito é a transferência que faz o credor (cedente), a outrem (cessionário), de seus direitos creditórios em determinada relação obrigacional, no todo ou em parte. Tal transmissão, que pode ser onerosa ou gratuita, independe do assentimento do devedor (cedido) e o mantém atrelado ao dever jurídico, observada, porém, a alteração subjetiva no pólo ativo da obrigação. Como resultado desse negócio jurídico, o sujeito ativo original deixa o seu lugar para o novo credor, a quem se atribuem as mesmas qualidades e os mesmos defeitos do crédito primitivamente constituído. Diz o art. 286 do Código Civil: *"O credor pode ceder o seu crédito, se a isso não se opuser a natureza da obrigação, a lei, ou a convenção com o devedor; a cláusula proibitiva da cessão não poderá ser oposta ao cessionário de boa-fé, se não constar do instrumento da obrigação"*.

Quanto à origem, a cessão de crédito pode ser legal, judicial ou convencional. A primeira deriva da vontade da lei, como nas hipóteses em que o ordenamento prevê a titularização de alguém em crédito alheio diante do implemento de certos pressupostos. A segunda tem por fundamento determinação do Poder Judiciário, como no caso de constrição de crédito do devedor junto a terceiro para satisfação do direito do exeqüente. Quanto à modalidade convencional, depende apenas da vontade das partes e de inequívoca manifestação no sentido da operação da transferência.

Admite-se a cessão porque o crédito é um item de natureza econômica que integra o acervo patrimonial do titular. Como tal, é suscetível de circulação e pode ser livremente negociado. Contudo, por implicar em alienação de direito reclama capacidade genérica e específica (habilitação) das partes para a válida celebração. Dizendo respeito a bens imóveis, reclama outorga uxória, e, se feito por mandato, deve o mandatário portar poderes especiais.

A vontade das partes pode impedir a cessão de determinado crédito a outrem, do que decorre a permanência do mesmo sempre sob a titularidade do credor original até que seja satisfeito o objeto. Porém, no caso de ainda assim ocorrer a transferência, o cessionário de boa-fé somente ficará sujeito ao desfazimento do negócio jurídico se a cláusula proibitiva constar expressamente do instrumento constitutivo da obrigação, pois de outro modo, obviamente, não teria como ficar ciente da existência da vedação convencional. Ausente a proibição, que deveria estar inserida no próprio instrumento que deu origem à obrigação, terá plena validade e produzirá seus legais efeitos em relação ao cessionário de boa-fé o negócio jurídico entabulado.

O art. 287 estabelece: *"Salvo disposição em contrário, na cessão de um crédito abrangem-se todos os seus acessórios"*. Em atenção ao princípio *accessorium suum principale sequitur*, e excetuada eventual previsão em sentido contrário, todos os acessórios acompanham o crédito transferido, nisso incluídas as garantias reais e pessoais, os encargos em geral, o direito de preferência etc. Tendo em vista que o negócio jurídico não afeta a obrigação propriamente dita, conservará ela todos os aspectos substanciais que a constituem, mantendo-se sob a condição estipulada, o prazo firmado e assim por diante. Em suma, a cessão importa na translação do crédito, ao cessionário, no estado em se que achava no instante da realização do negócio jurídico que promove a alteração subjetiva. Há, portanto, sub-rogação do cessionário na qualidade creditória de quem o antecedeu na relação obrigacional, de modo que poderá agir como se desde o início fosse o titular do direito cedido.

1.2. Comparação com outros institutos

A cessão de crédito geralmente é feita a título oneroso, mas nada impede que se realize gratuitamente, ou seja, sem que o cessionário preste qualquer contrapartida ao cedente. No primeiro caso, tem contornos que a tornam semelhante à compra e venda, e, no segundo, aproxima-se da doação. Todavia, com elas não se confunde, pois diz respeito a direitos, ao passo que aqueles outros negócios jurídicos geralmente envolvem a transmissão de bens materiais. Não se pode deixar de atentar para a circunstância de que, se eventualmente for repassado em cumprimento de obrigação contraída pelo cedente, a cessão de crédito adquire nuanças de dação em pagamento; todavia, pelas mesmas razões explicitadas *retro*, não se confundem os institutos.

A cessão de crédito também não se confunde com a novação subjetiva ativa. Esta importa na extinção da obrigação original e na criação de outra em seu lugar, totalmente autônoma e independente da matriz. Já na cessão o mecanismo de funcionamento é diferente, pois não provoca o desaparecimento da obrigação primitiva, que apenas sofre alteração subjetivo no pólo credor, de maneira que o sujeito ativo inicialmente integrado à relação jurídica é substituído por um novo personagem.

Entre a sub-rogação e a cessão de crédito existe perceptível diferença. O indivíduo sub-rogado somente pode exercer os direitos e ações do credor inicial nos limites do desembolso efetuado (art. 350), de modo que se alija do quadro qualquer conotação especulativa. Na cessão a tônica é a especulação, pois geralmente se trata de negócio oneroso pelo qual o cessionário adquire o crédito por valor inferior ao nominal, guardando nisso a expectativa de futura vantagem econômica. Contudo, quando em sub-rogação convencional o credor recebe o pagamento de terceiro e expressamente lhe transfere todos os seus direitos (art. 347, I), vigorará o disposto quanto à cessão de crédito, haja vista a circunstancial proximidade entre ambos os institutos.

Embora semelhantes em alguns aspectos, a cessão de crédito não é igual à cessão de contrato. Enquanto naquela acontece a transmissão apenas da qualidade creditória até então mantida pelo cedente, nesta se dá a transferência de toda a posição contratual deste, seja quanto aos direitos como aos deveres. Em razão da amplitude do negócio e do desmembramento efetivado, o cessionário do crédito passa a enfeixar na sua esfera jurídica unicamente os componentes ativos, permanecendo com o cedido os itens passivos. Na cessão de contrato, todos os componentes ativos e passivos que estavam sob a regência do cedente mudam de titularidade.

1.3. Requisitos de implementação

Sendo negócio jurídico, a cessão fica submetida aos mesmos pressupostos de validade ínsitos no art. 104 do Código Civil: capacidade das partes, objeto lícito e possível e forma prevista ou não vedada em lei. No concernente à capacidade, exige-se que o agente a possua para os atos jurídicos em geral, mas também para aquele específico ato de alienação que está praticando (legitimação). Logo, é preciso que o cedente seja titular do crédito repassado, pois ninguém dispõe de mais do que tem. Quanto ao cessionário, deve ter integral condição de receber o crédito, o que não deriva apenas da capacidade genérica, mas também da especial. Em situações como a do tutor diante do crédito pertencente ao tutelado, aquele possui capacidade geral para os atos da vida civil, mas por expressa disposição de lei não tem legitimação para se tornar cessionário (art. 497, I).

No pertinente ao objeto, a dicção do art. 286 deixa entrever que, em princípio, e dado o caráter patrimonial que normalmente as reveste, todas as espécies de créditos podem ser objeto de cessão, ressalvadas aquelas cuja alienação seja obstada pela natureza mesma da obrigação (*v. g.*, crédito oriundo de pensão alimentícia), pela lei (*v. g.*, as prerrogativas conferidas em mandato que não prevê poder de substabelecimento) ou por convenção com o devedor. Os atributos personalíssimos e os emergentes do direito de família não admitem alteração subjetiva, porque integram o arcabouço de prerrogativas emergentes da personalidade e insuscetíveis de negociação, surgindo e desaparecendo com aquele específico indivíduo.

Acerca da licitude e possibilidade do objeto, o próprio ordenamento se encarregou de negar pertinência à cessão de algumas modalidades de crédito e direitos assemelhados: o benefício da justiça gratuita (art. 10 da Lei n. 1.060/50), a herança de pessoa viva (art. 426), o crédito já submetido a anterior penhora (art. 298) e assim por diante. A cessão também não poderá ser efetivada quando houver contrariedade à moral e aos bons costumes. Portanto, inviável a negociação do crédito resultante de apostas ou jogos clandestinos, assim como daquele oriundo da prostituição. Por outro lado, os créditos sobre os quais recair acordo no sentido de serem instransmissíveis assim ficarão marcados, deixando de ter a qualidade da circulação em virtude da vontade manifestada.

A lei não impõe forma especial para a cessão de crédito. Para valer e ter eficácia entre cedente e cessionário, o negócio jurídico independe de forma especial, eis que tal espécie de convenção, genuinamente não-solene e consensual, admite ampla liberdade de forma. A simples manifestação de vontade, desde que inequívoca, é suficiente para transmitir o crédito, podendo ser declinada expressa ou tacitamente, ou mesmo decorrer das circunstâncias, como se dá, *v. g.*, quando o credor de cheque ao portador entrega-o a outrem com ânimo de alienar a expressão pecuniária por ele representada. Cumpre salientar, todavia, que se o negócio incidir sobre direitos somente transmissíveis por escritura pública, a confecção desta será da substância do ato, que somente assim se perfectibilizará.

Diz o art. 288: *"É ineficaz, em relação a terceiros, a transmissão de um crédito, se não celebrar-se mediante instrumento público, ou instrumento particular revestido das solenidades do § 1º do art. 654"*. Para fins de transferência do crédito, *terceiro* é todo aquele que não tomou parte no negócio jurídico, isto é, na cessão propriamente dita. Assim, até mesmo o devedor do crédito alienado é terceiro no tocante às partes diretamente envolvidas, pois não interfere de modo algum na celebração da avença. Disso decorre a necessidade de que se o notifique acerca do negócio jurídico, para que reste ciente do mesmo e possa adotar as medidas que entenda necessárias, caso sinta-se de algum modo prejudicado. Essa notificação feita ao devedor torna oponível contra ele a cessão efetivada e inexigível o registro do negócio, contanto que observadas as demais formalidades previstas na lei. A eficácia contra terceiros — excetuado o cedido — não tem origem exatamente na simples ocorrência do acerto entre cedente e cessionário, embora seja disso notificado o devedor, mas deriva do preenchimento dos pressupostos exigidos pelo ordenamento.

Como se vê, para oponibilidade da cessão contra terceiros o legislador exige forma escrita pública, ou, sendo particular, o implemento de vários outros requisitos. Nesta última hipótese, será sempre acompanhada de transcrição no registro adequado, medida destinada a dar publicidade e, no caso específico, eficácia *erga omnes* ao negócio jurídico. Já a escritura pública independe de registro, constituindo prova cabal e produzindo todos os efeitos sem que qualquer outra providência tenha de ser tomada, ressalvadas as situações que digam respeito a cessões de créditos vinculados a direitos reais sobre imóveis, pois então será necessária a averbação do negócio jurídico à margem da respectiva matrícula. Observe-se, por relevante, que a cessão feita por mandato somente prevalecerá se o mandatário estiver munido de poderes expressos e especiais (art. 661, § 1º).

O cessionário de crédito hipotecário tem o direito de fazer averbar a cessão no registro do imóvel (art. 289), à margem da inscrição principal existente na respectiva matrícula. Essa providência tem por finalidade resguardar as prerrogativas emergentes da cessão de crédito. Entre cedente e cessionário o negócio adquire validade e eficácia independentemente de formalidades especiais. Todavia, quando a cessão disser respeito a crédito hipotecário, ou de algum modo der origem a ônus real sobre imóvel, necessariamente terá de ser realizada por meio de escritura pública, e, para ter eficácia contra terceiros, dependerá de inscrição no registro competente. Logo, o maior interessado em promover a aludida averbação é o próprio cessionário do crédito referente a direito real sobre imóvel, eis que torna titular de prerrogativas cuja oponibilidade contra todos não surge pelo só fato da celebração do negócio jurídico, mas sim do cumprimento das exigências legais citadas acima.

1.4. Notificação do devedor

A cessão do crédito não tem eficácia em relação ao devedor, senão quando a este notificada; mas por notificado se tem o devedor que, em escrito público ou particular, se declarou ciente da cessão feita (art. 290). O devedor não fica obrigado a entregar ao novo credor a prestação ínsita no crédito cedido se não for previamente notificado da existência do negócio jurídico entre cedente e cessionário. A real ciência acerca da existência da relação negocial somente é firmada quando as partes comunicam-na de modo efetivo ao obrigado, pois do contrário este poderia ser induzido a pagar a quem não é credor, sujeitando-se aos efeitos disso decorrentes e a um estado de evidente insegurança. Logo, a eficácia da cessão no tocante ao cedido depende de notificação, que pode ser feita judicial ou extrajudicialmente, como também por meio da chamada *notificação presumida*, isto é, a que resulta de qualquer escrito de natureza pública ou particular no qual o devedor revela inequívoco conhecimento acerca da alienação do direito de crédito.

Não sendo cientificado da cessão, o devedor que pagar ao credor primitivo ficará liberado da obrigação assumida, haja vista a presunção de boa-fé que milita em seu favor. Por outro lado, uma vez ciente da cessão o devedor estará obrigado a pagar ao cessionário, pois se entregar a prestação ao credor primitivo não ficará exonerado do dever jurídico perante o verdadeiro titular do direito de crédito. Pagando indevidamente, terá direito de buscar a repetição da prestação junto ao que a recebeu, sem, contudo, elidir os efeitos da mora em que vier a incorrer por força de sua equivocada conduta.

É possível que a sucessão de negócios envolvendo o crédito cause transtornos ao cedido e a terceiros, dificultando a exata ciência de que o direito foi transferido e a identificação do efetivo titular da prerrogativa de receber. Visando a solucionar a questão, o legislador diz que ocorrendo várias cessões do mesmo crédito, prevalece a que se completar com a tradição do título do crédito cedido (art. 291). Ensejada a formação de extensa e emaranhada cadeia negocial, a notificação de todas as cessões ao devedor pode gerar perplexidade em seu espírito, eis que talvez não tenha a necessária segurança para saber se está ou não pagando ao verdadeiro titular da prerrogativa de receber a prestação. Por isso, prevê o ordenamento que prevalece a cessão que se completar com a tradição do título de crédito cedido, ou seja, com a entrega do instrumento representativo do crédito, situação geradora de presunção de titularidade atual de seu conteúdo em favor do possuidor. Assim, pagará bem o devedor quando o fizer em proveito de quem apresentar o título probante do crédito cuja cessão foi notificada, pois na posse de tal documento está concentrada a faculdade de receber a expressão pecuniária dele emergente. Outra não é a determinação contida no art. 292: *"Fica desobrigado o devedor que, antes de ter conhecimento da cessão, paga ao credor primitivo, ou que, no caso de mais de uma cessão notificada, paga ao cessionário que lhe apresenta, com o título de cessão, o da obrigação cedida; quando o crédito constar de escritura pública, prevalecerá a prioridade da notificação".*

Constando o crédito de escritura pública, valerá como indicativo de titularidade da prerrogativa de recebimento da prestação nele incrustada a prioridade de notificação. Assim, na hipótese de várias cessões de crédito firmado em escrito público, estará legitimado a receber a prestação o cessionário cujo negócio por primeiro houver sido notificado ao devedor, circunstância que se apura mediante conferência da data e até do horário em que perfectibilizada a cientificação. Mostrando-se inviável apurar qual das notificações foi feita em primeiro lugar, seja porque simultâneas, seja por outra razão qualquer, a única solução consistirá em partilhar o montante pago entre os diversos cessionários.

Havendo múltiplas cessões do mesmo crédito pelo credor, sem que qualquer dos cessionários apresente o título da dívida, a melhor atitude a ser tomada pelo devedor, face à necessidade de resguardo contra o indevido pagamento, é recorrer à ação de consignação em pagamento, extremamente útil quando houver dúvida sobre quem deva legitimamente receber o objeto do pagamento.

O devedor pode opor ao cessionário as exceções que lhe competirem, bem como as que, no momento em que veio a ter conhecimento da cessão, tinha contra o cedente (art. 294). Para evitar que a cessão de crédito sirva de instrumento capaz de, por vias oblíquas, prejudicar credores por meio de fraudes ou simulações, diz o legislador que o devedor não é afetado na preexistente faculdade de opor exceções ao credor primitivo. Cabe ressaltar, todavia, que somente poderá lançar contra o cedente as exceções que existiam até o momento em que tomou conhecimento do negócio jurídico, ficando-lhe vedada a apresentação daquelas que vierem a surgir depois de cientificado acerca da ocorrência da cessão. Isto porque desde o momento da cientificação ao cedido o cedente não mais integra o pólo ativo da relação obrigacional, que é preenchido por novo titular, a quem não cabe responder por pendências entre as partes originais.

Tendo em vista a alteração subjetiva promovida pela cessão no pólo credor obrigacional, com a inserção de novo titular do crédito, poderá o devedor opor contra este as exceções que porventura tiver, sejam as preexistentes ao negócio jurídico, sejam as que surgirem depois de instalados os novos contornos da relação creditória. Enfim, a oponibilidade de exceções contra o cessionário abrange bem mais amplo espaço temporal, enquanto a mesma faculdade, em se tratando de apresentação contra o cedente, tem seu fluxo bloqueado a partir de quando cientificado o cedido do negócio jurídico realizado, no que pertine às exceções daí em diante surgidas.

Singelo exemplo ilustra bem o tema: Paulo, devedor, no dia 20.2 é notificado de cessão de crédito feita por João em favor de Carlos. Contra o cedente, poderá o cedido opor as exceções surgidas e pendentes até o instante da notificação, circunstância a ser apurada inclusive por detalhes como o preciso horário da cientificação. Já contra o cessionário, titular atual do crédito, ficará facultado a Paulo opor todas as exceções pendentes antes do dia 20.2 e as posteriormente surgidas, porque nesse caso alegações como compensação, novação, transação, nulidades, inexigibilidade e outras matérias são sempre prestigiadas pelo ordenamento jurídico nacional. Não se valendo da faculdade de deduzir as exceções pertinentes, por meio de lide própria ou de maneira incidental na ação que estiver em trâmite, ficará impedido de mais tarde implementar a medida, eis que a sua inércia importará em presunção de ter admitido a posição de obrigado e de querer adimplir a prestação pendente.

Independentemente do conhecimento da cessão pelo devedor, pode o cessionário exercer os atos conservatórios do direito cedido (art. 293). A faculdade conferida ao cessionário decorre do fato de que entre as partes contraentes a cessão produz regulares efeitos a partir da celebração, sendo necessária a cientificação ao cedido apenas para fins de gerar oponibilidade contra o sujeito passivo. Portanto, como titular do direito cedido, pode o cessionário conservá-lo por intermédio de todas as providências legalmente admitidas que estiverem ao seu alcance, inclusive em relação ao cedente e ao cedido, se por eles de algum modo injustamente molestado no exercício do direito. Ademais, a faculdade estabelecida na norma em nada prejudica a situação jurídica dos demais envolvidos, servindo, ao contrário, para manter em condições adequadas o direito transmitido.

1.5. Responsabilidade do cedente

Consta do art. 295 o seguinte preceito: *"Na cessão por título oneroso, o cedente, ainda que não se responsabilize, fica responsável ao cessionário pela existência do crédito ao tempo em que lhe cedeu; a mesma responsabilidade lhe cabe nas cessões por título gratuito, se tiver procedido de má-fé"*. Conforme já asseverado, a cessão de crédito pode ser feita com ou sem ônus econômico para o cessionário. Em vista da proximidade dos institutos, as normas e os princípios aplicáveis à transmissão de crédito guardam considerável similitude com o regramento da doação e da compra e venda. Assim como o vendedor responde pelos riscos da evicção e dos vícios redibitórios, sem que iguais encargos pesem sobre o doador, a disciplina jurídica acerca da responsabilidade do cedente varia conforme se perfaça o negócio pelo modo oneroso ou gratuito. Na primeira hipótese, responsabiliza-se o cedente pela existência do crédito transmitido na data da operação, tenha ou não agido de boa-fé, e ainda que não fique expressamente pactuada entre os envolvidos a assunção do dever de garantir a viabilidade do referido crédito. Entretanto, o cedente não responderá pelos defeitos ou incorreções quando o cessionário, sabedor dos riscos, chama para si a responsabilidade pelo que vier a ocorrer. A ciência acerca dos riscos, bem como a sua assunção pelo cessionário, podem ser demonstradas por todos os meios em direito admitidos, como escritos, testemunhas etc.

Destarte, salvo demonstração inequívoca em sentido contrário, mesmo diante do silêncio das partes o cedente responde perante o cessionário pela integridade do crédito transferido, o que tem lugar não apenas em função da inexistência propriamente dita, como igualmente em situações como alienação onerosa de crédito alheio (o cedente não é titular do crédito cedido), nulidade do crédito, pendência de exceções que comprometem a sua viabilidade e assim por diante. Em situações desse jaez, suportará perdas e danos cuja existência for demonstrada pelo lesado. O fundamento da responsabilização do cedente na primeira hipótese aventada no dispositivo legal é a vedação do enriquecimento sem causa, de vez que a onerosidade da alienação causaria empobrecimento do cessionário e indevida vantagem econômica ao credor primitivo.

Sendo gratuita a cessão, o cedente responde perante o cessionário pela existência e integridade do crédito, no momento do negócio, apenas quando houver agido de má-fé. Isto porque a inexistência do crédito transferido, ou defeito afim, não gera enriquecimento sem causa em favor do cedente, haja vista a liberalidade que deu origem ao negócio entabulado. Ademais, seria de todo injusto punir o cedente de boa-fé quando pretendeu promover um ato de generosidade em proveito do cessionário, ato este que, face à inexistência do crédito, não logrou atingir o objetivo para o qual foi praticado. Por outro lado, a presença de má-fé muda a solução a ser dada, por indicar que o cedente nada mais fez do que ludibriar deliberadamente o cessionário ao acenar-lhe com a gratuita transferência do crédito, circunstância a ser reprimida pela lei para evitar a impunidade e a dissimulação nas relações negociais. Porém, também aqui, ainda que presente a má-fé, não responderá o cedente na alienação gratuita se o cessionário conhecia os riscos do negócio e os assumiu, porque então restará afastada a nocividade do estado de espírito do credor primitivo.

Em qualquer das hipóteses aventadas, a responsabilidade do cedente abrange os acessórios do crédito cedido, tais como fiança e hipoteca, mas limita-se à existência de tais garantias, sem assegurar a sua eficácia (*Washington de Barros Monteiro*, obra citada, 4º vol., p. 349).

Conquanto suporte as conseqüências da inexistência do crédito no instante da cessão, o cedente não responde pela solvência do devedor, exceto se houver estipulação em contrário (art. 296). Volta-se a argumentar no sentido de que a cessão onerosa concentra formatação especulativa, o que faz presente o elemento risco como contrapartida da perspectiva de ganho ou lucro. Ao mesmo tempo em que incorpora a expectativa de obter vantagem econômica, o cessionário assume o risco de que o devedor seja insolvente, ainda que exista o débito ao tempo da celebração do negócio translativo. Na cessão gratuita, com muito mais razão o cedente não pode ser responsabilizado por eventual insolvência do cedido, pois ao praticar a liberalidade exime-se de qualquer posterior desfecho relativo ao cumprimento da obrigação transmitida. E, mesmo que na transmissão gratuita responda pela existência do crédito quando houver obrado com má-fé (parte final do art. 295), não lhe será imputado qualquer dever adicional se o sujeito passivo não adimplir a prestação pendente.

O cedente, responsável ao cessionário pela solvência do devedor, não responde por mais do que daquele recebeu, com os respectivos juros; mas tem de ressarcir-lhe as despesas da cessão e as que o cessionário houver feito com a cobrança (art. 297). Assumindo a responsabilidade pela solvência do devedor, e sobrevindo por parte deste o descumprimento do dever jurídico contido no crédito alienado, incidirá sobre o cedente a obrigação de restituir ao cessionário tudo quanto houver recebido, monetariamente atualizado e acrescido dos juros legais. Eventuais despesas feitas com o aparelhamento da cessão e com a tentativa de recebimento do crédito transferido também deverão ser suportadas pelo cedente. É que ao obrigar-se pela solvência do devedor, voluntariamente elidindo a incidência da regra geral comum à espécie, o cedente sujeita-se a proteger o pólo oposto não apenas quanto aos aspectos pertinentes à capacidade econômica do cedido, mas igualmente a livrar o cessionário de todos os prejuízos que vier a sofrer em função do inadimplemento da obrigação.

1.6. Cessão de crédito penhorado

O crédito, uma vez penhorado, não pode mais ser transferido pelo credor que tiver conhecimento da penhora; mas o devedor que o pagar, não tendo notificação dela, fica exonerado, subsistindo somente contra o credor os direitos de terceiro (art. 298). A penhora do crédito torna-o indisponível, e, portanto, insuscetível de livre cessão, pois o atrela à satisfação do direito garantido pelo ato constritivo. Depois de ciente da realização da penhora, não mais poderá o credor transferir o crédito a outrem, sob pena de configurar-se fraude à execução, situação capaz de levar ao desfazimento da alienação irregularmente promovida. Cabe lembrar que a ciência da parte quanto ao ato constritivo se dá por meio de intimação judicial, razão pela qual somente após cientificado é que ficará impedido de alienar o crédito de que é titular.

O pagamento ao credor primitivo que teve o crédito penhorado, quando feito pelo devedor não notificado da existência do ato de penhora, exonera este último de todo o teor obrigacional. Nessa hipótese, caberá ao exeqüente buscar exclusivamente junto ao *accipiens* o conteúdo dos direitos que possuir. Isto porque antes da notificação da penhora o sujeito passivo da relação obrigacional libera-se entregando a prestação a quem até então figura como credor, e seria de todo antijurídico considerar indevidamente feito o pagamento em tais circunstâncias, já que o devedor não tem conhecimento da existência do ato constritivo promovido pelo exeqüente sobre o crédito.

Caso, embora notificado da penhora, o devedor pague ao credor original, terá procedido mal e sujeitar-se-á a novo pagamento ou depósito ordenado pelo juízo, desta feita em favor do exeqüente que penhorou o crédito. Não ficará o devedor impedido, contudo, de buscar a repetição do valor incorretamente repassado ao credor primitivo, porque vedado pelo ordenamento pátrio o enriquecimento sem causa.

Capítulo 2

DA ASSUNÇÃO DE DÍVIDA

2.1. Considerações gerais e conceito

A codificação de 1916 não trazia previsões específicas sobre a transmissão de dívidas, limitando-se a disciplinar em pormenores a cessão de créditos. Contudo, o princípio da autonomia da vontade contratual e a liberdade de contratar viabilizavam a celebração de negócios jurídicos com nuanças semelhantes à assunção de dívida concebida pelo legislador de 2002. Para tanto, impunha-se a inequívoca anuência dos eventuais prestadores de garantias jungidas ao débito original (*v. g.*, fiadores) e de terceiros a quem acaso pertencessem bens ofertados em segurança (*v. g.*, no caso de hipoteca).

Acolhendo tendência já consagrada noutras legislações, o Código Civil de 2002 incorporou a tese da transferência da obrigação incidente sobre o devedor, ou, mais precisamente, da assunção da dívida por pessoa estranha à relação jurídica inicial. Tal preceito está inserido no art. 299: *"É facultado a terceiro assumir a obrigação do devedor, com o consentimento expresso do credor, ficando exonerado o devedor primitivo, salvo se aquele, ao tempo da assunção, era insolvente e o credor o ignorava. Parágrafo único – Qualquer das partes pode assinar prazo ao credor para que consinta na assunção da dívida, interpretando-se o seu silêncio como recusa".* Na prática, a assunção de dívida é bem menos corriqueira do que a cessão de crédito, seja pela falta de uma cultura voltada para esse tipo de negócio, seja em virtude da profunda alteração que causa na formatação subjetiva originalmente produzida pelo vínculo. Em função disso, a maior parte das legislações estrangeiras não reconhece na transmissão de dívida um instituto autônomo, embora a aplicação do princípio da autonomia da vontade de contratar não impeça, também naqueles países, via de regra, a celebração de negócios de semelhante natureza.

Outro argumento utilizado pelos que não vêem na assunção de dívida um instrumento necessário consiste na semelhança que teria com a denominada novação subjetiva passiva, desde sempre acolhida pelo legislador brasileiro. É bem verdade que ambos conservam traços comuns, mas isso não obscurece a percepção de suas diferenças. A começar pela circunstância de que a novação pressupõe a completa extinção de um liame jurídico para que outro ocupe o seu lugar. Logo, parte-se da imposição do fenecimento da relação primitiva como *conditio* da posterior constituição do novo vínculo. O mesmo não acontece na assunção de dívida, pois nela há simples substituição do sujeito passivo original por outro que vem preencher a lacuna deixada. A relação jurídica é sempre a mesma, jamais vislumbrando-se a extinção total ou parcial do liame constituído *ab initio*. Como resultado dessa diferença, a novação faz desaparecer o relacionamento anterior e, com ele, as garantias e os acessórios que o acompanhavam. Se as partes quiserem inserir semelhante segurança na nova obrigação criada, terão de expressamente promover a sua instalação. Na assunção de dívida, as garantias reais (*v. g.*, hipoteca) se preservam automaticamente, e as pessoais podem ser conservadas mediante assentimento do devedor primitivo.

Ao contrário do que acontece na cessão de crédito, negócio que independe da anuência do devedor em razão de que este não arcará com prejuízo algum em função da alteração subjetiva, a assunção de dívida não prescinde da concordância do credor primitivo. Tal assentimento é requisito de eficácia do negócio. Isto porque a modificação subjetiva a ser operada no pólo passivo da relação obrigacional tem elevado potencial de afetação da parte adversa. Imagine-se, por exemplo, o caso de um devedor de menor capacidade econômica que passa a responder por certa dívida. Essa situação, ao menos em tese, é capaz de colocar em risco a integral solução da pendência, motivo suficiente para impor a prévia anuência do credor, interessado maior no adimplemento.

Tendo em linha de conta tudo o que se disse até agora, pode-se conceituar a assunção de dívida como negócio jurídico pelo qual o sujeito passivo, originalmente vinculado a determinada obrigação de natureza econômica, transmite para um estranho a posição que até então ocupava, ficando o novo devedor obrigado pelo adimplemento da prestação ajustada. *"Em suma, é a sucessão a título singular do pólo passivo da obrigação, permanecendo intacto o débito originário"* (*Washington de Barros Monteiro*, obra citada, p. 245).

2.2. Requisitos de implementação

Tanto quanto se verifica na cessão de crédito, a cessão de débito ou assunção de dívida reclama capacidade das partes, objeto lícito e possível e forma prescrita ou não defesa em lei. Valem aqui as mesmas observações já feitas a respeito desses tópicos quando da análise da cessão de crédito, motivo pelo qual, objetivando evitar tautologia, pede-se vênia para não reprisar os argumentos.

Qualquer pessoa capaz pode assumir a dívida originariamente sob responsabilidade de outra, contanto que o faça de maneira inequívoca e com expressa concordância do credor. A assunção pelo terceiro, estranho à celebração primitiva, é admitida tanto tácita quanto expressamente, razão pela qual deriva não apenas de ato escrito ou manifestação verbal especificamente destinados a tal desiderato, mas também de toda conduta da qual se extraia indelével ânimo no sentido de assumir o débito até então sob responsabilidade do devedor primitivo. Exemplo: terceira pessoa autoriza débito automático, em conta bancária, das prestações em nome alheio que se forem vencendo.

Por sua vez, o consentimento do credor deve ser expresso, embora não se exija forma especial para tanto. Não se admite assentimento tácito, de sorte que qualquer contemporização, tolerância ou flexibilidade do credor em relação ao terceiro que se apresenta para assumir o dever jurídico alheio será considerada meramente circunstancial. Exemplo disso é o pagamento parcial feito por terceiro e aceito pelo credor, situação que, à falta de expressa anuência deste quanto à pretendida assunção da totalidade da dívida, representará apenas solução fracionada da pendência, sem qualquer repercussão quanto à composição subjetiva do pólo passivo, que continuará a ser integrado pelo devedor original.

Como a assunção depende de expresso consentimento do credor, faculta-se às partes assinalar prazo, por iniciativa judicial ou extrajudicial, para que este se manifeste acerca da pretensão de transferência do ônus obrigacional, a fim de que não fiquem indefinidamente à espera de que o *accipiens* decida anuir ou recusar. Ademais, a fixação de prazo confere maior segurança aos interessados, pois a proposta de alteração subjetiva valerá apenas durante o tempo demarcado, sendo infrutífera eventual aceitação serôdia. Também em função dessa necessidade de expressa anuência é que o legislador considera como indicativo de recusa o silêncio do credor durante o lapso temporal estabelecido para a sua manifestação em torno do tema. Cuida-se de presunção absoluta e que não admite prova em contrário, porque a exteriorização da vontade do credor que aquiesce com a assunção da dívida por terceiro tem de ser inequívoca e específica.

2.3. Conseqüências da assunção de dívida

O efeito mais profundo da assunção da dívida por terceiro é a completa liberação do devedor primitivo, dada a ocorrência de substituição obrigacional passiva. Essa situação é denominada *assunção de cumprimento*, tendo em vista que o terceiro chama para si toda a responsabilidade pela solução da pendência. Entretanto, o aludido efeito não se verifica se o devedor era insolvente ao tempo da alteração subjetiva e o credor, embora tendo concordado com a assunção, ignorava tal circunstância. É que a ocultação do estado de insolvência, certamente conhecido pelo terceiro em razão de dizer respeito à sua própria condição econômica, importa em má-fé que não pode ser tolerada e nem incentivada pelo ordenamento jurídico.

Portanto, uma vez patenteado o fato da insolvência do terceiro e atestado que esta existia no momento da assunção da dívida, continuará plenamente obrigado o devedor original pela entrega da prestação, em conjunto com quem assumiu o dever jurídico. Trata-se da chamada *assunção cumulativa ou de reforço*, pois acrescenta outro membro ao pólo passivo, de modo que a reversão do estado de insolvência facultará ao credor voltar-se também contra o novo devedor para receber o pagamento.

Aspecto relevante a ser apreciado diz respeito às garantias que acompanhavam o débito transmitido. O art. 300 rege o assunto: *"Salvo assentimento expresso do devedor primitivo, consideram-se extintas, a partir da assunção da dívida, as garantias especiais por ele originariamente dadas ao credor"*. Com a assunção da dívida por terceiro, o devedor original libera-se da obrigação em todos os seus aspectos (ressalvada a hipótese indicada na parte final do *caput* do art. 299), com extinção das garantias especiais que a guarneciam até a data da transferência do dever jurídico. Isso é decorrência natural da alteração subjetiva passiva operada, pois se garantias especiais circundavam a obrigação (emissão de notas promissórias assegurando o cumprimento de débito contratual, caução de duplicatas etc.), decorriam elas de um estado pessoal gerado pela presença do devedor original na relação, de sorte que somente mediante seu assentimento expresso continuarão em vigor.

Diante da referência do dispositivo apenas às garantias especiais, ou seja, de cunho pessoal, é inevitável concluir que as garantias reais permanecerão intactas mesmo após a assunção da dívida por terceiro, se diretamente prestadas pelo devedor original. Isso somente não acontecerá quando houver expressa disposição no sentido de as excluir. Portanto, a hipoteca, o penhor e demais direitos reais e garantias porventura instituídos para guarnecer determinada dívida persistirão intocados independentemente da anuência do devedor primitivo, porque decorrentes não de sua presença pessoal no liame, mas da natureza e caracteres mesmos da obrigação como inicialmente constituída.

As situações expostas acima dizem respeito às garantias constituídas pelo próprio devedor primitivo. Quanto às garantias que não foram dadas por este, mas sim por pessoa estranha à alteração subjetiva passiva, é óbvio que desaparecem com ela independentemente de serem especiais ou reais, a não ser que haja expressa anuência daquele que as ofertou. Isto porque não pode ser compelido a mantê-las depois de modificado o quadro jurídico que as gerou, alterado à sua revelia e dotado de potencial de lesividade aos seus interesses.

No art. 301 encontra-se o seguinte ditame: *"Se a substituição do devedor vier a ser anulada, restaura-se o débito, com todas as suas garantias, salvo as garantias prestadas por terceiros, exceto se este conhecia o vício que inquinava a obrigação".* A anulação da substituição do devedor por outro, seja qual for o motivo que a ensejou, faz com que o débito volte ao estado original, inclusive com restauração das garantias — dadas pelo obrigado — originalmente existentes. Em verdade, o desfazimento da modificação subjetiva pretendida pelas partes, como decorrência de defeito insanável ou não corrigido oportunamente, leva os envolvidos de volta à situação inicial, de modo que o devedor primitivo continua obrigado pelo cumprimento da prestação. Por outro lado, o indivíduo que assumiria o débito fica totalmente afastado do pólo passivo da relação obrigacional e não pode ser demandado pelo credor. Em nome do interesse na preservação da condição do terceiro de boa-fé que porventura tenha prestado garantias de cumprimento do débito, o legislador preferiu impedir a restauração das mesmas no caso de ignorar o vício que maculava a obrigação. Porém, se conhecia o defeito que a inquinava, haverá restauração também das garantias prestadas pelo terceiro, ficando obrigado a responder na forma avençada e na medida da segurança prestada.

Quanto aos mecanismos de defesa instituídos em prol do obrigado que assume a dívida, o art. 302 estabelece que o novo devedor não pode opor ao credor as exceções pessoais que competiam ao devedor primitivo. O débito transferido é exatamente o mesmo primitivamente constituído, conservando perfeita identidade de relação jurídica e objeto, razão pela qual chega ao novo devedor com todas as características até então mantidas. Nisso se incluem as defesas preexistentes, ressalvadas as que são de natureza pessoal e respeitantes ao antigo obrigado, pois este retira-se por completo do liame obrigacional. Assim, quem assumiu a dívida não poderá opor ao credor as exceções pessoais que competiam ao devedor primitivo, mas apenas: a) as defesas genéricas que preexistiam à assunção da dívida (nulidades, pagamento, extinção etc.); e b) as que couberem a si mesmo, ou seja, as originadas de relação jurídica própria (novação, compensação etc.). Destaque-se novamente, por oportuno, a circunstância de que todos os acréscimos sobrevindos ao débito como resultado dos caracteres inerentes ao negócio jurídico também passam ao novo devedor, o que importa na assunção, por este, de encargos, juros vencidos, cláusula penal e assim por diante.

O adquirente de imóvel hipotecado pode tomar a seu cargo o pagamento do crédito garantido; se o credor, notificado, não impugnar em trinta dias a transferência do débito, entender-se-á dado o assentimento (art. 303). Nesse caso, a regra geral que exige expressa aquiescência do *accipiens* cede espaço à aceitação presumida, fundada no silêncio deste. Ao adquirente de imóvel gravado de hipoteca é permitido assumir a obrigação de saldar o crédito garantido pela constituição do referido direito real, eis que em tese é o maior interessado em ver levantado o gravame. Por força da seqüela e da ambulatoriedade que caracterizam os direitos reais, a oneração acompanha o destino jurídico do bem, aderindo ao mesmo e assim permanecendo enquanto não sobrevier causa hábil de extinção. Contudo, a assunção da dívida pelo adquirente não se dá à revelia do credor, sendo exigida a sua notificação acerca da transferência do débito e da conseqüente alteração subjetiva passiva. O que sofre modificação substancial é a forma pela qual considera-se patenteado o assentimento do credor, porque eventual silêncio dentro do trintídio seguinte à cientificação importa em presunção de consentimento quanto à transferência da dívida ao adquirente do bem hipotecado, que assume por inteiro a posição do devedor primitivo.

Tendo interesse em discordar da transferência do débito, caberá ao credor impugnar a pretensão, o que pode ser feito por qualquer meio inequívoco de manifestação da vontade, *v. g.*, escrito público, particular, resposta judicial etc. Como o ato de impugnar é positivo e reclama uma atuação concreta do interessado, não se admite a contrariedade meramente inferida das circunstâncias, ou seja, tácita. Uma vez impugnada a assunção da dívida pretendida pelo adquirente, continuará a ela atrelado o devedor primitivo, embora isso em nada afete a alienação do imóvel propriamente dita, que somente será atingida, *a posteriori*, na hipótese de inadimplemento da obrigação ornada pela garantia hipotecária.

Capítulo 3

DA CESSÃO DE CONTRATO

3.1. Considerações gerais e conceito

O Código Civil de 2002, repetindo a sistemática adotada pela anterior codificação, não abriu espaço para tipificar a cessão de contrato. Limitou-se a inovar por meio da disciplina da assunção de dívida, modalidade de transmissão das obrigações que se associou à cessão de crédito, já consagrada no antigo diploma civilista. Ao assim proceder, acompanhou os passos da maioria das legislações modernas, que recalcitram em prever a cessão de contrato como modalidade típica de transmissão de obrigações. Apenas o legislador italiano e o português fizeram inserir, nas respectivas codificações, essa espécie de negócio jurídico. Não obstante, certos dispositivos contidos no Código Civil de 2002 deixam entrever a possibilidade da sua aplicação, conforme será visto adiante.

Seria mesmo inconcebível que a aceitação da existência da cessão de crédito e da assunção de dívida não pudessem ser acompanhadas da admissibilidade da cessão de contrato. Isto porque entre todas as modalidades citadas existe notória afinidade, consistente, em especial, na transmissão de elementos jurídicos de uma para outra pessoa, sem que se mostre necessária a prévia extinção das obrigações originais. Logo, se é viável alterar a titularidade de direitos e de deveres singularmente considerados, em avenças separadas, inexiste razão para impedir que tal modificação aconteça de uma só vez, abrangendo concomitantemente tanto os direitos como os deveres do transmitente. Ainda que não tenha recebido consagração expressa, a cessão de contrato é mecanismo largamente utilizado, haja vista a grande praticidade que tem quando se trata de promover a alteração da titularidade de um dos pólos das convenções bilaterais em geral. Mais comumente, apresenta-se em negócios como a locação, a empreitada, a promessa de compra e venda, o empréstimo em dinheiro e noutros tantos. Exemplo: o empreiteiro transfere o contrato a outrem, com anuência do dono da obra. O cessionário passará a figurar como responsável pelo cumprimento de todos os deveres assumidos pelo cedente, tendo direito, em contrapartida, a reclamar do cedido tudo o que aquele poderia exigir em virtude da avença. Convém chamar a atenção para o fato de não existir cessão de contrato na sub-locação, pois esta é, na verdade, nova contratação, celebrada entre o locatário (que funciona como locador diante do sub-locatário) e terceiro (que assume a posição de sub-locatário). Não obstante, admite-se a cessão da locação propriamente dita, como acontece quando o locatário transfere a outrem — que se torna locatário em seu lugar — a situação jurídica emergente da contratação.

Analisado sob o prisma econômico, o contrato é um bem jurídico apto a ser posto em circulação, gerando riquezas e permitindo a captação de vantagens segundo os objetivos visados pelas partes. Daí que a relação estabelecida quando da celebração não precisa ser necessariamente mantida entre os mesmos integrantes dos pólos convencionais. A substituição de um deles não afetará a essência do contrato, desde que adotadas providências acautelatórias de interesses, como, por exemplo, a obtenção da concordância do cedido, a quem convém sobremodo conhecer o novel componente do liame e apresentar eventuais óbices ao pretendido acesso. Afinal, a cessão é feita para indivíduo que inicialmente não figurou no contrato-base, e que nem estava atrelado a qualquer dos contratantes primitivos com vistas à composição da referida avença. Essa transmissão não depende de prévia extinção do liame original, pois do contrário estar-se-ia ante novação ou instituto de natureza diversa.

Pode-se definir o instituto como negócio jurídico pelo qual um dos celebrantes de contrato bilateral, chamado contrato-base, transfere a outrem os direitos e os deveres que decorrem da citada avença, mediante consentimento do outro contratante. Os personagens envolvidos são, portanto, o cedente, o cessionário e o cedido. O primeiro transmite as prerrogativas e os ônus que sobre si recaíam, enquanto o segundo enfeixa tais elementos como novo titular; ao terceiro é reservada a posição primitivamente ocupada, desde que consinta com as mudanças encetadas pelos outros dois.

3.2. Natureza jurídica do instituto

Como já se disse quando da análise dos aspectos relativos à cessão de crédito e à assunção de dívida, o direito romano não previa a transferência de direitos e deveres, pois estes se atrelavam às pessoas e as acompanhavam de modo tão vigoroso que o inadimplemento das obrigações poderia ocasionar reprimendas físicas ao devedor. Com a evolução, chegou-se ao ponto atual, em que prevalece a idéia de que o teor econômico das obrigações justifica a pertinência da sua circulação. Logo, pode o credor ou o devedor transmitir os seus correspondentes atributos ou ônus, nada havendo que impeça até mesmo a transmissão integral do contrato.

A propósito, grassa no meio jurídico a tese de que não há propriamente transferência do contrato, mas sim da posição contratual desfrutada pelo cedente. Isto porque não acontece a singela realização de negócio tendo por base aquilo que atualmente se vislumbra naquela específica contratação. Todo o seu passado e história também acabam sendo alvo de repasse ao cessionário, nisso incluído o conjunto formado pelas negociações preliminares, tratativas encetadas ao longo das etapas de formação da avença, formatação original, posteriores alterações etc. É claro que em derradeira análise interessa às partes a estrutura do contrato na data da transferência, mas isso não afeta sobremaneira o argumento dos que entendem mais adequada o designativo *cessão da posição contratual*. Todavia, entende-se mais adequado conservar a linguagem tradicional, qual seja, a de que se opera genuína *cessão do contrato*, sem que isso implique em desconsiderar a circunstância de que juntamente com ele é transmitida a posição desfrutada pelo cedente em virtude de todo o *iter* percorrido pela avença até chegar ao estágio atual.

Visualizado o quadro pertinente à cessão de contrato, extrai-se conclusão no sentido de ser um negócio jurídico bilateral, gerando obrigações para ambas as partes. Ao mesmo tempo em que obriga o cedente a respeitar os direitos adquiridos pelo cessionário, este se torna titular dos deveres até então enfeixados por aquele. É de salientar que a cessão encontra campo de atividade prática naquelas contratações ainda não exauridas em suas conseqüências, ou seja, nas que pendem de execução em algum aspecto. Caso o contrato tenha produzido todas as repercussões dele esperadas (*v. g.*, a entrega do bem vendido e o pagamento do preço), revela-se descabida a pretensão de transmiti-lo, haja vista a falta de objeto sobre o qual tenha condições de incidir a operação. Aliás, essa modalidade negocial é própria dos contratos de execução diferida ou sucessiva (*v. g.*, locação, venda a prazo), pois nos de execução instantânea há imediato exaurimento das conseqüências ordinárias, revelando-se inservível qualquer transmissão que se tencione realizar.

Como não existe previsão específica no Código Civil ou noutro diploma legal acerca da estrutura da avença, está-se diante de contrato atípico, celebrado *inter vivos* com base nos preceitos gerais de índole negocial e no princípio da liberdade de contratar. Visa, em derradeira análise, a transferir qualidades ativas e passivas integrantes de outro contrato, chamado base. Sendo ajuste autônomo e independente, a cessão não fica atrelada necessariamente a qualquer outra espécie de negócio ou ato posterior. Assim surge e se conserva, tendo por contrato-base aquele cujo teor é transmitido pelo cedente. Observe-se, porém, que ninguém transfere mais do que possui, razão pela qual o cessionário recebe única e exclusivamente as prerrogativas e as obrigações do cedente, respeitada na íntegra a posição contratual do cedido. Como frisado *retro*, pela cessão não é destruído o contrato-base, limitando-se o seu efeito principal à alteração da titularidade do pólo ocupado pelo cedente.

3.3. Efeitos da cessão

Mencionados vários deles, esparsamente, nas considerações até agora tecidas, resta sistematizar os efeitos emergentes da cessão de contrato. Eles se projetam basicamente em três direções perfeitamente distintas: a) entre o cedente e o cedido; b) entre o cedente e o cessionário; c) entre o cedido e o cessionário.

Ao transmitir a sua situação jurídica no contrato, o cedente pode ou não liberar-se de toda e qualquer repercussão daí em diante, de acordo com o teor da cessão realizada. Sabe-se que a transferência do contrato depende da anuência do cedido, pois sobre ele recairão severas conseqüências, dentre as quais se destaca a nova configuração do pólo contratual oposto a partir da cessão. Para que o cedente fique completamente liberado do liame contratual primitivo basta a falta de menção, no instrumento transmissivo, à sua permanência como personagem de algum modo vinculado ainda ao contrato. Ao contrário, na hipótese de inserção de cláusula que estabeleça a continuidade dos deveres, ou de alguns deles, em relação ao cedente, este não estará exonerado e permanecerá integrado ao vínculo jurídico nos moldes pugnados. A liberação do cedente pode acontecer concomitantemente com a cessão ou em momento que lhe seja posterior, desde que o cedido manifeste anuência em torno desse aspecto. Há inclusiva viabilidade na aposição de cláusula liberatória preventiva de futura cessão, de maneira que aos celebrantes originais é facultado estabelecer que, havendo cessão em algum instante da vida contratual, o cedente estará automaticamente livre de todas as particularidades da avença. Terá havido, então, concordância preexistente à cessão de contrato, figurando o celebrante primitivo — futuro cedido em potencial — como anuente em caráter prévio. É preciso mencionar, ainda, a ocorrência de liberação imediata por força de lei e independente do consentimento do cedido, *v. g.*, na cessão de contrato de promessa de compra e venda de imóvel loteado (Lei n. 6.766, § 1º do art. 31).

Resta examinar a que título o cedente continuará atrelado ao contrato em caso de expressa previsão nesse sentido, pois disso decorrem importantes reflexos. Como a solidariedade não se presume, tendo fonte exclusivamente na lei ou na vontade das partes (art. 265), é imperioso reconhecer que o cedente não figurará como devedor solidário e principal pagador senão quando as partes inequivocamente manifestarem tal desiderato. Isso pode defluir tanto de expressa menção quando feita a cessão como dos termos indiretos lançados pelos interessados, se deles for possível extrair inegável objetivo de criar liame solidário entre o cessionário e o cedente. Ausente concreta perspectiva no sentido de entrever essa vontade cristalinamente deduzida, a responsabilidade do cedente, quando mantido o seu vínculo, será meramente secundária ou subsidiária. Noutras palavras, assumirá posição análoga à de um fiador, podendo argüir contra o cedido o benefício de somente ser demandado após esgotadas as possibilidades de satisfação da pendência junto ao cessionário, principal obrigado.

Outras repercussões existem e merecem referência. Ao efetuar a transferência pura e simples, o cedente deixa o circuito contratual e fica inteiramente liberado da carga emergente da avença, seja quanto aos direitos nela consagrados como aos deveres estatuídos. Todavia, não pode ser relegada a plano secundário a análise dos efeitos da cessão quanto à segurança que o cedente confere ao cessionário no pertinente à existência do crédito. Assumindo prerrogativas e imposições, o cessionário não pode ficar à mercê de incertezas quanto a existir ou não o crédito que pensa estar recebendo. À falta de expressas regras em torno do tema, prevalecem aqui os mesmos preceitos aplicáveis à cessão de crédito, haja vista a similitude dos institutos nesse particular. Destarte, na cessão de contrato por título oneroso, o cedente, ainda que não se responsabilize, fica responsável ao cessionário pela existência do crédito ao tempo em que lhe cedeu. Igual responsabilidade lhe cabe nas cessões por título gratuito, se tiver procedido de má-fé. Feita a título gratuito e de boa-fé, a cessão libera o cedente de qualquer responsabilidade quanto à existência ou à firmeza do crédito, pois o cessionário nada despendeu para adquiri-lo. De outra banda, salvo estipulação em contrário, o cedente não responde pela solvência do devedor, independentemente de ser gratuito ou oneroso o negócio celebrado.

Saliente-se que sob o prisma do cedido e do cessionário, um em relação ao outro, a cessão também acarreta certas conseqüências. A partir da realização da avença de transmissão contratual, o cessionário se torna credor e devedor do cedido, respeitados os limites estabelecidos na origem e, depois, no momento da transferência. Ao anuir, o cedido aceita a integração de novo personagem no liame negocial, em substituição ao anterior, com ou sem liberação integral do celebrante primitivo. Daí para a frente a legitimidade de um e de outro, ativa e passiva, ficará patenteada como se desde o princípio estivessem interligados pelo contrato. Contudo, a natureza e o mecanismo da transmissão impedem que o cedido invoque em sua defesa processual, contra o cessionário, matéria estranha ao contrato de cessão e ao contrato-base, relativas ao cedente. Afinal, se todas as peculiaridades específicas do ajuste estão inseridas no instrumento de cessão, as pendências eventualmente verificadas entre o cedente e o cedido, antes da transmissão ao cessionário, são para este desconhecidas. Logo, poderia ser surpreendido caso viesse a acontecer a oposição de temas cuja existência ignorava. *"Entretanto, elas poderão ser articuladas se, no momento em que o cedido concordou com a cessão, expressamente as ressalvou"* (Sílvio Rodrigues, obra citada, p. 115). É o contrário do que ocorre na cessão de crédito, rm que, dispensada prévia concordância do devedor, este pode opor ao cessionário as exceções que lhe competirem, bem como as que, no momento em que veio a ter conhecimento da cessão, tinha contra o cedente.

Parte III

DO ADIMPLEMENTO E DA EXTINÇÃO DAS OBRIGAÇÕES

Parte II

Capítulo 1

DO PAGAMENTO

1.1. Liberação voluntária do devedor (CM 113)

Ao admitir a existência de obrigações dotadas de vigor jurídico, o legislador preocupa-se em oferecer às partes mecanismos capazes de levar à sua escorreita extinção. O objetivo maior emergente de qualquer obrigação é de ensejar o cumprimento da prestação nela contida, do que derivará o desaparecimento da própria relação jurídica anteriormente estabelecida. Nesse compasso, o pagamento se reveste de especial relevância, pois viabiliza a obtenção do resultado acima aludido.

Extingue-se ordinariamente a dívida pelo pagamento, que significa cumprimento voluntário de certo dever jurídico, seja pelo repasse de valor em dinheiro, seja por meio da entrega de prestação de natureza diversa. É de ver, portanto, que o vocábulo tem maior elastério do que o emprestado pelo sentido comum, pois não se limita à solução da dívida em dinheiro, mas de toda e qualquer prestação oriunda de obrigação regularmente constituída.

No plano teórico, pagamento e adimplemento da obrigação não funcionam exatamente como sinônimos. Na verdade, tem-se no *pagamento* uma espécie do gênero *adimplemento*. Este compreende todas as formas lícitas de liberação do devedor e conseqüente extinção da obrigação, ainda que sem pagamento, tais como: novação, remissão, confusão, compensação etc. Por sua vez, o pagamento importa na entrega, pelo devedor, da prestação emergente do liame jurídico mantido com o credor. Esse repasse é voluntário, embora nem sempre seja espontâneo. Exemplo disso é o pagamento feito pelo devedor quando citado em execução de sentença, pois então se estará diante de solução voluntária (teve origem em ato provindo do obrigado), mas não espontânea (foi necessário aparelhar medida judicial para compelir o sujeito passivo). De qualquer maneira, e independentemente do ânimo que movia o *solvens* e o *accipiens*, a conduta de pagar ocasiona o desfazimento do liame jurídico que até então mantinha atrelados os pólos ativo e passivo.

1.2. De quem deve pagar

O primeiro aspecto a ser abordado, em termos de pagamento, diz respeito à identificação de quem está submetido ao dever de pagar a prestação, e de quem pode efetuar o pagamento da mesma. É preciso considerar que, mesmo para o sujeito passivo vinculado diretamente à obrigação, existe no ato de pagar algo mais do que uma imposição. Pagar não constitui apenas um dever, pois é também um direito, já que a iniciativa do obrigado acaba por exonerá-lo da pendência e livrá-lo das amarras obrigacionais. Como se sabe que cada vez mais a ausência de débitos vencidos é condição exigida para a celebração de negócios, a feitura do pagamento adquire contornos de relevante prerrogativa, evitando transtornos e suprimindo empecilhos.

Assim como o sujeito passivo tem o dever e o direito de pagar, a lei elenca outras pessoas a quem alcança a faculdade de efetuar o pagamento, com ou sem interesse jurídico manifesto no deslinde da obrigação. Embora possa causar espécie a circunstância de que terceiros tencionem efetuar a liberação do devedor, mormente quando se tratar de indivíduos estranhos à relação e às partes, isso não é vedado pelo legislador. Afinal, à sociedade como um todo, e especialmente ao credor, afigura-se produtiva a extinção das obrigações pelo adimplemento do objeto versado, de modo que muitas vezes se veda até ao próprio sujeito passivo a adoção de medidas contrárias ao intento de pagar provindo de terceiros. Daí a importância do exame de aspectos relativos à legitimidade para a realização do pagamento, a ser procedido na seqüência.

1.2.1. Pagamento feito pelo devedor

Antes de passar à verificação da viabilidade do pagamento feito por iniciativa de terceiros, faz-se necessário atentar para o fato de que o sujeito passivo do liame obrigacional figura comumente como interessado maior e direto na entrega da prestação. Então, é natural que procure exonerar-se do dever assumido, mas isso somente se dará mediante cumprimento integral do conteúdo da obrigação. Ademais, o pagamento precisará ser feito com rigorosa observação de questões como o modo, o lugar e o tempo da sua realização.

Como anteriormente referido, o sujeito passivo da relação obrigacional não tem apenas o dever de pagar, pois lhe assiste também o direito de assim proceder. Isto porque o eventual inadimplemento geralmente acarreta repercussões gravosas ao obrigado, que são fruto imediato da falta de atendimento do dever jurídico (aplicação de juros, incidência de cláusula penal ou multa etc.) ou corolário mediato da omissão (*v. g.*, restrições ao crédito por inserção do nome no rol dos maus pagadores). Não bastasse, sob o prisma moral resta igualmente patenteado o interesse do devedor em extinguir a obrigação, motivo pelo qual enfeixa a qualidade de legitimado a quem a lei alcança mecanismos adequados de liberação. Caso o credor se negue a receber, ou se de qualquer modo não puder ser cumprida a obrigação em razão de comportamento que lhe possa ser imputado, caberá ao sujeito passivo valer-se da consignação judicial da prestação para ver-se livre do liame obrigacional. Está aí cabal prova no sentido de que o devedor tem genuíno direito de obter exoneração por meio do pagamento, não podendo a ele se opor imotivadamente o sujeito ativo.

1.2.2. Pagamento feito por terceiro interessado

Via de regra, pouco importa ao credor quem é que está pagando, sendo relevante, isto sim, o fato do efetivo cumprimento da prestação pendente. Por outro lado, não apenas o devedor propriamente dito está apto ao cumprimento da prestação, pois muito freqüentemente outros personagens afloram no elenco dos juridicamente interessados em promover a liberação do pólo passivo, como por exemplo o fiador, o co-obrigado, o herdeiro do devedor e assim em diante. Tais figuras são consideradas pelo ordenamento como aptas a realizar sem maiores perquirições a satisfação do conteúdo obrigacional, não sendo lícito ao credor opor-se ao recebimento da prestação por eles oferecida, contanto que rigorosamente dentro dos parâmetros fixados no título constitutivo. A rigor, qualquer interessado na extinção da dívida pode pagá-la, usando, se o credor se opuser, dos meios conducentes à exoneração do devedor (*caput* do art. 304).

A resistência do *accipiens* em receber o pagamento autoriza o *solvens* (quando pessoa juridicamente interessada em pagar) a recorrer aos meios liberatórios previstos em lei, especialmente a consignação em pagamento. Ao terceiro interessado que pagar assegura-se a sub-rogação nos direitos creditórios do sujeito ativo original, ficando inclusive dotado das garantias que cercavam o crédito. Trata-se de sub-rogação *legal*, porque fundada com exclusividade na norma jurídica, e independente de qualquer espécie de previsão convencional. A sub-rogação opera-se, de pleno direito, em favor do terceiro interessado, que paga a dívida pela qual era ou podia ser obrigado, no todo ou em parte (art. 346, III).

Determinadas prestações, oriundas de liames obrigacionais formados em razão da pessoa do devedor (*intuitu personae*) não admitem o cumprimento da prestação por outrem que não o próprio obrigado. Em tais casos será inviável ao terceiro, ainda que tenha efetivo interesse, compelir o credor ao recebimento da prestação, fato somente possível se houver aceitação deste. É o que ocorre, por exemplo, quando certo escritor de renome firma contrato com uma empresa de televisão para criar certa peça de dramaturgia. Nesse quadro, não se admite o adimplemento por outrem que não o próprio sujeito passivo.

1.2.3. Pagamento feito por terceiro não interessado

A mesma prerrogativa estabelecida para o terceiro interessado também se estende ao não interessado, haja vista o teor do parágrafo único do art. 304. Embora todo aquele que se disponha a pagar tenha, por óbvio, alguma espécie de interesse em assim proceder, nem sempre poderá ser enquadrado na categoria de terceiro interessado, pois esta é reservada aos que estejam de alguma forma atrelados à obrigação em vias de solução e que podem vir a ser atingidos pelo inadimplemento do devedor. Excetuados eles, todos os demais são considerados terceiros não interessados (*v. g.*, um amigo, uma pessoa desconhecida etc.), a quem se faculta o pagamento sempre que feito em nome e por conta do devedor. O fundamento dessa previsão normativa é especificamente a preservação do direito do *accipiens*, que por certo é beneficiado com o cumprimento da prestação, motivo pelo qual fica obrigado a recebê-la quando ofertada por qualquer pessoa e nas condições ajustadas.

Quem paga dívida alheia em nome do devedor primitivo e sem espécie alguma de ressalva quanto a futuro reembolso, não terá meios de postular a devolução da quantia junto ao sujeito passivo liberado. Em tal hipótese, entende-se que o *solvens*, ao pagar a prestação de outrem, fê-lo com *animus donandi*, ou seja, com o intuito de promover liberalidade em favor do obrigado. Assim, a relação jurídica original desaparece, não se estabelecendo qualquer outra em seu lugar. Em suma, o devedor fica liberado perante o credor em virtude do pagamento provindo do terceiro não interessado, sem que a este assista a prerrogativa de reclamar reembolso do valor despendido. *"A sub-rogação constitui uma exceção de que o pagamento extingue a obrigação. É ela uma figura anômala, eis que o pagamento promove tão-somente uma autuação subjetiva da obrigação, mudando o credor. Não há se falar em sub-rogação, mesmo convencional se o terceiro, não interessado, paga a dívida em nome e por conta do devedor, não podendo, pois, substituir o credor no pólo ativo da execução"* (Ap. n. 0401584-3, TAMG).

Ao devedor não cabe opor-se ao pagamento quando a iniciativa partir de terceiro interessado, salvo quando baseado em motivo plenamente justificado e de relevância jurídica. Isto porque o terceiro interessado poderia ser prejudicado por indevida oposição do devedor original, como no caso do fiador que se deseja ver livre dos riscos decorrentes do inadimplemento da obrigação por quem primitivamente a ela atrelado. Ademais, a relação estará sendo travada entre o terceiro e o credor, cujo direito ao recebimento, via de regra, sobrepõe-se a eventuais óbices colocados pelo devedor. Porém, este poderá apresentar oposição imotivada ao pagamento quando oferecido por terceiro não interessado, pois nessa situação o devedor tem melhores condições de avaliar a conveniência ou não do pagamento naquele momento, inclusive motivado por exceções e defesas pessoais acaso argüíveis contra o credor primitivo (*v. g.*, compensação, remissão etc.), ou razões outras capazes de modificar a pretensão creditória. Dada a distância do terceiro não interessado em relação ao liame obrigacional, e tendo em vista a circunstância de que nenhum prejuízo sofrerá se for impedido de pagar, é de melhor alvitre autorizar o devedor a opor-se ao pagamento. A oposição não depende de forma especial, bastando seja anterior ao pagamento e provada por qualquer meio lícito.

Há elevado grau de interesse social na admissão do pagamento por terceiro não interessado. Isto porque a sociedade deseja ver cumpridas as obrigações firmadas nos mais variados circuitos de relacionamentos interpessoais. Não bastasse, volta-se a frisar que para o credor não importa quem pagou, pois interessa a ele receber o conteúdo da prestação. Destarte, juntam-se aí dois elementos de grande peso na definição da legitimidade de estranho para efetuar o pagamento: o proveito que isso traz ao credor e a ânsia da coletividade em ver adimplidas as obrigações.

Outra hipótese precisa ser aventada, por versar situação em que o estranho não realiza o adimplemento em nome do devedor, mas diretamente, por si mesmo. Esse quadro, ao contrário daquele estabelecido quando o estranho paga sem ressalva e em nome do devedor, não deixa patente o *animus donandi*, fazendo diverso o tratamento legal. O terceiro não interessado, que paga a dívida em seu próprio nome, tem direito a reembolsar-se do que pagar; mas não se sub-roga nos direitos do credor (art. 305). Ao invés de pagar por conta e em nome do devedor, pode o terceiro não interessado pagar em seu próprio nome a dívida, ficando-lhe assegurado o direito de integral reembolso pelo valor despendido. Se assim não fosse, haveria enriquecimento sem causa do obrigado em detrimento do pagador, que sofreria empobrecimento. A situação permite vislumbrar o fenecimento de uma relação jurídica (credor x devedor) e a geração de outra (*solvens* x devedor), esta última com vistas ao reembolso da quantia despendida. Porém, tratando-se de liame novo, não haverá sub-rogação do *solvens* nas prerrogativas creditórias do *accipiens* (*v. g.*, garantia fidejussória), providência adotada pelo legislador com vistas a impedir que o terceiro não interessado atue movido por objetivos menores, como busca de vantagens econômicas, especulação, despeito, vaidade, vindita etc. Entregando a prestação, adquire o terceiro o direito de recuperar o que despendeu, mas haverá o desaparecimento de todas as garantias que circundavam o débito, independentemente de sua origem.

Acresça-se, ainda, o fato de que se ele pagar antes de vencida a dívida só terá direito ao reembolso no vencimento (parágrafo único do art. 305). Até o advento da data do vencimento o débito é inexigível. Esse é o fundamento pelo qual o legislador impede que o terceiro não interessado demande contra o devedor, antes de firmada a aludida exigibilidade, para recuperar o montante desembolsado no cumprimento da prestação. Ademais, quem paga em nome próprio dívida de terceiro deve tomar todas as cautelas possíveis, tendo em vista a possibilidade de acabar suportando prejuízos ou causando desconforto a outrem.

O pagamento feito por terceiro, com desconhecimento ou oposição do devedor, não obriga a reembolsar aquele que pagou, se o devedor tinha meios para ilidir a ação (art. 306). Cabe aqui reprisar a diferenciação básica entre o tratamento a ser dado ao terceiro interessado e ao não interessado, quando deles partir o cumprimento da obrigação. Em relação ao terceiro interessado, a regra é de que pode pagar o débito sempre que não houver justa oposição do devedor, sendo esta caracterizada pela existência de meios de ilidir a ação (*v. g.*, invocação de compensação, extinção, prescrição etc.) ou razão outra juridicamente relevante. Havendo oposição, caberá ao terceiro interessado buscar junto ao Poder Judiciário autorização para efetuar o pagamento, pois do contrário assumirá o risco de pagar mal e ficar sem direito de reembolso junto ao devedor primitivo. Igual risco suportará quando cumprir a obrigação sem que o devedor saiba dessa atitude, eis que a prévia ciência dada a este poderia levá-lo a opor-se justificadamente à solução da pendência naquele momento.

Diversa é a situação do terceiro não interessado que deseja saldar o dever jurídico alheio, pois o ordenamento admite a oposição pura, simples e imotivada do devedor ao cumprimento voluntário da obrigação, deixando sob absoluto critério do obrigado original a aferição da oportunidade e da conveniência da extinção do débito em dado momento. Desta forma, e observadas as peculiaridades acima, se o terceiro não interessado pagar contrariando a vontade do devedor não poderá recorrer ao Poder Judiciário para levar adiante a pretensão, e estará assumindo o exclusivo risco de suportar, sem direito a reembolso, os gastos efetuados, o que acontecerá se o devedor primitivo demonstrar que lograria ilidir a ação cabível ao credor. Idêntica solução surgirá se o não interessado solver o débito sem que o obrigado tivesse ciência da conduta, pelas mesmas razões expostas.

Em qualquer hipótese, o pagamento feito por terceiro, interessado ou não, que contraria a vontade do devedor ou age sem o conhecimento deste representa a assunção de arriscada posição. E não se trata de risco meramente teórico, mas de uma realidade inolvidável, pois para a cassação da prerrogativa de recuperar o dispêndio basta ao devedor primitivo demonstrar que tinha mecanismos de ilidir a ação de que estaria munido o credor com vistas ao recebimento do montante emergente da obrigação constituída. Exemplo: João deve 100 para Manoel. Contra a vontade do devedor, Alberto paga a dívida. Entretanto, o obrigado primitivo prova que conseguiria ilidi-la mediante invocação da prescrição. O pagamento feito não dará a Alberto o direito de recuperar junto a João o conteúdo repassado ao *accipiens*, pois este não lograria obter judicialmente do devedor a prestação por força da existência de argumento jurídico capaz, por si só, de levar ao fenecimento da pretensão. Cuida-se de dispositivo extremamente útil e que ao mesmo tempo serve para proteger o obrigado e desencorajar terceiros, em especial os não interessados, cuja atitude aventureira normalmente traz mais problemas do que benefícios.

Diante das considerações *retro*, percebe-se que a maneira mais segura de o terceiro viabilizar, desde o instante do desembolso, o direito de recuperar o montante despendido com o pagamento de débito alheio é agindo com o conhecimento e a aprovação do devedor primitivo, ou, sendo terceiro interessado, saldando a pendência com autorização judicial. Apesar disso, quando pagar contra a vontade do devedor ou com o desconhecimento deste poderá lançar mão da ação *in rem verso* e reembolsar-se do conteúdo da prestação se o pagamento for economicamente útil ao obrigado, por faltar-lhe meios de afastar a pretensão creditória ou por lhe ser de algum modo proveitosa a satisfação da pendência.

1.2.4. Pagamento feito por transmissão da propriedade

Muitas vezes, a prestação devida pelo sujeito passivo ao ativo não consiste em moeda corrente, mas sim em espécie diversa (*v. g.*, coisa móvel ou imóvel). É preciso diferenciar, porém, duas situações: aquela em que a prestação diferente já foi assim ajustada e aquela em que a prestação se transforma ao longo da execução do dever jurídico. No primeiro caso, o repasse da propriedade da coisa é direito unilateralmente exercitável pelo devedor. No segundo, há dação em pagamento, que somente pode ser viabilizada mediante acordo de vontades entre as partes. Exemplo: se João deve a Paulo um certo automóvel, entregando-o nos moldes avençados ficará livre da obrigação. Porém, se João deve a Paulo certa quantia em dinheiro, mas pretende dar em pagamento determinado veículo, a consecução desse objetivo dependerá da anuência do credor. O art. 307 do Código Civil se aplica a ambos os contextos anunciados *retro*, conforme se apresentem dentro das relações obrigacionais: "*Só terá eficácia o pagamento que importar transmissão da propriedade, quando feito por quem possa alienar o objeto em que ele consistiu*". O ato de transferência, portanto, exige capacidade genérica e específica do sujeito, sob pena de não prevalecer. Exemplo: se o *solvens*, menor de idade, é dono da coisa entregue, falta-lhe capacidade em sentido lato. Se é maior de idade e capaz, mas entrega bem que não lhe pertence, o ato padece de defeito por ausência de legitimação para a prática daquela determinada conduta. Não ocorrerá a liberação do devedor em tais circunstâncias, eis que deficiente o mecanismo de adimplemento. Exceção à regra que impõe capacidade de alienação da coisa para extinguir a obrigação pela entrega está prevista no parágrafo único do art. 307, cujo exame será feito adiante.

Quando houver transmissão dominial de coisa, pelo devedor ao credor, como forma de adimplemento da obrigação, o pagamento somente será eficaz e liberará o *solvens* quando feito por quem esteja juridicamente habilitado a dispor do bem repassado, isto é, pelo titular de direito real apto a gerar a efetiva alienação. É o que acontece, exemplificativamente, com o proprietário de um veículo livre e desembaraçado que o tem de entregar ao credor em cumprimento do dever assumido. Cabe salientar que não basta a titularidade do bem e a sua entrega ao *accipiens* para que se considere exonerado o devedor. É necessário, ainda, que no instante da transmissão este possa realmente alienar a coisa, ou seja, sobre ela não pode incidir gravame algum capaz de tornar ineficaz o ato jurídico.

Caso se dê em pagamento coisa fungível, não se poderá mais reclamar do credor que, de boa-fé, a recebeu e consumiu, ainda que o solvente não tivesse o direito de aliená-la (parágrafo único do art. 307). Por primeiro, cumpre salientar que se presume a boa-fé do credor que recebe a prestação. Por isso, se o cumprimento da obrigação envolve a transferência dominial de coisa fungível e consumível, não será permitido a quem quer que seja reclamar indenização junto ao *accipiens* que a consumiu, ainda que o sujeito passivo da relação obrigacional não tivesse o direito de alhear a coisa transmitida. Exemplo: Paulo deve a Joaquim dez sacas de semente de trigo. Na data aprazada, o *solvens* dirige-se ao credor e faz a entrega da prestação a Joaquim, que está de boa-fé e acredita na escorreita solução da pendência. Todavia, o trigo repassado não pertence ao devedor, mas sim a Carlos. Este, assim como o obrigado, não poderá demandar contra o credor que já houver consumido o trigo, no sentido da indenização do valor correspondente. Caberá a Carlos ajuizar ação contra Paulo visando a obter deste importância equivalente à avaliação do produto utilizado na solução do débito. Sob o prisma da relação obrigacional, a entrega de coisa fungível que acaba sendo consumida pelo credor de boa-fé libera o devedor e satisfaz integralmente a obrigação, ficando assegurada ao prejudicado (o verdadeiro titular do atributo da disposição do bem) a prerrogativa de pleitear ressarcimento dos prejuízos junto a quem não poderia alhear a coisa e ainda assim o fez.

1.3. Daqueles a quem se deve pagar

Embora possa parecer óbvio, a validade e a eficácia do pagamento nem sempre ficam necessariamente atreladas ao oferecimento da prestação diretamente ao credor primitivo. Em virtude das circunstâncias, o legislador admite, em caráter excepcional, que pessoas estranhas à relação obrigacional recebam o conteúdo da dívida pendente, sem que reste prejudicada a quitação e a conseqüente liberação do devedor. São situações que exigem a implementação de vários requisitos, eis que submetem o credor ao risco de não receber a prestação e, ainda assim, ver exonerado o sujeito passivo do liame. É claro que para o credor haverá sempre a perspectiva abstrata de buscar junto ao *accipiens* aquilo que a este foi pago, mas na prática a realidade mostra a presença de consideráveis dificuldades para que, em determinados casos, o pagamento efetuado a terceiro com eficácia liberatória do devedor produza os resultados esperados pelo sujeito ativo. As diversas hipóteses de pagamento a pessoa estranha ao vínculo obrigacional serão examinadas na seqüência, em tópicos autônomos.

1.3.1. Pagamento efetuado diretamente ao credor

É natural e lógico que o devedor tenha de procurar o credor para realizar o pagamento e extinguir a obrigação. Trata-se de mecanismo ordinário e comum que libera o devedor e transmite a titularidade da prestação ao credor, encerrando a relação obrigacional. Aquele que paga a dívida precisa entregar o seu conteúdo, destarte, a quem possui a qualidade de credor, sob pena de, pagando mal, ter de pagar duas vezes. Tendo em vista essa inarredável realidade, cumpre frisar o seguinte: credor não é apenas o indivíduo que consta primitivamente no título constitutivo da obrigação. É possível que outro venha a sucedê-lo ou de algum modo assumir ou ocupar conjuntamente o seu lugar, circunstância capaz de alterar a composição do pólo ativo. Destarte, nas obrigações solidárias ou indivisíveis o pagamento feito a qualquer dos co-credores, nos termos da lei, exonera o devedor. Já na hipótese de falecimento do credor original, os herdeiros e os legatários, na proporção de suas respectivas quotas no acervo, são credores e estão aptos ao recebimento da prestação. Também incorporam a qualidade de credores os cessionários e os sub-rogados nos direitos de crédito. No caso de título ao portador, quem o apresentar será considerado titular da prerrogativa de receber.

Todas as hipóteses vazadas acima não ilidem a máxima de que o sujeito ativo tem o direito de cobrar e o sujeito passivo tem o dever de pagar. Esse é o mecanismo ideal de satisfação das obrigações, o que não afasta a possibilidade de, cumpridos os requisitos da lei, ocorrer liberação do devedor por outros meios que não o ordinário.

1.3.2. Pagamento efetuado ao representante do credor

O pagamento deve ser feito ao credor ou a quem de direito o represente, sob pena de só valer depois de por ele ratificado, ou tanto quanto reverter em seu proveito (art. 308). No tópico antecedente foi abordada a questão atinente ao pagamento efetuado por via direta ao credor, sem intermediação de terceiros e com liberação imediata do devedor. Porém, muitas vezes não é possível ao credor alcançar a prestação diretamente ao sujeito ativo, seja porque a lei estabelece solução diversa ou porque se mostra conveniente às partes contar com a atividade de indivíduos estranhos ao liame.

É preciso observar que em certos casos o pagamento *pode* ser realizado na pessoa do representante do sujeito ativo, enquanto em outras situações ele *deve* ser entregue ao representante. Toda pessoa investida na condição de credor pode receber o pagamento por intermédio de representante, cuja origem é convencional, judicial e legal. Por acordo de vontades, ao credor é facultado constituir mandatário dotado de poderes para receber créditos, de modo que o pagamento assim efetivado equivalerá, em conseqüências, à solução direta da pendência. Pagar ao mandatário é tão eficiente quanto solver diretamente ao credor, desde que respeitados os limites dos poderes conferidos ao representante. Por outro lado, não é raro verificar a existência de representação judicialmente estabelecida, sendo exemplo disso o síndico nomeado nos autos de determinado processo falimentar. Daí que as dívidas de terceiros para com a massa terão de ser satisfeitas junto ao síndico, sob pena de não haver eficácia liberatória na entrega da prestação a outrem. Por fim, os representantes legais, encarregados da proteção dos interesses dos incapazes, têm na norma jurídica a fonte imediata dos seus poderes. Com isso, estarão legitimados a receber os créditos dos representados e a dar a correspondente quitação (vide tópico subseqüente).

Seja qual for a espécie de representação de que se esteja tratando, é preciso que o devedor verifique os poderes do representante, pois a extinção da pendência dependerá da regularidade da quitação dada, e isso se adstringe umbilicalmente às prerrogativas conferidas ao indivíduo que representa o credor. Aduza-se, ainda, que em alguns casos a lei presume a existência de mandato, *v. g.*, quando a pessoa que se apresenta para receber a prestação carrega consigo o instrumento de quitação. Quem pagar a ele estará liberado, a menos que tivesse fundados motivos (*v. g.*, maus antecedentes do interlocutor) para desconfiar da qualidade ou da autenticidade do documento apresentado.

1.3.3 Pagamento efetuado a terceiro que não o credor

O pagamento feito a quem não é credor, não está munido de poderes de representação e nem foi autorizado a receber a prestação, somente valerá se for ratificado pelo legítimo ocupante do pólo ativo da relação obrigacional, ou se reverter em seu proveito. Trata-se de gestão de negócios, ato unilateral em que uma pessoa, sem autorização do interessado, intervém na condução de negócio alheio, dirigindo-o segundo o interesse e a vontade presumível de seu dono, ficando responsável a este e às pessoas com que tratar (art. 861). Conforme dito acima, esse tipo de comportamento pressupõe a obtenção de posterior ratificação, sob pena de não valer. Tampouco pode ser alegada boa-fé por quem pagou a estranho, pois terá violado princípio genérico do direito obrigacional, segundo o qual é ao credor que tem de ser entregue a prestação.

Ratificar significa confirmar o ato de recebimento da prestação, conduta pela qual o credor libera por inteiro o devedor. Pode ser expressa ou tácita, sendo exemplo disso, respectivamente, a declaração por escrito do credor e a entrega do título ao *solvens*. A ratificação pura e simples, feita pelo legítimo credor da obrigação, retroage em efeitos à data dos atos praticados em seu nome, fazendo eficiente o pagamento e liberando o devedor na medida da solução ofertada. A partir do momento em que o sujeito ativo ratifica, a relação mantida com o terceiro passa a ser regida pelas normas do mandato, porque então houve conferência de poderes ao agente. Cabe frisar que a ratificação pode ser expressa ou tácita, conforme o interessado, respectivamente, diga de maneira inequívoca que confirma a atividade alheia ou deixe entrever a sua anuência por meio de um agir compatível com o de quem aceita a gestão (*v. g.*, passando quitação ao *solvens*).

Como regra geral, o pagamento feito a estranho, sem a ratificação do credor, não exonera o devedor. Cumpre a este, ao efetuar o pagamento a terceira pessoa, exigir provas de que ela é representante do credor, embora não exiba o instrumento inerente à representação, sob pena de ineficácia do ato de repasse da prestação. Porém, ainda que o pagamento não seja feito ao titular do direito ou ao seu representante, nem tenha sido ratificado, o legislador excepcionalmente admite a liberação do devedor no caso em que a prestação reverter em proveito do credor, isto é, quando a este aproveitar o pagamento. O benefício pode ser direto ou indireto, parcial ou total, e liberará o *solvens* na exata medida da vantagem proporcionada ao verdadeiro credor em virtude do pagamento. Exemplo: Alberto não é credor e não representa Manoel, o titular do crédito. Todavia, ao receber de Carlos (devedor) o montante correspondente à pendência, Alberto entrega-o a Manoel. O pagamento foi válido e exonerou o *solvens*, porque, embora em vias oblíquas, restou cumprida a obrigação. Se Alberto tivesse entregue a Manoel apenas metade do valor, caberia ao credor buscar junto a Carlos apenas a outra metade, porque tudo quanto reverter em proveito do titular do crédito é abatido da prestação original, sob pena de ficar caracterizado enriquecimento sem causa.

1.3.4. Pagamento efetuado ao credor putativo

O pagamento feito de boa-fé ao credor putativo é válido, ainda que provado depois que não era credor (art. 309). Considera-se credor putativo o sujeito que se apresenta aos olhos de todos como pessoa apta a receber a prestação devida, quando na verdade não possui a qualidade aparentada. É o caso, por exemplo, do cessionário cujo negócio jurídico de transmissão do crédito foi anulado, sem que disso saiba o devedor. Em virtude disso, o ordenamento confere pertinência ao pagamento realizado junto a pessoa que não era titular do crédito, desde que o *solvens* tivesse base fática para acreditar que estava pagando a quem tinha o direito de receber. "*Credor putativo, ou credor aparente, é aquele que apresenta todos os visos e marcas do verdadeiro credor, tal como a concessionária que detém a mercadoria, recebe parte inicial do pagamento e, receptiva, não se nega ao recebimento da parcela pendente e, ainda, dá quitação ao cliente, tranqüilizando-o*" (Ap. 0276986-4, TAPR).

A regra da putatividade é adotada também noutras searas da legislação civilista. É o que acontece com o casamento putativo, que, mesmo sendo nulo ou anulável, produz todos os efeitos de válido até a superveniente sentença. Outros âmbitos jurídicos também adotam mecanismo similar, *v. g.*, no campo penal, a legítima defesa putativa. Todos esses quadros deixam extravasar a idéia de que alguém imagina situação diversa da real, mas que, fosse verdadeiro, legitimaria por inteiro determinada conduta. Daí a razão pela qual o legislador, constatando que todas as pessoas medianamente diligentes e cautelosas poderiam incorrer no mesmo erro, atribui eficácia a uma situação que ordinariamente não produziria resultado nenhum em favor de quem se equivocou. Afinal, se o devedor está imbuído do desiderato de pagar, mas equivocadamente paga a pessoa que pensa ser o credor, a teoria da aparência incide na espécie para fazer pleno o pagamento assim realizado.

Não basta, porém, a aparência de titularidade do crédito para tornar válido o pagamento feito a quem não era credor. É imprescindível que o *solvens* esteja de boa-fé e tenha agido com todos os cuidados exigíveis, incorrendo em erro escusável. Isto porque a finalidade do permissivo legal não é premiar a malevolência e a negligência, mas sim de prestigiar quem, com espírito desembaraçado e adotando as cautelas necessárias, pensou estar exonerando-se do dever jurídico assumido. A boa-fé se presume, cabendo a quem interessar possa a demonstração da existência de ânimo contrário. "*Note-se que a boa-fé do credor é pressuposto para a aplicação da teoria da aparência. A boa-fé daquele baseia-se na confiança em uma situação aparente geradora da obrigação. Não pode o contratante de boa-fé, por isso mesmo, ser prejudicado por um estado de fato que não corresponde à situação jurídica*" (Ap. n. 2000.023609-8, TJSC).

Somam-se dois fatores de grande repercussão: a) quem se apresenta como credor aparenta sê-lo, de maneira que todo indivíduo de conduta normal acreditaria naquela impressão; b) a boa-fé do *solvens*, que realmente crê estar efetivando pagamento ao legítimo credor. Embora esse quadro deixe patente a existência de relativo conflito entre o princípio *pacta sunt servanda* e os preceitos referentes à boa-fé, o legislador optou por resguardar esta última, mesmo que disso resulte algum transtorno ao credor. Saliente-se, outra vez, que somente o erro escusável, baseado em um contexto de onde efetivamente pareça emergir a figura do credor, viabiliza a liberação do devedor. As normas jurídicas não existem para proteger incondicionalmente os negligentes, imprudentes ou tolos, mas sim para regrar a conduta de seres humanos que guardam o mínimo exigível de ética e cautela nas relações interpessoais.

Fosse observado a rigidez das normas, o pagamento feito a figura estranha ao devedor não produziria a liberação do *solvens*. "*Mas a solução da lei é outra, que, talvez menos lógica, pretende, entretanto, ser mais justa*" (*Sílvio Rodrigues*, obra citada, p. 139). Diante disso, ao legítimo credor somente cabe exigir reembolso junto ao estranho que recebeu a prestação aparentando ser titular do direito.

1.3.5. Pagamento efetuado ao credor incapaz de quitar

Todo aquele que paga tem direito de receber a respectiva quitação, por meio da qual demonstra estar liberado, por inteiro ou em partes, do vínculo obrigacional. É preciso estar atento para a circunstância de que nem sempre o pagamento feito ao credor, ainda que pessoalmente, exonera o devedor. Talvez soe paradoxal, mas a assertiva encontra respaldo na constatação de que somente o credor apto a dar quitação tem legitimidade para receber o pagamento. Medite-se em torno do exemplo do sujeito ativo incapaz, que, sendo titular da prerrogativa de receber certa importância em dinheiro, não pode emitir quitação válida. Em tal contexto, o *solvens* somente se livrará da obrigação quando entregar a prestação ao representante legal do credor, a menos que o teor pago reverta parcial ou totalmente em proveito do incapaz, pois então haverá liberação equivalente à vantagem apurada.

Não vale o pagamento cientemente feito ao credor incapaz de quitar, se o devedor não provar que em benefício dele efetivamente reverteu (art. 310). A falta de condições para quitar diz respeito à incapacidade absoluta ou relativa do credor por defeito de idade ou de situação mental. Não se confunde e nem colide com a previsão do art. 309, que trata do pagamento a credor putativo, ou seja, feito a alguém que não era titular do direito ou seu representante, e que a rigor, portanto, também não poderia dar quitação válida.

O pagamento feito a credor absolutamente incapaz é nulo e não admite ratificação. Quem paga ao credor postado em tal contexto não está, em termos jurídicos, efetuando pagamento algum. Como quem paga mal acaba pagando duas vezes (embora possa ao depois pleitear devolução do valor entregue de maneira inadequada), o sujeito passivo terá de novamente entregar a prestação, desta feita a quem estiver apto a quitar. Já quando feito a relativamente incapaz, pode ser ratificado pelo próprio credor, depois de cessado o estado que o impedia de quitar. Porém, duas situações devem ser analisadas: a) o *solvens* paga a credor incapaz sabendo desse estado; b) o pagamento é feito por quem acredita estar tratando com credor capaz. Quando a pessoa que paga está ciente da incapacidade do *accipiens*, o pagamento somente vale se for demonstrado que reverteu em benefício deste, pois quem conhece tal estado jurídico deve evitar relacionamento que tenha como pressuposto a capacidade da parte adversa. Todavia, se o *solvens* tem motivos para acreditar na plena capacidade do *accipiens*, ou é induzido maliciosamente a pagar a incapaz, crendo estar tratando com pessoa dotada de capacidade, o pagamento produz todos os efeitos liberatórios comuns. Nesse último caso, responderá por eventuais prejuízos ocasionados ao incapaz a pessoa que com culpa ou dolo houver criado o quadro irreal. Contrário senso, se tem motivos para supor que o *accipiens* é incapaz, a atitude correta consiste em reter a prestação para depois oferecê-la a quem possa quitar, ou para a propositura de demanda consignatória pertinente.

Entende-se que o pagamento acarreta benefícios ao credor incapaz quando utilizado no aumento ou conservação de seu patrimônio, ou quando de algum outro modo importante produz vantagens, como no caso de compra de bens, pagamento de dívidas, custeio de tratamento de saúde e assim por diante. A previsão contida no art. 310 se funda na produção de efeitos proveitosos ao credor incapaz, circunstância apta a ilidir o vício que maculava o ato de pagar. Diante disso, e visando a evitar enriquecimento sem causa em favor do *accipiens*, o legislador toma por válido e eficiente o pagamento feito a quem não podia dar quitação.

1.3.6. Presunção de legitimidade para receber

Considera-se autorizado a receber o pagamento o portador da quitação, salvo se as circunstâncias contrariarem a presunção daí resultante (art. 311). Quando o portador da quitação a apresenta ao devedor, presume-se que esteja autorizado a auferir o pagamento, pois não seria lógico exigir do *solvens* mais do que aquilo que a realidade circunstancial indica. Portanto, fica liberado da obrigação o devedor que paga a quem possui e se dispõe a entregar o correspondente recibo, devidamente assinado pelo credor. Ainda que ao depois venha a ficar demonstrada pelo credor que foi vítima de indevida subtração do documento por terceiro, persistirá a exoneração do *solvens*, porque acreditou estar pagando ao legítimo representante do titular do crédito. O mesmo ocorre, por exemplo, quando o pagamento é feito a quem está na posse de nota promissória representativa do crédito e se apresenta para receber a prestação, pois nesse caso a simples entrega do título libera o devedor.

Somente não produzirá efeito exoneratório o pagamento feito ao portador da quitação quando houver razões objetivas para que o *solvens* desconfie da legitimidade da parte adversa para o recebimento da prestação. É o caso, *v. g.*, da apresentação de título de quitação por inimigo capital do credor e que se diz autorizado a cobrar, pois então caberá ao obrigado tomar redobrada cautela antes de efetuar o pagamento, dada a possibilidade de que algo de anormal tenha levado o instrumento às mãos do suposto representante. Conforme estatuído na norma legal, a presunção gerada pela apresentação do título de quitação é *juris tantum*, ruindo ante prova em sentido contrário, sendo exigível do devedor prudência e cuidado antes de efetuar o pagamento. Havendo dúvidas, é melhor que deixe de efetivar a solução direta e ofereça a prestação em juízo, endereçando-a a quem foi indicado como legítimo credor quando da constituição do liame obrigacional.

1.3.7. Solução de crédito penhorado ou impugnado

Em especial, há uma situação em que o pagamento feito ao legítimo credor não produz qualquer resultado no sentido da liberação do *solvens*, que pode ser compelido a pagar de novo. Cuida-se da hipótese prevista no art. 312: *"Se o devedor pagar ao credor, apesar de intimado da penhora feita sobre o crédito, ou da impugnação a ele oposta por terceiros, o pagamento não valerá contra estes, que poderão constranger o devedor a pagar de novo, ficando-lhe ressalvado o regresso contra o credor"*. A solução tem em mira proteger os credores do sujeito ativo da obrigação cujo teor foi constrito ou impugnado, a fim de assegurar que possam obter a satisfação dos seus próprios créditos. Como se sabe, o acervo patrimonial da pessoa é formado por bens corpóreos e incorpóreos, agregando todos os itens dotados de expressão econômica, entre os quais se situam os créditos.

Não há inverdade alguma no princípio segundo o qual quem paga mal paga duas vezes, e por isso mesmo o legislador considera inválido, contra sujeitos determinados, o pagamento feito pelo devedor depois de intimado da penhora ou da impugnação do crédito. Com isso, tenta evitar condutas abusivas do credor, como haveria no caso de receber o pagamento e se desfazer da prestação, imbuído do desiderato de se esquivar da solução de dívidas contraídas junto a terceiros. As providências indicadas na norma obstaculizam circunstancialmente a plena exigibilidade e exeqüibilidade da prestação pelo credor original, tornando-se de algum modo imprecisa a destinação de seu conteúdo econômico. Destarte, na hipótese de solver o crédito penhorado ou impugnado (apesar de formalmente cientificado para assim não proceder), o devedor chama para si o risco de ter de entregar outra vez a prestação ou o seu equivalente em dinheiro, desta feita a quem de direito ou depositando-o em juízo. Entrementes, poderá o pagamento ser considerado válido e oponível *erga omnes*, e assim o será, caso a penhora ou a impugnação por alguma razão jurídica reconhecida não subsista, pois então a prestação terá chegado ao destinatário correto e cumprido a sua finalidade. O que não admite o ordenamento é a superveniência de prejuízo em detrimento de quem penhorou ou impugnou o crédito, eis que assim procedendo, e com a devida intimação feita ao devedor, visava-se precipuamente a impedir o direcionamento da prestação ao credor e resguardar os direitos contra ele exercitáveis.

Desimporta o ânimo que moveu o devedor a pagar, se por despeito ou ignorância, de vez que sendo intimado da existência da penhora ou da impugnação estava legalmente impedido de entregar a prestação ao *accipiens*. Porém, independentemente de boa ou má-fé, terá direito de regresso contra o credor se for compelido a pagar de novo, haja vista o repúdio do direito pátrio ao enriquecimento imotivado.

Ao ser intimado da penhora do crédito, cabe ao devedor, se instado a tanto não foi pelo juízo, pleitear autorização para depósito judicial da prestação, com o que ficará exonerado da obrigação. Por outro lado, ao mencionar a *intimação* feita ao devedor acerca da impugnação, está querendo o legislador referir-se à notificação, ao protesto ou à interpelação judiciais, feitos através do procedimento previsto na legislação adjetiva (arts. 867 e seguintes do Código de Processo Civil), e não a qualquer outra maneira de cientificação.

Em quaisquer das situações expostas acima, a verificação de que houve abuso no emprego dos mecanismos de oposição à disponibilidade do crédito, seja como resultado de anterior penhora ou impugnação, fará incidir sobre o agente o dever de indenizar perdas e danos oportunamente demonstrados.

1.4. Do objeto do pagamento

Após examinar as questões atinentes à legitimidade para pagar e para receber a prestação vinculada à obrigação, é preciso analisar o tema relativo ao objeto do pagamento, visando a aclarar *o que* deve ser entregue pelo sujeito passivo ao ativo para haver adequada exoneração. Na maioria das vezes, o devedor somente se livra repassando ao *accipiens* exatamente aquilo que se ajustou, mas nada impede que o acordo de vontades altere essa realidade jurídica posta.

A propósito, o princípio da autonomia da vontade é de tamanha envergadura, no direito privado, que geralmente a norma existe para regrar os casos em que não acontece disciplina específica pelas partes, às quais, *a priori*, faculta-se escolher o melhor caminho para dirimir as matérias relativas a direitos patrimoniais disponíveis.

1.4.1. Conteúdo da prestação

Via de regra, o cumprimento da obrigação é específico, não sendo facultado ao devedor alterar unilateralmente a natureza ou o caráter da prestação. Por isso, não pode o credor ser compelido a receber prestação diversa daquela a que tem direito, ainda que mais valiosa (art. 313). Mesmo nas obrigações em que há pluralidade de prestações possíveis (alternativas) e a escolha cabe ao devedor, terá este de escolher uma dentre as que foram previamente definidas para que ocorra a liberação. Até nas obrigações de dar coisa incerta, guardadas as proporções, mantém-se inalterada essa realidade, de vez que a incerteza jamais será absoluta e o devedor estará adstrito à entrega da prestação sem oportunidade de escapar aos limites fixados quanto ao gênero e à quantidade.

Se ao devedor não é dado exonerar-se pela entrega de prestação diversa da que foi prevista quando da constituição da obrigação, também é vedado ao credor exigir prestação diferente daquela a que faz jus. Cada um dos pólos da relação obrigacional está vinculado aos exatos contornos do liame, motivo pelo qual nem mesmo entregando prestação de maior vulto econômico o devedor se livrará, assim como não poderá o credor reclamar prestação menos valiosa para exonerar a parte contrária.

O art. 313 assegura ao credor o recebimento da exata prestação avençada, mas não o impede de aceitar oferta, feita pelo pólo adverso, que diga respeito a prestação diferente da inicialmente fixada. Ter-se-á, então, por acordo de vontades, a liberação do obrigado por intermédio de uma dação em pagamento, negócio jurídico bilateral pelo qual o devedor, entregando prestação diversa da originalmente ajustada e contando com o assentimento do credor, fica exonerado do dever jurídico assumido.

Ainda que a obrigação tenha por objeto prestação divisível, não pode o credor ser obrigado a receber, nem o devedor a pagar, por partes, se assim não se ajustou (art. 314). É divisível a prestação quando admite fracionamento sem perda da sua substância e de seu conteúdo econômico. Embora a obrigação contenha prestação divisível, entre os direitos do credor está o de recebê-la por inteiro e de uma só vez, salvo previsão em sentido contrário estabelecida pelos interessados. Fruto do mesmo raciocínio, veda-se ao credor exigir do pólo adverso o cumprimento da obrigação por intermédio do fracionamento da prestação, mesmo porque, ressalvado ajuste diferente, é direito do obrigado a solução da pendência de um só jato. Aceitar saída outra à míngua de convenção entre os interessados equivaleria a romper a integridade do liame e admitir a possibilidade de ingerência volitiva unilateral como fonte de alteração da realidade obrigacional, o que afronta os mais elementares princípios que regem a matéria.

A aplicabilidade e a utilidade da norma emergente do art. 314 têm direta relação com a unicidade subjetiva da obrigação (apenas um credor e um devedor), dado que nessa hipótese a liberação do obrigado somente ocorrerá com o cumprimento integral e sem fracionamento da prestação, ainda que divisível, salvo previsão contrária. Sendo o caso de pluralidade subjetiva (mais de um credor e/ou mais de um devedor na mesma obrigação), deve-se atentar para as regras específicas pertinentes ao tema (arts. 257 e seguintes do Código Civil).

Para evitar discussões em torno dos limites das unidades de medida ou de peso adotados pelas partes na constituição da obrigação, o legislador estabelece que no silêncio quanto a esse aspecto serão aplicados os parâmetros numéricos vigentes no lugar da execução, ou seja, no lugar da satisfação do dever jurídico. É no art. 326 que se encontra o mandamento correspondente: *"Se o pagamento se houver de fazer por medida, ou peso, entender-se-á, no silêncio das partes, que aceitaram os do lugar da execução"*. Tal previsão tem por fundamento as variações existentes nas unidades de medida e peso nas diferentes regiões do país, especialmente no que diz respeito às extensões territoriais. Exemplo: o alqueire de terra e as braças (medidas de superfície) têm extensão variável de um ponto para outro do Brasil, assim como a arroba (unidade de peso) não se mantém uniforme em todo o território nacional. Como a regra somente incide quando as partes não disciplinarem em maiores detalhes a matéria, podem elas livremente adotar a medida e o peso que melhor lhes aprouver, ainda que, por exemplo, firmem a obrigação no Rio Grande do Sul e estipulem o pagamento por meio da entrega de 100 alqueires de terra, ou 1000 arrobas de boi, tomando por base a extensão dessas unidades noutro Estado federativo.

1.4.2. Princípio do nominalismo

Ao intentar livrar-se da obrigação a que se encontra atrelado, o devedor precisa observar determinados aspectos de fundamental relevância, em especial no tocante à escorreita efetivação do pagamento, pois somente assim emergirá dele a esperada eficácia liberatória. Antes de mais nada, convém analisar uma questão sumamente interessante: o devedor está adstrito ao pagamento do mesmo valor original da dívida ou a exoneração dependerá da entrega de outro montante, resultado da soma da importância primitiva (nominal) e de consectários relacionados à desvalorização da moeda? O Código Civil de 2006 filiou-se ao chamado *princípio do nominalismo*, pelo qual o devedor se libera mediante entrega do valor nominalmente previsto quando da constituição do liame obrigacional, sem alterações ou acréscimos destinados a corrigir a expressão econômica da moeda. Exemplo: se Pedro contraísse mútuo no valor de 100 junto a determinada instituição financeira, com prazo de pagamento de 12 meses, ao final do período ajustado entregaria 100 e estaria exonerado do dever jurídico contraído.

Não obstante essa posição, cabe lembrar que o Brasil é ciclicamente assolado por variações, por vezes abruptas, no poder de compra da moeda oficial. Já houve períodos em que a evolução inflacionária atingiu índices mensais próximos de cem por cento, enquanto noutras épocas a situação se ameniza e os índices revelam-se próximos de zero ou inclusive sugerem a ocorrência de deflação (inflação negativa). Como a estabilidade definitiva da economia é objetivo sempre distante, e considerado o fato de que essa volatilidade vem de longa data, os credores sempre procuraram idealizar mecanismos de proteção do poder da moeda. Alguns deles atravessaram décadas, como a fixação do pagamento em ouro, metais preciosos, pedras valiosas, moeda estrangeira e assim por diante.

Em termos legislativos, conforme será visto no tópico subseqüente, o Brasil foi evoluindo segundo as necessidades de cada época, ora aceitando a tese do nominalismo (como fez na codificação revogada), ora avançando para um patamar intermediário, em que aceitava a aposição, ao valor nominal, de acréscimos destinados a corrigir o teor econômico da moeda nacional. De qualquer modo, a tendência moderna vai no sentido de rechaçar o nominalismo puro, sem, contudo, descurar do resguardo da circulação do espécime monetário oficial, evitando ao máximo a adoção de moedas alienígenas como fonte de obrigações contratuais. O legislador contemporâneo não repeliu a atualização monetária dos débitos, fazendo-o em nome da necessidade de proteger a estabilidade das relações negociais.

Diz o art. 315 do Código Civil: *"As dívidas em dinheiro deverão ser pagas no vencimento, em moeda corrente e pelo valor nominal, salvo o disposto nos artigos subseqüentes"*. As dívidas em dinheiro não poderão ser pagas em moeda diversa da oficial (a menos que o credor aceite), pois a expressão *moeda corrente* figura aqui como sinônimo de base monetária nacional. Por isso, o credor não pode ser instado a receber outra moeda que não a oficial no momento do cumprimento da obrigação, nem está autorizado a compelir o devedor a pagar noutra espécie ou base monetária. A redação do dispositivo é por demais clara, mencionando o verbo *dever*, revelador de imposição normativa inarredável. Não obstante, é facultado ao credor aceitar o pagamento noutra moeda ou mesmo por dação em pagamento (entrega de objeto em lugar da prestação em dinheiro), abrindo mão da prerrogativa contida no artigo em comento.

A previsão no sentido do pagamento pelo valor nominal decorreu de emenda ao texto inicialmente proposto pela Câmara dos Deputados, que aludia à possibilidade de incidência de atualização ou correção monetária sobre a importância nominal. Entendeu o legislador que não seria adequado inserir permanentemente na codificação a correção monetária, típico instituto de vigência transitória e emergencial. Isso não significa que os débitos em dinheiro deixarão de ser monetariamente atualizados, porque do contrário jamais haveria completa e perfeita satisfação do dever jurídico. O que se pretende é evitar a inserção da correção monetária como instituto definitivo dentro do sistema jurídico pátrio, eis que em uma economia estável e equilibrada a recomposição do valor nominal da moeda é, em tese, despicienda. Seria até mesmo abstrusa a confissão da própria e perpétua incapacidade do Estado, na contenção da inflação e do desequilíbrio econômico, por edição de dispositivo incorporador da correção monetária ao quotidiano jurídico. Pelo modo como redigida a norma, interpretada harmoniosamente com as posteriores, extrai-se a conclusão de que a atualização ou não da moeda será decorrência do contexto da economia à época da constituição e do cumprimento da dívida. A propósito, a expressão *salvo o disposto nos artigos subseqüentes* é bastante elucidativa, servindo para alterar o funcionamento da regra geral nas hipóteses em que isso se fizer necessário, dado o teor das demais regras a que se remete a disciplina da matéria.

1.4.3. Pagamento em moeda estrangeira ou espécie diversa

A moeda de um país é elemento integrante da sua soberania, consistindo em meio eficiente de circulação de riquezas e de liberação dos obrigados. Por isso, todas as nações conferem especial atenção à moeda oficial que adotam, procurando atribuir-lhe o maior vigor possível. Em vista disso, uma das principais metas é de evitar que moedas estrangeiras, ou espécies diferentes de solução das obrigações, assumam o lugar reservado ao meio circulante local.

Quando a economia do país é absoluta e definitivamente estável, a aceitação da moeda estrangeira como forma convencional de liberação dos devedores acaba não produzindo efeito algum. Poucas pessoas assumiriam os riscos inerentes à perspectiva de flutuação do câmbio externo se tivessem no ambiente interno um quadro de estabilidade que lhes propiciasse segurança negocial. Contudo, essa não é a realidade brasileira, acostumada a um câmbio volúvel e inconfiável, ainda que permeado, de forma intermitente, por oásis de aparente placidez. Assim, a contenção dos arroubos contratuais pela via legislativa mostra-se necessária, a fim de evitar fenômenos como a *dolarização* da economia ou acontecimentos similares (vinculação dos negócios ao ouro, aos metais etc.) que vão em detrimento da circulação da moeda oficial do país. Fossem liberadas atividades desse jaez, dificilmente alguma relação econômica seria praticada sem vinculação com os elementos de segurança referidos acima. E isso inibiria o fluxo da moeda oficial, além de reduzir o seu potencial de exoneração dos devedores, atingindo, em última análise, a própria soberania nacional.

A primeira investida legislativa a contraditar o princípio do nominalismo puro ocorreu por meio do Decreto n. 23.501, de 27.11.1933, que, entre outras coisas, afirmava a nulidade de estipulações de pagamento em ouro ou moeda estrangeira, ou por qualquer meio capaz de recusar ou restringir o curso forçado da moeda brasileira. Tal diploma foi posteriormente revogado pelo Decreto-lei n. 857, de 11.9.1969, que considerava nulos de pleno direito os contratos, títulos e quaisquer documentos, bem como as obrigações que, exeqüíveis no Brasil, estipulem pagamento em ouro, em moeda estrangeira, ou, por alguma forma, restrinjam ou recusem, nos seus efeitos, o curso legal da moeda então circulante. A Lei n. 9.069, de 29.6.2005, manteve os rumos apontados pelo diploma precedente, mas previu exceções tendentes a viabilizar a adoção de cláusulas de pagamento em espécie diversa quando se tratasse de contratos de importação ou exportação de produtos, assim como no caso de contratos em que o devedor ou o credor tivesse residência ou domicílio no exterior. A Lei n. 10.192, de 14.2.2001, também conservou a orientação anterior, ordenando pagamentos em moeda corrente nacional e admitindo exceções nas seguintes hipóteses: contratos de importação ou exportação, e acordos referentes à rescisão dos mesmos; contratos relacionados a operações de câmbio; contratos celebrados com pessoa residente e domiciliada no exterior, excetuados os de locação de imóveis localizados no território brasileiro (assim como a transferência e modificação da citada avença). Esse *modus operandi* do legislador incrementou a adoção do espécime nacional nos contratos e na constituição das obrigações em geral, mesmo porque o Poder Judiciário passou a considerar nula a indicação de outros meios de liberação pelas partes.

Atualmente, o art. 318 do Código Civil norteia o assunto: *"São nulas as convenções de pagamento em ouro ou em moeda estrangeira, bem como para compensar a diferença entre o valor desta e o da moeda nacional, excetuados os casos previstos na legislação especial"*. Com vistas a prestigiar a moeda corrente nacional, o dispositivo reputa nulas as cláusulas e estipulações que fixem o pagamento em ouro ou em moeda estrangeira. A prestação em dinheiro deve ser satisfeita pela entrega do valor avençado em moeda de curso oficial no país na data do efetivo cumprimento da obrigação. A nulidade abrange quaisquer alusões a pagamentos expressos ou vinculados a ouro ou moeda alienígena, ressalvadas as previsões legais em sentido oposto.

Também são vedadas, sob pena de nulidade, as estipulações que objetivem compensar eventuais diferenças de câmbio entre a moeda nacional e a estrangeira, considerada a data da constituição da obrigação e a da entrega da prestação devida. Assim, se Pedro deve 100 em moeda nacional para pagamento no dia 10.2 de determinado ano, não poderá ser obrigado a pagar 100 + X, se este "X" for a diferença de câmbio entre, por exemplo, a moeda nacional e o dólar norte-americano. É que admitir essa espécie de previsão romperia a proteção ao curso da moeda pátria, tornando inócua a primeira parte do art. 318.

A nulidade referida na norma legal diz respeito às convenções especificamente direcionadas ao pagamento em ouro, moeda estrangeira ou diferença de valores entre esta e a moeda nacional, mas não alcança necessariamente toda a avença. Isto porque a natural tendência de todo exercício escorreito de interpretação consiste em aproveitar ao máximo o conteúdo do pacto, fazendo excluir apenas as frações incompatíveis com o regramento positivo. Caso determinada obrigação seja constituída em moeda estrangeira sem estar enquadrada em alguma das normas de exceção previstas na parte final do art. 318, ainda assim poderá ser aproveitada como lei entre as partes, bastando para tanto que se tome a moeda adotada pelos interessados e se a converta em moeda nacional ao câmbio do dia da constituição do dever jurídico. Daí em diante, aplicam-se à espécie todas as normas incidentes sobre as obrigações em dinheiro, inclusive com a possibilidade de o juízo corrigir o valor da prestação devida se constatado que motivos imprevisíveis tornaram-na excessivamente onerosa ou proveitosa para uma das partes, sem razão bastante a justificar essa alteração.

A entendimentos segundo os quais o que a legislação pátria veda terminantemente é a estipulação de obrigação de pagamento em moeda estrangeira feita em contratos, títulos ou quaisquer outros documentos, e não o pacto celebrado em moeda estrangeira, desde que o pagamento seja efetivado pela conversão na moeda nacional (Ap. n. 6773-7, TJMS). Todavia, mais se coadunam com o espírito da lei interpretações que levam em conta a preservação da espécie monetária pátria: *"Aplica-se o art. 318 do CC que considera nula qualquer convenção de pagamento em moeda estrangeira máxime quando a operação financeira deu-se em território nacional. Sendo inválida a indexação do contrato em dólar americano, necessário que se adeqüe o pacto das partes aos limites legais estabelecidos em nosso ordenamento jurídico"* (Ap. n. 31193/2004, TJMT).

1.4.4. Cláusula da escala móvel

Pela expressa inserção da cláusula da escala móvel nas relações jurídicas de trato sucessivo, é possível gerar obrigação cujo pagamento se dará não pelo valor nominal, mas sim por meio da agregação, a ele, dos índices de variação do custo de vida ou de certas mercadorias. Com isso, o devedor somente estará liberado da obrigação se repassar ao credor uma prestação qualificada, ou seja, acompanhada do acréscimo econômico resultante da aplicação dos índices convencionados, geralmente extraídos de padrões oficiais. É evidente que esse princípio não tem utilidade alguma nas prestações de execução instantânea, eis que nelas o adimplemento se dá de uma só vez, mediante entrega do valor nominal ajustado.

A operação baseada na escala móvel, via de regra, dá-se por convenção no sentido da aplicação, ao valor histórico da dívida, de percentuais de atualização monetária embasada em índices divulgados pelo governo. A escala móvel, como elemento convencional, toma em linha de conta a vontade das partes, que ajustam a espécie de acréscimo incidente sobre o valor nominal. Todavia, no plano processual essa variação decorre da força da lei, destinando-se a repor o poder de compra da moeda quando do adimplemento de dever jurídico resultante de sentença. Exemplo: na composição dos danos emergentes de acidente de trânsito, o réu, condenado a pagar certo valor, deverá entregar ao sujeito ativo uma quantidade de moeda nacional que corresponda ao valor histórico acrescido de atualização monetária pelos índices oficiais, aplicada esta desde a data da confecção do orçamento ou da extração da nota fiscal de conserto que serviu de base para a condenação. Conforme se percebe, a escala móvel tem fonte primacial na deliberação dos interessados, mas em determinadas situações encontra amparo exclusivo na norma legal.

Não há incompatibilidade entre o nominalismo e a cláusula da escala móvel, eis que em ambos a preocupação maior consiste em dar curso à moeda nacional, em quantidade suficiente para liberar o devedor. Havendo corrosão da força monetária, a previsão da incidência de realinhamento pela variação do custo de vida ou de outros fatores confere adequado equilíbrio à relação obrigacional. Analise-se o seguinte quadro: Pedro empresta o valor de 100 a João, para pagamento em dois anos. É claro que o montante nominal de 100, ao final do prazo estipulado, não mais representará aquilo que originalmente significava em termos de poder aquisitivo. Logo, a escala móvel permite que no momento da restituição a importância monetária não seja a histórica, mas sim o somatório entre ela e a mudança de vigor da moeda ao longo do período. Nesse contexto, o credor receberá valor correspondente, em expressão econômica, aos mesmos 100 que havia emprestado, enquanto o devedor entregará prestação igual à recebida originalmente, embora em quantidade de moeda diferente da primitiva. Igual raciocínio cabe, *v. g.*, quando em contrato de arrendamento rural as partes estabelecem que o pagamento se dará por meio da entrega de importância equivalente a 10 quilos de boi vivo por hectare arrendado. *"O nominalismo não se prejudica pela cláusula de escala móvel porque, prevista esta, continua a se 'trocar', no pagamento, igual quantidade de papel-moeda e de valor da obrigação"* (Fábio Ulhoa Coelho, obra citada, p. 116). Noutras palavras, pode variar o montante final, mas não a relação interna entre as partes, que se conserva equilibrada em virtude da reposição do vigor da moeda em função da cláusula aposta.

O Código Civil, no art. 316, expressamente admite a inserção de previsão destinada a atualizar o conteúdo econômico da moeda: *"É lícito convencionar o aumento progressivo de prestações sucessivas"*. Assim agindo, os interessados estarão estipulando uma espécie de pré-ajustamento tendente à conservação do meio circulante nacional. Faculta-se aos interessados, desde o instante da constituição da relação obrigacional, fortes no princípio da autonomia da vontade, estabelecer qual será o aumento que sofrerão as prestações em dinheiro sucessivamente vencíveis, cuja satisfação liberará o devedor. É bem de ver, portanto, que ao preverem a alteração para maior do *quantum* das parcelas, automaticamente estarão as partes desvinculando aquela específica obrigação de qualquer índice de atualização automática que porventura pudesse incidir no futuro sobre o liame jurídico, eis que *sponte propria* adotaram um mecanismo convencional de conservação da expressão econômica do dinheiro empregado na exoneração do sujeito passivo.

Na realidade, não apenas a desvalorização da moeda, mas também outros fatores são capazes de conduzir as partes à fixação de aumento no valor das prestações sucessivamente vencíveis, razão pela qual o legislador deixou a critério dos interessados a disciplina do tema. Na hipótese de nada disporem em torno do mesmo, então sim poderá haver a incidência de atualização ou revisão com suporte noutros elementos e regras, elencados no próprio Código Civil ou em normatização esparsa.

1.4.5. Interferência do Poder Judiciário no volume da prestação

A cláusula da escala móvel não pode ser confundida com o princípio que permite a revisão das cláusulas contratuais em razão de acontecimentos extraordinários que afetam o equilíbrio primitivamente estabelecido. Enquanto a atualização da moeda restabelece o curso econômico da relação jurídica por meio da reposição do vigor da moeda, o reexame das condições primitivas da avença tem origem na antiga teoria da imprevisão, destinando-se a corrigir o rumo de liames atingidos por ocorrências diferenciadas e especiais.

Antes de mais nada é preciso mencionar o preceito *pacta sunt servanda*, segundo o qual os contratos deveriam ser cumpridos independentemente de quaisquer eventos verificados ao longo da execução. Do seu rigor evoluiu-se para a cláusula *rebus sic stantibus*, que passou a admitir a revisão dos pactos quando da superveniência de acontecimento radical, imprevisto e imprevisível que atacasse o equilíbrio do vínculo obrigacional. Mas, ainda assim, com extensas dificuldades práticas, eis que somente em casos extremos era viabilizada a alteração do curso inicialmente dado à avença. Por fim, chegou-se ao atual estágio jurídico, que amenizou a teoria da imprevisão originalmente concebida, possibilitando a revisão dos ajustes bilaterais se verificadas as circunstâncias ínsitas no art. 317 do Código Civil: *"Quando, por motivos imprevisíveis, sobrevier desproporção manifesta entre o valor da prestação devida e o do momento de sua execução, poderá o juiz corrigi-lo, a pedido da parte, de modo que assegure, quanto possível, o valor real da prestação".*

A teoria da imprevisão sempre fez parte das preocupações dos estudiosos e das lides forenses, ora como princípio genérico buscado no direito comparado, ora como norma específica contida em nosso ordenamento jurídico. Com a codificação de 2002, a correção de prestações com base na superveniência de fatores imprevisíveis foi definitivamente consagrada na legislação substantiva. A verdade é que a supressão de distorções verificadas ao longo da existência do vínculo obrigacional, supervenientes à constituição do mesmo, apresenta-se como medida de justiça e necessidade inquestionáveis, porque se determinada obrigação surge com esta ou aquela faceta, é imprescindível que seja mantido o estado delas decorrente. Tudo o que interferir no desenvolvimento da relação jurídica, alterando os contornos de molde a piorar injustificadamente a situação de uma das partes ou a beneficiá-la imotivadamente, revela-se como excrescência a ser suprimida, porque alheia à vontade criadora inicialmente declinada.

Cabe ao juiz corrigir, a pedido da parte interessada, a desproporção superveniente que desequilibra a prestação no momento da execução quando comparada ao valor devido no instante da constituição do liame jurídico. Destarte, se a prestação tem um valor nominal "X", mas sobrevém um fator inesperado de modificação das condições econômicas globais, capaz de elevar o montante real para "X + Y", ou de reduzi-lo para "X − Y", será de todo lídimo pleitear a correção da anomalia para fins de restabelecimento do equilíbrio obrigacional. Isto se dará por meio da aplicação de índices ou tabelas porventura existentes, ou ainda por meio de averiguação técnica a ser procedida por determinação do juízo.

Ao falar em *motivos imprevisíveis*, quer o legislador reportar-se a toda e qualquer ocorrência anormal, abrupta e não indicada pelo contexto, mas que incide sobre o liame tornando-o excessivamente oneroso ou indevidamente proveitoso para uma das partes em detrimento da outra, sem razão plausível alguma. Os motivos ditos imprevisíveis não podem ser aferidos pelas condições pessoais das partes envolvidas no negócio jurídico, mas sim pelo contexto econômico universal, entendido este como o conjunto de circunstâncias e peculiaridades de determinada região geográfica, capazes de afetar a universalidade ou considerável fração das relações obrigacionais então vigorantes. Fica claro, *v. g.*, que o empobrecimento ou o enriquecimento da parte, como resultado de circunstâncias estranhas à relação obrigacional, não interfere no cumprimento do dever jurídico posto, eis que se trata de fator pessoal e singular. De outra banda, caso as estruturas econômicas de certa região sejam abaladas pela repentina desvalorização da moeda, ou por elemento diverso e de alcance geral (*v. g.*, uma catástrofe da natureza que faz ruir o caminho por onde as mercadorias seriam transportadas), estará aberto o caminho para a revisão do valor da prestação devida e para a sua adequação à realidade originalmente fixada.

A correção do valor da prestação, com o fito de enquadrá-lo no patamar real, não prescinde dos seguintes elementos: a) pedido feito ao juiz; b) alteração resultante de fator superveniente e imprevisível; c) provocação de desequilíbrio obrigacional, isto é, desproporção entre o valor da prestação devida e o do momento de sua execução; d) que a desproporção seja manifesta, isto é, evidente e importante sob o prisma daquele específico liame.

1.5. Da prova do pagamento

1.5.1. Quitação direta

O mecanismo ordinário de liberação do devedor consiste na entrega da prestação ao credor. Quando assim proceder, o *solvens* precisará obter da parte adversa um documento capaz de demonstrar a ocorrência do pagamento, a fim de que no futuro não venha a ser instado a pagar de novo a mesma obrigação já satisfeita. Esse instrumento escrito, onde consta expresso indicativo no sentido de que o devedor adimpliu total ou parcialmente a obrigação, denomina-se quitação. Ela libera o devedor até o montante alcançado ao credor, de modo que, não havendo integral solução da pendência, continuará existindo crédito exigível pelo saldo remanescente.

Como a efetivação do pagamento atribui ao devedor a prerrogativa de obter prova do ato, urge examinar as conseqüências advindas da negativa do credor em fornecer quitação, ou de alcançá-la ao *solvens* nos termos explicitados no ordenamento jurídico. Segundo o texto legal, o devedor que paga tem direito a quitação regular, e pode reter o pagamento, enquanto não lhe seja dada (art. 319). A quitação é dita *regular* quando contém os pressupostos mínimos de aceitação como elemento probante do pagamento (art. 320). O devedor pode negar-se a repassar a prestação se o credor, por qualquer motivo, não se dispuser a entregar o comprovante de pagamento ou recibo. É que a solução da dívida somente se prova mediante apresentação do instrumento de quitação, sendo inviável demonstrar exclusivamente por testemunhas a ocorrência da exoneração.

Retendo o pagamento por negativa do *accipiens* em fornecer regular quitação, o devedor não age com culpa na frustração do adimplemento. Logo, não incorre em mora e de maneira alguma pode ser penalizado, eis que exerce o legítimo direito de somente pagar se lhe for alcançado o documento probatório da entrega da prestação. Caso assim não fosse, correria o risco de pagar duas vezes, pois jamais lograria demonstrar o efetivo cumprimento da obrigação sem apresentar ao menos um início de prova escrita.

Ainda que tenha a prerrogativa da retenção, o devedor pode optar por caminho mais cômodo para evitar a verificação da mora. Ao invés de simplesmente reter a prestação, atitude que o fará assumir o ônus de provar que a parte contrária negou-se a fornecer a quitação ou a dá-la segundo os preceitos legais, assiste-lhe o direito de consignar judicialmente a prestação. Ao proceder segundo os moldes preconizados no art. 334 e seguintes, estará automaticamente evitando a incidência da mora, por ter disponibilizado ao credor o total da dívida, cumprindo assim requisitos essenciais como o tempo, o lugar e o modo previsto para o pagamento.

Durante largo período grassou interessante debate em torno da necessidade ou não de adoção de forma especial para a quitação. Duas teses foram idealizadas: a da liberdade de forma, segundo a qual o instrumento liberatório não precisaria atender aos requisitos formais acaso estabelecidos para o ato gerador da obrigação, e o da vinculação à forma prescrita para a fonte da obrigação que se estivesse solvendo. Assim, por exemplo, quando fosse o caso de compra e venda de imóveis, submetida a procedimentos de instrumentalização pública, a controvérsia dizia respeito à necessidade ou não fornecimento de quitação por instrumento público pelo credor.

O art. 320 do Código Civil não deixa margem para dúvidas, admitindo explicitamente a liberdade de forma para a quitação. Todavia, o aludido dispositivo não prescinde da confecção de instrumento escrito, sem o qual o devedor não estará liberado: *"A quitação, que sempre poderá ser dada por instrumento particular, designará o valor e a espécie da dívida quitada, o nome do devedor, ou quem por este pagou, o tempo e o lugar do pagamento, com a assinatura do credor, ou do seu representante"*. E o parágrafo único acrescenta: *"Ainda sem os requisitos estabelecidos neste artigo valerá a quitação, se de seus termos ou das circunstâncias resultar haver sido paga a dívida"*. Diante do rigor normativo, percebe-se que a quitação terá de ser instrumentalizada, restando inviável a prova do adequado pagamento exclusivamente pela via testemunhal.

Mesmo que a obrigação conste de instrumento público, este não deverá ser adotado, necessariamente, para o fornecimento válido de quitação. Portanto, é viável a quitação tanto por escrito público como particular, sendo que este último sempre poderá ser adotado, e o primeiro nunca será de adoção obrigatória. Em qualquer das hipóteses, porém, conterá certos elementos indispensáveis à identificação do débito que está sendo solvido e à caracterização da quitação como regular.

Os elementos arrolados no *caput* do art. 320 fazem perfeita a quitação, mas ainda que não sejam inseridos no documento esta valerá se dos termos em que construída puder extrair-se a ocorrência efetiva do pagamento e a conseqüente liberação do devedor. Trata-se, portanto, de listagem de elementos cuja preterição não afasta, de imediato, a força probante do documento, porque o devedor pode a ele associar outros indicativos conducentes ao convencimento acerca da satisfação da pendência. Exemplo: Pedro deve 100 a Carlos pela compra de um veículo. Ao ser demandado em juízo para pagamento, o devedor apresenta um documento redigido pelo credor onde se lê: *"recebi de Pedro o que me devia"*. Alcança ao juízo, ainda, microfilmagem do cheque nominal com que pagou a dívida e o documento de transferência do veículo, onde consta valor igual ao lançado no cheque. Evidente que Pedro ficará exonerado, pois do recibo, somado às demais circunstâncias probatórias, emerge a ocorrência do pagamento.

Nos débitos, cuja quitação consista na devolução do título, perdido este, poderá o devedor exigir, retendo o pagamento, declaração do credor que inutilize o título desaparecido (art. 321). Especialmente quando se trata de instrumentos como notas promissórias, duplicatas, cheques, letras de câmbio etc., a posse dos mesmos pelo credor indica a inocorrência de pagamento, salvo prova em contrário. Tendo em vista esse contexto, permite o legislador que o devedor, no ato de pagar, exija declaração do credor inutilizando o título caso haja alegação de desaparecimento deste. É facultado ao *solvens* reter o pagamento enquanto não lhe for passada declaração de inutilidade do título, eis que constitui direito do obrigado a recuperação do documento representativo do débito.

A inutilização do título por meio de declaração do credor não é cabível apenas quando desaparecer o instrumento, mas também quando houver justificado interesse do *accipiens* em conservá-lo sob seu poder, como no caso de a prestação ser divisível e outras partes do crédito ainda não terem sido satisfeitas pelos co-obrigados, ou na hipótese de o título ser necessário ao credor para instruir alguma demanda de que seja parte. Em tais circunstâncias, poderá o devedor reter o pagamento enquanto não emitida a declaração de inutilidade do título, que funcionará como regular quitação da pendência. Na prática, tanto a posse do título pelo devedor como a declaração de inutilidade e a quitação feita nos moldes do artigo antecedente exoneram o obrigado. Quando o credor estiver na posse do título, mas houver passado quitação regular de pagamento, isso equivalerá à inutilização do instrumento por declaração, tornando insubsistente o seu conteúdo e liberando o devedor.

Caso o título seja ao portador, a simples afirmação do credor de que recebeu a prestação não é suficiente para assegurar o efeito liberatório do pagamento. Isto porque a circulação da cártula faz credor legítimo aquele indivíduo que a apresentar para recebimento. Logo, extraviado o título emitido ao portador, é adequado que o sujeito passivo não pague a quem avoque a condição de credor sem estar na posse do instrumento probante do crédito. Por outro lado, quem houver perdido título ao portador ou dele houver sido injustamente desapossado poderá reivindicá-lo da pessoa que o detiver, ou requerer-lhe a anulação e substituição por outro (art. 907 e seguintes do Código de Processo Civil).

1.5.2. Presunção de pagamento

A prova mais robusta de pagamento, e que assume caráter direto, é a quitação passada pelo credor ao sujeito passivo. Todavia, em determinadas situações o legislador aceita como verdade relativa a ocorrência do pagamento, mesmo ausente a quitação, inferindo-o das circunstâncias do caso concreto. Existem basicamente três hipóteses dessa natureza, em que prevalece, até que sobrevenha prova em sentido contrário, a presunção (*juris tantum*) de que aconteceu o pagamento e houve a liberação do sujeito passivo. Essa realidade jurídica, que nem sempre corresponde à verdade dos fatos, acaba por inverter o ônus da prova, fazendo com que caiba ao credor a demonstração da ausência de pagamento.

Normalmente, compete ao devedor apresentar prova no sentido da sua própria liberação pelo adimplemento, mas a incidência da presunção atribui ao sujeito ativo tal encargo técnico.

A primeira hipótese ao abrigo da presunção de pagamento encontra-se no art. 322 do Código Civil: *"Quando o pagamento for em quotas periódicas, a quitação da última estabelece, até prova em contrário, a presunção de estarem solvidas as anteriores".* As obrigações consistentes em pagamento de quotas periódicas (vendas a crédito, composição de dívidas em parcelas, consórcios etc.) e as que forem de trato sucessivo (aluguéis, principalmente) exigem do devedor que periodicamente satisfaça uma fração do débito. A seqüência natural e lógica dessa forma de solução do dever jurídico indica que ao credor não interessa receber determinada parcela sem que lhe tenham sido alcançadas as anteriores. Essa presunção é relativa (*juris tantum*) e admite prova em sentido contrário, mas prevalecerá na falta de elementos robustos de convicção capazes de fazê-la fenecer. Importa esclarecer que no Direito Tributário a quitação de parcelas subseqüentes não cria a presunção de pagamento das anteriores, conclusão emanada do teor do art. 158 do Código Tributário Nacional.

Compete ao credor demonstrar a falta de pagamento das quotas anteriores se deu quitação de determinada fração do débito sem expressa ressalva quanto à pendência daquelas outras. A prova pode ser feita por qualquer modo reconhecido em direito, mas não se admitem elementos exclusivamente testemunhais, dada a sua precariedade e volatilidade no que concerne à demonstração de repasse de valores.

A segunda previsão está posta no art. 323: *"Sendo a quitação do capital sem reserva dos juros, estes presumem-se pagos".* Tendo em vista que o acessório segue o principal, consideram-se satisfeitos os juros previstos quando da constituição da obrigação, ou os legalmente incidentes, sempre que na quitação dada pelo credor não houver ressalva acerca de eventual pendência quanto a eles. Isto porque normalmente o credor oferece à parte adversa quitação geral do débito e não se preocupa em fazer alusão aos juros, pois, como afirmado *retro*, integram-se ao universo de liberação do *solvens* gerando presunção de pagamento de tudo quanto cerca o principal. De resto, quando o *accipiens* recebe numerário incapaz de cobrir o valor do principal e dos juros, é certo que endereçará o montante auferido à cobertura do acessório, até onde alcançar, pois o capital frutifica rendendo juros, enquanto destes nada se extrai em termos de remuneração. Daí ser ilógico imaginar que o credor consideraria solvida a importância capaz de render novos frutos, aniquilando-a, quando preferencialmente tem a possibilidade de quitar juros, porção estéril do conjunto. Em virtude dessa realidade, tem-se como satisfeita a porção referente aos juros sempre que pelo credor for quitado incondicionalmente o capital.

À evidência, também aqui se cuida de presunção *juris tantum*, que cede ante prova cabal em sentido contrário, competindo ao credor demonstrar que a quitação somente abarcou o principal, mantendo-se o crédito quanto ao valor correspondente aos juros.

No art. 324 encontra-se a terceira hipótese: *"A entrega do título ao devedor firma a presunção do pagamento. Parágrafo único – Ficará sem efeito a quitação assim operada se o credor provar, em sessenta dias, a falta do pagamento".* Dentro de uma linha racional e ordinária de análise, foge dos padrões da normalidade a conservação do título sob posse do devedor enquanto pendente de pagamento o valor nele representado. Espera-se que o *accipiens*, quando da efetivação do pagamento ou no caso de remissão, entregue ao pólo adverso o título representativo do liame obrigacional entabulado entre as partes. Portanto, a entrega do mesmo ao devedor estabelece presunção relativa quanto ao cumprimento da obrigação, somente ilidível mediante prova inequívoca em sentido oposto ao firmado pela ficção jurídica. O credor tem sessenta dias, a contar da ciência quanto à chegada do título às mãos do devedor, para provar que inocorreu o pagamento, sob pena de restar sacramentada e definitiva a situação gerada pela presunção. Tal prazo é decadencial, atingindo mortalmente o direito até então teoricamente exercitável pelo credor.

Note-se que o legislador utiliza literalmente a expressão *"entrega do título ao devedor"*, sendo certo, portanto, que somente incidirá a idéia de pagamento presumido quando o credor, ou o seu representante, houver feito o repasse do instrumento à parte adversa. Caso ele tenha chegado ao sujeito passivo por outros meios, não será viável a invocação da norma como base para o entendimento de que ocorreu a solução do débito. O afastamento da presunção poderá ser feito, por exemplo, mediante prova de que o título chegou ao devedor em razão de ato ilícito, erro, dolo etc., circunstâncias que denotam a inexistência de pagamento e a conseqüente imprestabilidade da posse do título como fator de liberação do obrigado.

1.5.3. Despesas com a quitação

Presumem-se a cargo do devedor as despesas com o pagamento e a quitação; se ocorrer aumento por fato do credor, suportará este a despesa acrescida (art. 325). O credor tem direito de perceber o pagamento livre de qualquer ônus ou dispêndio, pois se assim não fosse auferiria prestação líquida inferior àquela originalmente ajustada, face à minoração do seu conteúdo por conta das despesas que acaso houvesse de suportar. Por isso, ao devedor incumbe solver eventuais despesas com o pagamento e a quitação, tais como: deslocamento até o *accipiens*, gastos bancários para remessa de valores, taxas, escritos de liberação, gastos com pesagem, medição ou contagem etc. Sobre o credor recairão essas despesas somente na hipótese de assim ficar convencionado pelas partes, pois no silêncio presume-se — salvo prova em contrário — que estão a cargo do devedor. A regra de direito, em virtude do seu caráter supletivo e subsidiário, incidirá exclusivamente quando os interessados não dispuserem de modo diferente.

Não são imputáveis ao devedor eventuais acréscimos nas despesas quando tiverem por origem fato do credor, eis que isso representaria injusta oneração da parte adversa. Responderá pelos aumentos quem os ensejou, como no caso, por exemplo, de o credor insistir na confecção de escritura pública da quitação quando o devedor contenta-se com a elaboração de instrumento particular. Esse *plus* incidirá sobre o credor, por ter dado causa ao referido gasto excedente dos estritamente necessários na espécie.

1.6. Do lugar do pagamento

No direito nacional, ordinariamente o pagamento é quesível *(quérable)*, ou seja, tem de ser buscado pelo credor junto ao devedor e no domicílio deste ao tempo do cumprimento. Exceção existe quando ao devedor incumbe levar ao credor o pagamento, situação que o caracteriza como portável *(portable)*. À falta de fatores capazes de alterar a natureza ordinária do lugar do pagamento, considera-se este como quesível, por força do art. 327 do Código Civil: *"Efetuar-se-á o pagamento no domicílio do devedor, salvo se as partes convencionarem diversamente, ou se o contrário resultar da lei, da natureza da obrigação ou das circunstâncias. Parágrafo único - Designados dois ou mais lugares, cabe ao credor escolher entre eles".* À evidência, cuida-se de norma de caráter supletivo e subsidiário, somente aplicável quando dos interessados não provier ajuste em sentido diverso.

Em determinados casos o pagamento é considerado portável, tendo em vista: a) a vontade das partes – devedor e credor convencionam, geralmente de maneira direta, que aquele oferecerá a prestação no lugar do domicílio do *accipiens* ou noutro qualquer; b) disposição da lei – quando a norma expressamente indicar aonde se dará o pagamento, fator que, todavia, não impede as partes de acordarem quanto ao cumprimento em local diverso; c) a natureza da obrigação – os próprios contornos do dever jurídico apontam para o local do pagamento, como é o caso da obrigação alimentar, que de regra será satisfeita no domicílio do credor, ou nas vendas feitas com frete a pagar no local de destino quando da retirada da mercadoria; d) as circunstâncias – certos aspectos específicos da relação jurídica concretamente travada acabam por apontar o lugar de satisfação da dívida, como se dá, por exemplo, no contrato de empreitada, cujo pagamento pelo dono da obra dar-se-á no local em que estiverem sendo realizados os trabalhos.

Não é rara a alteração do lugar do pagamento durante a execução do vínculo obrigacional. Nada impede que a dívida deixe de ser quesível e se torne portável, ou vice-versa. Esse fenômeno decorre da vontade das partes, que pode ser manifestada de modo expresso ou tácito. No primeiro caso, os sujeitos ativo e passivo diretamente externam o desiderato de promover a transformação. No segundo, extrai-se tal anseio do contexto. Esse mútuo assentimento tácito quanto à mudança da formatação original adquire vigor jurídico desde quando se faça contínuo, ou seja, não se mostre episódico ou eventual.

O art. 330 esclarece a última situação acima posta: *"O pagamento reiteradamente feito em outro local faz presumir renúncia do credor relativamente ao previsto no contrato".* Ao assim proceder, estará o credor ensejando o surgimento de presunção *juris tantum* no sentido de que renunciou à prerrogativa de receber o pagamento no lugar originalmente determinado. Exemplo: se o contrato de locação de imóvel firmado entre Pedro (locador) e Alberto (locatário) estabelece que os aluguéis serão levados pelo devedor ao domicílio do credor (Porto Alegre) no dia do vencimento, mas todo mês é Paulo quem se dirige ao domicílio do devedor (Pelotas) para receber os aludidos valores, ter-se-á por alterada a regra contratual, salvo se for produzida prova capaz de derrubar a presunção legal. A reiteração mencionada no art. 330 será avaliada em conformidade com as peculiaridades de cada situação concreta, pois não existe uma predeterminação de número mínimo de repetições para que se caracterize.

É de nenhum efeito a eventual previsão das partes, no próprio contrato, dizendo que a circunstância de o credor aceitar o pagamento em lugar diferente do estabelecido constitui mera tolerância. Isto porque a presunção citada no dispositivo nasce da reiteração de um fato, e a sua ocorrência não pode ser antecipadamente afastada por vontade das partes.

Faculta-se ao credor, isto sim, provar que efetivamente houve mera e circunstancial tolerância, incapaz de alterar a realidade contratual; todavia, se não conseguir desincumbir-se a contento dessa tarefa, restará firmada a presunção. Na prática, o reconhecimento de que a realidade fática modificou o contexto contratual relativamente ao lugar do pagamento tem grande importância na definição da ocorrência ou não de mora, pois quem paga ao abrigo da presunção não pode ser forçado a arcar com os encargos decorrentes de um estado irregular que se não configurou. Afinal, a mora somente acontecerá na hipótese de o devedor deixar culposamente de cumprir a obrigação. Logo, se no quadro ilustrativo acima esboçado o credor deixasse de ir ao devedor para buscar a prestação, não haveria mora deste, nem incidiriam, por conseguinte, os reflexos inerentes ao estado moratório (*v. g.*, juros, multa etc.).

A propósito, a principal questão emergente do debate em torno do lugar do pagamento é relacionada exatamente com a constituição do devedor em mora. Se ele deve, mas não paga por culpa sua, suporta os efeitos da mora; se deixa de pagar em virtude da conduta do credor, não terá praticado qualquer ato culposo e não poderá ser responsabilizado no plano civil. Mesmo assim, é de todo recomendável que nas dívidas quesíveis o sujeito passivo promova a consignação da prestação sempre que o sujeito ativo não se dirigir até ele para buscá-la. Isso evitará controvérsias em torno da razão pela qual não ocorreu o adimplemento, livrando o devedor da imposição processual de provar a culpa da parte contrária.

Na prática, o que se tem visto é a constante inserção, nos instrumentos contratuais, de cláusula prevendo a ocorrência do pagamento no domicílio do credor, ou em lugar afim (*v. g.*, certa agência bancária, determinado estabelecimento comercial etc.). Logo, o teor do art. 327, que afirma a existência de regra geral, acabou tornando-se exceção no plano concreto, haja vista a prevalente fixação, pelos interessados, do cunho portável da dívida. Nesse contexto, caberá ao devedor dirigir-se ao lugar apontado pelas partes com o fito de se desvencilhar da obrigação pelo adimplemento. Tal previsão é comum e bastante produtiva, pois a dinâmica das relações obrigacionais revela ser bem mais fácil ao devedor efetuar o pagamento nos múltiplos pontos em que isso é possível (*v. g.*, quitar o aluguel em estabelecimento bancário ou imobiliário, adimplir contas em agências lotéricas) do que exigir do credor a ida até o sujeito passivo para reclamar a prestação.

O lugar do pagamento não é erigido à categoria de requisito de validade, caracterizando-se apenas como maneira de facilitar o cumprimento da obrigação. Às partes é sempre lícito, por acordo de vontades, modificar a situação anteriormente estabelecida e promover a solução da dívida no lugar que mais lhes convier, pois esse é o objetivo primacial do legislador. Por isso mesmo, *Caio Mário da Silva Pereira* esclarece que *"se for demandado em lugar diverso e consentir o devedor em solver o obrigado, é irrepetível o pagamento e válido o ato, presumindo-se a renúncia ao benefício ou a alteração da convenção"* (obra citada, vol. II, p. 128).

Havendo pluralidade de lugares para efetivação do pagamento, a prerrogativa de escolher em qual deles será satisfeita a pendência é do credor. Tal faculdade foi instituída em seu favor e com vistas a agilizar o recebimento do crédito, embora possa eventualmente ser mais onerosa ao *solvens*, que poderá ser obrigado a saldar o compromisso em lugar que reclame gastos com deslocamento, instituições bancárias etc., sem direito a reembolso.

Quando estiver o *solvens* atrelado ao dever jurídico de adimplir a obrigação por meio da tradição de um imóvel, o lugar do pagamento será o da situação física do bem, dada a facilidade que representa para ambas as partes. A mesma solução vigorará na hipótese de o pagamento consistir em prestações relativas a bem imóvel (*v. g.*, parcelas pertinentes a contrato de compra e venda). É o que se extrai do art. 328: *"Se o pagamento consistir na tradição de um imóvel, ou em prestações relativas a imóvel, far-se-á no lugar onde situado o bem"*.

A regra faz referência à efetivação do pagamento por meio da *tradição* do imóvel. Sabe-se que o registro é o ato efetivo de translação da propriedade imobiliária, realizado obrigatoriamente no lugar de situação da coisa. Logo, a *traditio* não se presta para a transmissão da titularidade da coisa, mas apenas para investir o adquirente na posse. De outra parte, a entrega do bem imóvel é condição essencial para a constituição de certos negócios jurídicos (*v. g.*, comodato) ou para o exaurimento de suas repercussões (*v. g.*, arrendamento), gerando a bifurcação da posse em direta e indireta. Diante disso, afigura-se adequado concluir que o art. 328 tem aplicação nos casos em que a natureza das prestações indicar a necessidade de cumprimento no lugar onde situado o bem, seja porque nele empregada a atividade ou porque a coisa tenha de ser entregue ao credor em virtude da espécie obrigacional gerada. Exemplos: entrega do imóvel ao locatário ou arrendatário, consertos ou reparos no imóvel, serviços que nele sejam executados, edificações e assim por diante. Não incide, destarte, quando as prestações, mesmo atreladas a atividade ou negócio envolvendo imóvel, tiver conotação pessoal, inclusive no concernente ao pagamento do valor dos trabalhos acima indicados, que pode ser efetuado em lugar diverso daquele onde está a coisa. *Sílvio Rodrigues* (obra citada, p. 157) aborda com pertinência a matéria: *"Não vejo por que obrigações defluentes de relações jurídicas relativas a imóveis devam ser executadas no lugar em que estes se situam, quando isso não seja imposto, inexoravelmente, pela natureza da prestação. Por isso, creio que só a estas últimas se refere. Aquelas prestações defluentes de relações imobiliárias, mas de caráter pessoal, tais como o pagamento do aluguel, dos juros hipotecários etc., não estão sujeitas ao preceito em exame"*. Como visto, a aludida norma não serve para fixar o lugar de pagamento dos aluguéis referentes ao imóvel, pois quanto a estes vale a regra insculpida no art. 327, por cuidar-se de dívida quesível que somente altera suas nuanças por incidência de alguma das hipóteses previstas naquele mandamento legal.

Ocorrendo motivo grave para que se não efetue o pagamento no lugar determinado, poderá o devedor fazê-lo em outro, sem prejuízo para o credor (art. 329). Levando em consideração a circunstância de que a finalidade primeira do ordenamento não é guindar o lugar do pagamento ao patamar de requisito de validade do ato de liberação, mas sim facilitar a solução do débito, admite-se que o devedor entregue a prestação em lugar diferente daquele a que estava inicialmente vinculado, sem que isso importe em configuração de mora e imposição de seus correlatos encargos. É possível, por exemplo, que as partes convencionem como lugar do pagamento o domicílio do credor, mas que no dia aprazado o único caminho para chegar até ele seja interrompido em razão de enchentes, e que a comunicação bancária também esteja bloqueada. Poderá o devedor realizar o pagamento noutro lugar (*v. g.*, depositando em seu próprio domicílio ou remetendo pelo correio), contanto que o credor não sofra prejuízos. Com isso, mora não haverá, nem sanção de espécie alguma recairá sobre o *solvens*.

Motivos graves, para fins de aplicação da norma, são aqueles resultantes de caso fortuito, força maior ou culpa do credor, capazes por si mesmos de obstaculizar a realização do pagamento no lugar originalmente determinado. Se o motivo grave houver sido provocado pelo credor, terá este agido com culpa e arcará com eventuais prejuízos que vier a experimentar, além de ficar obrigado a indenizar os que comprovadamente forem suportados pelo *accipiens* em função da alteração verificada. Caso o motivo grave decorra de caso fortuito, força maior ou fator outro não imputável à parte adversa, caberá ao devedor arcar com os gastos a mais que porventura tiver de fazer para liberar-se do dever jurídico.

1.7. Do tempo do pagamento

Como princípio geral a ser seguido, as dívidas se tornam exigíveis quando vencidas, ou seja, no dia posterior àquele em que o devedor estava obrigado a solver a pendência e não o fez. É tema que interessa a ambas as partes a fixação do termo inicial de exigibilidade do pagamento, pois assim ficará definido exatamente a partir de que instante será oportunizado ao credor reclamar o cumprimento do dever jurídico que recai sobre o pólo oposto. No silêncio das partes, e ante a inexistência de disposição especial de lei, considera-se imediatamente exigível o pagamento, derivando essa instantaneidade de presunção no sentido de que as partes assim o desejaram. Caso as partes estabeleçam o momento exato em que se torna exigível o pagamento, nenhuma delas poderá unilateralmente alterá-lo. Em suma, salvo disposição legal em contrário, não tendo sido ajustada época para o pagamento, pode o credor exigi-lo imediatamente (art. 331). Em virtude desse preceito, o período anterior ao vencimento da obrigação é tratado, sob o prisma da exigibilidade, como se o vínculo não existisse, pois somente com o advento da faculdade de reclamar a prestação é que o credor poderá tomar atitude compatível com o exercício do seu direito. Considera-se condição a cláusula que, derivando exclusivamente da vontade das partes, subordina o efeito do negócio jurídico a evento futuro e incerto (art. 121).

Cabe salientar, todavia, que mesmo na ausência de previsão convencional ou legal quanto à exigibilidade do pagamento é possível extrair do contexto jurídico a existência de um espaço temporal — a ser respeitado — entre a constituição do dever de pagar e a efetiva solução da dívida, interregno este chamado por *Caio Mário da Silva Pereira* de "termo moral" (obra citada, vol. II, p. 130). Na realidade, na falta de previsão das partes ou de imposição de lei quanto ao vencimento, o devedor tem o direito de somente ser demandado pelo pagamento após o transcurso de tempo compatível com a prestação acordada. Se em regra os débitos em dinheiro são instantaneamente exigíveis (e mesmo assim com exceções, como no caso do mútuo), outros estarão sujeitos a cumprimento em tempo oportuno, que variará em cada caso. E assim efetivamente funciona, pois certas obrigações não comportam imediatismo na exigibilidade da prestação avençada, tendo em vista a sua natureza mesma ou a circunstância de sua execução ter de se realizar em local diverso. Exemplo: ao contratar determinada pessoa para construir uma casa, sem previsão de prazo para entrega, não poderá o dono da obra exigir que o imóvel seja entregue no próprio dia da assinatura do contrato ou em tempo insuficiente para a conclusão dos trabalhos, pois isso afronta o bom senso e a lógica, entrando em choque com o espírito da lei, que é o de propiciar a exigibilidade da prestação dentro de um plano de razoabilidade temporal. Como se percebe, há substancial distância entre as obrigações com prazo definido de vencimento e as que não o possuem, pois quanto àquelas não haverá espaço para a invocação de *termo moral*, ao contrário do que ocorre nestas, nas hipóteses em que se mostrar razoável e lógico argüi-lo.

O legislador disciplina o assunto referente ao tempo de cumprimento das obrigações levando em linha de conta o fato de condicionais ou puras e simples. Quanto a estas, o rumo foi posto no art. 331, já mencionado acima, que as insere em patamares distintos conforme tenha ou não sido ajustada data de vencimento pela vontade das partes. Sendo pactuado o termo de vencimento, o sujeito passivo deve cumprir a obrigação no momento estabelecido, pois do contrário incorrerá em mora e suportará as conseqüências dela emergentes. Porém, é preciso advertir que há exceções à regra, admitindo-se, em situações especiais, o vencimento antecipado da pendência, conforme será visto adiante. No concernente às obrigações condicionais, elas se cumprem na data do implemento da condição, cabendo ao credor a prova de que deste teve ciência o devedor (art. 332). Assim como o credor não pode exigir a dívida senão depois do vencimento ou da constituição da parte contrária em mora, a exeqüibilidade das obrigações condicionais dependem da verificação da condição a que se submetia, pois antes disso haverá mera expectativa de direito. Uma vez implementada a condição, pode o credor reclamar da parte contrária o cumprimento do correspondente dever jurídico. Exemplo: Pedro celebra contrato de compra e venda com José, comprometendo-se a entregar ao adquirente 100 sacas de arroz, pelo preço de 10 por saca, se o índice de inflação do mês do negócio foi inferior a 1. Essa condição suspensiva faz com que o credor da prestação (José) somente possa exigi-la caso o evento previsto se concretize. Não ocorrente o fato enunciado, as partes permanecem no estado jurídico original, eis que ausente a exigibilidade que autorizaria o sujeito ativo a reclamar a prestação.

Sobrevindo o fato previsto, exsurge a exeqüibilidade da obrigação. Compete ao credor demonstrar, então, que o pólo adverso teve ciência do implemento da condição a que se subordinava a exigibilidade da prestação, porque disso depende a efetiva possibilidade de reclamar a solução do débito. Mesmo verificada a condição, somente a partir do momento em que o devedor estiver ciente desse acontecimento é que estará franqueado ao credor o caminho para buscar o cumprimento da obrigação, inclusive fazendo incidir sobre o oponente, sendo o caso, as repercussões decorrentes da mora.

O art. 333 elenca hipóteses em que o vencimento do dever jurídico ajustado não se dá na data prevista, nem se submete a alguma das circunstâncias analisadas acima. Admitindo a perspectiva da verificação de quadros extraordinários e diferenciados, o legislador editou norma cuja redação é esta: *"Ao credor assistirá o direito de cobrar a dívida antes de vencido o prazo estipulado no contrato ou marcado neste Código: I – no caso de falência do devedor, ou de concurso de credores; II – se os bens, hipotecados ou empenhados, forem penhorados em execução por outro credor; III – se cessarem, ou se se tornarem insuficientes, as garantias do débito, fidejussórias, ou reais, e o devedor, intimado, se negar a reforçá-las. Parágrafo único – Nos casos deste artigo, se houver, no débito, solidariedade passiva, não se reputará vencido quanto aos outros devedores solventes".* A construção do dispositivo excepciona a regra pela qual o pagamento somente é exigível depois de vencido. O fundamento dessa postura normativa é a verificação de circunstâncias indicativas da alteração, para pior, das condições econômicas do devedor, fato capaz de colocar em risco o adimplemento da obrigação. Com efeito, a superveniência de falência ou concurso de credores, a penhora efetivada em execução por outro credor sobre bens já hipotecados ou ofertados em penhor, assim como a cessação ou insuficiência das garantias do débito, sem que o devedor se disponha a reforçá-las mesmo depois de intimado, constituem situações que recomendam seja autorizada ao credor a adoção de providências imediatas na defesa de seu crédito. Não se pode reclamar do sujeito ativo uma posição de inércia ante a periclitação concreta de seu direito, e foi exatamente essa inarredável constatação que levou o legislador a, nesse contexto, admitir a antecipação da exigibilidade do pagamento em relação ao momento originalmente fixado.

Quando houver solidariedade passiva, a exigibilidade antecipada da dívida somente será exercitável contra aquele devedor que estiver submetido a algum dos fatores indicativos de insolvência previstos nas alíneas I a III. Quanto aos co-obrigados solventes, persistem intactas e sem alteração as condições contratualmente estabelecidas, inclusive quanto a garantias acaso ofertadas, de tal sorte que somente poderão ser demandados pelo pagamento depois do vencimento da dívida.

As situações arroladas no art. 333 dizem respeito à antecipação do vencimento por força de lei. Contudo, na maioria das vezes se admite que o sujeito passivo antecipe, *sponte propria*, o adimplemento da prestação. Afinal, comumente os prazos contratuais são estabelecidos em proveito do devedor, a menos que o contrário resulte do teor do instrumento ou das circunstâncias (art. 133). Logo, ele pode optar pelo cumprimento da obrigação antes do vencimento, sem que para tanto tenha de apresentar as razões motivadoras de tal iniciativa. Abdicando do benefício de pagar apenas quando vencida a obrigação, em nada estará prejudicando a parte credora, de modo que a iniciativa tem plena viabilidade jurídica. Saliente-se, porém, que se o prazo foi fixado em proveito do credor, este terá a faculdade de recusar pagamento antecipado e de esperar até a data do vencimento para receber a prestação.

Finalmente, cabe examinar a questão atinente à constituição do devedor em mora. O inadimplemento da obrigação, positiva e líquida, no seu termo, constitui de pleno direito em mora o devedor (*caput* do art. 397). Cuida-se da incidência do consagrado princípio *dies interpellat pro homine*, que em tradução livre significa que o simples advento do termo de vencimento importa em automática interpelação do sujeito passivo, sem necessidade da adoção de qualquer providência pelo credor (mora *ex re*). Difere a solução quando não houver termo estipulado, pois então a mora se constitui mediante interpelação judicial ou extrajudicial. Aplica-se, nesse particular, o preceito referente à mora *ex personae*, que impõe ao interessado uma conduta ativa no sentido de cientificar o oponente acerca da sua efetiva pretensão de reclamar o adimplemento. Como a iniciativa de interpelar pode ser adotada judicial ou extrajudicialmente, o sujeito ativo tem a faculdade de optar por uma dentre várias alternativas: remessa de escrito particular, de instrumento público, notificação cartorial etc. Salienta-se que a citação do réu, na ação ordinária de cobrança ou em procedimento similar, funciona automaticamente como mecanismo de cientificação para os fins antes aludidos.

Capítulo 2

DO PAGAMENTO EM CONSIGNAÇÃO

2.1. Considerações gerais e conceito

Em determinadas situações, a lei admite que o devedor obtenha liberação por meio do depósito, judicial ou bancário, da coisa devida. Via de regra, a extinção da obrigação contraída somente se dá por meio do pagamento efetuado diretamente ao credor ou a quem de direito o represente. Todavia, isso nem sempre será viável, haja vista a constatação de intercorrências capazes de afetar esse mecanismo ordinário de exoneração do sujeito passivo do liame obrigacional. Considerada a circunstância de que a consignação realizada nos moldes previstos na lei tem eficácia liberatória, é correto afirmar que equivale ao pagamento regularmente efetivado. Destarte, evita a mora e a incidência dos seus naturais consectários, aproveitando ao devedor como se pagamento direto houvesse sido concretizado.

Segundo o art. 334 do Código Civil, considera-se pagamento, e extingue a obrigação, o depósito judicial ou em estabelecimento bancário da coisa devida, nos casos e forma legais. Consignar em pagamento significa, portanto, disponibilizar ao credor a prestação devida, seja em dinheiro ou em espécie diversa, através do seu depósito em banco oficial ou imediatamente em juízo. É claro que somente se pode falar em consignação bancária quando a prestação for em dinheiro, pois se diferente a sua natureza caberá exclusivamente consignação judicial. Compete ao devedor, na hipótese de dívida em moeda corrente, optar entre a incursão bancária e a judicial, extraindo-se de ambas o mesmo vigor liberatório em caso de aceitação do depósito pelo credor cientificado da iniciativa. De outra banda, é lógico que o ato de consignar tem pertinência apenas quando se tratar de obrigação de dar, pois seria abstruso imaginar a possibilidade de disponibilização judicial ou bancária de prestações de fazer ou não fazer, dada a natureza e as peculiaridades de que se revestem.

Embora tenha força igual à do pagamento, a consignação não é meio direto de liberação do sujeito passivo, eis que o oferecimento da prestação ao credor se faz pela via forçada, e, muitas vezes, até mesmo contra a vontade do sujeito ativo. Logo, cuida-se de fonte indireta de satisfação das obrigações, o que não lhe retira a utilidade e a praticidade inerentes aos mecanismos de solução completa das pendências. Apenas com a diferença de que não se faz pessoalmente ao credor, mas por intermédio de lide judicial ou de depósito em estabelecimento bancário. Em geral, a consignação tem cabimento quando há recusa do titular do direito, a quem o adimplemento foi oferecido, de receber o objeto pactuado.

Todavia, tem pertinência também em circunstâncias especiais, tais como a existência de dúvidas quanto a quem seja o legítimo credor, a geração de litígio sobre a coisa e assim por diante. Evidentemente, pode o sujeito ativo discordar da iniciativa protagonizada pelo pólo contrário, recusando-se a receber a prestação consignada e debatendo o tema em todos os aspectos propostos.

Antes de mais nada, observa-se que o ato de consignar é faculdade conferida ao devedor. Em nenhum momento a lei impõe ao sujeito passivo a consignação, limitando-se a colocá-la à disposição de quem, estando inserido no pólo passivo do liame obrigacional, pretende livrar-se de dever jurídico cuja implementação é obstada pelo credor ou por evento diverso mencionado na lei. Ao evitar a mora e os riscos a que se sujeita a coisa, a consignação funciona como fonte de segurança técnica para o devedor. A feição facultativa do ato de consignar emerge com redobrado vigor nos casos em que o credor incorre em mora, pois então o devedor poderá simplesmente quedar-se inerte, sem que com isso sofra quaisquer das conseqüências do estado moratório, que neste caso produzirá reflexos apenas sobre o culpado. Realmente, a denominada *mora accipiendi* é circunstância que precisa preocupar unicamente o credor, o que não impede, todavia, a iniciativa do devedor no sentido de promover consignação. Ao assim proceder, estará ilidindo os perigos decorrentes de eventual discussão em torno da culpa pelo atraso no cumprimento da obrigação, além de afastar os riscos inerentes à guarda e conservação pessoal da coisa. Em tal contexto, a recusa do credor em receber a prestação e o simples retardo no ato de auferi-la permitem ao sujeito passivo que adote a providência consignatória estabelecida no ordenamento pátrio.

As despesas com o depósito, quando julgado procedente, correrão à conta do credor, e, no caso contrário, à conta do devedor (art. 343). Em atenção ao princípio da sucumbência, na hipótese de pagamento por consignação uma das partes acabará sendo submetida à outra em razão do vigor da sentença prolatada. Caberá ao vencido, então, suportar as despesas com o depósito da coisa litigiosa, tais como as oriundas de conservação, custódia, gastos bancários etc. Por outro lado, também os encargos processuais propriamente ditos serão imputáveis ao vencido, nisso incluídas as custas processuais e os honorários advocatícios devidos ao patrono da parte vitoriosa.

2.2. Hipóteses de cabimento

Como maneira especial e excepcional de liberação do sujeito passivo, somente estará legitimado a efetuar a consignação quem se enquadrar em algum dos casos previstos pelo legislador. Feita a consignação com observância das normas pertinentes, ficará o devedor liberado e será extinta a obrigação. A regular atitude de consignar é considerada pagamento, ainda que por via oblíqua, e, portanto, produz os efeitos a ele peculiares. Desde logo importa chamar a atenção para o fato de que a consignação não pode ser utilizada como substitutivo do adimplemento direto quanto este não for obstado ou dificultado em virtude de algum dos episódios aventados na lei. A iniciativa judicial de consignar, quando inexistente hipótese legal que expressamente a prescreva, levará a julgamento de improcedência da ação, do que derivará a mora do sujeito passivo e a incidência das correlatas repercussões.

No art. 335 estão elencadas as situações que ensejam a feitura de consignação. O rol confeccionado pelo legislador na citada norma não esgota as hipóteses que viabilizam a sua utilização, tratando-se, destarte, de listagem dotada de caráter exemplificativo. De qualquer modo, o dispositivo prevê que a consignação tem lugar: I – se o credor não puder, ou, sem justa causa, recusar receber o pagamento, ou dar quitação na devida forma; II – se o credor não for, nem mandar receber a coisa no lugar, tempo e condição devidos; III – se o credor for incapaz de receber, for desconhecido, declarado ausente, ou residir em lugar incerto ou de acesso perigoso ou difícil; IV – se ocorrer dúvida sobre quem deva legitimamente receber o objeto do pagamento; V – se pender litígio sobre o objeto do pagamento.

O primeiro plano de admissibilidade da consignação contempla três situações, todas elas caracterizadoras da chamada *mora accipiendi*, sejam as dívidas quesíveis ou portáveis: a) o credor, por qualquer razão, não pode receber o pagamento (doença, impossibilidade de deslocamento, fato imprevisto etc.); b) o credor, sem justa causa, recusa o pagamento oferecido pelo devedor (isso ocorre, por exemplo, quando pretende fazer incidir encargos não fixados na contratação); c) o devedor dispõe-se a fazer o pagamento, mas o credor nega-se a dar regular quitação (art. 320), afrontando prerrogativa legalmente assegurada ao *solvens* (única forma segura de o obrigado comprovar a satisfação da pendência) e viabilizando ao interessado, com isso, a retenção do pagamento (art. 319) ou a consignação. Embora em nenhum dos eventos abstratamente previstos o sujeito passivo tenha o dever legal de efetuar a consignação, é de todo recomendável que assim proceda, visando a evitar contratempos relacionados a futuras discussões sobre quem teria dado causa ao inadimplemento, se o próprio credor (em mora de receber) ou se o devedor (em mora de pagar).

Ao contrário do inciso I, que cuida de situações concernentes às obrigações portáveis ou *portables*, o inciso II trata de aspectos relativos às dívidas quesíveis ou *quérables*. Em tal contexto, incumbe ao credor buscar o pagamento no domicílio do devedor no lugar, tempo e condições previstos. Se assim não proceder, nem enviar legítimo representante para receber o pagamento, haverá *mora accipiendi* e ficará o devedor autorizado a consignar a prestação. Como não há mora do sujeito passivo, o ato de consignar fica situado no campo das simples faculdades, não sendo impositivo ao interessado que assim proceda, embora sempre seja conveniente que opte pela disponibilização formal da prestação devida.

A incapacidade do credor para receber permite ao devedor a realização do pagamento junto ao representante legal daquele. Todavia, dispõe também de legitimidade para escolher a consignação da prestação como mecanismo liberatório (inciso III), mormente em se tratando de incapacidade superveniente e que acarrete dúvidas quanto a quem seja efetivamente o representante do incapaz para fins de recebimento e quitação. Também ficará aberto o caminho da consignação se o credor, originariamente conhecido, tornar-se desconhecido por força de sucessão do primitivo, ou vier a ser declarado ausente pelo Poder Judiciário. Caberá ainda o procedimento consignatório quando, nas dívidas portáveis, não se tiver notícias do paradeiro do credor, ou quando residir em local de acesso perigoso ou de difícil acesso, pois do devedor não são exigíveis atitudes que extravasem os ordinários esforços de pagamento e que possam oferecer riscos de incorrência em mora ou mesmo perigo para a integridade física.

É sabido que quem paga mal paga duas vezes. Em função disso, pode o obrigado optar pela consignação da prestação nos casos em que houver dúvidas quanto a quem deva receber o pagamento (inciso IV). Isso acontece, por exemplo, quando mais de uma pessoa se apresenta para o recebimento ou há incerteza acerca da regularidade de mandato conferido a terceiro pelo credor, ou ainda se homônimos disputam a qualidade creditória. Em qualquer caso, porém, será preciso que a dúvida suscitada no espírito do devedor diga respeito à exata identificação da pessoa do credor e tenha razões objetivas de existir. Não haverá viabilidade na consignação se o sujeito passivo simplesmente entender mais cômodo ou conveniente adotar a providência do depósito. Se isso acontecer, a ação estará fadada à improcedência e atribuirá ao vencido o dever de suportar os ônus processuais (custas, honorários sucumbenciais etc.).

Havendo disputa judicial em torno do objeto do pagamento, entre o credor e terceiro, a melhor atitude a ser tomada pelo devedor consiste em promover o depósito (inciso V), pois assim não incorrerá em mora e assegurará o direcionamento da prestação ao vencedor da demanda. Mesmo que o devedor não carregue consigo dúvida nenhuma acerca de quem seja o titular do direito, a simples existência da controvérsia é suficiente para que o depósito se mostre a melhor atitude a tomar, pois do contrário estará assumindo o risco de pagar a quem posteriormente seja excluído da condição de credor, do que resultam consideráveis repercussões no plano cível, como se verá abaixo. Porém, não se aplica o inciso V quando o litígio for entre o devedor e o credor, porque então incidirá alguma das outras regras do art. 335, ou norma diversa contida na legislação em geral.

O devedor de obrigação litigiosa exonerar-se-á mediante consignação, mas, se pagar a qualquer dos pretendidos credores, tendo conhecimento do litígio, assumirá o risco do pagamento (art. 344). Instalado litígio judicial entre o credor e terceiro, tendo por alvo a prestação pendente, não ficará o devedor imediatamente exonerado da obrigação por meio do pagamento diretamente feito ao credor, se ciente da discussão estabelecida. A liberação somente ocorrerá, em tal hipótese, mediante consignação da prestação devida, eis que após o deslinde da controvérsia ficará definida a titularidade do direito de recebê-la. Sabendo do litígio e ainda assim promovendo o pagamento diretamente ao credor, estará o devedor aceitando o risco de pagar mal e ter de novamente fazê-lo, bastando para tanto que o terceiro reste vencedor na disputa travada contra aquele que figurava originalmente como credor. Caso ignorasse a existência de discussão judicial em torno do objeto da obrigação ao tempo do pagamento efetuado, o devedor ficará integralmente liberado, cabendo ao terceiro, caso saia vitorioso no litígio, buscar junto ao credor original o exercício dos direitos reconhecidos. Isto porque, desconhecendo a controvérsia e tendo respeitado os termos da obrigação assumida, não poderá ser responsabilizado pela satisfação das prerrogativas reconhecidas em juízo em favor do terceiro que disputou com o credor.

Se a dívida se vencer, pendendo litígio entre credores que se pretendem mutuamente excluir, poderá qualquer deles requerer a consignação (art. 345). É possível que, havendo pluralidade de credores na mesma obrigação, instale-se controvérsia judicial entre eles, uns buscando a exclusão dos outros em relação ao direito emergente do liame obrigacional. Juntando-se a essa circunstância o vencimento da dívida e a inércia do devedor quanto ao pagamento ou à consignação, poderá qualquer dos co-credores ajuizar demanda visando a compelir o sujeito passivo à efetivação do depósito da prestação. Embora o ajuizamento da lide consignatória seja prerrogativa do devedor, excepcionalmente a lei admite que a iniciativa parta de um dos co-credores, exatamente para assegurar que, definido o litígio pendente entre eles, o vencedor possa levantar a prestação depositada e ver cumprida a obrigação na íntegra. Cabe salientar que com o depósito fica plenamente liberado o devedor, independentemente de quem venha a sair vitorioso na disputa travada entre os co-credores.

2.3. Pressupostos da consignação

Para que a consignação tenha força de pagamento, será mister concorram, em relação às pessoas, ao objeto, modo e tempo, todos os requisitos sem os quais não é válido o pagamento (art. 336). Tendo em vista que à consignação são atribuídos os efeitos de genuíno pagamento, devem ser nela observados todos os elementos pertinentes a este, pois somente assim ficará liberado o devedor. Portanto, caberá ao obrigado: a) indicar a pessoa em favor de quem está consignando, pois somente o credor, ou o seu representante, tem legitimidade para receber a prestação com eficácia liberatória do pólo passivo. Se houver dúvida quanto a esse aspecto, terá o devedor de ao menos apontar quais as pessoas que poderiam ser titulares do crédito, ficando a cargo do juízo a tarefa de definir a quem caberá; b) depositar exatamente a prestação ajustada, observadas inclusive a qualidade, a quantidade e as demais particularidades, pois o credor tem o direito de receber especificamente aquilo que lhe é devido. Havendo discussão em torno do objeto, o obrigado consignará o valor ou a coisa que entenda devidos, cabendo ao juízo decidir se o depósito foi ou não suficiente para liberar o *solvens*; c) observar o modo convencionado (à vista, em parcelas etc.); d) consignar em tempo hábil, ou seja, assim que, vencida a dívida, advier o prazo convencionado ou verificar-se a condição a que se subordinava a exigibilidade da prestação. Além disso, há necessidade de caracterização de alguma das hipóteses legais que autorizam a propositura da demanda.

O requisito temporal é o que mais tem suscitado controvérsias, de vez que, obviamente, de ninguém pode ser exigido que consigne antes do vencimento da prestação. Isto porque nos contratos o prazo é fixado em proveito do devedor, salvo se do teor do instrumento, ou das circunstâncias, resultar que se estabeleceu a benefício do credor, ou de ambos os contratantes (art. 133). Logo, ao devedor é facultado adimplir antes do vencimento, mas o credor não pode impor tal conduta ao sujeito passivo. No máximo, quando houver sido estipulado o prazo em seu proveito, poderá o sujeito ativo recusar a prestação antes de vencida. Considerado esse quadro jurídico, e supondo-se que a dívida vença em 10 de maio, sem indicação de horário máximo para pagamento naquela data, o sujeito passivo terá até o último instante do citado dia para se liberar regularmente. Todavia, caso o credor oponha resistência após o horário de encerramento do expediente forense, restará ao interessado realizar a consignação no primeiro dia útil subseqüente ao do vencimento, sem que isso importe na intempestividade da iniciativa. Por outro lado, nos casos em que se frustre a consignação em tão estreito espaço de tempo, a viabilidade da medida dependerá do depósito, pelo obrigado, da prestação acompanhada dos respectivos corolários, *v. g.*, juros e multa. Se assim não for, a demanda será julgada improcedente e o devedor suportará todas as conseqüências advindas desse quadro jurídico (encargos da mora, custas, honorários etc.), incidentes desde a data em que teria de ocorrer o regular adimplemento.

Se a prestação consignada após o vencimento não mais for útil ao credor, estará caracterizado o inadimplemento absoluto. Este faz com que o conteúdo obrigacional deixe de apresentar os proveitos e expectativas gerados no espírito do sujeito ativo. Assim, poderá o credor enjeitar o objeto, pois a ninguém é dado forçá-lo a receber algo sem prestabilidade jurídica e econômica. Esse quadro não se confunde com aquele produzido pelo inadimplemento relativo, que permite acolher a consignação mesmo diante de eventual atraso do devedor, porque aproveitável pelo sujeito ativo a prestação ofertada, acrescida do que na espécie couber.

O desiderato primacial do pagamento por consignação não é discutir a quantificação do débito, mas oferecer ao credor a *res debita*, isto é, a coisa devida. Portanto, descabe consignação quando existir iliquidez ou incerteza na dívida. Também não são consignáveis as prestações negativas, pois estas consistem em um *non facere* incompatível com a atitude de entregar em juízo determinado objeto. As obrigações de fazer somente serão suscetíveis de consignação quando forem complementáveis por meio de um dever de dar (exemplo: fazer e entregar um móvel), pois do contrário, esgotando-se em um só ato do obrigado (exemplo: limpar vidraças de um prédio), não haverá objeto a consignar.

Ainda quanto ao objeto da consignação, o art. 341 estabelece: *"Se a coisa devida for imóvel ou corpo certo que deva ser entregue no mesmo lugar onde está, poderá o devedor citar o credor para vir ou mandar recebê-la, sob pena de ser depositada"*. Pode a coisa devida consistir em coisa certa, seja porque assim definida pelas partes, seja porque o credor, quando poderia optar por uma dentre várias, perdeu o direito de escolha. A verdade é que em se tratando de corpo certo que tenha de ser entregue no lugar onde está (ou no lugar convencionalmente fixado para pagamento), poderá o devedor citar o credor para que, pessoalmente ou por representante, dirija-se ao pólo adverso para a efetivação do recebimento. Deixando o credor de comparecer, o *solvens* estará legitimado a promover o depósito, pois assim encaminhará a própria liberação no tocante ao dever jurídico assumido. O mesmo procedimento será adotado quando a coisa devida consistir em bem imóvel, observadas as peculiaridades acima expostas. A prestação relativa a bens imóveis pode ser representada pela imissão na posse, pela outorga da escritura definitiva etc.

O art. 342 arremata: *"Se a escolha da coisa indeterminada competir ao credor, será ele citado para esse fim, sob cominação de perder o direito e de ser depositada a coisa que o devedor escolher; feita a escolha pelo devedor, proceder-se-á como no artigo antecedente"*. Como se sabe, é possível que a obrigação seja de entregar coisa indeterminada, porém determinável em algum momento da relação jurídica. Sendo dessa espécie a obrigação, e cabendo ao credor a determinação da coisa a ser dada em cumprimento do dever jurídico, será pelo devedor providenciada a citação daquele, a fim de que promova a escolha. Permanecendo inerte, o credor perderá o direito de escolher, passando tal prerrogativa a pertencer ao devedor. Depois de realizada a escolha pelo devedor, o procedimento atenderá ao disposto no art. 341, com citação do credor para que busque ou mande buscar a coisa, sob pena de ser depositada aquela apontada pelo obrigado. Isto porque com a escolha a obrigação passará a ser de entrega de corpo certo. Por fim, quando a obrigação for de entregar coisa indeterminada e a escolha competir desde o início ao devedor não será aplicável o art. 342, eis que bastará ao *solvens* promover a indicação e ofertar a coisa ao pólo adverso. Sendo necessário, poderá o devedor proceder em conformidade com o art. 341.

A respeito do lugar do pagamento, importa ainda destacar o teor do art. 337 do Código Civil: *"O depósito requerer-se-á no lugar do pagamento, cessando, tanto que se efetue, para o depositante, os juros da dívida e os riscos, salvo se for julgado improcedente"*. Foro competente para a consignação é o do lugar do pagamento, conforme definido pelas partes ou fixado em lei. Mesmo nos casos em que o devedor optar pelo depósito bancário previsto no art. 890 e parágrafos, do Código de Processo Civil, a iniciativa somente surtirá os efeitos que lhe são inerentes se levada a cabo em instituição bancária oficial situada no lugar da entrega da prestação, pois do contrário haverá inobservância de um dos requisitos de validade.

2.4. Levantamento do depósito pelo devedor

É sabido que o devedor pode querer livrar-se da obrigação por meio da consignação em pagamento, seja judicial ou bancária, estando legitimado a assim proceder nos casos previstos em lei. Esta, por outro lado, confere natureza reversível ao depósito efetuado, desde que observadas certas particularidades.

A primeira situação diz respeito à possibilidade de retratação do obrigado no interregno fluído entre o depósito e a primeira manifestação do credor na lide, quer porque houve citação e ainda não ocorreu resposta, quer em virtude da ausência de citação. Enquanto o credor não declarar que aceita o depósito, ou não o impugnar, poderá o devedor requerer o levantamento, pagando as respectivas despesas, e subsistindo a obrigação para todas as conseqüências de direito (art. 338). Sendo o caso de depósito bancário do valor correspondente ao pagamento (art. 890, § 1º, do Código de Processo Civil), o credor será notificado para manifestar por escrito e em 10 (dez) dias a sua recusa, sob pena de ficar liberado o devedor. Havendo aceitação expressa ou silêncio por parte do credor a quantia não mais poderá ser levantada de modo unilateral pelo oponente, tendo em vista que permanecerá depositada à disposição do primeiro. Portanto, ao devedor é facultado o levantamento da verba somente na hipótese de o credor recusar-se expressamente a aceitar o valor depositado, e contanto que nos 30 (trinta) dias subseqüentes não seja proposta pelo obrigado ou por terceiro a competente ação de consignação (art. 890, §§ 3º e 4º, do Código de Processo Civil).

Tratando-se de depósito judicial feito no âmbito de lide consignatória, e citado o credor, o levantamento somente poderá ser promovido unilateralmente antes da contestação, pois nesta é que se define a impugnação ou mesmo a aceitação da oferta. Em qualquer dos casos de levantamento unilateral, pelo devedor, da importância depositada, considera-se inocorrente o pagamento, razão pela qual subsiste a obrigação em todos os seus aspectos (juros, efeitos gerais da inadimplência, cláusula penal, multa etc.), até que o sujeito passivo se libere pelos meios que tiver à disposição. Além disso, para levantar o montante terá o devedor de arcar com as despesas porventura incidentes, como as relativas a custas processuais, encargos bancários e assim por diante.

Caso o credor entenda como pleno o depósito e postule a liberação da prestação consignada, o devedor não poderá sacá-la, a menos que com isso consinta a parte adversa. O renomado *Sílvio Rodrigues*, a propósito, obtempera: *"Na hipótese de aceitação do depósito pelo credor, a dívida se extingue, pois a consignação tem o efeito de pagamento. Ora, se o credor, a pedido do devedor, concorda no levantamento do depósito a ser procedido pelo devedor, surge uma nova dívida, que substitui a anterior, mas que com ela não se confunde"*. Segundo o citado jurista, haveria novação do débito anterior, de maneira que a pendência original restaria solucionada.

Acerca da disciplina do assunto, há outra regra jurídica a ser mencionada. Segundo ela, o credor que, depois de contestar a lide ou aceitar o depósito, aquiescer no levantamento, perderá a preferência e a garantia que lhe competiam com respeito à coisa consignada, ficando para logo desobrigados os co-devedores e fiadores que não tenham anuído (art. 340). Para estes, o depósito significava concreta perspectiva de liberação, e o desinteresse do credor quanto ao objeto disponibilizado não os poderá lesar. Logo, o credor que permite ao devedor o resgate da prestação que àquele havia sido ofertada acaba provocando a extinção da dívida primitiva e a geração de outra em seu lugar, extraindo-se disso o ânimo de novar. Assim sendo, obviamente que as pessoas postadas originalmente na posição de garantidores da obrigação geradora do ato de consignar estarão liberadas de quaisquer ônus, exceto se tomarem direto assento na formatação do novel liame obrigacional.

Julgado procedente o depósito, o devedor já não poderá levantá-lo, embora o credor consinta, senão de acordo com os outros devedores e fiadores (art. 339). Sendo considerado procedente o depósito, o seu conteúdo ficará à disposição do credor e terá efeito liberatório da parte consignante, vedando-se a esta o levantamento da prestação ainda que com o assentimento daquele, se isso for em prejuízo dos demais interessados. Somente por exceção, havendo aquiescência também dos co-devedores e dos fiadores, admitir-se-á o levantamento pelo obrigado. O consentimento, porém, não restabelece o teor do vínculo extinto. Em verdade, o levantamento do depósito pelo devedor, com a aquiescência do credor, dos co-devedores e dos fiadores, fará com que haja liberação do pólo passivo, pois a sentença já operara a extinção da obrigação. Somente persistirá a dívida se expressa referência for feita pelas partes nesse sentido. Pode-se falar que também aqui estará presente o ânimo de novar, se o credor autorizar o saque da prestação pelo devedor já liberado por meio da sentença. Discorrendo sobre o levantamento do depósito mesmo contra a vontade dos co-devedores e fiadores, *Caio Mário da Silva Pereira* afirma: *"Se, não obstante, ocorrer o levantamento, pois que nem uma sentença passada em julgado tem força para impedir o acordo entre as partes, os co-responsáveis ficam exonerados, e contra eles não poderá agir o credor em tempo nenhum"* (obra citada, vol. II, p. 141).

2.5. Questões processuais

Há aspectos processuais da ação de consignação em pagamento que merecem breve abordagem, a fim de elucidar com plenitude a matéria. Em virtude disso, nesta etapa do trabalho será feita menção aos dispositivos que, contidos no Código de Processo Civil, disciplinam a citada medida liberatória (arts. 890 a 900).

Conforme salientado noutro tópico, o pagamento em consignação pode ser feito em juízo ou em instituição bancária oficial. Sendo prestação em dinheiro, fica a critério do devedor a opção por esta ou aquela modalidade (art. 890, § 1º), mas no caso de prestação que não seja moeda corrente, restará apenas a perspectiva da providência judicial. A ação de consignação tem natureza *declaratória*, não se limitando, o seu cabimento, às hipóteses de dívida em dinheiro cujo teor apresente liquidez e certeza. Ela é aplicável também quando existir dúvida em torno do valor específico da obrigação, de maneira que o autor da demanda deposita o montante que entende ser devido, competindo ao juiz declarar se aquela importância econômica é suficiente para liberar o interessado. Não obstante, tem-se admitido que o pleito de consignação em pagamento de parcelas que se entende devidas não seja exclusivamente deduzido na ação concebida em seu formato puro, podendo ser apresentado como elemento complementar em demandas revisionais de contratos (STJ, Ag. Reg. no RE n. 609296/MG). Por outro lado, é iterativo o entendimento de que pode ser discutido, em sede de ação consignatória, o valor do débito, mesmo que isso implique na revisão de cláusulas contratuais (STJ, Ag. Reg. no AI n. 619154/RJ).

Tratando-se de consignação extrajudicial, o devedor deposita o valor em estabelecimento bancário oficial, onde houver, situado no lugar do pagamento, em conta com correção monetária. O credor será cientificado por carta com aviso de recepção, tendo prazo de 10 (dez) dias para a manifestação de recusa. Decorrido o lapso temporal sem a manifestação de recusa, o devedor fica liberado da obrigação, permanecendo à disposição do credor a quantia depositada (art. 890, § 2º). Ocorrendo a recusa, manifestada por escrito ao estabelecimento bancário, o devedor ou terceiro poderá propor, dentro de 30 (trinta) dias, a ação de consignação, instruindo a inicial com a prova do depósito e da recusa (art. 890, § 3º). Não proposta a ação no aludido prazo, ficará sem efeito o depósito, podendo levantá-lo o depositante (art. 890, § 4º).

Nas dívidas portáveis, a propositura da consignação ocorrerá no lugar do pagamento, se não houver foro de eleição fixado no instrumento constitutivo do liame obrigacional, pois se isso ocorrer a ação será nele aparelhada. Nas dívidas quesíveis, a lide fluirá no domicílio do devedor, ou, a critério deste, no do credor. Quando a coisa devida for corpo que deva ser entregue no lugar em que está, poderá o devedor requerer a consignação no foro em que ela se encontra (art. 891, parágrafo único). Na consignação em pagamento de aluguel e acessório da locação, é competente para conhecer e julgar a ação o foro do lugar da situação do imóvel, salvo se outro houver sido eleito no contrato (art. 58, II, da Lei n. 8.245/91).

Promovendo consignação judicial, o autor (devedor) requererá o depósito da quantia ou da coisa devida, a ser efetivado no prazo de 5 (cinco) dias contados do deferimento, ressalvada a hipótese do § 3º do art. 890. Pleiteará, também, a citação do réu para levantar o depósito ou oferecer resposta. Tratando-se de prestações periódicas, uma vez consignada a primeira, pode o devedor continuar a consignar, no mesmo processo e sem mais formalidades, as que se forem vencendo, desde que os depósitos sejam efetuados até cinco dias, contados da data do vencimento (art. 892). Na ação que objetivar o pagamento dos aluguéis e acessórios da locação mediante consignação, o pedido envolverá a quitação das obrigações que vencerem durante a tramitação do feito e até ser prolatada a sentença de primeira instância, devendo o autor promover os depósitos nos respectivos vencimentos (art. 67, III, da Lei n. 8.245/91). Caso o autor não realize o depósito no tempo adequado, haverá extinção do processo sem julgamento do mérito, haja vista a falta de implementação de requisito essencial de procedibilidade da lide. Observe-se, ainda, que não sendo pagos os aluguéis e encargos da locação, vencidos no curso da consignatória, no dia avençado entre as partes, incorre o autor em mora intercorrente, pois o depósito do valor da dívida para ser integral deve abarcar também a correção monetária (Ap. Cível n. 70012386496, TJRS).

O prazo para contestação é de quinze dias, haja vista a ausência de previsão de lapso temporal diferenciado para a apresentação de resposta nessa espécie de lide. A amplitude defensiva disponibilizada em tese ao demandado é a mesma atribuída ao réu citado em procedimento ordinário comum, ou seja, ele tem a faculdade de alegar tudo aquilo que entenda adequado para o resguardo da sua posição jurídica. O art. 896, todavia, elenca em caráter exemplificativo temas que podem ser abordados na contestação. Com efeito, admite-se a alegação de que: I – não houve recusa ou mora em receber a quantia ou coisa devida; II – foi justa a recusa; III – o depósito não se efetuou no prazo ou no lugar do pagamento; IV – o depósito não é integral. No caso deste último inciso, a alegação será admissível se o réu indicar o montante que entende devido (parágrafo único).

Com o oferecimento da contestação, a demanda segue o curso ditado pelo procedimento ordinário. Quando na contestação o réu alegar que o depósito não é integral, é lícito ao autor completá-lo, dentro em 10 (dez) dias, salvo se corresponder a prestação, cujo inadimplemento acarrete a rescisão do contrato (art. 899). Alegada a insuficiência do depósito, poderá o réu levantar, desde logo, a quantia ou a coisa depositada, com a conseqüente liberação parcial do autor, prosseguindo o processo quanto à parcela controvertida (§ 1º). A sentença que concluir pela insuficiência do depósito determinará, sempre que possível, o montante devido, e, neste caso, valerá como título executivo, facultado ao credor promover-lhe a execução nos mesmos autos (§ 2º). Não oferecida a contestação, e ocorrentes os efeitos da revelia, o juiz julgará procedente o pedido, declarará extinta a obrigação e condenará o réu nas custas e honorários advocatícios (art. 897). Proceder-se-á do mesmo modo se o credor receber e der quitação (parágrafo único).

Como a consignação regularmente efetuada tem força de pagamento, o julgamento de procedência da ação libera o devedor, fazendo com que não incidam juros de mora e fiquem afastados os riscos da coisa. Julgada improcedente, o devedor permanece na situação anterior à iniciativa consignatória, suportando os ônus e encargos concernentes ao inadimplemento.

Capítulo 3

DO PAGAMENTO COM SUB-ROGAÇÃO

3.1. Considerações gerais e conceito

Conseqüência ordinária do pagamento é a extinção do dever jurídico satisfeito, com liberação plena e irrestrita do devedor e geração de óbice a qualquer outra pretensão, a respeito da obrigação solvida, por parte do credor. Não obstante, há situações em que deflui do pagamento repercussão mais complexa do que a referida acima. Uma delas se verifica na hipótese de sub-rogação, instituto pelo qual o adimplemento da obrigação por pessoa que não o devedor primitivo altera a relação jurídica mantida entre este e o credor. Em virtude dela, fica liberado o sujeito passivo do dever que mantinha junto ao credor primitivo, investindo-se o agente, que adimpliu a prestação, na mesma posição jurídica originalmente desfrutada pelo *solvens*.

A sub-rogação constitui uma exceção de que o pagamento extingue a obrigação. É ela uma figura *sui generis*, eis que o pagamento promove tão-somente uma alteração subjetiva da obrigação, mudando o credor. Destarte, ocorre sub-rogação quando alguém, por força de lei ou de convenção, investe-se na qualidade creditória até então cabível a outrem, o que acontece em função de ter satisfeito a obrigação alheia ou emprestado o montante necessário para solvê-la. Vale dizer, o devedor original fica liberado da obrigação frente ao credor, mas passa a dever a mesma prestação, com igual formatação, ao terceiro que, interessado ou não, efetuou o adimplemento. Em suma, o pagamento não faz fenecer a obrigação, operando mutação de seu formato inicial quanto à titularidade do pólo ativo e, conseqüentemente, do crédito.

A respeito da fonte de que emana o instituto, pode-se afirmar que a sub-rogação resulta de acordo de vontades entre o credor e terceiro ou entre este e o devedor, desde que a convenção seja contemporânea ao pagamento e expressamente declarada. Exame mais aprofundado em torno de cada um dos elementos da sub-rogação será feito ao longo da exposição, nos tópicos subseqüentes.

3.2. Efeitos da sub-rogação

O principal efeito da sub-rogação consiste em atribuir àquele que pagou a dívida os mesmos direitos cabíveis ao credor primitivo, nisso incluídas as garantias, os privilégios e as características gerais do crédito original. O art. 349 preleciona: *"A sub-rogação transfere ao novo credor todos os direitos, ações, privilégios e garantias do primitivo, em relação à dívida, contra o devedor principal e os fiadores"*. Portanto, a sub-rogação apresenta-se como uma alteração subjetiva que culmina por transferir a alguém o crédito e suas peculiaridades. Não acontece a extinção do liame primitivo e a criação de outro em seu lugar; há, apenas, a mudança do titular do crédito. Há liberação do devedor em relação ao credor primitivo, mas o mesmo vínculo jurídico continua o seu trajeto, passando a vigorar entre o devedor original e aquele que viabilizou a satisfação da dívida. Exemplo clássico de sub-rogação é a que aproveita ao fiador que paga a dívida do inquilino afiançado e se torna credor da importância entregue ao locador. Por força de lei, o fiador é co-responsável pelo pagamento do débito, mas tem o direito de se voltar contra o afiançado com vistas à recuperação do montante pago. Para isso, ocupa o lugar do antigo credor, assumindo a prerrogativa de pleitear reembolso nas mesmas condições, vantagens e circunstâncias que até então estavam enfeixadas na esfera jurídica do *accipiens*. Ao se transferir para o sub-rogado, o crédito é acompanhado de todos os elementos com que foi inicialmente constituído. Isso implica na constatação de que as garantias reais e fidejussórias, a taxa de juros, o montante atualizado do débito e todos os demais elementos a ele pertinentes passam a fazer parte da prerrogativa jurídica endereçada ao sub-rogado. Uma vez verificada a sub-rogação, o novo credor assume integralmente a posição do credor original, nela investindo-se com todos os defeitos e proveitos que constituíam o crédito. Assim, a hipoteca, o penhor, as preferências em geral e outras nuanças quaisquer passam ao novel credor como se desde o princípio fosse ele o titular do direito. De outra banda, as exceções e defesas possíveis que teria o devedor contra o credor original continuarão a ser invocáveis contra o sub-rogado. No que diz respeito à operacionalidade do crédito, também inexistem modificações estruturais a partir da translação, eis que o novo credor poderá exercer as prerrogativas em que restou investido não apenas contra o devedor principal, mas igualmente contra os fiadores que assumiram posição de garante em relação à dívida.

Como se percebe, a sub-rogação tem por objetivo primacial oferecer a maior segurança jurídica possível ao terceiro que satisfaz a dívida, oportunizando-lhe uma base de reembolso tão vigorosa quanto aquela de que dispunha o sujeito ativo originalmente atrelado ao liame obrigacional. Esse mecanismo propicia evidente facilitação à geração e ao desenvolvimento das relações obrigacionais, de vez que apresenta ao terceiro clara perspectiva de saber exatamente quais os elementos que terá à disposição na futura busca do reembolso a que faz jus.

Comparada com a situação em que terceiro paga a dívida sem ficar investido das garantias e acessórios que ornavam a obrigação em sua origem, a sub-rogação é notoriamente mais vantajosa e eficaz. Quando a lei assegura direito regressivo ao *solvens*, mas não assegura sub-rogação, a titularidade do crédito assim gerado muitas vezes se torna inócua, haja vista, por exemplo, a insolvência do devedor. Porém, ao transmitir ao sub-rogado todas as qualidades creditórias, o legislador acena com a possibilidade concreta de que o terceiro vislumbre ampla perspectiva de recuperação do montante despendido, dependendo das garantias que revestem o crédito satisfeito. Daí que isso acaba facilitando o adimplemento das obrigações por quem talvez a tanto não se dispusesse caso inexistissem os atributos trazidos pela sub-rogação.

Embora tenha alguma semelhança, quanto ao resultado final, com a cessão de crédito, a sub-rogação não pode ser confundida com aquele outro instituto. Ainda que em ambos os casos não se exija consulta ao credor para que diga se anui ou não com a operação, é notório o caráter especulativo da cessão de direito, peculiaridade ausente na sub-rogação legal e mitigado na convencional. Com efeito, o sub-rogado por força de lei é investido na prerrogativa de pleitear reembolso do montante gasto na solução da dívida, mas em nenhuma hipótese podendo ultrapassar tal limite. Já o sub-rogado convencional pode reclamar a totalidade da dívida mesmo quando libera o devedor por montante inferior ao original, mas o caráter de especulação não integra a estrutura típica e prática do instituto. Na cessão de crédito, o cessionário tem liberdade para tentar auferir proveito econômico, e via de regra o obtém, pois a experiência comum revela que o cedente muitas vezes transfere a sua faculdade creditória por valor abaixo do nominal. A propósito, o ânimo de conseguir lucro é um dos fatores que mais fomenta a cessão de crédito, ao passo que pouco ou nada representa dentro da sub-rogação.

3.3. Espécies de sub-rogação

Duas são as fontes da sub-rogação: a lei ou a vontade das partes. Disso resultam as espécies em vigor no sistema jurídico brasileiro: a legal e a convencional. A transferência de todas as características positivas e negativas do crédito ao novo sujeito ativo ocorre tanto na sub-rogação legal como na convencional, sendo de salientar, porém, quanto a esta última, que podem as partes limitar os efeitos translativos, impedindo que alguns ou todos os privilégios, garantias ou ações sejam transmitidos. Assim, é possível que na sub-rogação convencional, por força de expressa avença entre as partes, o novo credor não seja investido na totalidade dos atributos que resguardavam primitivamente o crédito.

Observe-se, ainda, que não há se falar em sub-rogação, mesmo convencional se o terceiro, não interessado, paga a dívida em nome e por conta do devedor, não podendo, pois, substituir o credor no pólo ativo da relação obrigacional. Terá ele, em tese e no máximo, ação contra o devedor para se reembolsar do que houver despendido, consoante disposto no art. 305 do Código Civil. A sub-rogação pressupõe expresso interesse em fixar o direito de recuperação do montante da dívida satisfeita ou da importância paga, não sendo compatível com o instituto a atitude de solver por benevolência para com o devedor ou como decorrência de *animus donandi*.

3.3.1. Sub-rogação legal

O art. 346 do Código Civil dispõe: "*A sub-rogação opera-se, de pleno direito, em favor: I – do credor que paga a dívida do devedor comum; II – do adquirente do imóvel hipotecado, que paga a credor hipotecário, bem como do terceiro que efetiva o pagamento para não ser privado de direito sobre imóvel; III – do terceiro interessado, que paga a dívida pela qual era ou podia ser obrigado, no todo ou em parte*". O efeito apontado na norma independe de previsão oriunda das partes, sendo característico da denominada sub-rogação legal, já que em decorrência da natureza mesma da operação realizada o legislador determina a substituição do credor por quem saldou a dívida ou providenciou recursos para solvê-la. Logo, a citada conseqüência se opera à míngua de qualquer convenção expressa ou de alguma intenção tacitamente revelada pelas partes interessadas.

Várias são as hipóteses de incidência da sub-rogação legal, mencionadas em elenco taxativo produzido pelo legislador e disposto no já referido art. 346. Do inciso I se extrai que havendo pluralidade de credores, e vindo um deles a pagar a dívida do obrigado comum aos co-credores, ficará o *solvens* de pleno direito sub-rogado em todas as qualidades creditórias até então existentes em favor do pólo ativo da relação obrigacional. Pressuposto essencial é que tanto quem paga como quem recebe sejam credores do mesmo devedor. Exemplo: Pedro, Manoel e Lucas são credores da importância de 90 junto a Igor. Caso o débito venha a ser pago por Manoel aos consortes, ele fica investido das mesmas qualidades creditórias que o pólo ativo conjuntamente possuía contra o sujeito passivo. A medida pode ser interessante ao *accipiens*, como na situação, por exemplo, do credor sem privilégio que paga a dívida para ficar sub-rogado em direitos preferenciais cabíveis aos co-credores, e assim poder exercitá-los com primazia frente a direitos derivados de outras relações jurídicas.

Descabe perquirir acerca da natureza jurídica do crédito do *solvens*, pois, qualquer que seja, não bloqueará a faculdade legalmente conferida àquele que pretender liberar o devedor. Tampouco interessam os caracteres do crédito dos consortes, eis que o pagamento de toda a dívida operará a liberação do devedor e promoverá a satisfação do direito de todos os *accipiens*. São requisitos para que ocorra a sub-rogação prevista no inciso I: a) pluralidade de credores; b) que o *solvens* seja credor; c) pagamento da totalidade do débito em favor dos co-credores.

No inciso II está patenteado um quadro que se pode afirmar *sui generis*, pois acaba atribuindo ao *solvens*, em virtude da sub-rogação, garantia sobre o próprio bem adquirido. Como decorrência disso existe certo questionamento em torno da sua praticidade ou não, mas, ressalvada essa circunstância, tem-se constatado que traz considerável utilidade em determinadas situações. Em razão da ambulatoriedade e da seqüela, elementos que acompanham os bens gravados de direitos reais, quem adquire imóvel hipotecado se sujeita a perdê-lo para o credor hipotecário se houver inadimplemento pelo devedor. Afinal, a alienação do bem não obsta a execução da hipoteca pendente e inadimplida, embora torne difícil encontrar alguém que se disponha a comprá-lo enquanto submetido a tal gravame.

Para evitar a excussão do imóvel hipotecado, pode o adquirente pagar a dívida contraída pelo alienante junto ao credor cujo direito é resguardado pela hipoteca. Com isso, ficará investido na totalidade da qualidade creditória, inclusive com conservação da hipoteca — que, curiosamente, incide sobre o próprio imóvel adquirido — como garantia do recebimento do crédito. Ao satisfazer a dívida o adquirente libera o devedor no que pertine ao credor primitivo e se posta em lugar deste, passando a figurar como titular das prerrogativas até então cabíveis ao sujeito anterior.

Também é admitida a sub-rogação de pleno direito em favor do terceiro que paga a dívida pendente sobre o imóvel hipotecado para evitar a privação de direito que eventualmente tenha sobre o mesmo bem. Exemplo: Pedro é credor hipotecário em segundo grau. Interessado em impedir a excussão hipotecária porque entende ser pequena, naquele momento, a probabilidade de alcançar preço razoável que permita também a solução do seu crédito, paga a dívida a José, credor em hipoteca de primeiro grau, ficando sub-rogado nos direitos deste. Assim, evitará a alienação do bem em favor do outro credor e terá preferência para o recebimento do produto da excussão que futuramente vier a ser realizada.

Nos moldes do inciso III, ficam sub-rogados de pleno direito nas qualidades creditórias os terceiros interessados ao pagarem dívidas que, por alguma circunstância jurídica, deles mesmos poderiam ser reclamadas. Aí está o manancial mais fecundo do instituto da sub-rogação, onde se concentra a imensa maioria dos casos. É o que ocorre com fiadores, devedores solidários e responsáveis conjuntos em geral, que ao invés de permanecerem em uma atitude contemplativa e de aguardo, tomam a iniciativa de efetivar o pagamento. Já que essa medida é autoprotetiva, até mesmo porque geralmente obstaculiza o agravamento da situação do pólo passivo quando iminente a incidência de encargos por inadimplemento, o legislador viabiliza a sub-rogação do *solvens* (*v. g.*, fiador) para que possa substituir o *accipiens* (*v. g.*, locador) e exercer na plenitude o direito de crédito contra o devedor liberado (*v. g.*, inquilino). Observe-se que a exoneração do obrigado pelo terceiro interessado que poderia vir a ser demandado pela dívida acaba sendo extremamente proveitosa ao credor original, pois torna desnecessária a adoção de providências judiciais tendentes à obtenção do pagamento.

Na sub-rogação legal o sub-rogado não poderá exercer os direitos e as ações do credor, senão até à soma que tiver desembolsado para desobrigar o devedor (art. 350). Destarte, se a dívida era de 100 e a exoneração do obrigado contou com a participação pecuniária do sub-rogado até a importância de 80, tal será o limite do direito cabível ao novo credor contra o sujeito passivo exonerado da relação original. Solução diversa se aplica à modalidade convencional, pois ao *solvens* é conferida a prerrogativa de cobrar a totalidade do débito ainda que tenha liberado o sujeito passivo original pagando quantia menor, como será visto na seqüência.

3.3.2. Sub-rogação convencional

Ausentes os pressupostos que caracterizam a sub-rogação legal, a existência do instituto depende de concreta manifestação volitiva provinda dos interessados. O art. 347 estabelece: "*A sub-rogação é convencional: I – quando o credor recebe o pagamento de terceiro e expressamente lhe transfere todos os seus direitos; II – quando terceira pessoa empresta ao devedor a quantia precisa para solver a dívida, sob a condição expressa de ficar o mutuante sub-rogado nos direitos do credor satisfeito*". Como se percebe por simples exame da letra da lei, a sub-rogação é convencional quando tem origem na vontade das partes, que livremente pactuam a investida de uma delas nas qualidades creditórias relativas a determinada relação obrigacional. A vontade que investe alguém em tais atributos pode partir tanto do credor como do devedor, nos moldes preconizados nos dois incisos reproduzidos. Observe-se, por relevante, que a previsão geradora da sub-rogação precisa ser formulada até o momento em que ocorre o pagamento, pois se assim não for haverá pura e simples extinção do débito em virtude do adimplemento realizado. Se houver ajuste de vontades posterior à aludida extinção, não se instalará o quadro da sub-rogação, produzindo-se apenas, de acordo com as circunstâncias, novo liame obrigacional.

O inciso I admite a iniciativa do próprio credor em transferir a terceiro os direitos pertinentes ao crédito satisfeito, tendo em vista a solução da dívida e a liberação do obrigado frente ao *accipiens*. A transferência dos direitos ao terceiro deve ser expressa, isto é, resultar inequívoca de ato praticado pelo antigo credor, *v. g.*, confecção de termo específico para esse fim, comunicação através de correspondência etc. Não é exigida forma especial, bastando que se faça por escrito, seja em instrumento público ou particular. A operação pode ocorrer com ou sem prévia ciência do devedor, eis que independe da sua participação ou anuência.

Na hipótese acima aventada, vigorará o disposto quanto à cessão do crédito (art. 348). Isto porque entre a sub-rogação convencional por vontade do credor e a cessão de crédito existem inúmeros pontos de afinidade, especialmente porque nelas a vontade do devedor é desnecessária e estranha à perfectibilização da avença. A rigor, portanto, o mecanismo de construção e o resultado final de ambos os institutos são praticamente idênticos. Tendo em vista tal similitude, o legislador dispõe que as regras incidentes são as mesmas da cessão de crédito. Embora tal realidade, não teve o legislador a intenção de confundir sub-rogação convencional e cessão de direitos creditórios, pois entre elas existem certas distinções que não podem ser ignoradas. Destarte, enquanto a cessão não extingue a dívida, fazendo com que o direito subjetivo sofra apenas alteração de titularidade sem liberar o sujeito passivo, na sub-rogação o devedor é liberado perante o credor primitivo e passa a dever a quem se sub-rogou nas qualidades creditórias. Ademais, a cessão somente se opera por vontade do credor, ao passo que a sub-rogação muitas vezes independe da aquiescência do titular do crédito (inciso II do art. 347), ocorrendo à sua revelia ou mesmo contra a sua vontade. Também é de ressaltar que, ao contrário do que acontece na sub-rogação, o cedente é responsável pela existência do crédito no momento da cessão, se esta foi efetivada a título oneroso.

O segundo inciso do art. 348 trata de sub-rogação por vontade do devedor, que, com ou sem conhecimento anterior do sujeito ativo, capta junto a terceiro empréstimo de recursos para efetuar o pagamento da dívida. Em contrapartida, e como condição do mútuo, é estabelecido expressamente que o mutuante fica sub-rogado nos direitos do *accipiens* a partir do momento em que saldada a pendência. Nessa hipótese, não terá o credor primitivo ingerência alguma sobre a vontade emitida pelo devedor e pelo terceiro que empresta a quantia necessária à solução, pois o direito do sujeito ativo esgota-se no recebimento do montante correspondente ao seu crédito e não pode projetar-se sobre tema diverso. De resto, cuida-se de fenômeno que em nada prejudica o titular do crédito, carreando-lhe inclusive considerável proveito, traduzido na quitação da pendência original.

Para que se dê a sub-rogação convencional buscada pelo devedor é mister a conjugação de vários fatores. Inicialmente, exige-se que a convenção seja idealizada expressamente pelas partes até o instante do pagamento, aspecto já ventilado acima. Também é necessária inequívoca menção à circunstância de que o mútuo tomado pelo devedor junto a terceiro tem como destinação o adimplemento do dever jurídico que se tenciona submeter aos efeitos da sub-rogação. Por fim, reclama-se indicação direta acerca do fato de que a feitura do pagamento por meio do produto econômico do empréstimo sub-roga o mutuante nos direitos do *accipiens*.

Solvida assim a obrigação, o mutuante investe-se nas qualidades creditórias que envoviam o direito do *accipiens* e passa a ter a faculdade de exercê-las contra o devedor, cuja liberação ocorre apenas no que concerne ao credor original. A expressa condição, que dá surgimento a essa modalidade de sub-rogação, precisa estar inserida em instrumento público ou particular, pois embora inexista requisito formal específico a ser preenchido, a prova da sub-rogação convencional somente fica patenteada por escrito.

Em termos de perspectiva quantitativa de reembolso do valor pago, a sub-rogação convencional não se submete ao limite posto no art. 351. Este, destinado unicamente à modalidade legal, permite ao *solvens* recobrar apenas aquilo que efetivamente despendeu. Na espécie decorrente de convenção, independentemente do volume da participação econômica do sub-rogado na liberação do devedor perante o credor primitivo, a translação das qualidades creditórias abrangerá a totalidade da dívida. Isto porque a proximidade verificada entre os institutos da cessão de crédito e da sub-rogação convencional permite que exista nas entrelinhas desta última algum caráter indiretamente especulativo, embora não seja incentivado e nem figure como elemento necessário da operação. Assim, se o débito era de 100, mas a contribuição do terceiro na solução da pendência alcançar somente 80, a transferência do crédito abarcará o inteiro montante, ou seja, 100. Querendo limitar a translação ao patamar de efetiva contribuição do sub-rogado na liberação, caberá ao devedor fazer constar expressamente tal circunstância no instrumento de sub-rogação, pois no silêncio das partes o novo credor passará a ter direito ao total da dívida primitiva.

3.3. Sub-rogação parcial

É possível que terceiro, ao efetuar pagamento de dívida alheia, solva-a apenas parcialmente. Com isso, e sendo o caso de sub-rogação, haverá transferência dos direitos de crédito na exata proporção em que se deu o adimplemento incompleto. Em tal quadro, existirão dois sujeitos aptos ao exercício de prerrogativas creditórias frente ao devedor: o credor primitivo, pelo valor remanescente da prestação e o sub-rogado, até o montante do pagamento que realizou. Resta saber, portanto, como se dará a incursão de um e de outro contra o sujeito passivo, e quais os direitos que possuirão quando assim pretenderem agir.

O credor originário, só em parte reembolsado, terá preferência ao sub-rogado, na cobrança da dívida restante, se os bens do devedor não chegarem para saldar inteiramente o que a um e outro dever (art. 351). Na disputa entre o credor primitivo e o sub-rogado, confere o legislador prioridade ao primeiro. Caso o patrimônio do devedor não seja suficiente para suportar ao mesmo tempo o remanescente do débito original e o montante a que tem direito o sub-rogado, a preferência caberá ao credor inicial. Exemplo: Pedro contribui com 150 para satisfazer parte da dívida de Carlos junto a Frederico, pendência esta que totaliza 200. Com o pagamento parcial, fica ainda em aberto a importância de 50. Se o patrimônio de Carlos chegar a apenas 80, obviamente que não será suficiente para cobrir os valores devidos ao credor original e ao sub-rogado. Aplicada a norma em estudo, haverá em primeiro lugar a satisfação da pendência com Frederico (no valor de 50), enquanto os outros 30 terão como destinatário o sub-rogado Pedro.

Capítulo 4

DA IMPUTAÇÃO DO PAGAMENTO

4.1. Considerações gerais e conceito

Para os fins previstos nos arts. 352 a 355 do Código Civil, imputar significa aplicar ou apontar um pagamento a determinada dívida, dentre outras pendentes junto ao mesmo credor, sendo todas líquidas, vencidas e fungíveis entre si. Seu objetivo principal consiste, então, em discriminar a obrigação que está sendo solvida pelo devedor, quando não se possa aferir de imediato, sem prévia manifestação de vontade, a relação obrigacional que se extingue por meio da prestação oferecida. Eventual ausência de identificação do débito que se tenciona satisfazer poderia acarretar prejuízos para o devedor (*v. g.*, em razão da diferença nas taxas de juros aplicáveis às várias obrigações pendentes) ou mesmo ao credor (*v. g.*, em virtude da incerteza quanto ao rumo dos créditos). Ciente da relevância desse aspecto, o legislador apresentou soluções para as várias hipóteses passíveis de verificação *in concreto*.

Imagine-se a situação em que Carlos tenha contraído três dívidas em dinheiro junto a Marcos, e que todas elas, já vencidas tenham valor de 100. Supondo-se que em certa data o devedor ofereça ao credor o montante de 200, surgirá a necessidade de apontar quais as pendências solvidas naquele momento. Entram em cena, então, as normas legais relativas à imputação do pagamento, pelas quais se promove a identificação exata dos débitos quitados. Em suma, visa-se, pela imputação, a definir o destino da prestação oferecida pelo devedor, para que seja especificada a relação obrigacional em todos os seus contornos a partir do pagamento efetuado.

4.2. Requisitos da imputação

Como já referido, imputar o pagamento significa definir, dentre várias prestações de coisas fungíveis devidas a um só credor pelo mesmo devedor, qual das obrigações está sendo satisfeita. Para que se viabilize a imputação, é necessária a conjugação dos pressupostos seguintes: a) existência de mais de um débito; b) que os débitos sejam da mesma natureza, isto é, que tenham por objeto coisas fungíveis de igual espécie e qualidade; c) identidade de credor e devedor; d) sejam os débitos líquidos e vencidos; e) que a oferta do obrigado cubra qualquer das dívidas, pois o credor não pode ser forçado a receber pagamento apenas parcial.

Já de início é relevante observar que a expressão *um só credor*, contida no texto legal, não significa que precise haver apenas um indivíduo postado no pólo ativo, eis que no caso de solidariedade tem-se um só credor como universo jurídico, não obstante vários indivíduos estejam colocados no mesmo pólo. Igual raciocínio vale para o pólo passivo, de maneira que a expressão *a pessoa obrigada*, posta na letra da norma, indica tanto o indivíduo singularmente considerado como o agrupamento devedor composto por vários indivíduos, contanto que ligados pelas relações obrigacionais mantidas perante o mesmo credor.

A existência de pluralidade de débitos é aspecto absolutamente imprescindível para a operacionalização do instituto da imputação do pagamento. Sendo apenas uma dívida, obviamente que não haverá como fugir da realidade de que o sujeito passivo terá de oferecer a prestação inteira ajustada. O credor não está obrigado a receber menos do que tem direito, assim com não lhe é exigível que receba em partes a prestação cujo adimplemento deveria ser feito integralmente e de uma só vez (art. 314 do Código Civil). Eventual fracionamento da prestação dependerá de prévia concordância do titular do crédito, ficando atrelada à sua exclusiva vontade qalquer decisão em torno de pretensão que nesse sentido venha a ser deduzida pelo obrigado.

O segundo requisito consiste na igualdade da natureza das dívidas. Isso envolve basicamente a questão da fungibilidade das prestações pendentes, de maneira que todas sejam reciprocamente fungíveis, isto é, que a prestação oferecida possa servir para saldar qualquer das obrigações sujeitas à imputação. Exemplo: existindo três débitos em moeda corrente nacional, e havendo oferta de numerário suficiente para compor qualquer deles, não estará inicialmente ao alcance do credor definir o desaparecimento da dívida "A", "B" ou "C". Para ele interessa o pagamento, de modo que recebendo dinheiro haverá solução de ao menos parte do seu crédito.

Frise-se que a fungibilidade não diz respeito a cada prestação singularmente considerada, mas sim à perspectiva de que tenham a qualidade de serem fungíveis entre si. É claro que o requisito fundamental é da fungibilidade da prestação propriamente dita, pois se ela for infungível não poderá haver imputação, porque absolutamente imperioso o cumprimento direto e total pelo sujeito passivo. Destarte, se Cristiano deve a Sílvio um automóvel e certa quantia em dinheiro, não poderá ofertar moeda corrente para saldar a primeira dívida, já que a prestação que a integra é infungível. De resto, o credor não pode ser compelido a receber espécie diversa daquela que foi especificada na constituição do liame. Logo, a idéia de imputação não se aplica ao aludido caso, porque a fungibilidade das prestações precisa emergir soberana quando reciprocamente consideradas, e não quando examinadas como corpo individualizado.

O terceiro pressuposto concerne à identidade de sujeitos envolvidos nas diversas relações obrigacionais. A possibilidade de promover imputação do pagamento surge desde o momento em que o mesmo credor e o mesmo devedor tomem assento em várias obrigações. É daí que se extrai a necessidade de indicar qual das dívidas estará sendo satisfeita com o teor da prestação ofertada. Não há falar em imputação se os liames jurídicos têm partes diferentes, pois então cabe ao respectivo devedor adimplir, junto ao correspondente credor, a prestação ajustada. Inviável, por exemplo, que Vânia pretenda imputar o pagamento do valor de 100 em dívida que Mário possui junto ao credor comum, pois ao entregar a prestação estará adimplindo o seu próprio débito e não o alheio. Isso não impede, por óbvio, que entre os interessados ocorra acordo em sentido contrário, mas sem existir direito subjetivo do devedor a promover genuína imputação.

O quarto requisito abarca o tema atinente à liquidez e à exigibilidade das dívidas pelo vencimento. Líquida é a obrigação certa quanto à existência e determinada quanto ao objeto, ou seja, aquele dever jurídico cuja constituição é plenamente reconhecida e sobre o qual não pairam dúvidas acerca de limites e extensão de natureza econômica. Não podem ser alvo de imputação, portanto, uma dívida no valor de 100 e outra decorrente de uma colisão de veículo sem montante pecuniário apurado. Quando entregar moeda corrente, o devedor não poderá afirmar que está solvendo a obrigação ligada ao acidente de trânsito, porque notoriamente marcado pela iliquidez. Igual raciocínio se aplicaria no caso de já existir sentença em ação de reparação de danos, se ainda passível de liquidação o montante do débito a tal título.

Enquanto a dívida não vencer, será inexigível. Da mencionada inexigibilidade resultará óbice intransponível à imputação do pagamento. Exceção à regra acontece na hipótese de se ter estabelecido o prazo em benefício do devedor. Exemplo: se Valter tem três dívidas perante Maria, sendo duas de 100 (vencidas) e uma de 200 (não vencida), a oferta que acaso faça do valor de 200 poderá ser imputada pelo devedor tanto nas dívidas imediatamente exigíveis como naquela pendente de vencimento, se o prazo foi expressamente estipulado, quando da constituição do liame, em favor do sujeito passivo. Observe-se que à falta de previsão a respeito da matéria, o prazo contratual presume-se estabelecido em proveito do devedor, e somente por cláusula contrária beneficiará o sujeito ativo (art. 133 do Código Civil). Por fim, merece observação a circunstância de que as partes interessadas podem acordar quanto à imputação em dívida inexigível, mesmo quando originalmente tenham idealizado prazo proveitoso ao credor.

Como quinta exigência para a imputação encontra-se a de que a prestação ofertada tenha conteúdo bastante para cobrir mais de uma dívida dentre as pendentes. Caso o oferecimento consiga apenas alcançar a expressão econômica do menor débito, automaticamente nele se concentrará o adimplemento. Afinal, o credor não pode ser obrigado a aceitar em frações aquilo a que tinha direito por inteiro. De outra banda, é evidente que não se falará em imputação quando o pagamento oferecido for capaz de solver a totalidade das obrigações constituídas, pois então todas serão imediatamente extintas.

4.3. Espécies de imputação

A imputação, como direito de escolha sobre qual das dívidas recairá o pagamento oferecido, pode partir do devedor, do credor ou decorrer de previsão legal. Efetivamente, o legislador civil previu três espécies básicas de imputação do pagamento, disciplinando-as em normas autônomas: a) feita pelo devedor; b) feita pelo credor; c) decorrente da força da lei. Cada uma delas será analisada em tópico específico, visando a facilitar a assimilação dos seus respectivos caracteres. Todas elas, porém, apresentam a estrutura básica do instituto, com os elementos e pressupostos que lhe são peculiares.

Antes disso, convém destacar que também é admitida a imputação por provocação e atitude de terceiro, nos casos em que lhe seja facultado pagar. Ainda que a lei não mencione expressamente essa possibilidade, a sua admissão deflui do fato de que todo *solvens* tem, em princípio, a faculdade de dizer qual a obrigação solvida por aquele específico ato de pagamento. Imagine-se a situação do fiador que se apresentou como garantidor de três contratos de locação do mesmo inquilino junto a um só credor. Vencidos e não pagos os aluguéis, ele terá o direito de oferecer determinada prestação apontando qual delas está pagando, quando presentes os requisitos de aplicação do instituto da imputação. Entendimento em sentido contrário retiraria do pagante a perspectiva de buscar proteção por meio do ato de se onerar o menos possível. Destarte, é lógico e razoável aceitar a hipótese de imputação de terceiro que possa ser diretamente responsabilizado pela dívida caso o obrigado primitivo ou principal se quede inerte.

4.3.1. Imputação pelo devedor

O art. 352 estabelece: *"A pessoa obrigada por dois ou mais débitos da mesma natureza, a um só credor, tem o direito de indicar a qual deles oferece pagamento, se todos forem líquidos e vencidos"*. O ordenamento jurídico pretende, inicialmente, que a faculdade de imputar caiba ao devedor e funcione como benefício constituído em seu favor. A ele compete escolher a obrigação que pretende ver quitada, seja qual for o motivo que o leve a fazer com que a opção recaia sobre determinado liame obrigacional. A propósito, não se exige do devedor que explicite as razões pelas quais indica certa dívida como alvo da solução; basta que de maneira inequívoca apresente a sua decisão. Ao deixar a cargo do devedor a escolha, o legislador enseja o exercício do direito como mecanismo proveitoso a quem está obrigado. Exemplo: entre duas dívidas líquidas, vencidas e fungíveis, caso o credor opte por aquela que apresente menor taxa de juros ou multa por descumprimento maior, estará granjeando benefício consistente na diminuição dos ônus e dos riscos. Todavia, nada impede que desempenhe a faculdade escolhendo a mais gravosa, pois há liberdade plena de indicação.

Uma vez oferecido o pagamento pelo devedor e realizada a imputação em uma das dívidas, eventual negativa do credor em recebê-lo caracterizará *mora accipiendi*, situação que autorizará o devedor a buscar a consignação da prestação. O objetivo dessa medida é obter a liberação do obrigado mediante sentença que reconheça a extinção do débito sobre o qual recaiu a imputação. Embora a consignação seja mera faculdade, aconselha-se a sua aplicação em situações dessa natureza, com o que estará sendo evitado maior debate em torno de quem tenha sido a parte a incorrer em mora, pois o credor poderia astuciosamente alegar *mora debendi*, negando o estado moratório próprio, se não houvesse o imediato depósito da prestação em juízo.

Caso incidam juros sobre a dívida, o pagamento ofertado pelo obrigado servirá primeiramente para cobrir os que estiverem vencidos, para somente depois passar a satisfazer o núcleo do débito (art. 354). Isto porque os juros representam rendimentos ou remuneração do capital, cabendo a sua solução antes do início da extinção da parte que os gerou, chamada principal. Por outro lado, se não fosse assim a atitude de escolha do devedor certamente afetaria o núcleo rentável do crédito, abalando o direito do sujeito ativo e encaminhando o quadro até mesmo para a extinção do liame em condições econômicas desfavoráveis a este. Afinal, dos juros não resulta rendimento algum, eis que constituem a porção estéril do liame obrigacional; o capital, ao contrário, produz juros constante e ininterruptamente enquanto pender de pagamento, razão pela qual se presume que pelo silêncio as partes pretenderam manter intacta a fonte de renda e abater a cifra correspondente aos juros.

Exceção à regra surge quando a vontade das partes inverte o natural fluir fixado pela supracitada norma. Com efeito, se as partes determinarem que o pagamento feito pelo devedor servirá para cobrir o principal e depois os juros, assim o será, dada a prevalência da autonomia volitiva. De igual modo, caso o credor passe quitação do capital antes de declarar o recebimento do montante correspondente aos juros, entender-se-á que os deixou para solução posterior, isto é, depois de satisfeito o principal, conforme resulta também inequívoco do art. 354.

Outra fronteira que se antepõe à liberdade de imputação pelo devedor reside na circunstância de não lhe ser facultado promover pagamento parcial quando a obrigação gerada previa solução integral da dívida. Assim, sempre que oferecer prestação insuficiente para quitar por inteiro certa pendência, esta não poderá ser elencada dentre as passíveis de imputação, pois isso desvirtuaria a natureza e a finalidade do instituto. Somente são suscetíveis ao ato de imputar aqueles deveres jurídicos atingidos totalmente pelo conteúdo econômico da oferta feita pelo sujeito passivo.

4.3.2. Imputação pelo credor

O art. 353 dispõe: *"Não tendo o devedor declarado em qual das dívidas líquidas e vencidas quer imputar o pagamento, se aceitar a quitação de uma delas, não terá direito a reclamar contra a imputação feita pelo credor, salvo provando haver ele cometido violência ou dolo"*. Como se percebe, a prerrogativa de imputação do pagamento somente caberá ao credor se o obrigado deixar de efetivá-la no momento oportuno, haja vista que a lei prioriza a iniciativa oriunda do sujeito passivo.

Deixando o obrigado de declarar qual das dívidas está pagando quando da oferta da prestação, passará o credor a ter o direito de dar quitação relativamente a qualquer delas, contanto que preenchidos os pressupostos do art. 352 no que diz respeito às qualidades dos créditos (líquidos, certos e exigíveis). É a chamada imputação pelo credor. Como se percebe, a quitação de uma das dívidas por escolha do credor decorre de um processo de exclusão, ou seja, somente terá lugar diante da inércia do obrigado quanto à indicação do débito que deseja saldar pelo oferecimento da prestação.

Feita a imputação pelo credor por meio da quitação de uma das dívidas, não poderá o obrigado contra isso se rebelar, pois em verdade deu causa, pela inércia, à passagem da prerrogativa de indicação para a seara jurídica da parte adversa. Porém, caso o credor tenha agido com violência ou dolo, e tal fator se mostre decisivo na perda da oportunidade de imputação pelo sujeito passivo, poderá este reclamar contra a quitação dada pelo oponente e reverter a situação, retomando a prerrogativa de efetivar a imputação do pagamento. É que o procedimento do sujeito ativo terá levado à configuração de vício no ato de imputar, sujeitando-o à invalidação. Embora a lei não faça expressa menção, mesmo porque desnecessário descer a tamanha minúcia, é possível anular ou nulificar a imputação sempre que demonstrada a presença de qualquer defeito capaz de ensejar tal conseqüência, *v. g.*, erro, fraude, incapacidade do agente e assim por diante. Portanto, o destaque dado à questão da violência (coação física ou psíquica) e do dolo (vontade de ludibriar) não ilidem a aplicabilidade e invocação de outros vícios com o desiderato de infirmar a imputação realizada.

À operação de imputar provinda do credor também se aplica a regra do art. 354, de modo que havendo capital e juros, o pagamento imputar-se-á primeiro nos juros vencidos, e depois no capital, salvo estipulação em contrário, ou se o credor passar a quitação por conta do capital. Essa norma independe da espécie de imputação de que se esteja tratando, pois tanto naquela provinda do sujeito passivo como nas oriundas do sujeito ativo e da lei haverá observância dessa peculiaridade, exceto quando a vontade das partes regularmente interferir no mecanismo de amortização ou quando da lei resultar determinação diversa.

4.3.3. *Imputação fundada na lei*

No art. 355 está prevista a seguinte solução: *"Se o devedor não fizer a indicação do art. 352, e a quitação for omissa quanto à imputação, esta se fará nas dívidas líquidas e vencidas em primeiro lugar. Se as dívidas forem todas líquidas e vencidas ao mesmo tempo, a imputação far-se-á na mais onerosa"*. O dispositivo reproduzido cuida da chamada *imputação legal*, que entra em cena quando o devedor não imputa o pagamento em qualquer das dívidas e o credor deixa de mencionar, na quitação, qual delas está sendo satisfeita. Diante disso, prevê o legislador uma ordem de prioridade na solução dos débitos, determinando que se faça a imputação nos líquidos e vencidos em primeiro lugar, pois assim estará sendo evitada a incidência de maiores encargos e a multiplicação dos ônus que recaem sobre o obrigado. Havendo coincidência em termos de vencimento das dívidas líquidas, a imputação será feita em relação à mais onerosa, qual seja, a que exigir do sujeito passivo maior dispêndio econômico, considerado o somatório de capital e acréscimos legais ou convencionais. Tal previsão tem por fundamento a mesma circunstância exposta *retro*, isto é, a intenção de proteger tanto quanto possível o devedor.

Capítulo 5

DA DAÇÃO EM PAGAMENTO

5.1. Considerações gerais e conceito

No momento do adimplemento da obrigação, o devedor tem de oferecer ao credor exatamente a prestação pendente. Não pode, portanto, compelir o sujeito ativo a aceitar outra coisa senão rigorosamente aquela que se encontra *in obligatione*, porque somente ela é capaz de promover a liberação do *solvens*. Este é o mecanismo ordinário de solução das obrigações estabelecidas entre as partes, de modo que qualquer outra hipótese de exoneração depende do preenchimento de requisitos específicos previstos em lei e de expressa manifestação volitiva da parte a quem afete. Cuida-se, à evidência, de norma tendente a resguardar a posição jurídica do credor, evitando que seja surpreendido por alguma providência lesiva e unilateral provinda do obrigado.

Na linha de raciocínio expendida acima, surge a dação em pagamento, situação em que o sujeito passivo se libera repassando ao sujeito ativo coisa estranha à primitivamente estabelecida. Mais precisamente, dação em pagamento é o acordo de vontades pelo qual o devedor, para satisfação da obrigação assumida, entrega prestação diversa da originalmente devida. Corresponde, portanto, à entrega de uma prestação por outra (*aliud pro alio*) para solução do débito, sem que exista substituição da obrigação primitiva. A relação é a mesma, variando apenas o teor daquilo que é entregue ao *accipiens*, sempre de natureza não coincidente com o ajuste feito no instante da constituição do liame.

O art. 356 do Código Civil dispõe: "*O credor pode consentir em receber prestação diversa da que lhe é devida*". Como ninguém pode ser forçado a receber coisa diferente da especificada, o elemento mais evidente nessa espécie de negócio jurídico é o consentimento do credor, sem o qual ficará absolutamente inviabilizada a consumação da *datio in solutum*. Isso prevalece inclusive nos casos em que o devedor queira prestar algo mais valioso, pois assim como ele não pode ser compelido a assim proceder, também a parte contrária não será instada a tanto se não desejar tal desfecho. Imagine-se que João tenha uma dívida no valor de 100, convencionada com Marcelo, o credor, pagamento em moeda corrente nacional. A única maneira de extinguir a relação jurídica, segundo o mecanismo comum incidente na espécie, é por meio da entrega daquela exata quantia. Embora Marcelo queira receber mais dinheiro, ou coisa diversa de moeda corrente (com maior ou menor valor), não estará legitimado a deduzir pretensão dessa natureza. E, com suporte na igualdade das partes, João não terá legitimidade para buscar liberação mediante repasse de outra coisa ou de montante diferente do previsto. Todavia, por acordo de vontades entre as partes é perfeitamente admissível e lícito estipular que a exoneração do *solvens* acontecerá pela entrega de outra prestação.

Convencionada a dação de determinada coisa para satisfação de débito primitivamente contraído em dinheiro, pouco importa se o objeto dado ao credor é mais valioso ou menos valioso do que a dívida propriamente dita, pois a aquiescência do *accipiens* quanto ao recebimento da prestação ofertada é suficiente para a extinção completa da obrigação. Nada impede que, na hipótese de a coisa apresentar valor inferior à dívida, esta seja considerada satisfeita apenas parcialmente, mas para tanto é necessária expressa ressalva, pois do contrário considerar-se-á liberado integralmente o devedor.

5.2. Natureza jurídica

A dação em pagamento é juridicamente considerada forma indireta de solução das obrigações pelo pagamento. Afinal, serve para liberar o devedor por meio da entrega da prestação a que faz jus o credor. Não exatamente aquela que de início restou estipulada, mas sim outra capaz de cumprir idêntica função, qual seja, a de produzir a extinção do vínculo pelo pagamento. Daí o caráter indireto que neste vai embutido, marcado principalmente pela aceitação inequívoca do credor.

Ocorrendo dação de coisa corpórea, o regime legal aplicável, haja vista a proximidade técnica dos quadros gerados, é semelhante ao da compra e venda. No caso, o sujeito passivo age como se vendesse o bem à parte contrária, recebendo em contrapartida a quitação da expressão econômica da dívida, que, na espécie, funcionaria como se fosse o preço. Destarte, ao mesmo tempo em que o credor passa a figurar como titular da propriedade da coisa dada em pagamento, o devedor é extirpado do pólo passivo em virtude do fenecimento do vínculo obrigacional. Contudo, razões óbvias indicam que este último nada receberá em contraprestação apta a integrar o seu acervo patrimonial, pois o resultado que lhe aproveita consiste no esgotamento do dever jurídico como conseqüência da operação. Aplica-se aqui a velha máxima segundo a qual *dare in solutum est vendere*, sem que exista entre as partes propriamente uma compra e venda no sentido estrutural e típico do citado negócio. Ao revés, se os interessados acordam no sentido da dação de direitos (*v. g.*, de crédito) para satisfação de dívida contraída noutra espécie, o contexto aponta para uma aproximação conceitual dela com a cessão de direitos.

O legislador reconhece formalmente as circunstâncias apontadas acima, plasmando-as como porção integrante da disciplina positiva do instituto. O art. 357 diz: "*Determinado o preço da coisa dada em pagamento, as relações entre as partes regular-se-ão pelas normas do contrato de compra e venda*". Se o credor receber prestação diversa da originalmente acordada com o devedor, sem que as partes estipulem valor para a coisa oferecida, estar-se-á ante dação em pagamento no seu mais puro estado, pois nessa modalidade de negócio jurídico o *accipiens* simplesmente aceita uma coisa por outra, sem prefixação de preço. Porém, na hipótese de os interessados determinarem o preço da coisa que estiver sendo dada em pagamento, daí em diante as relações jurídicas serão regidas pelas normas que disciplinam a compra e venda. Isto porque a conjugação dos elementos consentimento, objeto e preço configura compra e venda, e não genuína dação em pagamento, embora o resultado final em ambos os casos seja idêntico, com liberação do devedor por meio da entrega de coisa diferente da que se ajustara *ab initio*.

Em sintonia com a mencionada regra está o art. 358: *"Se for título de crédito a coisa dada em pagamento, a transferência importará em cessão"*. Normalmente a dação ocorre pela entrega de coisas corpóreas, mas nada impede que aconteça pela translação de títulos de crédito, como notas promissórias, letras de câmbio etc. Como é sabido, a operação que envolve o repasse de títulos de crédito denomina-se cessão, e assim é tratada também nos casos em que tais elementos são alvo de dação em pagamento. Considerada pelo legislador como cessão, essa *datum in solutum* reclama posterior notificação do cedido, a fim de que tome ciência da operação e, com isso, fique obrigado a pagar ao cessionário, sob pena de pagar mal e ter de fazê-lo outra vez. Exemplo: Fátima deve 100 para Elvina e se propõe a entregar à credora, como forma de liberação, uma nota promissória firmada por Salvador. Para que este tenha de pagar o valor do título a Elvina, mister haja prévia cientificação do emitente por via judicial ou extrajudicial. Cabe ressaltar que a oponibilidade da operação contra terceiros dependerá da sua realização por instrumento público, ou então por escrito particular revestido das solenidades previstas no § 1º do art. 654 do Código Civil.

Convém destacar, finalmente, que a dação em pagamento feita por meio da entrega de título de crédito, por importar em cessão deste, faz com que o cedente responda perante o cessionário pela existência do crédito ao tempo em que efetivada a transferência.

5.3. Requisitos e características

Os principais requisitos para a dação em pagamento são dois: a) que a coisa capaz de liberar o sujeito passivo mediante dação seja diferente daquela originalmente *in obligatione*; b) que o credor aceite o recebimento da prestação oferecida. Afora essas particularidades, há ainda outras a merecerem destaque, porque umbilicalmente atreladas ao instituto.

A dação em pagamento pode ser feita independentemente da natureza do dever jurídico original, bastando que a solução se dê pelo repasse de prestação diversa daquela a que se obrigara o devedor. Com isso, pode haver entrega de coisa em lugar de dinheiro, de coisa ao invés da prestação de um fato ou de uma coisa em lugar de outra. Logo, é possível aplicar a dação tanto nas obrigações de dar coisa certa ou incerta como nas de fazer. Quanto às de não fazer, a índole negativa que possuem impede a substituição da sua prestação por uma de caráter positivo (entregar coisa ou ceder direito).

Como a dação em pagamento envolve a transferência definitiva do domínio da coisa ofertada pelo devedor ao credor, há necessidade de que o *solvens* tenha direito de disposição sobre o objeto a ser entregue, pois do contrário liberação não ocorrerá. Por outro lado, somente com a efetiva tradição (no caso de a dação recair sobre móvel ou título) ou transcrição (quando incidir sobre imóvel) estará satisfeita a obrigação pendente, porque no direito nacional a pura e simples contratação não tem força translativa do domínio.

Não se confunde a dação em pagamento com o cumprimento de obrigação alternativa, eis que nesta há várias prestações *in obligatione*, das quais uma será eleita para liberar o devedor. Já na *datio pro soluto* a prestação oferecida ao credor não estava prevista originalmente como sendo hábil à exoneração do pólo passivo, e somente serve para tanto em razão do assentimento do *accipiens*. Semelhante raciocínio se aplica, portanto, quando comparadas a dação e a obrigação facultativa, porque nesta existe a exclusiva prerrogativa do credor no sentido de escolher entre a única prestação *in obligatione* e aquela circunstancialmente apontada como mera faculdade.

Sejam quais forem as particularidades e nuanças do instituto no plano concreto, caso os interessados pretendam a sua formulação por intermédio de procuradores será imprescindível a outorga de poderes especiais tanto para receber como para dar em pagamento, pois o negócio envolve a transferência dominial da coisa de um a outro pólo. Sopesado o fato de que os poderes gerais de mandatário apenas permitem a prática de atos de administração, faz-se mister a outorga de prerrogativas especiais com vistas à dação, sob pena de se considerar a iniciativa como mero pagamento oriundo de terceiro ou simples gestão de negócios.

5.4. Evicção da coisa recebida em pagamento

Ocorrendo evicção da coisa dada em pagamento, a obrigação original fica restabelecida em todos os seus aspectos, nisso incluídas as garantias reais ou fidejussórias que orbitavam em torno da relação jurídica. Tal efeito decorre da circunstância de a quitação passada pelo credor quando do recebimento da coisa restar anulada pela superveniência da evicção, pois esta retira do *accipiens* a prestação exata que extinguia o dever jurídico, fazendo-o renascer por inteiro. O legislador trata a situação como se nunca tivesse havido a *datio in solutum*, fazendo com que as partes retornem ao estado anterior e promovendo o ressurgimento da obrigação com as mesmas características inicialmente apresentadas. O art. 359 dispõe: *"Se o credor for evicto da coisa recebida em pagamento, restabelecer-se-á a obrigação primitiva, ficando sem efeito a quitação dada, ressalvados os direitos de terceiros"*. O restabelecimento da obrigação acontece em qualquer espécie de evicção, desimportando se foi parcial ou total, tendo em vista que tanto em uma como na outra hipótese o *accipiens*, que tem o direito de receber a prestação por inteiro, fica privado dessa prerrogativa. Na evicção total, porque a coisa é integralmente destinada a terceiro; na parcial, porque uma fração da prestação toma destino diverso.

A evicção promovida sobre a coisa dada em pagamento não atinge terceiros que tenham direitos legalmente resguardados. Assim, se um imóvel é dado em pagamento e imediatamente sobre ele constitui-se locação (devidamente inscrita) em favor de terceiro pelo *accipiens*, a superveniência da evicção não ceifará as prerrogativas do locatário, restando ao evictor respeitar a finalização do liame contratual para somente então retomar todos os atributos inerentes à sua condição jurídica.

Capítulo 6

DA NOVAÇÃO

6.1. Considerações gerais e conceito

O ordenamento jurídico admite que a vontade dos interessados tenha o condão de extinguir uma obrigação plenamente válida e eficaz mediante ajuste expresso que crie uma relação obrigacional nova em seu lugar. Logo, pode-se afirmar que novação é a substituição de uma dívida por outra, com extinção da primeira, como resultado da vontade dos interessados. O principal efeito da operação consiste em, ao mesmo tempo, eliminar determinado dever jurídico e criar outro, sem que entre ambos tenha de existir similitude de conteúdos. Aliás, a diferença de teor entre eles é requisito essencial para a caracterização do instituto. Na realidade, trata-se da criação de nova obrigação, e não de mera transformação dos contornos da original. O anterior vínculo obrigacional simplesmente fenece em sua totalidade, desaparecendo do mundo jurídico.

Não se confunde a novação com o pagamento, porque neste o devedor entrega à parte contrária exatamente a prestação a que se obrigara, enquanto naquela o que se verifica é o desaparecimento do dever jurídico anterior e o surgimento de novo liame obrigacional para ocupar-lhe o espaço primitivo. Em verdade, ainda que a novação tenha força semelhante à do pagamento, porque provoca o desaparecimento do liame obrigacional, ela nada mais é do que uma das formas de extinção das obrigações sem pagamento.

Ao longo do tempo, a novação vem paulatinamente caindo em desuso, haja vista a perspectiva de que os interessados obtenham maior segurança por meio do emprego de mecanismos diferentes que levam a resultados semelhantes ou mais vantajosos, como por exemplo a cessão de crédito, a sub-rogação, a cessão do contrato e assim por diante. Todavia, remanesce com alguma regularidade a prática da novação, especialmente quando as partes têm interesse em extinguir certo liame e criar um novo de maneira ágil, sem submissão a atos seriados ou complexos. Pela novação é possível alcançar, pela realização de apenas um ato, o mesmo resultado que seria verificado com a execução de duas operações mais intrincadas. Afinal, o inequívoco ânimo de novar permite às partes acabar com o vínculo original e estabelecer outro em substituição mediante uma só iniciativa jurídica. Ao invés de se dedicarem à dupla tarefa de especificamente desfazer o liame anterior e posteriormente criar novel vinculação, os interessados optam por atingir igual desiderato pela novação, consoante explicitado *retro*. Exemplo: Pedro deve a Mariana o valor de 100, mais juros de 0,5% ao mês, com incidência de multa de 10% pelo atraso já verificado. Desejando novar, ajustam que a partir de certa data a dívida inicial será constituída pela conjugação de todos os elementos mencionados (capital, juros exigíveis e multa), com juros de 1% ao mês e vencimento em dia convencionalmente aprazado. Estão presentes aí todos os elementos da novação, circunstância capaz de determinar o completo fenecimento da relação primitiva, que simplesmente deixa de existir, para dar lugar a vínculo dotado de caracteres diferenciados.

6.2. Espécies de novação

O art. 360 do Código Civil estabelece: *"Dá-se a novação: I – quando o devedor contrai com o credor nova dívida para extinguir e substituir a anterior; II – quando novo devedor sucede ao antigo, ficando este quite com o credor; III – quando, em virtude de obrigação nova, outro credor é substituído ao antigo, ficando o devedor quite com este".* Como se infere do texto normativo, implementa-se a novação não apenas pela aposição de mudança relacionada ao objeto do liame original, mas também quando as partes intentarem alteração no seu pólo ativo ou passivo. De qualquer sorte, característica imprescindível, e que inclusive determina a própria ocorrência de novação, é a inserção de elemento novo na relação gerada.

Inexistindo a aludida modificação, certamente não se estará diante de hipótese produtora do instituto em exame, pois a conservação de todos os elementos básicos da obrigação impede que se operacionalize o ato de novar. Em suma, a novação pode ser *objetiva (real)* ou *subjetiva (pessoal)*, conforme importe, respectivamente, na criação de novo liame com substituição da dívida propriamente dita ou na substituição dos integrantes de um dos pólos obrigacionais. Afetado o pólo passivo, haverá novação subjetiva passiva; modificado o ativo, acontecerá novação subjetiva ativa.

O inciso I do art. 360 prevê hipótese de novação objetiva ou real, pois a substituição opera-se tão-somente em relação à dívida, mantendo-se intacta a constituição dos pólos ativo e passivo da relação jurídica. O credor e o devedor permanecem em suas respectivas posições, ocorrendo extinção da dívida primitiva por força da criação de outra, que surge especificamente para tomar o seu lugar. Ter-se-á novação objetiva ou real sempre que, via contratação firmada entre as partes, ocorrer transformação de uma obrigação em outra cujo objeto difere do original. Exemplo: João deve 100 para Carlos. Em dado momento, as partes decidem que o débito em dinheiro desaparecerá, surgindo para o mesmo devedor, contudo, a obrigação de fazer uma casa para o mesmo credor. Há, nisso, a extinção da dívida em dinheiro e nascimento de outra, que não mais consiste em *dar* (quantia certa), mas em *fazer* (a obra). A novação carrega consigo força extintiva e força geradora, pois ao mesmo tempo em que destrói a relação anterior cria outra em seu lugar, dotada de vida jurídica própria e independente da obrigação primitiva.

Quanto à novação subjetiva ou pessoal, o legislador estabeleceu duas espécies distintas. A primeira delas está posta no inciso II, tendo como base a substituição do antigo devedor por outro, com extinção da dívida original e constituição de nova relação jurídica. Por meio desse expediente, fenece o dever inicialmente firmado e altera-se a configuração do pólo passivo do novo liame obrigacional, eis que não mais ocupará tal posição o antigo obrigado, mas sim aquele que vem a substituí-lo. Quem estava postado na condição de devedor fica integralmente exonerado, pois o surgimento de outro vínculo rompe irremediavelmente o primitivo.

A novação subjetiva ou pessoal com substituição do devedor pode ser bipartida em: a) delegação — a operação acontece com o consentimento do devedor original e do credor, ficando o integrante do pólo passivo da nova relação obrigado nos mesmos moldes inicialmente avençados. Exemplo: Alberto deve 50 para Caetano. Mediante aquiescência de ambos, e com extinção do vínculo inicial, Joaquim, que também manifesta assentimento, passa a figurar como devedor do montante de 50, conservados os demais aspectos da relação desaparecida; b) expromissão — a substituição do devedor acontece sem o seu consentimento, derivando exclusivamente da vontade do credor e do novo obrigado, que contrai outra dívida objetivando extinguir a primeira. Exemplo: Ernani deve 50 para Valdir. Por meio de acordo entre Valdir e Marcos, este último passa a ser devedor mediante o surgimento de nova obrigação, que toma o lugar do vínculo anterior e libera o antigo obrigado.

Em torno da expromissão, assim se manifesta o art. 362: *"A novação por substituição do devedor pode ser efetuada independentemente de consentimento deste"*. Tendo em vista a circunstância de que o maior interessado no recebimento de determinado crédito é o próprio credor, basta a aquiescência deste, somada à disposição de terceiro que se propõe a assumir a condição de devedor, para que seja extinto o antigo débito e constituído outro em seu lugar, com liberação do devedor primitivo. Ao contrário do que ocorre na *expromissão* (novação que independe de assentimento do devedor original), na chamada *delegação* o devedor concorda com a sua substituição por outro *solvens* e com a extinção da dívida primitiva, ficando totalmente exonerado perante o credor.

Outra espécie de novação subjetiva ou pessoal é a que se encontra prevista no inciso III, tendo como principal marca a substituição do credor. Isso acontece por meio da criação de nova obrigação e desaparecimento da anterior, conservando-se, todavia, a configuração do pólo passivo. O antigo credor deixa de ostentar tal condição, eis que o fenecimento do vínculo libera o devedor, que passa à condição de obrigado perante o novo *accipiens*. As demais peculiaridades da obrigação desaparecida são trasladadas para o novo liame em toda a sua plenitude. Exemplo: Paulo deve 80 para Jair, que propõe a extinção da dívida através da constituição de outra na qual figure Osvaldo como credor. Se Paulo aceitar a proposta, haverá surgimento de nova obrigação em bases idênticas à antecedente, apenas com a diferença de que Osvaldo passará a ser credor, exonerando-se o devedor relativamente à obrigação original.

6.3. Requisitos da novação

Basicamente, a novação ocorre pela imprescindível conjugação dos seguintes requisitos: a) existência de obrigação anterior, sobre a qual incidirá a atuação das partes; b) geração de obrigação nova, destinada a substituir a primitiva; c) inserção de elemento novo, capaz de diferenciar a obrigação original daquela posteriormente criada; d) demonstração do ânimo de novar. A escorreita análise da matéria reclama breves considerações em torno de cada um dos aspectos ora citados. Além deles, a feitura de escorreita novação depende do atendimento de imposições relacionadas aos demais pressupostos gerais de todo ato ou negócio jurídico: capacidade das partes, licitude e possibilidade do objeto e observância da forma acaso prescrita. Sendo aparelhada por intermédio de procurador, este deve munir-se de poderes expressos, que, ausentes, farão com que a pretensa novação não se aperfeiçoe. Resultado disso será a integral conservação de toda a validade e eficácia da primitiva relação obrigacional.

Como a finalidade da novação é exclusivamente a de promover a substituição de um liame por outro, não há como entrever a viabilidade do instituto senão a partir da existência de um vínculo jurídico de natureza obrigacional apto a suportar a ingerência da vontade dos interessados em novar. Abstruso imaginar qualquer possibilidade de novação sem a presença de tal liame, sempre visualizado como ponto de partida e fator indeclinável. E, ainda que não se esteja a tratar do desaparecimento da obrigação por força do pagamento, importa destacar que *conditio sine quo non* da extinção de qualquer obrigação é a sua existência no plano jurídico.

Considerando exatamente essa particularidade, o legislador diz, no art. 367, que salvo as obrigações simplesmente anuláveis, não podem ser objeto de novação obrigações nulas ou extintas. Sabe-se que as anuláveis podem ser convalidadas pelo ato denominado ratificação, seja de modo expresso ou tácito. No primeiro caso, os interessados confirmam diretamente o teor do liame obrigacional, *v. g.*, confeccionando instrumento em que promovem a ratificação. No segundo, o intento de conservar a obrigação decorre de atitude compatível com tal desiderato, *v. g.*, cumprindo a prestação nela prevista ou deixando esgotar *in albis* o prazo para ajuizar demanda anulatória. Porque juridicamente aproveitável em seu conteúdo, a obrigação anulável pode ser ratificada e tornar-se apta à produção dos efeitos que dela eram esperados quando da sua constituição. Exatamente em função disso é que tal *obligatio* admite novação, providência capaz de fazê-la desaparecer para dar lugar a outro dever jurídico dotado de validade e eficácia. Para que seja novada, a obrigação anulável não precisa ser previamente ratificada ou de algum modo remediada, bastando que seja substituída por outro dever jurídico, pois então estará implícita a vontade de respeitar a sua constituição.

Os vícios que maculavam a obrigação, e dos quais decorria a sua anulabilidade não ressurgem na que vem a substituí-la. Isto porque a manifestação de vontade de novar implica na aceitação do pleno vigor do liame estabelecido de maneira defeituosa, fazendo com que deixe de ser passível de ataque pela via anulatória. A novação simplesmente sepulta a obrigação primitiva e dá surgimento a outra em seu lugar, que é tratada daí em diante como se a original jamais houvesse existido.

Tratamento diametralmente oposto recebem as obrigações nulas, que não podem ser ratificadas e nem convalescem. Assim, são insuscetíveis de novação, já que delas não resulta qualquer efeito jurídico próprio e nem há exigibilidade em seu conteúdo. As obrigações extintas também não podem ser novadas, porque, suprimidas do mundo jurídico, seria inconcebível que pudessem dar lugar a obrigações perfeitas. Em suma, mostrar-se-ia de todo abstruso admitir que um dever jurídico írrito ou sem existência pudesse, contraditoriamente, dar lugar a outro com plena vigência e eficácia, pois isso importaria em restaurar o vigor de algo destituído de qualquer viabilidade. O requisito da existência da obrigação que se pretende novar impede que os liames nulos ou extintos venham a ser alvo da operação, porque em ambas as hipóteses não se implementa a referida imposição.

Outro requisito da novação consiste no surgimento de nova obrigação, cujo destino é de substituir a anterior. É claro que para a consecução desse objetivo se faz imprescindível a geração juridicamente perfeita do novo vínculo. Não haverá novação se este restar afetado por nulidade ou por anulabilidade invocada pelos interessados. Na primeira hipótese, porque do ato nulo não se extraem os efeitos esperados de atos válidos de igual conformação, circunstância a manter intacta a relação original que se pretendia novar. Na segunda, porque anulado o negócio jurídico, restituir-se-ão as partes ao estado em que antes dele se achavam, e, não sendo possível restituí-las, serão indenizadas com o equivalente (art. 182 do Código Civil). Logo, a novação buscada não será eficiente e tampouco prevalecerá para qualquer fim no plano técnico, conservando-se integralmente a obrigação primitiva, inclusive quanto aos seus acessórios (juros, garantias, cláusula penal etc.).

O terceiro requisito é o da aposição de elemento novo na obrigação destinada a substituir a mais antiga. Na prática, esse aspecto é que efetivamente diferencia ambas as relações obrigacionais. Se ele não fosse inserido, o segundo vínculo seria exatamente igual ao precedente e nada estaria modificado, conservando-se o liame original em toda a sua extensão. Conforme já asseverado noutro tópico, o elemento novo pode dizer respeito a um dos três componentes seguintes: objeto, sujeito ativo ou sujeito passivo. Disso resulta, respectivamente, novação objetiva, novação subjetiva ativa ou novação subjetiva passiva, cada uma com os efeitos que lhe são pertinentes, sem destoar, todavia, dos aspectos essenciais comuns ao instituto.

O quarto requisito é o ânimo de novar (*animus novandi*), componente de natureza subjetiva ou psicológica. Diga-se de passagem, funciona como fator decisivo no momento de se verificar a ocorrência ou não de novação. Isto porque somente com a inequívoca intenção de novar, associada à concreta exteriorização desse ânimo, é que as partes poderão substituir um vínculo obrigacional por outro nos moldes preconizados na lei. Necessário, portanto, que os interessados desejem fulminar determinada obrigação para em seu lugar estabelecer o ingresso de outra, que funcionará como fator de extinção da primitiva, manifestando de modo cabal a vontade assim formatada.

Acerca do tema, o art. 361 dispõe: *"Não havendo ânimo de novar, expresso ou tácito mas inequívoco, a segunda obrigação confirma simplesmente a primeira"*. Como já obtemperado, o mais relevante elemento para a caracterização da novação é o consentimento das partes diretamente envolvidas, pois o instituto não se presume. É imprescindível que a vontade de extinguir uma obrigação e dar surgimento a outra em seu lugar revele-se perfeita e clara, porque se houver dúvidas quanto à existência de *animus novandi* a segunda obrigação criada simplesmente confirmará a primeira. Não se exige a adoção de fórmulas predeterminadas ou de ritos especiais para a caracterização do ânimo de novar, bastando que tal pretensão seja precisamente evidenciada, quer de maneira expressa ou tácita. Para tanto podem as partes, por exemplo, estabelecer diretamente e por escrito as bases em que decidiram novar. Também pode ser tácita a vontade de novar, e isso normalmente é apurado por meio da verificação da compatibilidade ou não da antiga obrigação com a subseqüente. Sendo incompatíveis uma com a outra, porque verificada a existência de elemento inédito, estará presente, em princípio, o *animus novandi*; sendo compatíveis, vazados em formato idêntico ou intensamente próximo, não ficará evidenciada a intenção de novar.

Meras alterações promovidas em aspectos secundários da obrigação não importam na configuração do ânimo de novar, nem criam outro dever jurídico em substituição ao primitivo, a menos que as partes mencionem cabalmente tal intenção. Conforme asseverado *retro*, é absolutamente necessária a demonstração da intenção de novar, expressa ou tácita, e isso não se extrai de pequenas incursões destinadas a adequar ou redirecionar certos aspectos do liame obrigacional. Destarte, não importam em novação a modificação da taxa de juros, a dilatação do prazo de pagamento, a remissão de parte da dívida, a revisão do período de parcelamento e assim por diante. É de ser salientada a circunstância de que compete a quem alega a novação fazer prova da sua ocorrência, observando-se, ainda, que na dúvida sempre convém decidir pela solução negativa, haja vista a gravidade das repercussões do instituto sobre o liame obrigacional primitivo.

6.4. Efeitos da novação

Como principal conseqüência da novação, ocorre o desaparecimento da obrigação anterior e a criação de outra para substituí-la. Ao lado desse efeito maior, outros mereceram espaço no ordenamento jurídico, dada a relevância que assumem no cenário delineado. Decorrência natural do princípio *acessorium sequitur principale*, o fenecimento dos acessórios da obrigação extinta está previsto no art. 364: *"A novação extingue os acessórios e garantias da dívida, sempre que não houver estipulação em contrário. Não aproveitará, contudo, ao credor ressalvar o penhor, a hipoteca ou a anticrese, se os bens dados em garantia pertencerem a terceiro que não foi parte na novação"*. Consumado o ato de novar, dele emerge de imediato o desaparecimento da dívida primitiva em toda a sua extensão, nisso incluídos os acessórios e as garantias. A nova obrigação surge para o mundo jurídico totalmente desvinculada da antecedente; nenhum elemento é transposto de uma relação a outra sem a expressa previsão das partes envolvidas. A propósito, não há efetiva transmissão dos acessórios nem mesmo quando as partes desejam e prevêem a continuidade dos elementos secundários. Na realidade, o que acontece é a criação de novos acessórios, assim como nova também é a obrigação principal gerada. Logo, o rompimento da obrigação original é completo, acarretando conseqüências como a cessação da fluência de juros, a ablação dos efeitos da mora, a supressão da incidência de cláusula penal, a extinção das garantias reais como hipoteca, penhor etc. Somente por meio de inequívoca estipulação em contrário, oriunda de avença entre os interessados, é que tais caracteres serão trasladados — ou melhor, reproduzidos — para a novel vinculação.

Sendo prevista a conservação dos acessórios e das garantias prestadas pelo devedor primevo, a nova obrigação receberá imediatamente da antiga elementos iguais. Contudo, isso não poderá afetar terceiros que, titulares dos bens eventualmente dados em penhor, hipoteca ou anticrese, não integraram a novação. Como é cediço, a novação independe de manifestação favorável daquele que, não sendo parte, ofereceu garantias de cumprimento da antiga obrigação, motivo pelo qual seria ilógico que, sem participar do novo negócio jurídico, pudesse sofrer os efeitos de tão profunda operação. Logo, de nada adiantará o credor ressalvar a existência da garantia real prestada por terceiro e reclamar a preservação da mesma, pois a novação automaticamente liberará o titular dos bens oferecidos em hipoteca, penhor ou anticrese, a menos que ele concorde com a constituição da garantia também em relação ao novo liame obrigacional. Para que a garantia real subsista mesmo após a novação basta que o terceiro, titular dos bens oferecidos em segurança do cumprimento do dever jurídico, manifeste seu consentimento nesse sentido, o que via de regra é feito mediante expressa referência no instrumento de novação, que deve ser assinado pelos envolvidos. Todavia, também pode ser efetivado por termo apartado ou escrito equivalente.

Na mesma esteira de raciocínio, o art. 366 estabelece que importa exoneração do fiador a novação feita sem seu consenso com o devedor principal. Considerado o fato de que o acessório segue o destino do elemento a que adere, é inevitável concluir pela extinção da fiança quando operada novação da obrigação primitiva. A criação de novo dever jurídico em substituição ao primeiro não vincula o fiador, pois o envolvimento deste não ultrapassa os limites da obrigação inicial, mesmo porque somente em relação a esta houve assentimento do fiador para a constituição da garantia fidejussória. Assim, uma vez extinto o dever primitivo pela novação ficará liberado o fiador, salvo se consentir com a conservação e incidência da garantia sobre o novo liame estabelecido entre devedor e credor. Eventual previsão de manutenção da fiança, firmada apenas por aqueles que tomaram parte na novação, não alcança e nem obriga o fiador, pois somente por meio de inequívoca anuência deste haverá a instalação da garantia fidejussória que passará a assegurar o cumprimento da obrigação nova.

Operada a novação entre o credor e um dos devedores solidários, somente sobre os bens do que contrair a nova obrigação subsistem as preferências e garantias do crédito novado. Os outros devedores solidários ficam por esse fato exonerados (art. 365). A explicação para tal fenômeno é lógica e não destoa da linha traçada nos dispositivos já citados. Cumpre observar, entrementes, que a conservação das garantias e privilégios incidentes sobre os bens do devedor que efetivou a novação condiciona-se à existência de previsão das partes nesse sentido, pois do contrário incidirá o disposto na porção inicial do art. 364, extinguindo-se tanto o principal como os acessórios.

As garantias dadas pelos co-devedores que não tomaram parte na novação desaparecem com a efetivação desta, ficando os mesmos liberados quanto a esse aspecto. Além disso, a novação exonera os consortes solidários no que diz respeito à obrigação extinta e não os vincula aos termos da nova, que passa para a exclusiva alçada e responsabilidade do devedor que tomou a frente do negócio jurídico.

Se ao invés de solidária a obrigação for indivisível, a impossibilidade de cisão da prestação fará com que a superveniência de novação entre um dos co-devedores e o credor opere efeitos idênticos aos verificados na novação de *obligatio* solidária. Isto porque o co-devedor que tomar parte no negócio jurídico não poderá novar apenas a parcela ideal do débito que estiver sob sua responsabilidade, e, optando por realizar novação sobre toda a obrigação primitiva, criará dever jurídico novo que terá de ser suportado por inteiro, com liberação automática dos consortes. Nesse caso, as garantias e privilégios constituídos originalmente em favor do credor somente persistirão quanto aos bens do co-devedor que realizou a novação, em moldes idênticos aos verificados nas obrigações solidárias novadas.

Por último, no art. 363 o legislador cuida da hipótese de insolvência do devedor no caso de novação subjetiva passiva: *"Se o novo devedor for insolvente, não tem o credor, que o aceitou, ação regressiva contra o primeiro, salvo se este obteve por má-fé a substituição"*. A novação por substituição do devedor nunca é feita sem o conhecimento do credor, pois este não pode ser compelido a aceitar a liberação do antigo obrigado e a troca por outro, dada a possibilidade de que isso venha a ser prejudicial aos interesses do *accipiens*. Como personagem diretamente interessado na solução da dívida, somente com a sua aquiescência é que se completará o negócio jurídico.

Exatamente em função disso é que a eventual insolvência do novo ocupante do pólo passivo não gera em favor do titular do crédito direito regressivo contra o primitivo devedor. Assim, a liberação do obrigado primevo não fica condicionada à solvência de quem assume o novel dever jurídico, e eventual inadimplemento não atinge de modo algum o sujeito passivo da relação obrigacional extinta, salvo se obteve por má-fé a substituição. A prova da má-fé se faz por todos os meios em direito admitidos, mas se caracteriza principalmente pela transmissão proposital da falsa impressão de que o novo devedor tem capacidade econômica para suportar os encargos da obrigação assumida, quando na realidade a manobra visa exclusivamente a evitar a satisfação do crédito por meio da apresentação de devedor já insolvente.

Capítulo 7

DA COMPENSAÇÃO

7.1. Considerações gerais e conceito

Compensação é forma de extinção das obrigações, sem pagamento, aplicável quando duas pessoas forem, concomitantemente, credora e devedora uma da outra, contanto que preenchidos os demais pressupostos legais. Em tais circunstâncias, incide previsão legal no sentido de que créditos e débitos das mesmas partes terão confrontados os seus respectivos conteúdos econômicos, para que dessa operação se extraia a aniquilação de uns e de outros até onde puderem ser extintos. É o art. 368 do Código Civil que menciona as nuanças primárias do instituto: *"Se duas pessoas forem ao mesmo tempo credor e devedor uma da outra, as duas obrigações extinguem-se, até onde se compensarem"*. A porção final do dispositivo deixa claro que, quanto à amplitude revelada, a compensação pode ser *total* ou *parcial*. Na primeira hipótese, créditos e débitos simplesmente desaparecem por inteiro, já que possuem igual expressão econômica, nada restando a título de saldo em favor de qualquer das partes envolvidas. No segundo caso, os valores confrontados são diferentes e remanesce crédito em proveito de um dos interessados. Exemplo: Vagner deve 100 para Alfredo. Este, por seu turno, é devedor de 70 junto àquele. Promovida a compensação parcial, Alfredo ainda será credor de 30. No que pertine ao excedente não atingido pela operação, terá de ser exigido pelos meios ordinários em ação própria. Se ambos fossem credores e devedores de quantias idênticas, a compensação total faria com que nenhum deles pudesse reclamar a cobertura de diferenças, que, em tal situação, inexistiriam.

Em termos ilustrativos, a compensação funciona como se cada uma das partes houvesse efetuado pagamento direto à outra. Na realidade, porém, não se trata de modalidade de extinção das obrigações por meio do pagamento, mas sim de mecanismo indireto capaz de promover o desaparecimento de obrigações sem que qualquer dos envolvidos pague ao outro. O objetivo da compensação é evitar a desnecessária circulação de moeda, já que, não fosse a existência do instituto, as partes reciprocamente credora e devedora precisariam efetuar dupla operação de pagamento, em sentido inverso, para obter liberação. Pela compensação, obrigações de mesma natureza se encontram e produzem o fenecimento dos correspondentes direitos e deveres até o montante que decorra da expressão econômica de cada um.

Uma das grandes vantagens da compensação reside na perspectiva que o credor tem de obter satisfação indireta do seu crédito junto ao pólo contrário. Imagine-se o entrelaçamento obrigacional recíproco entre dois indivíduos, sendo que um deles não possui itens patrimoniais disponíveis para futura penhora em ação de cobrança ou execução. Como ele é ao mesmo tempo credor e devedor da parte oposta, o seu crédito pode ser objeto de acerto de contas junto àquela. A compensação faz com que os créditos se encontrem e se excluam mutuamente, permitindo ao credor de indivíduo praticamente insolvente chegar a um resultado que noutro contexto não alcançaria.

7.2. Espécies de compensação

O sistema jurídico brasileiro reconhece duas espécies comuns de compensação: a *legal* e a *convencional*. Existe menção ainda a uma terceira modalidade, denominada *judicial*, que, todavia, embora mereça referência e exame, não passa de subespécie da compensação legal. Nos tópicos seguintes serão examinadas as suas características individuais, para que fique adequadamente explicitada a forma de aplicação e a utilidade prática que apresentam.

7.2.1. Compensação legal

O ordenamento jurídico brasileiro filiou-se ao sistema francês, adotado posteriormente por quase todas as codificações fundadas nos princípios do Código Civil da França. Por ele, a compensação se opera *ex vi legis*, nada se reclamando das partes para que haja a extinção das obrigações por encontro de créditos e débitos recíprocos. Como contraponto encontra-se o sistema idealizado primeiramente pela codificação suíça, secundada pela alemã, de que emerge a natureza convencional da compensação, ou seja, a sua instalação mediante expressa previsão das partes.

No Brasil, como regra geral o instituto deriva de imposição normativa e opera *pleno jure*, ou seja, assim que gerada obrigação apta a se contrapor a uma já existente, a compensação acontece de imediato, sem necessidade de providências adicionais pelas partes. Noutras palavras, ocorre compensação automática tão logo constituídos créditos e débitos recíprocos, desde que preenchidos os demais requisitos elementares apontados no ordenamento jurídico. Esta conclusão deriva da literal construção do art. 368, pois nele está afirmado que *as duas obrigações extinguem-se, até onde se compensarem*. Há, portanto, expressa previsão no sentido de que o encontro das obrigações acontece por determinação normativa e não por eventual manifestação volitiva dos interessados.

Não obstante verdadeira a colocação feita acima, é preciso salientar a necessidade de evitar equívocos quanto a um aspecto essencial, que é o da argüição judicial da compensação pela parte a quem aproveita. Ainda que opere *pleno jure*, isso não significa que o juiz possa declarar de ofício a compensação, exceto quando a lei expressamente permitir que assim proceda. No mais das vezes, o ato de compensar depende de prévia solicitação do interessado, circunstância que não inviabiliza a sua verificação de pleno direito. É que talvez não seja oportuna ou conveniente a certo credor ou devedor, no plano concreto, a compensação do seu crédito ou débito junto à parte adversa, de modo que o silêncio de quem poderia argüi-la impede a sua consecução. Logo, o caráter legal da compensação implica unicamente na faculdade de poder invocá-la sempre que o legitimado assim desejar proceder, mas não o obriga a apresentar o crédito ou débito para compensação, nem acarreta sanções ou conseqüências negativas na hipótese de não restar apresentado o intento compensatório. Afinal, o mecanismo envolve direito disponível e que pode ser renunciado a qualquer tempo pelas partes. Portanto, imprescindível a provocação do interessado para que o Poder Judiciário determine a compensação das obrigações, se presentes os elementos definidos em lei.

Quanto ao momento processual para aludir à compensação, importa salientar que cabe sua argüição como matéria de defesa, no prazo deferido à parte para contestar (no processo de conhecimento) ou para embargar (na demanda executória). Eventual inércia, como exposto retro, não produz qualquer perda ou minoração do direito econômico ínsito na obrigação, já que a parte pode optar por reclamar o que entender escorreito em demanda autônoma, sem submeter-se ao ato de compensar.

7.2.2. Compensação judicial

A chamada compensação judicial é vislumbrada pela maioria dos civilistas como subespécie da modalidade legal. Caracteriza-se pela circunstância de ser determinada pelo juiz, desde que os requisitos normativos do instituto estejam presentes. É o que acontece, por exemplo, quando o autor apresenta demanda pleiteando o pagamento de 200 e o réu, em reconvenção, postula indenização de 140 fundada no mesmo evento de que resultou a lide primitiva. Caso o juiz entenda procedentes tanto a ação como a reconvenção, determinará que os valores se compensem. Assim, o autor da demanda receberá apenas 60, como fruto do encontro de débitos e créditos recíprocos. Igual raciocínio aplica-se à hipótese de sucumbência recíproca, isto é, quando autor e réu forem parcialmente vitoriosos e também parcialmente vencidos na demanda, pois então o art. 21 incidirá para produzir a compensação dos valores correspondentes a encargos processuais e honorários advocatícios fixados na sentença. A propósito, o Supremo Tribunal Federal entende que é *"possível a compensação dos honorários sucumbenciais, em face da compatibilidade entre os arts. 21 do CPC e 23 da Lei n. 8.906/94"* (Ag. Reg. no RE n. 326824/SP).

Diversamente do que ocorre nos casos de compensação legal, em que basta a previsão genérica do ordenamento jurídico para que ela se opere, a modalidade judicial depende de expressa previsão de lei para situações específicas. Vale dizer, é muito mais rara do que as outras espécies, embora geralmente produtora de conseqüências extremamente relevantes sob a ótica econômica.

7.2.3. Compensação convencional

A lei impõe várias condições para que seja aplicável a compensação como mecanismo de extinção das obrigações, conforme será visto adiante. Às vezes, os créditos e débitos das partes não preenchem os requisitos exigidos pelo ordenamento pátrio, quadro que inviabiliza o encontro de contas. Disso emerge a possibilidade da realização de ajuste de vontades tendente a permitir a compensação convencional, que diz respeito a obrigações despidas dos elementos nucleares da modalidade legal. Exemplo: Marcos deve 100 para Fernando, enquanto este deve 60 àquele. O crédito de Marcos está vencido, enquanto o de Fernando está ainda por vencer. Sabe-se que a exigibilidade dos créditos é um dos pressupostos da compensação legal, de modo que esta se revela inaplicável ante o caráter vincendo de uma das obrigações. Contudo, podem as partes avençar a imediata compensação das aludidas pendências, o que importará na abdicação, pelo devedor Marcos, das vantagens do prazo concedido em seu favor. O mesmo raciocínio se aplica quando, por exemplo, as prestações emergentes das obrigações são heterogêneas, como na hipótese de uma delas consistir na entrega de dinheiro e a outra na entrega de cereais. Pressuposto básico da compensação legal é a homogeneidade — ou fungibilidade — das prestações, de modo que somente por compensação convencional seria possível promover o encontro dos mencionados créditos e débitos.

Diante das ponderações expendidas, parece claro que a espécie convencional permite que obrigações imaturas sob o prisma das normas referentes à compensação sejam submetidas ao instituto por simples acordo de vontades. Cuida-se, então, de negócio jurídico capaz de suprir as lacunas que obstam a incidência da espécie legal, como forma de extinguir as obrigações até onde se compensarem.

Afora a configuração genuinamente convencional admitida pelo ordenamento jurídico, não se pode descartar a ocorrência de compensação por vontade unilateralmente declinada, mesmo sem estarem presentes os requisitos que ensejariam a incidência da espécie legal. Porém, para que isso aconteça será imprescindível que a iniciativa provenha da parte a quem aproveitaria a ausência de compensação. Exemplo: se em certa demanda movida por Daniel contra Ernani aquele cobra o valor de 100 devido por este, admite-se que o credor desde logo postule a compensação com o montante de 40, que ele próprio deve ao réu, mas que ainda não venceu. Estando fixado prazo em favor de Daniel (devedor de 40), permite-se que abdique do benefício do prazo e compense a importância com aquela outra (no valor de 100) reclamada da parte contrária. Restará ainda, portanto, um crédito de 60 para Daniel, montante este que será o efetivo objeto da lide proposta. O fenômeno deduzido no exemplo apresentado permite entrever aquilo a que se denomina *compensação unilateral* ou *facultativa*, muito rara na prática forense em razão da peculiaridade dos requisitos que a informam.

7.3. Requisitos da compensação

Para que tenha incidência no caso concreto e possa produzir o efeito liberatório — total ou parcial — que lhe é peculiar, a compensação precisa ser precedida da verificação da existência de diversos requisitos. A ausência de qualquer deles impede a sua implementação, pois a rigidez do instituto não permite que haja submissão a riscos capazes de afetar a eficácia e a segurança esperadas. Os elementos identificados na seqüência estão presentes em qualquer das espécies de compensação, embora, conforme visto anteriormente, a vontade das partes possa superar eventuais óbices quando não for hipótese de compensação legal ou judicial.

O art. 369 do Código Civil diz: *"A compensação efetua-se entre dívidas líquidas, vencidas e de coisas fungíveis"*. Estão indicados, nele, três dos pressupostos para que se viabilize a operação. A eles junta-se ainda um quarto, resultando o seguinte elenco final: a) reciprocidade das obrigações; b) liquidez das dívidas; c) exigibilidade das prestações; d) fungibilidade dos débitos. Cada um deles será alvo de particular análise, visando a oferecer adequada visão do mecanismo que desencadeia a operação de compensar débitos e créditos recíprocos.

7.3.1. Reciprocidade das obrigações

Somente pode existir compensação quando duas pessoas forem, a um só tempo, credores e devedores reciprocamente. Trata-se de pressuposto absolutamente fundamental e incontornável, porque integrante da essência do instituto. Se não há débitos e créditos que, titularizados pelas mesmas partes uma em relação à outra, estejam aptos a ser confrontados, evidentemente inexistirá perspectiva de promover qualquer forma de compensação. Do aludido requisito, seja porque constatada a sua falta ou presença, dimanam várias repercussões, todas elas expressamente previstas no Código Civil ou emergentes de princípios comuns inerentes à natureza da compensação.

O art. 376 dispõe: *"Obrigando-se por terceiro uma pessoa, não pode compensar essa dívida com a que o credor dele lhe dever"*. No quadro delineado pela norma, não existe reciprocidade de obrigações, aspecto a impedir que se efetive a compensação. Quando alguém se obriga por terceiro, como acontece no caso de negócio realizado por intermédio de mandatário, na realidade o obrigado é aquele que está sendo representado. Assim, não poderá ser realizada compensação entre a dívida assumida pelo representante em nome do representado (dívida que na realidade é deste último) com a dívida que o credor constituído pelo negócio jurídico contrair por alguma razão junto ao representante. Isto porque um dos princípios basilares da compensação é o da *personalidade*, segundo o qual o devedor só pode compensar com o credor o que este lhe dever, e a dívida contraída em nome alheio por força de representação legal ou convencional não é dívida do representante, mas sim do representado. Logo, não podem recair sobre alguém os efeitos de uma compensação entre dívida alheia e crédito próprio, sob pena de restar ferido o princípio da personalidade e inobservado o requisito da reciprocidade entre débitos e créditos.

Singelo exemplo ilustra a situação: Pedro é mandatário de José e, cumprindo o contrato, adquire junto a Francisco um veículo para o mandante, no valor de 100. A dívida, evidentemente, é de José para com Francisco. Noutra relação jurídica, Pedro é credor de Francisco pelo valor de 100. Não poderão ser compensadas as obrigações acima descritas, pois há diversidade de sujeitos nos respectivos pólos. Enquanto uma das relações pode ser sintetizada na fórmula Francisco (credor) x José (devedor), a outra se resume à equação Pedro (credor) x Francisco (devedor), ficando obstaculizada a compensação. O mesmo acontece quando se trata de representação legal, porque o representante nada mais faz do que praticar ato cuja responsabilidade obrigacional, nos limites da lei, incide sobre o representado. Portanto, os negócios jurídicos praticados pelo pai, tutor ou curador em nome do filho, tutelado ou curatelado não ensejam compensação com créditos do representante junto aos credores constituídos a partir dos negócios acima aludidos.

No mesmo compasso, o art. 377 preleciona: *"O devedor que, notificado, nada opõe à cessão que o credor faz a terceiros dos seus direitos, não pode opor ao cessionário a compensação, que antes da cessão teria podido opor ao cedente. Se, porém, a cessão lhe não tiver sido notificada, poderá opor ao cessionário compensação do crédito que antes tinha contra o cedente".* A cessão de crédito não vale contra o devedor senão a partir de quando a este for notificada. Isso não significa que a falta de notificação torna nulo o negócio jurídico; todavia, considerar-se-á *res inter alios* em relação ao devedor, que, pagando ao credor primitivo, ficará plenamente liberado. Seguindo a mesma linha de raciocínio, dispõe o legislador que uma vez feita a notificação para dar ciência da cessão ao devedor e permanecendo o mesmo em silêncio, ficará depois impedido de opor ao cessionário a compensação que antes da transferência do crédito poderia invocar contra o cedente. Exemplo: João é credor de Paulo pelo valor de 50, e cede tal crédito para Alberto. Este, por causa diversa, deve o montante de 30 para Paulo. Caso João notifique a cessão do crédito e Paulo nada opuser a ela, não poderá ao depois, quando demandado pelo novo credor (Alberto), invocar a compensação desse débito com o crédito que tem contra o cessionário.

Na hipótese de a notificação quanto à ocorrência da cessão não ser feita ao devedor, o negócio será considerado estranho a este, que poderá opor ao cessionário a compensação do crédito que antes da transmissão tinha contra o cedente. Assim, no exemplo acima citado caberia a Paulo, quando demandado por Alberto, invocar a compensação do crédito cedido com aquele que tinha contra o cedente (João), ficando assim exonerado totalmente do dever jurídico.

Havendo solidariedade passiva, o devedor solidário somente poderá invocar compensação, junto ao credor comum, daquilo que este deve ao consorte do sujeito passivo interessado em compensar. O limite econômico da operação, portanto, será o valor da quota que cabia ao co-devedor na obrigação comum. Como se sabe, a solidariedade tem por característica mais proeminente a circunstância de que cada devedor pode ser demandado pelo todo, mas no encontro interno de contas entre os membros do pólo passivo cada indivíduo deve apenas uma fração do todo. Logo, nenhum dos coobrigados poderá compensar junto ao credor comum mais do que o consorte tiver como efetiva participação no passivo global. Exemplo: se Carlos, Antônio e Felipe devem 300 para Mariana, e se esta deve 150 para Carlos, tanto Antônio como Felipe podem invocar compensação, mas só até o limite da quota pessoal do consorte na dívida, ou seja, o montante de 100. Isto porque não haverá reciprocidade obrigacional além da mencionada quantia, inviabilizando-se qualquer tentativa de compensar. *"Tal idéia vinha expressa no art. 1.020 do Código Civil de 1916, e certamente o fato de tal preceito não ter sido repetido pelo diploma de 2002 não significa revogação da regra, que decorre da própria natureza da compensação"* (Sílvio Rodrigues, obra citada, p. 216). Realmente, trata-se de solução que não desborda dos cânones ordinários do instituto, de modo que se afigura escorreita e adequada.

Sendo a mesma pessoa obrigada por várias dívidas compensáveis, serão observadas, no compensá-las, as regras estabelecidas quanto à imputação do pagamento (art. 379). É possível que o devedor, estando vinculado a várias dívidas compensáveis, pretenda realizar a operação em relação a apenas uma delas, que pode ser extinta por força de crédito de origem diversa que tem junto à parte contrária. Nesse contexto incidirão as regras pertinentes à imputação do pagamento, a fim de que se identifique exatamente a dívida a ser compensada. Para tanto, caberá de início ao interessado apontar qual das dívidas está submetendo à operação. Se assim não proceder, a escolha passará a competir ao pólo oposto, que fará constar na quitação a identificação da dívida que está sendo compensada. Por fim, permanecendo inertes ambas as partes e ausentes quaisquer indicativos acerca de qual dos débitos está sofrendo compensação, esta incidirá na dívida líquida e vencida em primeiro lugar. Vencendo todas ao mesmo tempo, e havendo liquidez igualmente em todas elas, a compensação far-se-á na mais onerosa.

7.3.2. Liquidez das dívidas

A liquidez consiste na certeza da existência das dívidas e na determinação do seu objeto. Ou, na fórmula clássica, são líquidas as obrigações certas quanto à existência e determinadas quanto ao conteúdo. Considerando-se que a compensação geralmente opera *pleno jure*, não haveria como conciliar esse princípio com a eventual iliquidez das obrigações que acaso se pretendesse compensar. Sendo incertas no seu existir ou indeterminadas no seu teor econômico, os vínculos obrigacionais não podem ser alvo de encontro para recíproca extinção. Aliás, basta que uma das obrigações esteja nessa situação para que não aconteça o fenômeno, já que ao menos uma das partes não saberá exatamente qual a amplitude do liame jurídico que se tenciona compensar com outro. Tal quadro faz denotar completa falta de segurança técnica, aspecto que não se coaduna com a finalidade do instituto.

Dívidas pendentes de liquidação não podem ser compensadas, porque ignorada a real extensão econômica do dever jurídico e inviável, portanto, definir até que ponto iria o encontro das obrigações para extinção. Nem mesmo quando as obrigações são de fácil apuração quanto ao seu teor há perspectiva de serem compensadas, ao contrário do que se verifica no direito italiano, em que é facultada a realização da operação quando se mostrar ágil e plenamente acessível a imediata liquidação das dívidas. Esse caminho não existe no ordenamento brasileiro, que reclama completa e definitiva liquidez para que se torne factível a compensação de pleno direito. Todavia, consoante salientado alhures, é viável às partes compensar convencionalmente dívidas a que falta algum dos elementos impostos para a espécie legal.

Embora por influência oblíqua, o art. 378 traz regra que interessa à questão da liquidez. Segundo ele, quando as duas dívidas não são pagáveis no mesmo lugar, não se podem compensar sem dedução das despesas necessárias à operação. O local de vencimento da obrigação não interfere na compensação, eis que são compensáveis dívidas cujo vencimento aconteça em lugares diferentes. Contudo, cumpre observar que a compensação atinge apenas o núcleo das dívidas, e por isso devem ser abatidas as despesas que se fizerem necessárias para viabilizar a operação, na hipótese de obrigações que não sejam pagáveis na mesma circunscrição territorial. Por isso é que se os devedores tiverem de fazer gastos com deslocamento ou transporte de bens para concretizar a compensação tais despesas serão deduzidas, e somente depois é que haverá o encontro das dívidas propriamente ditas.

7.3.3. Exigibilidade das prestações

Em geral, os prazos são estabelecidos em favor do devedor, exceto quando a lei ou a vontade das partes dispuser de forma diversa. Daí que enquanto não estiverem vencidas, as dívidas não se tornam exigíveis pelo credor, sendo certo que ao devedor incumbirá o seu adimplemento apenas depois de ultrapassado o marco temporal determinante da exigibilidade. Em vista disso, será inviável a compensação de dívidas ainda não dotadas dessa característica, a menos que as partes ajustem em sentido contrário, abdicando, o beneficiário, da vantagem consistente em aguardar o vencimento da obrigação. Por iguais fundamentos, se a dívida por algum outro motivo que não a falta de vencimento ainda não for exigível pelo credor junto ao sujeito passivo, não haverá possibilidade de ser compensada.

Em suma, as obrigações somente são compensáveis quando o seu cumprimento puder ser legitimamente reclamado pelo sujeito ativo, pois o advento do termo ou do evento que as torna imediatamente exigíveis possibilita a confrontação capaz de extingui-las até onde se encontrarem. Ao revés, a falta de vencimento normal ou antecipado das obrigações faz com que sejam circunstancialmente inexeqüíveis, impedindo a compensação.

Os prazos de favor, embora consagrados pelo uso geral, não obstam a compensação (art. 372). Os espaços de tempo concedidos pelo credor por puro espírito de tolerância ou de liberalidade, para que o obrigado cumpra o dever jurídico em momento posterior ao originalmente aprazado, não impedem que se realize de imediato a compensação. Como é sabido, um dos requisitos para a viabilidade da compensação é o vencimento das dívidas visadas, circunstância que as torna imediatamente exigíveis. O fato de o titular do crédito referente a uma delas ter sido favorecido, por mero obséquio, pela parte adversa com a dilação do prazo de cumprimento, não retira a exigibilidade incontinenti do conteúdo obrigacional, e, destarte, não obsta a compensação.

Na hipótese de não se tratar de dilação do prazo a título de favor, mas sim de avença contratual que altera as condições temporais primitivas de cumprimento, será inviável a compensação enquanto não advier o novo marco definido pelas partes, eis que houve substituição do prazo inicialmente convencionado por outro mais alongado, o que procrastina o implemento da exigibilidade e da exeqüibilidade do crédito, impedindo a compensação.

7.3.4. Fungibilidade dos débitos

A fungibilidade dos débitos pode ser examinada sob dois ângulos distintos. O primeiro deles diz respeito à possibilidade de que a prestação inserida em cada obrigação seja substituída por outra de igual natureza, mesma qualidade e idêntica quantidade. Disso emergirá a faceta fungível do débito considerado individualmente, ou seja, como unidade autônoma e independente. Exemplo: a obrigação de dar cem sacas de arroz do tipo "A" é fungível, porque o teor da prestação, consistente na entrega do cereal, admite substituição física por qualquer conjunto de grãos de arroz que preencha os atributos (gênero, quantidade e qualidade) enunciados quando da constituição do liame jurídico.

Todavia, a fungibilidade exigida para que se torne factível a compensação não é somente aquela que concerne aos débitos singularmente analisados. Para serem compensáveis, as obrigações têm de apresentar homogeneidade, o que importa dizer que as prestações nelas inseridas são marcadas pela fungibilidade entre si, isto é, aquela que emerge quando reciprocamente considerados os deveres jurídicos. Importa salientar que não se trata de fungibilidade de cada obrigação em si mesma, mas sim entre as próprias obrigações que se pretende compensar, como por exemplo compensação de uma dívida em dinheiro com outra também em dinheiro, ou de obrigação de dar certa quantidade de feijão com outra de igual conteúdo. Logo, não se compensam débitos quando um deles, *v. g.*, seja de dar dinheiro e o outro de entregar um automóvel. Tampouco quando as duas obrigações forem de dar automóveis, pois então faltará fungibilidade inclusive quando individualmente examinados os débitos pendentes. Afinal, a prestação em si mesma é insubstituível por outra, pois quem está jungido ao dever de entregar certo e definido veículo não se libera senão pelo repasse daquele específico bem.

Os débitos somente serão infungíveis no momento em que se constata ser tecnicamente indiferente para o credor o recebimento de uma coisa em lugar de outra, porque ambas são dotadas das mesmas características físicas e jurídicas. Em função disso, eventual diferença na qualidade impede a compensação, porque impossível compelir o credor a receber um cereal de tipo "B", ainda que mais valioso, em lugar do grão de tipo "A" previsto no momento da geração do liame obrigacional. Exemplo: se Carlos deve a Manoel cem sacas de arroz tipo "A", e tem crédito correspondente a cem sacas do tipo "B" contra a mesma pessoa, as obrigações não serão compensáveis, pois há diversidade na qualidade das prestações reciprocamente devidas, o que impede a confrontação dos respectivos objetos para extinção. Está no art. 370 a norma que disciplina o tema: *"Embora sejam do mesmo gênero as coisas fungíveis, objeto das duas prestações, não se compensarão, verificando-se que diferem na qualidade, quando especificada no contrato"*. Caso não reste especificada na contratação a qualidade das prestações, não poderá qualquer das partes alegar diferença de qualidade para obstaculizar a compensação.

7.4. Dívidas insuscetíveis de compensação

Já foi dito neste trabalho que as dívidas despidas dos requisitos apontados na lei não podem ser alvo de compensação. Quanto a elas, portanto, nada mais existe a acrescentar, porque delineados rigorosamente os pressupostos que, elencados no ordenamento jurídico, tornam compensáveis as obrigações. Contudo, no art. 373 o legislador arrola situações que obstam a aplicação do instituto, tendo em vista a ilicitude do ato gerador da obrigação, a natureza de que se reveste ou caracteres especiais que a integram. Segundo a mencionada norma, a diferença de causa nas dívidas não impede a compensação, exceto: I – se provier de esbulho, furto ou roubo; II – se uma se originar de comodato, depósito ou alimentos; III – se uma for de coisa não suscetível de penhora. Como se percebe, a identidade de *causa debendi* não é exigida como condição para a viabilidade da compensação, podendo a mesma ser realizada sobre obrigações originadas de causas diversas (*v. g.*, uma derivada de contrato — compra e venda — e outra de declaração unilateral de vontade — confissão de dívida). Porém, determinadas circunstâncias, arroladas nos incisos do art. 373, impedem que os débitos e créditos existentes entre as mesmas partes sejam compensados.

A dívida originada de esbulho, furto ou roubo, figuras cuja conceituação é buscada no Direito Penal, não pode ser compensada (inciso I), pois a ninguém é dado invocar a própria conduta ilícita como fator a ser utilizado em benefício pessoal. Aliás, tais acontecimentos, pautados pela ilicitude da conduta, nem mesmo chegam a produzir obrigações juridicamente exigíveis, mas apenas quadros eventualmente dotados de aparência externa semelhante ao de relacionamentos obrigacionais perfeitos. A norma legal explícita seria até mesmo dispensável, pois é evidente que deles não deflui aptidão para levar ao fenômeno da compensação. Exemplo: Lúcia deve 100 para Álvaro. Este, visando a satisfazer seu crédito, ingressa às ocultas na casa da devedora e de lá retira um televisor. Quando a lesada demandar pela restituição do aparelho, não poderá Álvaro alegar compensação da obrigação de restituir com a dívida em dinheiro, pois ilícita a sua conduta ao apoderar-se da coisa. Ficará inviabilizada a compensação, igualmente, quando ambas as dívidas — e não apenas uma delas — provierem de esbulho, furto ou roubo. Tendo as partes praticado condutas antijurídicas, a nenhuma delas é facultado tirar proveito dessa situação.

Tanto o comodato como o depósito (inciso II) têm fundamento na relativa confiança que deve existir entre os envolvidos, e somente se extinguem por meio da restituição da própria coisa entregue ao pólo adverso. Há, como se denota, proeminente infungibilidade quanto à coisa passível de devolução. Por isso, quando uma das dívidas provier de comodato ou de depósito não poderá ser invocada compensação em relação ao seu objeto. Exemplo: Paulo deve a importância de 100 a José. Além disso, entre as partes há um contrato de comodato, pelo qual José recebeu — para uso e restituição em sessenta dias — um motor elétrico. Encerrado o empréstimo e silente o comodatário, Paulo ingressa em juízo pleiteando a devolução da coisa. José não poderá invocar compensação do seu crédito de 100 com a obrigação de restituir a que está atrelado, porque se isso fosse possível estaria instalada a desconfiança recíproca em cada operação a título gratuito ou fiduciário, haja vista a hipótese de retenção da coisa pela parte adversa como medida tendente à compensação de obrigações.

A dívida de alimentos também é insuscetível de compensação, pois a sua natureza gera presunção no sentido de ser imprescindível para a mantença física do beneficiário e para a conservação de um estado mínimo de dignidade. A compensação de obrigações entre o credor alimentar, que ao mesmo tempo é devedor — por causa diversa — da pessoa obrigada a pensioná-lo, acabaria por retirar do alimentando a sua fonte de subsistência. Exemplo: Fabiano vendeu determinado aparelho a Roberto, pelo valor de 100. Por outro lado, Fabiano é devedor de alimentos, em favor de Roberto, por força de sentença transitada em julgado. Caso existam prestações alimentares em atraso e Roberto as execute, Fabiano não poderá invocar seu crédito de 100 contra o oponente objetivando compensá-lo com uma parte ou com a totalidade da pendência alimentar.

Um dos mais importantes pressupostos para que se efetive a compensação é a existência de dívidas dotadas de imediata exigibilidade judicial. Como a impenhorabilidade afeta essa qualidade, de vez que retira da parte a possibilidade de satisfazer seu crédito tendo como fonte econômica a coisa impenhorável, fica inviabilizada a compensação (inciso III). Exemplo: Joaquim é patrão de Carlos e deve a este a importância de 100 a título de salário. Carlos, por sua vez, deve a Joaquim o mesmo valor, mas em razão de contrato de locação de imóvel. Sabendo-se que a verba salarial é impenhorável, não poderá o patrão, quando acionado para pagamento da dívida salarial, invocar compensação com o crédito locatício para extinguir ambas as obrigações. A impenhorabilidade existe para tutelar bens e direitos que, em circunstâncias comuns, poderiam ser alvo de constrição para pagamento de dívidas do titular. Em diversas ocasiões a lei se preocupa em evitar a penhora de tais itens, como acontece na norma em exame e em muitas outras atualmente em vigor (*v. g.*, art. 649 do Código de Processo Civil e Lei n. 8.009/90).

Além das situações emergentes diretamente da lei e capazes de obstaculizar a compensação, existem outras que, instaladas pela vontade das partes, revelam-se aptas a impedir o encontro de dívidas, não obstante preenchidas integralmente as exigências normativas relacionadas à matéria. Prevalecerá, em tais hipóteses, a manifestação privada de vontade sobre a regra geral que dimana do ordenamento jurídico, pois esta possui caráter apenas supletivo quando verificados os casos previstos no art. 375 do Código Civil.

A citada norma diz: *"Não haverá compensação quando as partes, por mútuo acordo, a excluírem, ou no caso de renúncia prévia de uma delas"*. As regras concernentes à compensação contêm, predominantemente, princípios de ordem privada. Por isso, admite-se a incidência de exclusão convencional ou mesmo renúncia unilateral prévia como mecanismos excludentes da iniciativa de compensar. Podem as partes acordar a qualquer tempo — no ato de constituição do dever jurídico ou depois disso — a exclusão da compensação quanto a determinados débitos, com o que ficarão impedidas de invocar judicialmente o instituto como meio de extinção de créditos e débitos recíprocos. É possível, também, que a apenas uma das partes provoque a vedação de compensar obrigações, o que acontece quando renuncia antecipadamente o direito de, no futuro, argüir a compensação para extinguir o seu dever jurídico. A propósito, a renúncia precisa ser anterior à realização do ato de compensar, de modo que qualquer iniciativa posterior à consecução do fenômeno não gerará as conseqüências que dele ordinariamente seriam pinçadas. Inexiste renúncia depois de produzida a compensação, cujo implemento é irreversível se observadas as normas pertinentes ao tema.

A exclusão ou a renúncia obstam o exercício da compensação ainda que esta provenha de específica determinação legal, haja vista a integral aplicação do princípio da autonomia da vontade. Promove-se a exclusão por meio de expressa convenção entre as partes envolvidas. O ajuste não poderá prejudicar direitos de terceiros, pois se assim for terá nenhum efeito frente aos prejudicados. Já a renúncia pode ser expressa ou tácita, operando-se a primeira quando o devedor manifesta-se inequivocamente nesse sentido, e a segunda quando o devedor, embora ao mesmo tempo credor da parte adversa, cumpre a sua obrigação como prevista no ato constitutivo. Saliente-se o fato de que a renúncia, como providência eminentemente unilateral, independe do assentimento da parte contrária para produzir os efeitos que lhe são próprios. Cabe observar, porém, que direitos de terceiros não serão prejudicados pela abdicação, haja vista circunscrever seu alcance às partes diretamente envolvidas.

7.5. Direito de terceiro

Não se admite a compensação em prejuízo de direito de terceiro. O devedor que se torne credor do seu credor, depois de penhorado o crédito deste, não pode opor ao exeqüente a compensação, de que contra o próprio credor disporia (art. 380). No que diz respeito à projeção de seus reflexos, a compensação não pode prejudicar direito de terceiro, pois, tratando-se de encontro de dívidas recíprocas entre duas partes, produz efeitos apenas quanto às mesmas. Em assim sendo, a penhora do crédito que determinada pessoa tem contra outra impede que esta última, tornando-se credora daquela após a constrição, invoque a compensação das obrigações como forma de extinção de ambas, porque isso afetaria o direito de quem recebeu como garantia a penhora do crédito. Exemplo: Manoel tem crédito de 100 contra Álvaro. Por força de dívida contraída junto a terceiro, Manoel tem o crédito penhorado. Depois disso, e por causa diversa, o próprio Manoel torna-se devedor de Álvaro, obrigando-se a pagar a este o valor de 80. Quando executado para pagar a dívida de 100, Álvaro não poderá opor a compensação dessa importância até onde se encontre com o seu crédito de 80, pois que a penhora do crédito de Manoel tornou-o incompensável, situação destinada a proteger o direito do terceiro que promoveu a referida constrição.

Caso a compensação seja invocada antes de ordenado o ato constritivo e não padeça de vício algum, será válida e produzirá todos os efeitos que lhe são inerentes, pois a superveniente ordem de penhora não afetará o direito de o interessado promover a extinção do seu débito mediante encontro com o crédito que tem frente à parte adversa. Nesse caso, o terceiro não será protegido, pois interveio de maneira serôdia na relação travada entre os titulares das obrigações compensáveis.

Outra hipótese bastante comum, relacionada à proteção do direito de terceiro, é a que envolve o garantidor de dívida alheia, tenha a garantia nuanças pessoais (*v. g.*, fiança) ou reais (*v. g.*, hipoteca). O devedor não poderá unilateralmente renunciar o direito de compensar o crédito que acaso tiver junto ao próprio credor, nem ajustar com este a inviabilidade da compensação. Caso isso fosse possível haveria lesão a terceiro interessado, pois a citada compensação liberaria a um só tempo o afiançado ou devedor hipotecário e o garantidor. Logo, este não é atingido por atos de que não participou, revelando-se inócuas tais medidas ante os personagens potencialmente atingidos.

Situação igualmente relevante está posta no art. 371: "*O devedor somente pode compensar com o credor o que este lhe dever; mas o fiador pode compensar sua dívida com a de seu credor ao afiançado*". Como regra geral, a compensação somente é admitida quando presente a reciprocidade direta de obrigações. Assim, não pode o devedor afiançado, quando interpelado pelo credor, invocar como meio de exoneração eventual débito deste para com o fiador. Contudo, dadas as especiais circunstâncias que envolvem a figura do fiador, permite o ordenamento que este compense sua dívida com aquilo que o credor deva ao afiançado. Portanto, é facultado ao fiador apresentar como elemento obstativo da pretensão contra si deduzida pelo credor a obrigação deste para com o afiançado, dando causa à compensação das pendências e exoneração das partes.

Quadro semelhante merece ser considerado. Caso o fiador, quando demandado pelo credor, invoque como matéria defensiva a compensação entre a obrigação reclamada (proveniente da relação fidejussória e da inadimplência do obrigado primevo) e o crédito que porventura tenha contra quem o está acionando, ficará com direito regressivo contra o devedor afiançado. Tal solução deriva do fato de que, para extinguir a dívida oriunda da fiança contratada, o fiador sacrificou o próprio crédito que possuía em relação ao credor do afiançado, razão pela qual surge o direito de regresso para ser exercido contra este, cuja finalidade é promover o reembolso do valor do crédito fulminado pela compensação. Esse mecanismo de recuperação de valores funciona em moldes idênticos àquele utilizado para o exercício do direito regressivo do terceiro interessado contra o devedor, quando aquele paga em dinheiro a dívida deste para com o *accipiens*. Na realidade, ao sacrificar por meio da compensação o próprio crédito, o fiador está promovendo a satisfação da obrigação que incidia sobre o devedor e liberando-o de seus efeitos, o que acaba por criar o liame regressivo acima mencionado.

7.6. Compensação de dívidas fiscais e parafiscais

O art. 374 do Código Civil, ao tempo da *vacatio legis* do diploma, dispunha: "*A matéria da compensação, no que concerne às dívidas fiscais e parafiscais, é regida pelo disposto neste capítulo*". A norma foi revogada pela Lei n. 10.677, de 22.5.2003, publicada no DOU em 23.5.2003. Antes, havia sido alvo da Medida Provisória n. 104, de 9.1.2003, publicada no DOU em 10.1.2003. Portanto, tal dispositivo jamais teve eficácia, pois foi alcançado pelos efeitos da Medida Provisória e, após, pela sua conversão em lei, desde o dia em que entrou em vigor o Código Civil. Contudo, para dar idéia do efeito que teria, alguns comentários são feitos na seqüência.

Tendo em vista a necessidade de regrar a compensação na hipótese de dívidas tributárias, e a circunstância de o Direito Tributário também dispor sobre o tema, o legislador originalmente estabeleceu a aplicação das normas pertinentes à compensação comum como base jurídica para a compensação das dívidas fiscais e parafiscais. Tratou-se de inovação de suma relevância, em si mesma corajosa por quebrar longa tradição do direito pátrio, que sempre se portou no sentido de resguardar da compensação a Fazenda Pública devedora, sob o pretexto de que estariam em jogo o interesse público e a supremacia deste sobre o particular. O avanço das relações sociais e privadas, todavia, não mais justifica essa espécie de discriminação contra o contribuinte, a quem o direito comum tentou socorrer autorizando a compensação noticiada no revogado art. 374.

A relevância da matéria tratada na aludida norma recomenda a transcrição da manifestação do Deputado *Ricardo Fiúza* por ocasião da apresentação do texto normativo: "*Os pressupostos necessários à compensação legal de créditos são: a reciprocidade, a liquidez, a exigibilidade e a fungibilidade dos créditos. A compensação legal tem como característica independer da vontade das partes e operar mesmo que uma das partes a ela se oponha, posto que constitui um direito potestativo que não se confunde com a figura contratual da dação em pagamento, que para sua realização depende da vontade das partes. Daí por que, é de se ressaltar que inexiste fundamentação lógica para exclusão das dívidas fiscais do instituto de compensação regulado pelo Código Civil, para remetê-las para legislação especial. A compensação é uma só, quer seja de dívidas privadas quer seja do indébito tributário, sendo efetuada diretamente pelo contribuinte e, no caso dos débitos fiscais, posteriormente, comunicada à autoridade fazendária. Não há necessidade, no caso, de um reconhecimento prévio, em processo administrativo, do pagamento indevido do tributo, ou, de sua liquidez, certeza e exigibilidade por parte da devedora, que futuramente tratará de cobrar o que eventualmente não pudesse ter sido objeto da compensação. A administração fazendária não pode, em hipótese alguma, limitar, restringir ou negar ao contribuinte o direito à compensação, sempre que a parte for credora da Fazenda Pública de um crédito líquido, certo e exigível. O direito à compensação do indébito tributário é corolário lógico do próprio direito de propriedade, constitucionalmente amparado. Assim, não há que se remeter à legislação especial, mais precisamente, à legislação tributária, a definição dos limites ao direito de compensação, quando for a Fazenda Pública a parte devedora".*

A Lei n. 9.430/96 e o Decreto n. 2.138/97 disciplinam a compensação tributária convencional (ou administrativa), que decorre de acordo celebrado entre a Fazenda Pública e o contribuinte. Tais diplomas legais permanecem em vigor, não sendo afetadas pela sistema de compensação previsto no Código Civil, erigindo-se em normas de singular relevância ante a revogação do art. 374: *"Serão aplicados sobretudo quando o contribuinte pretender compensar tributos e contribuições de naturezas diversas, ou com débitos vincendos, uma vez que a compensação de que trata o Código Civil pressupõe que as dívidas estejam vencidas, cabendo à Secretaria da Receita Federal, nesses casos, os procedimentos internos para a correta alocação dos valores compensados"* (*Novo Código Civil Comentado*, coordenação de Ricardo Fiúza, Editora Saraiva, p. 338).

Infelizmente, ainda não foi desta vez que se chegou ao nível de maturidade jurídica esperado no tratamento de temas dessa natureza. Ainda que sob o manto aparente da proteção do interesse coletivo, a verdade é que o indivíduo, singularmente considerado, não consegue receber adequada proteção normativa. Permanece, destarte, à margem de um regime justo de compensação de seus créditos com os débitos que acaso possua perante a Fazenda Pública. Noutras palavras, para o recebimento do que lhe é devido precisa ingressar nas intermináveis filas dos precatórios, enquanto a exigibilidade das suas dívidas junto aos entes públicos é imediata e encontra no patrimônio do sujeito passivo a segurança de incontinenti resgate.

Capítulo 8

DA CONFUSÃO

8.1. Considerações gerais e conceito

Toda relação obrigacional pressupõe a existência de dois pólos opostos, quais sejam, o ativo e o passivo. A cada pólo obrigacional corresponde um sujeito, ou grupo deles, a quem se atribuem direitos (ativo) ou deveres (passivo). Não se concebe a geração de liames dessa natureza sem a presença desses personagens, que, obviamente, não poderão jamais ser a mesma pessoa. Afinal, ninguém será credor ou devedor de si mesmo, nem poderá acionar judicialmente a si próprio. Exatamente para evitar essa surreal e impertinente perspectiva é que o legislador editou normas relacionadas ao instituto denominado *confusão*. Trata-se da conjugação, em uma só pessoa e na mesma relação jurídica, dos atributos pertinentes ao credor e ao devedor, circunstância que fulmina a dualidade exigida de toda obrigação. Daí que a eventual concentração das mencionadas qualidades em um titular exclusivo provoca o fenômeno decorrente da confusão, qual seja, a inexigibilidade da prestação. Note-se que deliberadamente não foi empregada, neste momento, a expressão *extinção da obrigação*, pois será ainda necessário promover mais detido exame em torno das conseqüências que resultam da confusão. Não obstante, o art. 381 do Código Civil estabelece: *"Extingue-se a obrigação, desde que na mesma pessoa se confundam as qualidades de credor e devedor"*. A confusão é motivada pelo surgimento de fato jurídico alheio à relação obrigacional como originalmente constituída; decorre, portanto, de um acontecimento novo apto a colocar um indivíduo como credor e devedor na mesma relação.

Quanto ao momento em que se implementa, é preciso dizer que a confusão acontece independentemente de manifestação de vontade dos interessados. Assim, produz os resultados que lhe são inerentes desde o momento em que constatada a presença do seu pressuposto básico, qual seja, a junção, em certo indivíduo, da figura de sujeito ativo e passivo da mesma obrigação. De qualquer modo, caberá ao interessado invocar oportunamente a sua ocorrência em juízo, para que haja reconhecimento e correspondente declaração.

8.2. Efeitos da confusão

O instituto de confusão excepciona a regra de que as obrigações extintas não ressurgem senão por expressa manifestação das partes nesse sentido. Isto porque a lei prevê o restabelecimento da relação obrigacional primitiva na hipótese de fenecimento da base conducente à verificação do fenômeno. O art. 384 determina: *"Cessando a confusão, para que logo se restabelece, com todos os seus acessórios, a obrigação anterior"*. Inicialmente, convém destacar que um dos efeitos da confusão consiste na afetação dos acessórios da *obligatio*, haja vista a incidência do princípio *acessorium sequitur principale*. Desaparecendo a causa que motivou a confusão, a obrigação originalmente constituída voltará a vigorar em todos os seus aspectos, nisso incluídos os acessórios. Isto porque o estado de reunião das qualidades de credor e devedor na mesma pessoa não se tornou definitivo, acarretando a restituição dos envolvidos ao estado anterior. É o que ocorre, por exemplo, se vem a ser anulado ou de algum modo caducar o testamento no qual o *de cujus* beneficiara o devedor com o legado do crédito que contra ele possuía e que era representado por certo título. Isso fará com que o devedor continue a figurar como tal e tenha de satisfazer integralmente o dever jurídico.

Caso venha a ser restabelecida a obrigação pelo desaparecimento do estado de confusão, as garantias que anteriormente incidiam também voltam a dar guarida ao débito, tenham elas sido prestadas pelo próprio devedor ou por terceiros e independentemente de qualquer interpelação ou notificação. É que se opera *pleno jure* o restabelecimento da obrigação quando cessada a causa motivadora da confusão, revigorando os elementos secundários que a guarneciam (*v. g.*, fiança, hipoteca etc.). Na prática, não há necessidade de nova manifestação volitiva oriunda dos garantidores, porque eles não são definitivamente liberados quando ocorre a confusão. Tal conseqüência emerge da força da lei. Embora se opere imediata exoneração, esta assume contornos precários, pois o potencial de restabelecimento do liame conserva intacto o vínculo que atrela todos os que prestaram garantias de cumprimento da obrigação primitiva.

Tomado em linha de conta o fato de que a confusão não sepulta em definitivo o vínculo obrigacional, haja vista a possibilidade de seu posterior restabelecimento quando cessada a causa geradora, torna-se necessário tecer considerações outras. Afinal, seria hipótese de genuína *extinção das obrigações* (art. 381) ou a expressão teria de se amoldar à realidade prática do instituto? O Código Civil a insere expressamente no elenco das modalidades capazes de acarretar a extinção da obrigação sem pagamento. *Sílvio Rodrigues*, a respeito do que diz o art. 384, observa que *"tal solução é teoricamente inconcebível e só se pode compreendê-la, nesta instância, em virtude do fato acima apontado, isto é, de que a confusão não dissolve o vínculo mas apenas o neutraliza, pois não interessa a ninguém movimentá-lo, já que o credor que podia exigir a prestação e o devedor que seria obrigado a fornecê-la são a mesma pessoa"* (obra citada, p. 224). Não haveria, então, o desaparecimento do liame obrigacional, mas apenas uma espécie de *hibernação*, com potencial perspectiva de se revigorar o *status quo ante* uma vez cessada a confusão. Está aí a semente daquilo que boa parte dos doutrinadores denomina *neutralização da obrigação*, pois esta deixa de ser exigível enquanto sufocado o seu antagonismo característico (existência de sujeito ativo e passivo diferentes). Durante o tempo em que, na mesma relação, existir um só indivíduo enfeixando os atributos de credor e devedor, não haverá espaço para a exigibilidade do seu cumprimento.

Disso tudo resulta que a confusão opera sobre a obrigação, inicialmente, apenas de molde a suspender a eficácia de que estava munida. Ela não sofre imediata e definitiva extinção, ficando apenas paralisada em seus efeitos enquanto perdurar a concentração das qualidades de credor e devedor em uma só pessoa. Todavia, se o estado fático mostrar-se irreversível, então sim estará patenteada concreta e cabal extinção da *obligatio*. Imagine-se o seguinte exemplo: Paulo deve entregar a Marcelo certo selo valioso. Se este promover cessão do seu crédito ao próprio devedor, restarão concentrados em Paulo os atributos de devedor e de credor de si mesmo. Caso Paulo transmita esse crédito a outrem, estará reavivada a situação original. Todavia, se o selo for consumido pelo fogo, a confusão primitivamente estabelecida terá acarretado o definitivo desaparecimento da obrigação original. Disso tudo resulta que a confusão não tem vigor extintivo absoluto, embora a experiência comum demonstre que na esmagadora maioria das vezes a extinção do vínculo obrigacional efetivamente se opera.

Ainda quanto à cessação da confusão e retorno ao patamar anteriormente estabelecido, destaca-se a manifestação convencional de vontade como elemento capaz de acarretar tal conseqüência. *Carvalho de Mendonça* expõe que a confusão pode *"deixar de produzir seus efeitos por convenção entre as partes; isso, porém, só em relação a elas, nunca em relação a terceiros, a respeito dos quais não podem fazer reviver as obrigações extintas. Se, porém, ela é revogada por motivos inerentes à sua existência legal, então revive e opera retroativamente, mesmo contra terceiros, na extensão referida"* (apud Carlos Roberto Gonçalves, obra citada, p. 341).

8.3. Espécies e origem

A confusão pode verificar-se a respeito de toda a dívida, ou só de parte dela (art. 382). Constatada a unificação das qualidades de credor e devedor em uma só pessoa, desaparece por inteiro ou parcialmente a obrigação, conforme a confusão se opere, respectivamente, sobre todo o débito ou apenas no tocante a parte dele. Logo, quanto à sua extensão a confusão pode ser total ou parcial. Exemplo: Carlos, devedor de Pedro, recebe após o óbito deste, como legado, o título de crédito que representava a dívida, o que leva à sua total extinção. Se o legatário fosse aquinhoado apenas com parte do crédito por expressa determinação do testador, a confusão operaria de modo fracionário, subsistindo a obrigação quanto ao remanescente. Como se percebe, a confusão parcial possui um mecanismo de funcionamento semelhante ao da compensação, promovendo encontro de contas até o limite das respectivas forças econômicas. Porém, não se pode tomar um instituto por outro, já que na confusão não há dois sujeitos diferentes, ao contrário do que se dá na compensação.

Na prática, a fonte mais profícua de que se extrai o instituto da confusão é relacionada ao direito sucessório. Nele estão centradas mais comumente hipóteses das quais resulta o aludido acontecimento, em especial quando se trata de sucessão testamentária. Isto porque por meio da cédula em que expressa a sua derradeira vontade o testador pode estipular legados ou instituir herança testamentária em que os beneficiários podem opor ao espólio, com o fito de extingui-los, débitos até então pendentes. Para tanto, é claro, será mister concorram os pressupostos da confusão, mormente o da concentração da qualidade de devedor e de credor na pessoa do sucessor testamentário. Exemplo: o legatário recebe como elemento individualizado do seu direito sucessório o crédito que o testador tinha contra o próprio beneficiário do legado, de modo que a obrigação original é aniquilada. Contudo, não apenas nas disposições *mortis causa* situam-se casos de confusão, pois esta tem origem também em atos *inter vivos*. Exemplo: o devedor se torna cessionário do próprio crédito, passando a ser sujeito ativo e passivo da mesma relação obrigacional.

8.4. Direitos de terceiros

A confusão operada na pessoa do credor ou devedor solidário só extingue a obrigação até a concorrência da respectiva parte no crédito, ou na dívida, subsistindo quanto ao mais a solidariedade (art. 383). Sabe-se que a essência de toda obrigação solidária importa na sua cisão em tantas relações jurídicas menores, independentes e autônomas, quantos forem os membros do pólo a que se refira. Contudo, por força de lei ou da vontade das partes cada devedor é responsável pela prestação integral diante do credor comum (na solidariedade passiva), assim como cada credor tem direito à totalidade da prestação junto ao devedor comum (na solidariedade ativa).

O art. 383 tem em vista fazer eqüitativa e justa a distribuição das vantagens e encargos emergentes de qualquer vínculo solidário, quando operada a confusão. Esta atinge apenas a relação individual em que se verificou a conjugação das qualidades de credor e de devedor em uma única pessoa. Os reflexos da sua incidência tornam-se mais evidentes no caso de confusão parcial, porque exatamente aí é que se concretiza mais claramente a idéia de fracionamento do dever jurídico solidário em obrigações menores de natureza individual, como antes mencionada.

Havendo solidariedade ativa ou passiva em determinada relação obrigacional, o desaparecimento desta somente alcançará a porção que no crédito ou no débito couber ao sujeito que enfeixou em si mesmo as qualidades de credor e devedor. Quanto aos outros integrantes do pólo solidário, conservar-se-á a obrigação como inicialmente criada, mas exclusivamente sobre o saldo do débito ou sobre a porção remanescente do crédito. Exemplo: Alberto, Luís e Manoel são devedores solidários, pelo valor de 90, perante Francisco. Este cede a Alberto um terço do crédito que tem contra os integrantes do pólo passivo. Diante disso, no pertinente à participação de Alberto na dívida haverá confusão, pois tornou-se credor de si mesmo. Luís e Manoel continuarão sendo devedores solidários, mas responderão somente pelo saldo devedor (no valor de 60), apurado a partir da exclusão da fração que competia a Alberto, único a ser liberado. O mesmo ocorreria se o devedor solidário viesse a receber, em herança, a totalidade do crédito cujo titular faleceu, pois então operar-se-ia confusão quanto à parte do beneficiário na dívida e a conservação da solidariedade dos demais co-obrigados diante do novo credor.

O tema apresenta ainda interessantes nuanças na hipótese de obrigações indivisíveis. Como se sabe, estas não se sustentam na noção de fracionamento do todo em obrigações menores de caráter individual, ao contrário do que ocorre nos deveres jurídicos solidários.

É a natureza do objeto, por si mesmo insuscetível de partição, que dita a indivisibilidade. Destarte, se houver confusão parcial em virtude da circunstância de um dos devedores enfeixar o direito creditório de terceiro, que sobre si incidia (*v. g.*, em virtude de herança ou cessão), a obrigação desaparece em relação a ele. Os demais co-obrigados continuarão jungidos pelo vínculo obrigacional, mas o credor somente poderá reclamar de cada um dos consortes passivos o conteúdo remanescente da prestação, amortizada a quota extinta pela confusão. Igual raciocínio se aplica no caso de obrigações indivisíveis que apresentam vários credores e apenas um devedor. A solução ora explicitada deriva do teor do parágrafo único do art. 262 do Código Civil.

Capítulo 9

DA REMISSÃO DAS DÍVIDAS

9.1. Considerações gerais e conceito

Consiste a remissão da dívida na liberação não onerosa do devedor, com o seu consentimento, pelo credor, acarretando o desaparecimento da obrigação e a conseqüente liberação do sujeito passivo. É o que se depreende do teor do art. 385 do Código Civil. Pelo seu implemento, o devedor fica exonerado da obrigação a que estava atrelado, e o credor, voluntariamente posto em condição jurídica que o impede de exigir aquilo que lhe era devido, nada mais poderá reclamar da parte contrária até o limite da liberação promovida. Cuida-se de mecanismo de extinção parcial ou total das obrigações, sem que ocorra pagamento pelo sujeito passivo.

É preciso observar que a remissão não pode ser feita de maneira unilateral. Embora ela tenha como ponto de partida a vontade exclusiva do credor, o seu aperfeiçoamento somente se dará no instante em que o devedor aceitar. O perdão da dívida não pode ser imposto ao sujeito passivo, a quem compete deliberar acerca da conveniência ou não de aceitar a liberalidade proposta pelo sujeito ativo. A recusa do devedor quando da oferta de remissão independe de justificativa, pois lhe é conferida a faculdade de rechaçá-la pura e simplesmente, optando pelo cumprimento da obrigação pendente, ou de aceitá-la sem declinar as razões pelas quais assim procede.

Embora não se confunda com a renúncia, a remissão produz os mesmos efeitos, ou seja, a liberação do devedor. A diferença existente entre os institutos reside no fato de que enquanto a renúncia se perfaz independentemente da aquiescência da parte adversa, a remissão ou perdão não prescinde do assentimento do beneficiário. Um é ato unilateral, ao passo que o outro é marcado pela bilateralidade. A simples destruição espontânea do título pelo credor acarreta o fenecimento do crédito sem necessidade de manifestação da parte adversa, em atitude que caracteriza renúncia. Por outro lado, se o credor exprime a intenção de não receber o valor objeto de execução em curso, e a isso se segue a concordância do obrigado, estará consubstanciada a remissão. Como se percebe, a implementação do instituto no plano concreto depende da anuência expressa ou tácita do devedor, podendo ele inclusive consignar em pagamento a prestação caso opte pela recusa do perdão e o credor se negue a receber aquilo a que tem direito.

Os requisitos para que ocorra a remissão concernem basicamente aos de natureza geral, quais sejam, a capacidade das partes, a licitude e a possibilidade do objeto e a observância da forma prescrita. Quanto à capacidade, vale dizer que o agente deverá tê-la em sentido genérico, para os atos da vida civil, mas também em caráter específico. O incapaz não pode remitir dívida, pois estará praticando ato equivalente ao de alienação, e este somente se pratica pessoalmente quando existir capacidade civil e legitimação. Por outro lado, a forma da remissão é geralmente livre, exceto quando houve incidência do princípio da atração da forma (*v. g.*, para perdoar dívida constituída por escritura pública).

Não se presume a remissão, porque deriva sempre de vontade expressa ou tácita, mas inequívoca, do credor. A mera inércia deste diante do crédito que poderia executar ou reclamar não importa em perdão concedido ao devedor, porque ao sujeito ativo é que cabe analisar a conveniência e oportunidade de pleitear o recebimento do valor devido pela parte adversa.

9.2. Espécies de remissão

Examinada sob o prisma da sua amplitude econômica, a remissão pode ser total ou parcial. Na primeira hipótese, é causa de extinção integral do dever jurídico, porque abrange todo o conteúdo econômico da obrigação e liberando sem ressalvas o sujeito passivo. No segundo caso, promove apenas a exoneração fracionária do devedor, porque voltada para a extinção de uma parte da dívida, que remanesce quanto ao restante. Em ambas as hipóteses deverá haver exegese restritiva da vontade do credor, pois, tratando-se de ato de liberalidade, aplica-se o disposto no art. 114 do Código Civil, pelo qual os negócios jurídicos benéficos e a renúncia interpretam-se estritamente. Se houver dúvida quanto ao alcance da remissão concedida, ela deverá ser interpretada pelo modo menos oneroso ao sujeito ativo, para que dele não se tolha mais do que pretendeu abdicar.

No pertinente à maneira pela qual se implementa, a remissão pode ser expressa ou tácita. Já se disse acima que para concretizá-la não é necessária a adoção de forma especial, podendo ser a vontade exteriorizada expressa ou tacitamente. A primeira traduz-se em manifestação direta do credor, por escrito público ou particular, no sentido de perdoar a dívida. Já a segunda caracteriza-se como atitude, promovida pelo credor, inconciliável com a sua condição jurídica, como é o caso da entrega voluntária do título da obrigação ao sujeito passivo. Cabe salientar, entrementes, que se a dívida houver sido reconhecida ou estiver representada em instrumento público, somente por meio de outro escrito dessa natureza é que se poderá remiti-la, haja vista a máxima *accessorium sui principalis naturam sequitur*, base do princípio da atração da forma.

A devolução voluntária do título da obrigação, quando por escrito particular, prova desoneração do devedor e seus co-obrigados, se o credor for capaz de alienar, e o devedor capaz de adquirir (art. 386). Esse preceito vai ao encontro daquele outro ínsito no art. 324, cuja orientação é no sentido de que a entrega do título ao devedor firma a presunção do pagamento. Não há razão lógica ou jurídica para que o credor, após a satisfação da dívida, continue com o instrumento que a representava em seu poder. De outra banda, é natural que o *solvens* reclame tal documento assim que liquida a obrigação. Daí que a restituição voluntária do título representativo da obrigação ao devedor, quando confeccionado por meio de instrumento particular, configura remissão tácita e faz prova de liberação de todos os integrantes do pólo passivo. Tal situação não se confunde com o perdão feito a apenas um dos co-obrigados, pois neste permanecem atrelados ao dever jurídico os indivíduos não favorecidos pela iniciativa do credor. É importante ressaltar que o perdão a apenas um dos co-obrigados não se promove mediante devolução do título, mas sim por intermédio de indicação do favorecido, pois o ato de restituir o título obrigacional importa em liberação total dos devedores.

Nada impede que as partes, em conduta de excessivo zelo, optem por formalização escrita no sentido de que a restituição do título funcionará como remissão proveitosa ao devedor. E nada obsta que decidam formalizar a liberação do sujeito passivo ressalvando a permanência do título com o ex-credor (situação rara e de pouco interesse prático), ou afirmando que o devedor solveu a obrigação indicada em título extraviado ou perdido. De qualquer modo, se uma dessas hipóteses não ocorrer, incidirá a presunção posta no art. 386 do Código Civil, qual seja, a de remissão tácita.

Para que haja desoneração do pólo passivo, a entrega do título deve ser feita por credor capaz de alienar, e, a aceitação, por devedor capaz de adquirir. Isto porque a natureza convencional e as nuanças contratuais da remissão exigem plena capacidade das partes diretamente envolvidas, pois de um lado envolvem disposição do crédito, e de outro aquiescência quanto ao ato de liberalidade. Não pode abrir mão do crédito quem não tem capacidade genérica para alienar, nem pode aceitar a graciosidade quem não esteja investido nos atributos inerentes à capacidade de aquisição.

Tendo em vista a circunstância de que o legislador menciona a ocorrência de liberação tácita, por devolução voluntária do título, apenas quando a dívida estiver apontada em instrumento particular, é imperioso considerar que a formalização da mesma em escritura pública impede igual solução. Com efeito, a forma expressa de liberação será imprescindível se a obrigação for inserida em documento público, porque então haverá incidência do princípio da atração da forma, pelo qual a remissão se dará por instrumento de vigor idêntico ao da constituição do liame.

A restituição voluntária do objeto empenhado prova a renúncia do credor à garantia real, não a extinção da dívida (art. 387). O credor pode renunciar a garantia real pignoratícia que incide sobre a obrigação, porque se trata de direito patrimonial disponível. Isso acontece por dois modos: a) expressamente, por manifestação escrita; b) tacitamente, por conduta indicadora da vontade de abdicar. É desta segunda situação que trata a aludida norma.

Quando houver a restituição voluntária do objeto empenhado, estar-se-á diante de atitude representativa da intenção de não mais conservar a garantia de cumprimento do dever jurídico. Entretanto, ao devolver o objeto empenhado o credor apenas estará renunciando o direito real, sem que isso afete a obrigação principal, cujo conteúdo permanece intacto. Exemplo: se em garantia de mútuo no valor de 100 o devedor empenha um anel de ouro e o entrega ao credor, eventual ato de devolução do objeto ao sujeito passivo extinguirá o penhor, mas manterá integralmente a dívida e os seus encargos (*v. g.*, juros). A citada norma encontra fundamento na regra segundo a qual o acessório segue o principal. Disso decorre a seguinte conclusão: quando o credor renuncia ou remite a dívida, as garantias que sobre ela recaíam desaparecem; ao contrário, se o ato de disposição refere-se unicamente às garantias, fenecem estas e continua viva a obrigação.

9.3. Direitos de terceiros e solidariedade

A remissão da dívida, aceita pelo devedor, extingue a obrigação, mas sem prejuízo de terceiro (art. 385). A remissão concedida ao devedor e por este acolhida, seja total (abrangendo por inteiro a obrigação) ou parcial (fazendo desaparecer apenas uma fração da dívida), produz efeitos imediatos entre as partes, liberando o sujeito passivo no que diz respeito à relação travada com o credor. Não atinge, contudo, direitos de terceiros, pois estes são personagens estranhos à remissão e não podem ser por ela afetados. Trata-se de situação que desafia a aplicação do preceito genérico segundo o qual os ajustes formulados vinculam unicamente os celebrantes, tomando-se os mesmos como *res inter allios* frente aos demais membros da coletividade. Exemplo: Norberto deve o valor de 100 a Antônio. Paulo, sendo credor de Antônio também pelo valor de 100, e tendo ajuizado ação executiva, penhora o crédito deste junto a Norberto. Caso Antônio venha a remitir a dívida de Norberto, Paulo não será atingido em seus direitos, conservando a prerrogativa de fazer prosseguir a demanda e tendo por garantia o crédito constrito, de modo que Norberto poderá ser instado pelo juízo a depositar a importância penhorada. Porém, se a penhora por alguma razão juridicamente relevante deixar de subsistir (*v. g.*, pagamento do montante executado), a remissão concedida produzirá todos os efeitos que lhe são inerentes, liberando o devedor, tendo em vista que faz lei entre as partes contraentes.

Ainda na mesma senda, o legislador estabeleceu as conseqüências da remissão no caso de existir solidariedade passiva. O art. 388 reporta-se à matéria: "*A remissão concedida a um dos co-devedores extingue a dívida na parte a ele correspondente; de modo que, ainda reservando o credor a solidariedade contra os outros, já lhes não pode cobrar o débito sem dedução da parte remitida*". Quando o credor remite a dívida apenas em relação a um dos co-devedores solidários, continua tendo direito ao recebimento do crédito e permanece investido nas garantias como originalmente concebidas. Porém, não poderá no futuro reclamar dos demais a totalidade do montante a que tinha direito antes da remissão, pois do universo obrigacional será abatido o valor correspondente à quota de participação do devedor favorecido pela liberalidade. Singelo exemplo ilustra adequadamente o quadro: sendo três os co-obrigados solidários e 90 o valor da dívida, se houver remissão em favor de um dos devedores os outros dois continuarão solidariamente responsáveis pela satisfação da pendência, mas pagarão apenas o montante de 60, eis que o indivíduo beneficiado pelo perdão fica liberado e com isso faz excluir da dívida total a sua quota individual.

A solução disposta na norma decorre do fato de que as obrigações solidárias podem ser vistas, sob o prisma das relações travadas entre os membros do pólo passivo, como deveres jurídicos autônomos menores em expressão econômica. Cada devedor, embora responda pelo todo frente ao credor comum, suportará ao final, quando do encontro de contas com os demais obrigados, apenas a fração que lhe couber no todo. Tanto é assim que o devedor que pagar terá direito a se reembolsar junto aos consortes com base no valor das respectivas frações individuais. Logo, a remissão somente favorece aquele sujeito passivo a quem se dirige, mas para evitar que o credor obtenha indevida vantagem em detrimento dos consortes não beneficiados, o montante remitido será abatido do valor global, remanescendo a dívida somente pelo saldo.

Parte IV

DO INADIMPLEMENTO DAS OBRIGAÇÕES

Capítulo 1

DISPOSIÇÕES GERAIS

1.1. Observações necessárias

A finalidade almejada pelo legislador ao disciplinar o tema relativo às obrigações é vê-las integralmente cumpridas. A propósito, não deve ser outro o objetivo das partes ativa e passiva inseridas no liame obrigacional, pois seria inadequado imaginar que os sujeitos submetidos a determinado vínculo não tivessem como desiderato maior seguir rigorosamente o rumo ditado pela obrigação. Ao devedor cabe atentar para o conteúdo da prestação ajustada, quer se trate de dar, fazer ou não fazer. No primeiro caso, cumprirá a obrigação repassando o objeto material indicado quando da constituição do liame (*v. g.*, um automóvel). No segundo, será adimplente desde o momento em que fizer aquilo a que ficou atrelado, exaurindo o dever jurídico pela entrega da coisa (*v. g.*, construir uma casa e disponibilizá-la ao titular). Finalmente, na terceira hipótese existe uma obrigação negativa, cujo cumprimento se verifica na inércia do devedor (*v. g.*, não edificar acima de certa altura), pois se praticar o ato a cuja abstenção se obrigara terá inadimplido o dever jurídico.

Cumprida a obrigação no tempo, lugar e modo previstos no instante da sua criação, o ordenamento jurídico se conserva em estado de latência, mantendo-se apenas como manancial abstratamente posto à disposição das partes. A força estatal não tem utilidade prática alguma enquanto os sujeitos vinculados pela obrigação atendem integralmente às determinações dela emanadas. O cumprimento é exatamente o fim visado pelo legislador, que, no entanto, coloca à disposição dos interessados o vigor potencial das normas para solucionar situações de desatendimento do comando obrigacional. Transposta a questão para o campo real, verifica-se que a imensa e esmagadora maioria das relações dessa natureza jamais chegam ao Poder Judiciário e nunca reclamam a invocação das regras jurídicas como mecanismo de reversão de condutas contrárias às determinações contidas na obrigação produzida. Vale dizer, o adimplemento voluntário e espontâneo constitui comportamento ordinário e corriqueiro. O inadimplemento é exceção e desafia a incidência do ordenamento jurídico, idealizado para dirimir as controvérsias resultantes do vínculo.

Convém destacar que as conseqüências do descumprimento das obrigações variam conforme se esteja diante de situações submetidas ou não à força do contrato. Tanto é assim que a própria responsabilidade civil segue rumos específicos de acordo com a natureza da relação travada, bifurcando-se em contratual e extracontratual (ou aquiliana). Nesta etapa do trabalho, a análise estará voltada principalmente para o tema do inadimplemento das obrigações contratuais, embora seja impossível desvincular totalmente as suas feições daquelas emergentes da responsabilidade advinda de casos estranhos ao contrato. De qualquer modo, será buscada a necessária harmonização dos princípios concernentes às duas espécies mencionadas, para que disso se extraia melhor compreensão da matéria examinada.

Patenteado o inadimplemento, a principal e mais imediata conseqüência é o surgimento, para o sujeito passivo, do dever de indenizar os prejuízos suportados pelo credor em razão do comportamento protagonizado.

1.2. Caracterização e reflexos do inadimplemento

No período em que ainda eram incipientes a noção de vinculação contratual e o regramento a ela pertinente, idealizou-se a máxima pela qual os contratos necessariamente deveriam ser cumpridos *(pacta sunt servanda)*, ainda que o contexto fático do momento da sua criação viesse a sofrer alterações profundas. Com o passar do tempo, o caráter absoluto dos deveres emergentes dos contratos cedeu espaço a uma nova realidade, que tomava em linha de conta a preservação das condições originais do ambiente em que produzido o vínculo como elemento de manutenção da força primitiva da contratação firmada. Os contratos passaram a ser elementos passíveis de revisão, desde que alterada a formatação econômica geral em virtude de acontecimentos imprevistos e abruptos dos quais resultasse a modificação do equilíbrio jurídico inicialmente estabelecido pelas partes. Agregou-se à velha máxima *pacta sunt servanda* uma cláusula que trazia a noção de revisão contratual *(rebus sic stantibus)*. A sua incidência prática, contudo, dependia essencialmente da verificação do fenômeno acima mencionado. Nasceu assim a *teoria da imprevisão*, base da moderna concepção em torno da perspectiva de revisão dos contratos, sufragada na atual codificação em seu art. 478, de que se extrai que nos contratos de execução continuada ou diferida, se a prestação de uma das partes se tornar excessivamente onerosa, com extrema vantagem para a outra, em virtude de acontecimentos extraordinários e imprevisíveis, poderá o devedor pedir a resolução do contrato.

O esboço ora formulado não retira das contratações a capacidade de atrelar os celebrantes. O contrato faz lei entre as partes e as obriga nos exatos moldes em que vazado. Todavia, isso não significa que esteja imune a reavaliações, tantas quantas se fizerem oportunas e necessárias aos olhos do ordenamento, desde que haja provocação judicial de quem se mostre juridicamente interessado.

O art. 389 do Código Civil indica os elementos essenciais que levam ao descumprimento das obrigações de natureza contratual e de outras que não se submetem à incidência das normas referentes à responsabilidade civil *aquiliana*. Quanto a este último aspecto, cabe observar que a aludida norma tem amplitude suficiente para atingir também casos de obrigações fundadas exclusivamente na lei, como acontece com o dever de prestar alimentos. Este não fica submetido aos ditames concernentes à responsabilização extracontratual, mas, por outro lado, não tem como fonte uma contratação, de maneira que acaba ficando postado sob a égide da regra geral exarada pelo art. 389. Porém, respeitadas as hipóteses em que isso ocorre, tem-se na norma um viés direcionado para a regulação dos liames formados a partir do contrato. Estabelece o citado dispositivo: *"Não cumprida a obrigação, responde o devedor por perdas e danos, mais juros e atualização monetária segundo índices oficiais regularmente estabelecidos, e honorários de advogado".* Com base no texto legal pode-se concluir que o desatendimento da imposição que recai sobre o devedor caracteriza, em princípio, inadimplemento para os fins previstos na regra de conduta. Não obstante, é preciso examinar os antecedentes do evento para saber se efetivamente houve descumprimento, já que a própria lei estabelece requisitos para a sua consumação, sendo o principal deles a culpa do sujeito passivo. Tal elemento será visto em destaque na seqüência, porque decisivo para que se evidencie o quadro previsto no art. 389.

A propósito, cabe desde logo observar que a norma legal abrange dois casos inconfundíveis entre si: a) o sujeito passivo simplesmente não cumpre a obrigação; b) o sujeito passivo desatende o comando obrigacional quanto a um ou vários de seus aspectos, quais sejam, o tempo, o modo e o lugar previstos. Ainda que exista essa dessemelhança, as repercussões jurídicas delas emergentes são as mesmas: responsabilidade por perdas e danos, atualização monetária e pagamento de honorários advocatícios. Diante disso, é adequado afirmar que a impossibilidade da prestação, imputável ao devedor, pode ser *absoluta* ou *relativa*. A primeira se traduz na falta completa da prestação, seja de dar, fazer ou não fazer, de tal forma que não mais possa ser executada. Já a segunda tem lugar quando apenas parte da coisa devida deixou de ser alcançada ao credor, ou então quando o devedor não adimpliu a obrigação exatamente como previsto, mas sim de maneira diversa.

Nem sempre a impossibilidade da prestação converte-se em perdas e danos, pois no caso de cumprimento parcial ou diferente do previsto o credor pode exigir o adimplemento integral e ainda as perdas e danos que comprovadamente houver suportado, além de incidirem sobre o devedor as demais sanções previstas no art. 389. Exemplo: se o sujeito passivo assumiu a obrigação de entregar dois veículos para servirem como táxi, mas na data aprazada forneceu apenas um veículo e reteve o outro, poderá o credor reclamar a entrega do automotor faltante e indenização pelos lucros cessantes verificados ao longo do período que transcorrer até o inteiro cumprimento do dever jurídico pela parte contrária.

As perdas e danos, a que se sujeita o devedor ao descumprir a obrigação, são compostas por: a) danos emergentes – efetiva diminuição patrimonial experimentada pelo credor em razão do episódio; b) lucros cessantes – aquilo que a parte razoavelmente deixou de lucrar por força do evento. O moderno conceito de reparação insere no contexto dos reflexos nocivos do descumprimento das obrigações os danos causados à moralidade alheia, de tal sorte que se houver a produção de danos morais como fruto da inexecução da obrigação assumida o devedor terá de repará-los.

Além das perdas e danos, suportará o devedor inadimplente os juros e a atualização monetária, sendo aqueles o rendimento do capital, produto ou ganho auferido a partir da expressão econômica da obrigação, e, esta, a reposição do poder de compra da moeda ao longo do tempo. A atualização monetária é feita com base em índices oficiais periodicamente divulgados pelo Estado, fruto de complexa aferição dos variados fatores que provocam a perda do valor da moeda circulante. Por fim, os honorários advocatícios, cujo pagamento fica a cargo do inadimplente, correspondem à remuneração do profissional contratado pelo credor para fazer valer os direitos emergentes da obrigação que restou descumprida pela parte adversa. Como instituto de natureza processual, são fixados de acordo com o art. 20 do Código de Processo Civil.

Nas obrigações negativas o devedor é havido por inadimplente desde o dia em que executou o ato de que se devia abster (art. 390). Obrigações negativas são aquelas pelas quais o sujeito passivo assume o dever jurídico de não praticar certo ato, que seria de livre execução pelo devedor caso não se houvesse assim comprometido. Tais obrigações de não fazer apresentam-se ainda sob outras formas, sem que se alterem suas características basilares: obrigações de permitir (*v. g.*, permitir inspeção de imóvel), de suportar ou tolerar (*v. g.*, deixar passagem para terceiros por sobre certa área de terras), de não alienar (*v. g.*, não vender determinado bem) etc. Ao contrário do que ocorre com as obrigações positivas, onde o inadimplemento se dá no momento em que o devedor deixa de praticar no modo e tempo adequados o ato a que se comprometera, nas obrigações negativas o descumprimento acontece desde o dia em que o devedor executou o ato de que se devia abster, violando o *non facere* e rompendo o dever jurídico de inércia. Desse marco temporal é que fluem as conseqüências do inadimplemento.

Não sendo hipótese de inadimplemento, mas sim de simples mora ou retardo na entrega da prestação, incidirão na espécie os arts. 394 a 401 do Código Civil, cujo teor e alcance serão examinados noutro tópico. Neste momento basta asseverar que a mora consiste apenas em atraso no cumprimento da obrigação, ao passo que o inadimplemento importa na inobservância, total ou parcial, do dever jurídico fixado.

1.3. Culpa como pressuposto do inadimplemento

No direito brasileiro vigora o princípio de que a responsabilidade civil é subjetiva, ou seja, somente com a demonstração da culpa do agente surgirá, para o lesado, o direito de indenização dos prejuízos experimentados. Apenas nas situações expressamente elencadas pelo legislador terá aplicabilidade a teoria da responsabilidade objetiva, que prescinde da culpa do agente para acarretar a sua responsabilização pelos danos verificados. Sendo regra geral a versão subjetiva, o elemento culpa surge com destaque tanto no campo dos contratos como nos que lhe são estranhos, funcionando como fator essencial de definição da existência ou não do dever de indenizar. Destarte, considera-se inadimplida a obrigação, com produção de repercussões jurídicas, quando o dever nela ínsito for ao menos culposamente inobservado pelo obrigado.

Para que fique dispersada qualquer névoa de dúvida em torno da abrangência do vocábulo *culpa*, desde logo é relevante afirmar que no Direito Civil o termo assume contornos muito mais amplos se comparado com o seu significado penal. Neste sentido, dolo é a vontade deliberada de alcançar determinado resultado (modalidade direta), ou então a assunção do risco de vê-lo concretizado (modalidade eventual). Por outro lado, culpa é atitude negligente, imprudente ou imperita que leva ao resultado lesivo, sem que o agente assim deseje ou assuma o risco de consumá-lo. Exemplo: quem joga uma pedra contra certa vidraça age com dolo direto; quem dispara arma em local público assume o risco de acertar alguém, atuando com dolo eventual; quem atravessa cruzamento sem prestar a devida atenção porta-se com culpa.

A culpa, sob o prisma civil, abarca tanto as condutas marcadas pela imprudência, negligência ou imperícia como aquelas cuja característica é a busca de determinado resultado lesivo pelo agente. Portanto, no âmbito civil a palavra *culpa* engloba a culpa propriamente dita e também as condutas que na seara penal caracterizariam dolo. Não obstante, em certas situações o legislador civil lança expressamente o termo *dolo*, querendo, então, especificamente reportar-se aos comportamentos voltados para a perseguição de um resultado vedado pelo ordenamento, ou que pelo menos denotem a assunção do risco de o produzir. Em tais hipóteses, a norma legal não se aplicará aos casos de mera culpa *stricto sensu*, mas apenas quando evidenciado o dolo em sua genuína configuração.

Nos contratos benéficos, responde por simples culpa o contratante, a quem o contrato aproveite, e por dolo aquele a quem não favoreça. Nos contratos onerosos, responde cada uma das partes por culpa, salvo as exceções previstas em lei (art. 392). Contratos benéficos são aqueles que produzem vantagens apenas em proveito de uma das partes, enquanto contratos onerosos são os que apresentam vantagens e ônus para ambos os pólos contraentes. Exemplo daqueles são a doação e o comodato; destes, a compra e venda e a locação.

Em se tratando de contratos benéficos, a parte favorecida responderá pelos danos causados sempre que agir com culpa, como é o caso do comodatário que deixa de restituir a coisa no momento adequado e com isso causa prejuízos ao comodante. Já no que pertine ao contraente a quem não favoreça o contrato, haverá responsabilidade por inexecução somente se agir com dolo, *v. g.*, se o doador deliberadamente estraga um bem que teria de entregar ao pólo adverso em perfeitas condições. Nas contratações onerosas a situação muda de figura, pois, considerando-se que ambas as partes retiram proveitos e assumem ônus, responderá qualquer dos contraentes sempre que culposamente der causa a prejuízos em detrimento da parte adversa. Somente não será assim quando a lei expressamente dispuser nesse sentido, como na hipótese de inexecução motivada por caso fortuito ou força maior.

Como se percebe pela exposição feita, a culpa é elemento básico para a caracterização do inadimplemento e, por conseguinte, para o surgimento do dever de indenizar. Em termos obrigacionais, se o desatendimento do comando ínsito na relação jurídica não decorreu de comportamento culposo do agente inexistirão meios à disposição da parte contrária para reclamar a composição dos prejuízos que acaso houver suportado.

1.4. Excludentes da responsabilidade

Considerado o fato de que somente quando atua com culpa o sujeito responde pelos danos que causa a outrem em virtude do inadimplemento da obrigação, há situações em que a existência de dano não produz o dever de indenizá-lo. Ausente o elemento anímico (culpa), que necessariamente precisa estar demonstrado para que o indivíduo suporte as conseqüências do descumprimento da obrigação, o lesado não obterá composição alguma. Portanto, compete a este demonstrar a atuação culposa da parte adversa; caso não a comprove, o sujeito passivo não indenizará os prejuízos alegados.

Afora a circunstância aventada retro, é importante analisar outro quadro. Sendo demandado pelo pagamento de indenização de perdas e danos por inadimplemento do dever jurídico, ao sujeito passivo é lícito alegar o caso fortuito ou a força maior como fator decisivo na provocação da falta de cumprimento da obrigação. Deles também emerge, por via transversa, a inocorrência de culpa. O art. 393 dispõe: *"O devedor não responde pelos prejuízos resultantes de caso fortuito ou força maior, se expressamente não se houver por eles responsabilizado"*. O parágrafo único acrescenta: *"O caso fortuito ou de força maior verifica-se no fato necessário, cujos efeitos não era possível evitar ou impedir"*. Estão aí arroladas duas causas de exclusão da responsabilidade por desatendimento de dever ínsito em relação obrigacional.

Certas ocorrências suplantam as previsões e as cautelas humanas, sendo creditáveis ao imponderável e ao anômalo, circunstâncias capazes de afastar a atividade humana como fator de seu desencadeamento. Por isso mesmo, os prejuízos provocados pelo caso fortuito ou pela força maior, exceto quando a composição de seus efeitos for expressamente assumida, não são imputáveis a qualquer das partes contraentes, eis que ausente o nexo de causalidade entre a conduta do indivíduo e o resultado danoso. A assunção da responsabilidade pelos prejuízos decorrentes do caso fortuito ou da força maior precede a sua ocorrência, como parte da avença em que se insere. Assim, é possível que o devedor prévia e expressamente abdique da possibilidade de argüir tais eventos como fator de elisão do dever de indenizar, que ordinariamente incidiria na espécie como resultado do inadimplemento.

Caso fortuito e força maior traduzem-se em episódios que, embora admitam diferenciação conceitual, são tratados praticamente como sinônimos pelo legislador e produzem os mesmos efeitos liberatórios do devedor, afastando deste a responsabilidade pela inexecução da obrigação assumida. *"Em geral, a expressão 'caso fortuito' é empregada para designar fato ou ato alheio à vontade das partes, ligado ao comportamento humano ou ao funcionamento de máquinas ou ao risco da atividade ou da empresa, como greve, motim, guerra, queda de viaduto ou ponte, defeito oculto em mercadoria produzida etc. E 'força maior' para os acontecimentos externos ou fenômenos naturais, como raio, tempestade, terremoto, fato do príncipe (fait du prince) etc."* (Carlos Roberto Gonçalves, obra citada, p. 354).

A caracterização tanto do caso fortuito como da força maior reclama a presença dos seguintes elementos: a) acontecimento estranho à vontade do devedor e não causado por culpa, já que a presença desta afasta o reconhecimento da excludente de responsabilidade (elemento subjetivo); b) superveniência do fato em relação ao liame obrigacional existente entre as partes (elemento temporal), pois se a avença é firmada durante a ocorrência anômala ou depois dela nenhuma das partes poderá invocá-la como esquiva de responsabilidade; c) desproporção entre o evento e a capacidade de contenção do mesmo pelo devedor (elemento objetivo), porque se ele puder evitar ou impedir a consumação do prejuízo e não o fizer terá agido com culpa, restando com isso patenteada a responsabilidade.

A imprevisibilidade do acontecimento não é requisito de configuração das excludentes, embora em geral esteja presente no contexto. Todavia, mesmo nas situações em que o devedor acaso tenha condições de antever a aproximação do evento gerador da impossibilidade de prestar, não se pode descartar a hipótese de serem incontornáveis os seus efeitos. Ainda que previsível, talvez seja irresistível, superior às forças e à vontade do sujeito passivo. Dessa particularidade resulta o reconhecimento da excludente capaz de elidir a responsabilidade civil por inadimplemento. Por isso é que o parágrafo único do art. 389 recorre à expressão *fato necessário*, de cujo sentido exsurge a sua irresistibilidade.

Outra questão relevante diz respeito à associação entre previsibilidade do acontecimento e a assunção do risco de que ele se efetive e produza conseqüências negativas. Sendo previsível o evento e perceptíveis os seus reflexos nocivos, o agente estará chamando para si o perigo de se tornar inadimplente e o dever de suportar os respectivos corolários. Em derradeira análise, fica excluída a caracterização do caso fortuito ou da força maior, haja vista a falta de implementação de todos os elementos que os compõem. A jurisprudência pacificou entendimento nesse sentido: "*A alegação da requerente, no sentido de que inocorreu o pagamento dos títulos em face de estiagem não constitui causa suficiente a alicerçar o inadimplemento da obrigação assumida. Com efeito, dentre os inúmeros riscos da atividade agrícola, por certo, se situa a escassez de chuvas. A alegação de que se trata de causa imprevisível, portanto, não merece prosperar*" (Agravo Interno n. 70014271027, TJRS).

1.5. Repercussão sobre os bens do devedor

Pelo inadimplemento das obrigações respondem todos os bens do devedor (art. 391). Havendo impossibilidade absoluta da prestação, a única maneira de repor o estado das coisas, e de evitar que o credor seja definitivamente lesado pelo descumprimento da obrigação, consiste em fazer com que a parte adversa indenize as perdas e danos resultantes e suporte as demais conseqüências da inexecução. Para tanto, poderá o credor, dentro do devido processo legal, buscar junto ao patrimônio do devedor bens suficientes à satisfação dos valores apurados. Com a secular abolição das penas pessoais de natureza física, fruto da evolução da civilidade humana, ao credor resta unicamente o acervo econômico do devedor como substrato das formas de composição da obrigação inadimplida. Entre elas sobressai a indenização das perdas e danos experimentados, mormente quando a prestação inicialmente prevista não tiver mais qualquer utilidade pra o sujeito ativo, do que resultará apenas a perspectiva de pleitear soma em dinheiro com vistas ao preenchimento da lacuna deixada pelo inadimplemento.

Não obstante a norma mencione a circunstância de que todos os bens do devedor respondem pelo inadimplemento das obrigações, a verdade é que a lei estabelece limites em torno da matéria, pois ao dispor sobre a impenhorabilidade de determinados bens está, a rigor, impedindo que os mesmos sirvam como instrumento de satisfação do credor quando descumprida a obrigação pela parte adversa. Exemplo disso é a Lei n. 8.009/90, que dispõe sobre a impenhorabilidade do imóvel residencial do devedor. O mesmo se dá quanto à inalienabilidade, gravame que também carrega consigo igual força protetiva em relação aos bens sobre os quais incide. Enfim, responderão pela inexecução das obrigações os bens do devedor que não forem considerados insuscetíveis de constrição, e que, portanto, estiverem livres e desembaraçados para serem submetidos à inflexão das regras processuais.

Todos e quaisquer bens, sejam móveis, imóveis, corpóreos ou incorpóreos, respondem pelo inadimplemento das obrigações assumidas pelo titular, ressalvadas as expressas exceções contidas no ordenamento jurídico. Assim, embora a natureza dos bens não determine, por si só, a sua exclusão do rol dos que respondem pelo inadimplemento, pode o legislador afastar desse contexto certas categorias, com fundamento na especial situação em que se encontrem. É o que ocorre, como já citado, com o imóvel onde residem o devedor e a respectiva família, já que a submissão do mesmo a penhora, como regra geral, encontra-se vedada em lei.

Capítulo 2

DA MORA

2.1. Considerações gerais e conceito

Embora normalmente as obrigações sejam cumpridas segundo o que foi ajustado, é indispensável antever a possibilidade de que ocorra o desatendimento do dever jurídico estabelecido. Parte-se, então, para o exame das características e das conseqüências desse fenômeno, haja vista a grande relevância que possui no plano das relações interpessoais. A inexecução das obrigações configura quebra da normalidade do direito, razão pela qual o Estado disponibiliza à parte interessada vários mecanismos tendentes a viabilizar a solução do problema surgido a partir do descumprimento.

Diz-se estar em mora o sujeito que não cumpre a obrigação conforme esperado pelo ordenamento jurídico. Ele simplesmente deixa de cumprir aquilo a que estava atrelado, ou então promove a execução de maneira imperfeita, não proveitosa à parte contrária. Esse quadro provoca a incidência de diversas repercussões negativas sobre o sujeito que a ensejou, mas antes de se partir para o exame de tais efeitos é fundamental estabelecer os contornos que definem o próprio instituto. O art. 394 do Código Civil preconiza: *"Considera-se em mora o devedor que não efetuar o pagamento e o credor que não quiser recebê-lo no tempo, lugar e forma que a lei ou a convenção estabelecer"*. A mora consiste em atraso ou retardamento injustificado no cumprimento integral da obrigação por quem a ela estava jungido, seja por força de disposição legal ou de convenção. Para a configuração da mora não há necessidade de que o obrigado descumpra por completo o dever jurídico, bastando que dele não se desincumba a contento, como acontece quando o devedor paga apenas parte do valor devido ou quando o credor opõe restrições ao recebimento de uma parte do crédito, aceitando a outra. A falta de execução completa da prestação faz recaírem sobre o obrigado todos os efeitos da mora, pois a liberação somente se dá pela inteira satisfação do conteúdo obrigacional.

Em geral, a prática revela que a mora tem origem no ato de retardar o cumprimento da obrigação. Logo, a forma mais corriqueira de inexecução é aquela motivada pela inobservância do tempo em que a obrigação teria de ser adimplida. Porém, outros fatores levam à aplicação das sanções decorrentes da mora, mormente em razão da desobediência à forma e ao lugar do cumprimento. O devedor que paga a destempo sujeita-se à mora tanto quanto quem, obrigado a entregar a prestação pessoalmente, fá-lo por meio diverso, ou que, tendo de pagar em determinado lugar, opta por outro. Em todas as hipóteses verifica-se a falta da prestação como devida, sendo esse o fator primacial na caracterização da mora.

Sopesado o raciocínio expendido acima, é preciso dizer, neste compasso, que entre a mora e o simples retardamento no cumprimento da obrigação existe acentuada diferença. Embora no mais das vezes o atraso configure mora, na verdade ele é apenas um dos componentes do aludido instituto. Quando o retardo se fizer acompanhar da culpa do agente, estará patenteada a mora; do contrário, não passará de mero incidente de nenhuma conseqüência sobre o sujeito passivo.

Quanto à fonte de onde emerge o dever jurídico descumprido, mister salientar que a mora se verifica não apenas quando o obrigado deixa de atender à determinação contida em relação jurídica convencional (*v. g.*, contrato de mútuo), mas também quando a imposição inobservada decorre diretamente da lei, como no caso da prática de ato ilícito (*v. g.*, provocação de lesões deformantes geradoras de danos morais).

2.2. Mora e inadimplemento absoluto

O aparato normativo referente à mora leva sempre em consideração a perspectiva de que ainda exista utilidade na prestação devida e não entregue a quem de direito. Por isso, há substancial diferença conceitual entre mora e inadimplemento absoluto, pois enquanto naquela o descumprimento não retira da prestação a utilidade que desde sempre nela esteve impregnada, neste o devedor inadimplente nem mesmo pode querer solver *a posteriori* a pendência, haja vista a completa ausência de viabilidade face à perda da sua expressão jurídica. São, portanto, institutos bastante diferentes, mas que têm como ponto em comum o fato de serem espécies do gênero *inadimplemento* ou *inexecução*, porque em ambos se evidencia o descumprimento da obrigação. O fator mais relevante a os estremar, destarte, é a circunstância de remanescer ou não a utilidade da prestação para o credor a partir da inobservância do dever jurídico pela parte contrária. No caso da mora, poderá ser ainda cumprida a obrigação, embora de maneira deficiente; no inadimplemento absoluto, face ao novo contexto em que inserida, a obrigação não foi e nem mais poderá ser atendida. Todavia, ambos os institutos fazem com que o devedor seja tido como responsável pela composição dos prejuízos suportados pelo credor, nos moldes fixados pela lei.

Tanto é assim que o parágrafo único do art. 395 do Código Civil envereda no sentido de que se a prestação, devido à mora, se tornar inútil ao credor, este poderá enjeitá-la, e exigir a satisfação das perdas e danos. Ocorre que muitas vezes a falta de atendimento do comando obrigacional ocasiona a perda da utilidade da prestação pendente, seja porque a perspectiva de futuro adimplemento — observados aspectos relacionados à forma, tempo e lugar originalmente previstos — fez desaparecer a sua relevância, seja porque provoca o fenecimento do valor nela contido. É o caso, por exemplo, do contrato pelo qual uma das partes obriga-se a entregar de imediato determinada quantidade de sementes de soja, mas descumpre o dever e somente apresenta o produto após esgotado o período adequado ao plantio. Evidente que se isso ocorrer a prestação perderá sua utilidade, porque para o credor esfumou-se a oportunidade de semear a terra como planejado. Assim, poderá o credor, provando a inutilidade da prestação ou a perda de seu valor, rejeitá-la, submetendo o devedor à satisfação das perdas e danos.

Optando por enjeitar a prestação, o credor estará provocando a conversão da mesma em seu equivalente pecuniário e obrigando o devedor a indenizar com base nessa operação. A essa conversão associa-se a responsabilidade por perdas e danos, elemento cujo desiderato é o de recompor o contexto econômico afrontado pela mora *debendi*, fazendo com que esta se equipare na prática ao inadimplemento absoluto. No exemplo anteriormente fornecido, caso o adquirente das sementes houvesse adiantado ao alienante o valor de 50 como princípio de pagamento, este teria de reembolsar a referida quantia e responder pelas perdas e danos que a parte adversa conseguisse comprovar.

Além do critério ditado pela inutilidade da prestação, também há inadimplemento absoluto quando a prestação, ainda que se conserve teoricamente útil ao sujeito ativo, na prática não mais lhe interessa. É o que acontece, por exemplo, quando o veículo locado não é entregue ao locatário na data aprazada. Mesmo que o início da viagem projetada por ele não tenha início no dia em que o automóvel deveria ser disponibilizado, se o locatário demonstrar que alugou outro carro para empreendê-la a prestação deixará de ser juridicamente interessante. Não terá perdido a utilidade, pois o repasse do veículo noutra data permitiria que a viagem se realizasse; todavia, a nova locação retirou da anterior o interesse de que estava revestida. Em situações dessa natureza fica caracterizada não apenas a mora, mas sim o absoluto inadimplemento, viabilizando o emprego das normas pertinentes ao instituto.

Sob o prisma do elemento anímico do devedor que descumpre a obrigação, tanto na simples mora como no inadimplemento absoluto é necessária a presença da culpa como aspecto decisivo no desencadeamento do resultado final. Impossibilitada a prestação sem culpa do devedor, extingue-se a relação jurídica e as partes volvem ao estado primitivo. Fatores estranhos à vontade do sujeito passivo afastam a caracterização do inadimplemento genuíno, isentando-o de qualquer responsabilização. Em vista disso, o caso fortuito, a força maior, o fato do credor, o fato de terceiro e tantos outros acontecimentos similares obstam a verificação da mora e do inadimplemento absoluto. É bem verdade que compete ao devedor provar a presença de algum desses eventos, eis que o simples descumprimento da obrigação carrega consigo presunção de culpa do sujeito passivo. Sobre ele recai a imposição técnica de reverter a presunção, pois do contrário suportará as conseqüências que dela dimanam.

2.3. Mora do devedor

2.3.1. Caracterização

O art. 394 deixa entrever a existência de duas espécies de mora: a do devedor e a do credor. A mora do devedor é conhecida como *debendi* ou *solvendi*, traduzindo-se na falta de cumprimento da prestação pelo sujeito passivo no tempo, lugar e forma estabelecidos na lei ou pela vontade das partes. Tem como requisitos: a) exigibilidade imediata da dívida – a obrigação tem de ser líquida, certa e vencida, pois do contrário o devedor não poderá ser constituído em mora; b) inexecução culposa – a falta de culpa, ressalvadas as exceções previstas na lei, exclui a incidência da mora; c) constituição em mora – circunstância que dá início à produção dos efeitos inerentes à falta de execução contra o inadimplente.

2.3.2. Presença do elemento culpa

Um dos aspectos mais destacados da mora do devedor, conforme anteriormente salientado, é a necessidade de que esteja presente o elemento culpa. O art. 396 disciplina a matéria nesse particular: *"Não havendo fato ou omissão imputável ao devedor, não incorre este em mora"*. Destarte, a mora somente se verifica quando o inadimplemento parcial ou total tiver como causa determinante um comportamento culposo do devedor, seja por meio de ato positivo ou de omissão. Não há como fazer incidir sobre o sujeito toda a gama de pesados efeitos próprios da mora sem que tenha praticado conduta eivada de culpa, haja vista a inaplicabilidade, *in casu*, da responsabilidade objetiva. Como se sabe, certos acontecimentos nocivos podem surgir de forças que fogem ao controle, à previsão e ao ânimo do obrigado, isentando-o de qualquer responsabilização na seara cível. Exemplo: se a obrigação de entregar certo animal é descumprida porque um raio o atinge e mata no dia do adimplemento, não incorrerá em mora o devedor, pois de sua parte não houve culpa no desencadeamento do evento lesivo.

Quando o inadimplemento tiver como origem o caso fortuito ou a força maior, tornando por isso inútil a prestação, as partes volverão ao estado original e nenhuma delas poderá reclamar da outra indenização ou forma diversa de composição, dada a ausência de culpa. Sendo ainda útil a prestação, poderá o credor recebê-la ou optar pelo desfazimento do negócio, mas em qualquer das hipóteses não poderá reclamar indenização pelo equivalente ou perdas e danos. Raciocínio semelhante se aplica quando demonstrado que a falta de cumprimento da obrigação teve origem no fato de terceiro ou, com maior ênfase ainda, no fato atribuível ao credor. O sujeito passivo sempre tem a prerrogativa de provar que a superveniência de determinado ato, fato ou omissão alheio à sua própria vontade funcionou como ingrediente decisivo na produção do inadimplemento. Com isso, não terá incorrido em mora e, portanto, não suportará as conseqüências que lhe são inerentes.

2.3.3. Espécie de mora debendi

A mora do devedor tem duas espécies distintas: a) mora *ex re*, submetida ao princípio *dies interpellat pro homine* e independente de pessoal cientificação do indivíduo; b) mora *ex personae*, que reclama prévia interpelação do sujeito. Ambas dizem respeito ao tempo em que se tem por juridicamente verificada a mora em virtude do inadimplemento da obrigação pendente. O art. 397 preleciona: *"O inadimplemento da obrigação, positiva e líquida, no seu termo, constitui de pleno direito em mora o devedor"*. O respectivo parágrafo único acrescenta: *"Não havendo termo, a mora se constitui mediante interpelação judicial ou extrajudicial"*.

A regra *dies interpellat pro homine* é aplicável em relação às obrigações positivas, líquidas e que tiverem termo definido para vencimento. Será então desnecessária qualquer iniciativa do credor visando à interpelação do devedor para constituí-lo em mora, porque o próprio termo predeterminado interpela em lugar do credor, na data de vencimento e por força da determinação contida na lei *(pleno jure)*, ensejando a imediata incidência da mora, que em tal hipótese denomina-se *ex re*. Não é absoluta tal regra, pois em certas situações, ainda que positiva e líquida a obrigação, faz-se imprescindível a interpelação do devedor para sua constituição em mora. É o que acontece, por exemplo, nas promessas de compra e venda de imóveis, nas quais o credor terá de interpelar a parte contrária para apontar o cartório em que deverá confeccionar a escritura definitiva e adotar as demais medidas tendentes à liberação (art. 14 do Decreto-lei n. 58/37). Todavia, exceções como a acima exposta são raras e decorrem das especiais peculiaridades de algumas obrigações, razão pela qual na imensa maioria das hipóteses cabe mesmo a aplicação pura do princípio *dies interpellat pro homine*.

Nas obrigações negativas ou de não fazer, o devedor é constituído em mora a partir do momento em que praticar o ato de que se deveria abster (art. 390), independentemente de medida judicial ou extrajudicial de iniciativa do credor. Como se trata de um dever de omissão, a atuação contrária a ele configura inadimplemento, acarretando automática verificação da mora *ex re*. Não se trata de retardamento no adimplemento da obrigação, pois o devedor cumpre o teor obrigacional mediante simples conservação em estado de passividade; cuida-se, na verdade, de infração a dever de abstenção, que, uma vez violado, produz as conseqüências inerentes à mora. A propósito, assevera *Clóvis Bevilacqua* que "nas obrigações negativas, non faciendi, *a mora confunde-se com a inexecução*" (*apud Carlos Roberto Gonçalves*, obra citada, p. 361), porque ao realizar o ato, a cuja abstenção estava jungido, o sujeito de imediato a descumpre.

Inexistindo fixação de prazo para o vencimento da obrigação, a constituição em mora dependerá de prévia interpelação do credor contra a parte adversa, providência que pode assumir o caráter judicial ou extrajudicial. A interpelação consiste na formal cientificação do devedor acerca de seu estado de inadimplência, nela incluídas a interpelação propriamente dita, a notificação e o protesto judiciais (arts. 867 a 873 do CPC), bem como qualquer iniciativa extrajudicial que demonstre inequivocamente ter sido o devedor cientificado do descumprimento da obrigação (notificação cartorial, carta com aviso de recebimento etc.). Isto porque a inexistência de termo de vencimento torna incerta a data a partir da qual poderá o credor exigir o adimplemento do dever jurídico.

A exigência de interpelação prévia, como condição para o exercício do direito creditório, conduz à verificação da chamada *mora ex persona*, cujos efeitos se farão sentir a partir de quando, embora cientificado acerca do descumprimento da obrigação, o devedor mantiver-se inerte e não saldar o débito. Conforme asseverado, a diferença essencial entre a mora *ex persona* e a mora *ex re* reside no fato de que nesta o próprio termo final funciona como interpelação em lugar da atitude humana, o que não acontece na mora *ex persona*, que exige a intervenção direta do credor na defesa de seus direitos.

Outra hipótese de mora *ex re*, posta no Código Civil, está no art. 398: "*Nas obrigações provenientes de ato ilícito, considera-se o devedor em mora, desde que o praticou*". A partir da data em que houve a conduta lídima é que se caracteriza o estado moratório e se consideram pendentes de composição os danos e correspondentes prejuízos causados à vítima. Desnecessária qualquer atitude positiva do credor no sentido de interpelar o oponente, eis que a constituição em mora acontece pelo só fato do comportamento antijurídico. Ao fazer referência à expressão *atos ilícitos*, o legislador provoca a incidência da mora não somente quando de ocorrências ilícitas de natureza penal, como também nas que tiverem caráter cível em geral, nisso incluídas todas as condutas que, praticadas culposamente, derem causa ao surgimento de obrigações contra o infrator e em favor do lesado. A responsabilidade do agente da ilicitude civil ou penal abrange não apenas as perdas e danos, como também, por força dos efeitos da mora, os juros, a atualização monetária e os honorários do patrono da parte adversa.

2.3.4. Conseqüências da mora debendi

A propósito das conseqüências da mora *solvendi*, o *caput* do art. 395 estabelece: "*Responde o devedor pelos prejuízos a que sua mora der causa, mais juros, atualização dos valores monetários segundo índices oficiais regularmente estabelecidos, e honorários de advogado*". Considerando-se que, ressalvadas as exceções admitidas em lei, a mora deriva de culpa, nada mais normal do que impor ao agente a responsabilidade pelos prejuízos causados a outrem. Nisso incluem-se os itens expressamente arrolados pela norma e mais aqueles inerentes ao atraso no cumprimento da obrigação, em especial a cláusula penal convencionada, as despesas feitas em função da mora e assim por diante.

A circunstância de o devedor ter de suportar os efeitos da mora independe da eventual rejeição da prestação pelo credor quando do oferecimento tardio da prestação. O fato de ser aceita ou repelida a prestação serôdia não interfere no dever de compor as lacunas resultantes da mora. Ainda quando o credor aceitar a prestação atrasada, após a constituição em mora ficará o devedor obrigado a indenizar os prejuízos e a responder pelos juros, atualização monetária e honorários do patrono do pólo adverso. Isso tudo sem olvidar a circunstância de que o credor pode enjeitar a prestação que se tornar inútil em razão da mora, reclamando a satisfação das perdas e danos cuja existência demonstrar, nos moldes do já citado parágrafo único da norma acima aludida. Acolher ou repelir a prestação tardia, desde que provada a sua inutilidade, é alternativa colocada à disposição do credor, eis que sobre este recaem os reflexos econômicos negativos da falta de adimplemento provinda da parte contrária. Note-se, porém, que a inutilidade é vista sob o ângulo subjetivo do credor, ou seja, considera-se inútil a prestação que não mais serve àquele específico sujeito ativo, não sendo adequado tomar por base o que aconteceria com o *homo medius* ou com pessoas inseridas em realidade fática diversa.

Outra conseqüência da mora *solvendi* está prevista no art. 399, segundo o qual o devedor em mora responde pela impossibilidade da prestação, embora essa impossibilidade resulte de caso fortuito ou de força maior, se estes ocorrerem durante o atraso; salvo se provar isenção de culpa, ou que o dano sobreviria ainda quando a obrigação fosse oportunamente desempenhada. Como regra geral, o caso fortuito e a força maior funcionam como elementos liberatórios, de modo que nenhuma das partes responde pela superveniente impossibilidade da prestação. Todavia, se esta ocorrer durante o atraso protagonizado pela parte obrigada, a responsabilidade atingirá o agente ainda que a prestação se tenha impossibilitado como fruto de tais fatores. É que ao descumprir a obrigação deixando de adimplir a prestação segundo o mecanismo ajustado, o devedor assume o risco de que esta venha a se tornar impossível, o que de regra não aconteceria se houvesse satisfeito o dever conforme originalmente estabelecido.

A responsabilidade do devedor em mora, no que diz respeito à impossibilidade da prestação, somente será ilidida se demonstrar que o dano sobreviria mesmo com o cumprimento tempestivo da obrigação. Exemplo fornecido por *Washington de Barros Monteiro*, citando *Van Wetter* (obra citada, 4º vol., p. 263), elucida bem a questão: um raio destrói a casa do devedor e a coisa devida que lá se encontrava, mas nada acontece à casa do credor. Em tal hipótese responderá o devedor pela impossibilidade derivada do caso fortuito, pois se houvesse adimplido a obrigação oportunamente, o objeto da prestação não seria atingido, já que teria sido retirado da casa do obrigado. Se o raio destruísse as duas casas (do devedor e do credor), então o devedor em mora não responderia pela impossibilidade da prestação, pois o dano à coisa teria sobrevindo ainda que esta estivesse sob posse do credor como decorrência do adimplemento tempestivo.

2.4. Mora do credor

2.4.1. Caracterização

Conforme preconizado na parte final do art. 394 do Código Civil, considera-se em mora o credor que não quiser receber o pagamento no tempo, lugar e forma que a lei ou a convenção estabelecer. A mora do credor é conhecida como *credendi* ou *accipiendi*, consistindo em injustificado obstáculo colocado pelo sujeito ativo ao recebimento no tempo, lugar e forma definidos na lei ou pela vontade dos contraentes. Tem como pressupostos: a) vencimento da dívida – ninguém pode ser forçado a receber a prestação antes do tempo certo; b) culpa do credor – a ausência de culpa, salvo previsão normativa em contrário, afasta a incidência da mora; c) regular constituição em mora – porque desta depende a produção dos efeitos próprios da inexecução.

2.4.2. Presença do elemento culpa

Em torno do elemento culpa é que se fixa alguma controvérsia na doutrina. Enquanto respeitável corrente entende dispensável a presença do fator anímico para a configuração da mora, outra afirma a necessidade de que a recusa do credor se dê com culpa, sob pena de não ficar patenteada a mora. Na primeira vertente estão nomes com a expressão de *Sílvio Rodrigues*, para quem haveria um fundamento legal capaz de justificar essa posição: "*O art. 396, ao exigir o complemento da culpa para caracterizar a mora do devedor, não reclamou tal requisito para instruir a mora do credor. Portanto, a recusa deste, culposa ou não, revela sua mora*" (obra citada, p. 246). Acrescenta ainda, o ilustre civilista, o argumento de que também um motivo de ordem lógica embasa a sua tese: *"Enquanto não entrega a prestação, o devedor responde pelos riscos da coisa. Ora, se o credor que recusa a prestação pudesse escapar à pecha de moroso, por ter agido sem culpa, tal fato iria sobrecarregar o fardo do devedor que também sem culpa passaria a responder por esse acréscimo dos riscos"* (obra citada, p. 246).

Com a devida vênia, ainda que plausíveis as bases lançadas para excluir a culpa como elemento da mora *accipiendi*, tal idéia não se afigura adequada. Na realidade, é imprescindível que o credor atue culposamente para que se caracterize a mora, pois do contrário estariam derrubadas, sem norma legal expressa, noções como as de caso fortuito e força maior. O fato de não ser mencionada a culpa, no art. 396, como requisito para a mora do sujeito ativo, não se sobrepõe à circunstância de que outras regras reclamam a existência do fator anímico em situações dessa natureza. Basta ver que o art. 335, ao tratar do pagamento em consignação, afirma que esta tem lugar, entre outras hipóteses, se o credor não puder, ou, sem justa causa, recusar receber o pagamento, ou dar quitação na devida forma (inciso I). Ora, nisso vai incrustada a vontade legislativa de inserir o ânimo do sujeito ativo como aspecto essencial para a consumação da mora. Ao se recusar a receber a prestação, o credor pode ou não incorrer em mora. Caso tenha justa causa para assim proceder, o estado moratório não se terá evidenciado; repelindo a oferta do devedor sem base para assim proceder, suportará as repercussões da mora.

2.4.3. Conseqüências da mora accipiendi

A mora do credor subtrai o devedor isento de dolo à responsabilidade pela conservação da coisa, obriga o credor a ressarcir as despesas empregadas em conservá-la, e sujeita-o a recebê-la pela estimação mais favorável ao devedor, se o seu valor oscilar entre o dia estabelecido para o pagamento e o da sua efetivação (art. 400). Deixando de receber a coisa pelo modo e no tempo previstos, estará o credor incorrendo em mora *accipiendi*, situação que produz diversas conseqüências. Ao incorrer em mora, estará assumindo o risco de que a coisa venha a deteriorar-se e diminuir sua expressão econômica, resultado de deficiente conservação. Como regra geral, quem guarda coisa alheia assume o encargo de mantê-la em adequado estado, mas diante das peculiaridades da mora do credor a norma excepciona esse princípio. Daí que em tal hipótese o devedor somente responderá pelos danos se houver agido com dolo, pois do contrário serão os mesmos suportados pelo credor, haja vista a assunção implícita dos riscos por força da incorrência em mora. Caso o devedor, por imprudência, negligência ou imperícia descure na conservação da coisa, não poderá o credor em mora imputar-lhe a responsabilidade, pois esta somente será atribuída ao devedor se por dolo, consistente em deliberada vontade de lesar, der origem aos prejuízos. Exemplo: se o credor deixa de ir ao devedor para receber o animal a que tem direito e este morre, o sujeito passivo não responderá pelo resultado lesivo final, exceto se o houver provocado dolosamente.

O entendimento do que seja *dolo* para o fim explicitado na norma precisa ser objeto de breve exame. Obviamente, importa em querer o resultado lesivo ou em assumir o risco de que se verifique. Todavia, determinadas condutas que aparentemente importariam em mera culpa acabam deixando à mostra algo mais do que isso, quando se estiver tratando de cuidados com as coisas alheias. Assim, se no exemplo citado acima o animal sofre súbita moléstia e recebe medicação que a experiência comum revela ser recomendada, vindo a morrer, o devedor terá agido com culpa se deixar de previamente consultar um veterinário. Porém, se o animal é simplesmente deixado à própria sorte terá havido dolo, pela previsibilidade do desfecho e pela implícita assunção do risco de que viesse a se consumar. Logo, considera-se que o completo abandono da coisa é suficiente para caracterizar o dolo e obrigar o devedor a responder pelos danos ainda que haja mora *accipiendi*.

Como visto, o devedor não responderá pelos prejuízos sobrevindos à coisa quando isento de dolo na conservação durante o estado de mora *accipiendi*. Afora isso, quando diligenciar na conservação da coisa poderá obrigar o credor em mora a ressarcir as correspondentes despesas, desde que imprescindíveis, pois se o *accipiens* houvesse recebido a prestação como avençado o devedor não teria feito gastos de manutenção. Cabe destacar que serão indenizáveis as benfeitorias necessárias e também as úteis feitas na coisa, aplicando-se a regra que permite o levantamento das voluptuárias que puderem ser retiradas sem prejuízo da substância da coisa, caso não tenham sido indenizadas. Embora o art. 400 mencione apenas o reembolso das despesas feitas com a conservação da coisa (o que faz indenizáveis as benfeitorias necessárias), existe também a possibilidade de recuperar o valor das benfeitorias úteis, sendo suporte dessa iniciativa a regra geral que veda o enriquecimento sem causa do sujeito que retoma o bem.

Havendo mora no recebimento da coisa, ficará o credor da prestação obrigado a recebê-la pela mais alta estimativa, de modo que se entre o dia fixado para o pagamento e a sua efetivação ocorrer oscilação no valor da coisa, terá de aceitá-la pagando pela cotação mais elevada. Exemplo: se o credor recusou-se, sem justa causa, a receber o cereal na data ajustada, a majoração do preço do produto entre a data do início da mora e a da efetiva entrega será suportado pelo *accipiens*, que indenizará ao sujeito passivo a diferença. É outro dos ônus da mora, e o credor em atraso no recebimento da prestação tem de estar preparado para suportar os encargos disso decorrentes. Por outro lado, se o valor da coisa diminuir entre a data aprazada para o pagamento e a de sua consumação, terá o credor em mora no recebimento da coisa de pagar por ela com base na estimação do dia em que o estado moratório principiou seu curso, porque se assim não fosse o devedor arcaria com injusto prejuízo e o credor em mora auferiria ilídimo proveito.

Embora o legislador não tenha feito referência à cessação da fluência de juros no caso de mora do credor de obrigação em dinheiro, é lógico que o devedor, a partir da constituição da parte adversa em mora, não terá de arcar com os juros, salvo os até aquele momento incidentes. Ninguém pode invocar a própria mora em proveito próprio, e desta forma cessará a contagem de juros desde quando o credor deixou de receber a prestação como avençada.

2.5. Mora simultânea e mora seqüencial

É possível que tanto o credor como o devedor incorram em mora ao mesmo tempo, ou dentro da mesma relação jurídica, fazendo com que se tenha de analisar as conseqüências resultantes desse quadro *sui generis*. Na verdade, ao se constatar que ambos agiram com culpa e deram causa ao inadimplemento do dever jurídico que sobre si incidia, a primeira conclusão a ser extraída é a de que nenhum dos envolvidos faz por merecer o resguardo jurídico instituído em favor da vítima da mora alheia. Assim, o encontro dos comportamentos caracterizadores da mora determina a aniquilação de um e de outro, produzindo a ausência de legitimidade para que o credor ou o devedor pleiteie o reconhecimento dos efeitos da mora em seu proveito. Exemplo: no contrato de compra e venda é ajustada data e hora para entrega do objeto da celebração. O comprador simplesmente decide não ir ao local combinado para a tradição, atitude igual à tomada pelo vendedor. Nenhum deles estará em mora frente à parte contrária, porque concomitante o estado moratório.

A ocorrência de mora simultânea gera, na prática, a total compensação e a neutralização dos seus efeitos. É como se ninguém houvesse praticado o ato capaz de levar à verificação da mora, continuando a relação jurídica a seguir o seu normal curso. Vale dizer, a relação obrigacional não desaparece, eis que apenas estará despida dos elementos inerentes à mora.

O mesmo não ocorre quando a mora é seqüencial, ou seja, protagonizada por um dos envolvidos e depois pelo outro, cada qual a seu tempo deixando de cumprir a parte que lhe competia na relação. Não se trata de mora única em termos temporais, mas de condutas espaçadas e relacionadas a aspectos diferentes do liame. Exemplo: na compra e venda de um veículo, o comprador, que deveria buscar o bem em razão de ajuste nesse sentido, deixa de comparecer ao domicílio do vendedor na data aprazada. Fica constituído em mora o adquirente, respondendo pelas conseqüências e riscos correspondentes. Dias depois, quando procurado pelo comprador, o vendedor simplesmente se recusa, injustificadamente, a entregar a coisa. Há nova mora, desta feita do alienante. Uma não aniquila a outra; ambas coexistem e convivem, produzindo normalmente os próprios efeitos.

2.6. Emenda ou purgação da mora

Entende-se por emenda ou purgação da mora o ato pelo qual o sujeito validamente se dispõe a recompor aquilo que a mora afetou em termos econômicos. Consiste, basicamente, na disposição do indivíduo em aceitar a própria submissão às conseqüências mais imediatas da mora. Tal conduta afasta a persistência do estado moratório, permitindo a continuidade da relação jurídica como se não tivesse ocorrido o mencionado incidente. É mecanismo de conserto do liame e de restabelecimento da normalidade obrigacional, pelo qual são afastados vários dos reflexos negativos que a mora ainda produziria se não fosse contornada. Quanto ao momento adequado, durante o qual se revela possível a emenda ou purgação, a melhor exegese indica a sua viabilidade a qualquer tempo, desde que isso não acarrete a provocação de prejuízos irreversíveis à parte contrária. Destarte, admite-se a adoção da providência tanto em fase administrativa como depois do ajuizamento da ação em que o interessado em emendar ou purgar figura como réu. Neste último caso, o demandado terá de assim proceder dentro do prazo de apresentação da contestação.

O art. 401 dispõe: *"Purga-se a mora: I – por parte do devedor, oferecendo este a prestação mais a importância dos prejuízos decorrentes do dia da oferta; II – por parte do credor, oferecendo-se este a receber o pagamento e sujeitando-se aos efeitos da mora até a mesma data"*. Conforme asseverado, purgar a mora significa restabelecer as nuanças originais da obrigação e dar-lhe cumprimento mesmo depois de constituída a parte no estado moratório, afastando a incidência de determinados efeitos e reconduzindo a relação jurídica à normalidade. Nem sempre será possível promover a purgação, pois muito freqüentemente o inadimplemento da obrigação assemelha-se à sua total inexecução, afastando a possibilidade de conserto. É o que acontece, por exemplo, quando por força da mora a prestação tornar-se inútil ao credor, ou então no caso em que estiver prevista como efeito imediato da mora a resolução da obrigação. Se, não obstante a mora, a prestação ainda for útil ao credor, e não estiver prevista a resolução como corolário imediato do descumprimento, abre-se a possibilidade de reavivar a relação obrigacional por ato unilateral e independente da vontade da parte oposta, denominado purgação da mora, seja *credendi* ou *debendi*.

O inciso I trata da emenda da mora do devedor, que poderá purgá-la oferecendo ao credor a prestação acrescida dos prejuízos suportados por este até o dia do oferecimento, inclusive juros moratórios, danos emergentes e lucros cessantes (perdas e danos) mais atualização monetária. Os juros serão pagos de acordo com o índice legalmente estabelecido, se outro não foi convencionado entre as partes. Incidirá também a cláusula penal ou a multa porventura ajustada. No inciso II encontra-se a disciplina da purgação oriunda do credor, que poderá purgá-la dispondo-se a receber o pagamento e arcando com as conseqüências pertinentes até aquela data, pois os efeitos já produzidos não são apagados do mundo jurídico quando purgado o estado moratório. Assim, caberá ao credor pagar eventuais despesas feitas pela parte adversa na conservação da coisa e assumir possíveis variações na sua cotação a partir do início da mora.

Capítulo 3

DAS PERDAS E DANOS

3.1. Considerações gerais e conceito

A inexecução das obrigações no tempo e pelo modo previstos faz com que o devedor inadimplente tenha de suportar as conseqüências disso derivadas, entre elas as inerentes à mora. Nessa esteira de raciocínio, terá de indenizar as perdas e os danos experimentados pela parte adversa, eis que o credor tinha o direito de esperar do devedor o cumprimento adequado da obrigação e disso retirar todas as vantagens estatuídas no ordenamento. Nos exatos moldes da lei, não cumprida a obrigação, responde o devedor por perdas e danos, mais juros e atualização monetária segundo índices oficiais regularmente estabelecidos, e honorários de advogado (art. 389 do Código Civil). Com a frustração da expectativa jurídica criada, responde o devedor pelo equivalente do prejuízo suportado pelo credor em função do inadimplemento culposa ou dolosamente protagonizado. A vontade central do legislador, portanto, tenciona impingir ao sujeito que descumpre obrigação contratual o dever de indenizar da maneira mais ampla e justa possível os prejuízos experimentados pela parte inocente.

É preciso desde logo afastar qualquer idéia em torno de lucro, eis que a indenização prevista em lei não tem por finalidade acrescentar vantagens ao patrimônio do credor, mas simplesmente evitar que as lacunas deixadas pelo inadimplemento contratual se perpetuem. Indenizar significa, em derradeira análise, restabelecer o equilíbrio original rompido pela conduta culposa do devedor inadimplente. Tanto é assim que se busca atingir tal objetivo por meio de recomposição consistente na indenização de tudo aquilo que o credor efetivamente perdeu (danos emergentes) e de tudo o que razoavelmente deixou de ganhar (lucros cessantes). Disso emerge a noção de cabal recuperação do estado econômico primitivo e da estrutura financeira lesada.

Analisada a questão sob o aspecto do elemento subjetivo necessário ao desencadeamento da reação do ordenamento jurídico em proveito do lesado, pode-se afirmar que a presença da culpa civil *lato sensu* é suficiente para que isso ocorra. Em geral, para fins de indenização o legislador civilista não escalona as conseqüências jurídicas de acordo com patamares de culpa ou dolo. Basta que exista culpa amplamente considerada, em qualquer grau, para que dela deflua a responsabilidade civil contratual. O mesmo tratamento é dispensado à modalidade extracontratual, consoante se verá em minúcias no momento oportuno. Portanto, seja grave, leve ou levíssima, a culpa acarreta idêntico dever de indenizar. Por essa razão, não há conseqüências econômicas diferentes se em certo caso é demonstrada a culpa e noutro existe dolo. Independentemente do ânimo do inadimplente, em prol do credor se estipula a prerrogativa de pleitear completa indenização.

A rigor, a palavra *perdas* é utilizada pelo legislador como sinônimo do vocábulo *danos*, querendo ambas significar a concreta depreciação patrimonial sofrida pelo credor e a cessação do fluxo das vantagens econômicas como resultado da conduta ilídima alheia. A expressão *perdas e danos* acarreta, em vista disso, a necessidade de verificação da amplitude econômica dos prejuízos ocasionados ao sujeito ativo em virtude do inadimplemento protagonizado pelo sujeito passivo. Salvo as exceções expressamente previstas em lei, as perdas e danos devidas ao credor abrangem, além do que ele efetivamente perdeu, o que razoavelmente deixou de lucrar (art. 402). Como se percebe, são pressupostos da indenização de perdas e danos: a) conduta contrária ao direito, fundada em dolo ou culpa; b) ofensa a um bem jurídico, seja ele de caráter material como de natureza moral; c) relação de causalidade entre a conduta e o resultado lesivo.

3.2. Danos emergentes

Por danos emergentes *(damnun emergens)* entende-se toda real e efetiva diminuição patrimonial sofrida pelo credor em razão do descumprimento do dever jurídico pelo pólo contrário. São danos ditos positivos porque suscetíveis de imediata constatação mediante simples apuração do volume da redução ocorrida no patrimônio do credor. Consiste na diferença negativa entre o que o credor tinha antes do evento e o que passou a ter como decorrência do inadimplemento contratual, ou, no caso de responsabilidade aquiliana, como conseqüência do ato ilícito praticado por outrem. Esse *minus* em relação à fortuna anterior é que caracteriza os danos que diretamente emergem da inexecução obrigacional. Exemplo: o valor necessário para consertar o veículo amassado em função de abalroamento é pago pelo culpado a título de indenização de danos emergentes, pois corresponde à extensão pecuniária do prejuízo ocasionado.

Geralmente a inexecução da obrigação contratual carrega consigo grande potencial de lesividade, sendo provável que gere perdas e danos. Todavia, esse quadro prático não traz consigo nenhuma presunção de que existam prejuízos. A prova da efetiva minoração havida compete ao credor, eis que a existência de danos emergentes não se presume. Sem que se desincumba a contento do ônus probatório que sobre si recai, o credor não terá direito à indenização pleiteada. Esta será deferida na exata medida da amplitude dos danos resultantes do evento lesivo, nem mais e nem menos do que isso. Afinal, o legislador deseja que se alcance ao lesado a indenização suficiente para preencher a lacuna deixada, mas sem acarretar injustificado enriquecimento em seu proveito. Por outro lado, essa operação não objetiva empobrecer o devedor, embora circunstancialmente ele possa inclusive perder todos os itens patrimoniais de que dispõe, porque compelido a indenizar cabalmente os prejuízos experimentados pelo sujeito ativo.

Segundo consta expressamente do texto do art. 402, os danos emergentes se traduzem naquilo que o credor *efetivamente perdeu*. É da expressão destacada que se conclui pela impossibilidade de presumir a ocorrência de tais prejuízos. Efetivo é algo concreto, demonstrado em sua materialidade e que não tem fonte em meras elucubrações abstratas. Por isso, os danos emergentes precisam ser liquidados, para que se revelem certos em sua existência e definidos em seu conteúdo. Supostas diminuições patrimoniais ou potenciais riscos de futura verificação de percalços econômicos não são danos emergentes, nem obrigam à indenização.

Essa idéia vem também enraizada no art. 403 do Código Civil, que mesmo no caso de inexecução dolosa protagonizada pelo devedor não admite presunções em torno dos *damnun emergens* e reclama a sua perfeita comprovação. Tanto é assim que menciona como indenizáveis unicamente os *prejuízos efetivos*, ou seja, aqueles cuja ocorrência está patenteada em prova escorreita. Ademais, é necessária a presença de nexo de causalidade que ateste a vinculação direta e imediata entre os danos e o acontecimento lesivo. Com base na aludida norma é possível asseverar que prejuízos indiretamente ocasionados, ou que se verificam como implicação mediata do evento não são integrados ao corpo do acervo indenizável. Exemplo: se a obrigação de pagar certa soma em dinheiro é descumprida por Adão, ele suportará os ônus correspondentes, tendo de alcançar ao credor Jones os valores relativos aos juros, à atualização monetária, à cobertura de despesas com a cobrança etc. Mas não poderá ser responsabilizado pelo fato de não ter sido viável ao credor fechar o negócio de compra de um imóvel que havia entabulado com terceiro e dependia do recebimento da verba devida por Adão. Trata-se de evento que não decorre imediata e diretamente do inadimplemento, surgindo como situação secundária e estranha ao liame obrigacional desatendido. É o que se chama *dano remoto*, cuja verificação não pode ser atribuída ao devedor inadimplente, porque oriundo de fonte jurídica independente.

No mais das vezes a prova da extensão dos danos emergentes é documental (*v. g.*, orçamento de gastos para conserto do veículo avariado em acidente), porque envolve a geração de pendências em dinheiro, e estas, em nome da segurança das relações jurídicas, não podem ser demonstradas exclusivamente por via testemunhal. Tanto é assim que o próprio legislador civil, ao disciplinar os mecanismos probantes relativos aos negócios jurídicos em geral, dispõe no sentido de que, salvo os casos expressos, a prova exclusivamente testemunhal só se admite quando o valor não ultrapassar o décuplo do maior salário mínimo vigente no País ao tempo em que foram celebrados (art. 227 do Código Civil). Logo, é prudente e recomendável que também não se acolha a prova unicamente testemunhal nas hipóteses de apuração do *quantum debeatur* concernente a danos emergentes.

3.3. Lucros cessantes

Os lucros cessantes são constituídos pela extensão econômica da privação de ganhos impingida ao credor como resultado do inadimplemento perpetrado pelo devedor. Noutras palavras, tudo o que o credor razoavelmente deixou de auferir como decorrência da inexecução integra os chamados lucros cessantes. Ao regular a matéria, o art. 402 estabelece que as perdas e danos devidas ao credor abrangem, além do que ele efetivamente perdeu, o que razoavelmente deixou de lucrar. Na segunda parte do dispositivo situa-se a previsão da indenizabilidade dos lucros cessantes, cuja amplitude econômica será apurada com base na investigação das circunstâncias e dos antecedentes do evento lesivo.

Ao mencionar a palavra *razoavelmente*, o ordenamento jurídico atribui ao julgador considerável margem de movimentação para chegar a uma decisão adequada à espécie concretamente examinada. Afinal, tem-se por razoável aquilo que está conforme à razão, posto em patamar moderado, sem exacerbações. Logo, cabe ao juiz analisar as particularidades do caso e verificar quanto o credor deixou de auferir como decorrência do inadimplemento. De acordo com o regramento ordinário, cabe ao lesado demonstrar a veracidade de suas alegações acerca dos lucros que cessaram e da sua quantificação. A prova às vezes é tormentosa, porque envolve a apresentação de elementos capazes de aferir os valores que deixaram de ser captados, e não os que foram perdidos. O patrimônio do lesado não é diretamente diminuído, mas deixa de ser incrementado por força do rompimento do fluxo dos lucros até então captados. A conduta do devedor é que provoca esse fenômeno, autorizando a parte contrária a pleitear a escorreita recomposição.

A apuração dos lucros cessantes parte de uma base ditada pela normalidade dos fatos, afetada pela conduta do devedor. Cabe perquirir, então, qual o valor que o lesado receberia se o estado de coisas não tivesse sido alvo do vigor do inadimplemento da obrigação. A investigação dos elementos fáticos e circunstanciais anteriores ao episódio permite chegar ao montante que o credor *razoavelmente* deixou de lucrar, e que realmente lucraria se não ocorresse o descumprimento. Assim como acontece com os danos emergentes, os lucros cessantes indenizáveis são aqueles direta e imediatamente relacionados ao acontecimento lesivo (art. 403). Não se cogita da solução indenizatória ante vantagens econômicas meramente presumíveis, se elas não houverem sido tolhidas em seu potencial de existência, de modo concreto, em função do inadimplemento. Exemplo: se o sujeito passivo não paga o valor devido, que seria empregado pelo credor na abertura de um negócio capaz de lhe propiciar vantagens, tal perspectiva de renda não pode ser confundida com *lucrum cessans*, porque estranha ao núcleo da obrigação inadimplida.

Afora tudo o que já se disse, é importante fazer ainda outra observação quanto aos itens que podem ser inseridos no rol dos lucros cessantes. Há que se tomar a data do inadimplemento como marco temporal da verificação da expectativa de lucro que foi frustrada pela conduta do devedor. Perspectivas futuras e abstratas, que não pertenciam ao plano jurídico quando do descumprimento da obrigação, não são indenizáveis. Suponha-se que uma faculdade tenha a obrigação de entregar o diploma ao aluno graduado, mas atrase o cumprimento em um mês. Não se pode pleitear indenização de lucros cessantes sob a alegação de que a pessoa atrasará em um mês o doutorado que pretende fazer, e que disso resultará retardo de trinta dias no início das futuras atividades que pensa em desenvolver depois de concluído o doutorado. Não há como reclamar composição de lucros abstratamente imaginados em sua existência, e cuja configuração não se apresente faticamente viável ao tempo do inadimplemento. Dessa realidade não pode o julgador afastar-se, pois estará fugindo da razoabilidade preconizada no art. 402 do Código Civil.

A apuração dos lucros cessantes deve ser rigorosa, mesmo porque nem toda expectativa do credor quanto a determinada relação jurídica enquadra-se nessa definição. Somente os ganhos comprovadamente frustrados serão considerados lucros cessantes, do que decorre lógica conclusão no sentido de que meras esperanças, distantes expectativas e quimeras não integrarão a categoria dos *lucrum cessans*, pois do contrário tornar-se-ia infinito o rol de itens a serem compostos pelo devedor inadimplente, situação que refoge à vontade do legislador, voltada para a justa e rigorosamente correta indenização das perdas e danos. Qualquer exagero provocaria indevido enriquecimento de uma das partes em detrimento da outra. A cautela e a ponderação precisam estar presentes tanto na apuração de lucros cessantes por inadimplemento contratual como na verificação da sua existência no âmbito extracontratual. Exemplo: estando Joaquim obrigado a indenizar por ter provocado danos no veículo de Paulo, utilizado como táxi, o devedor descumpre a obrigação. Como resultado disso terá de pagar pelos dias em que o automotor ficar parado por falta de conserto, sendo tal montante apurado com base na multiplicação do número de dias pelo valor médio da féria diária do taxista. São esses os lucros cessantes, os denominados danos negativos, imputáveis ao devedor por inexecução da obrigação. De outra banda, não poderia o pai de um estudante secundarista morto no trânsito exigir do culpado, a título de lucros cessantes, indenização mensal correspondente ao auxílio que o filho daria no futuro à família se realizasse o sonho de ser renomado médico, porque essa esperança não tem qualquer base fática contemporânea ao evento.

3.4. Perdas e danos nas obrigações em dinheiro

As perdas e danos, nas obrigações de pagamento em dinheiro, serão pagas com atualização monetária segundo índices oficiais regularmente estabelecidos, abrangendo juros, custas e honorários de advogado, sem prejuízo da pena convencional (art. 404). O inadimplemento da obrigação de pagamento em dinheiro impõe ao sujeito passivo a responsabilidade pela entrega da prestação acrescida das repercussões econômicas fundadas na mora e outras correlatas, quais sejam, os juros moratórios, as custas feitas para recebimento da prestação e os honorários do patrono do credor. Também caberá ao faltoso entregar a prestação monetariamente atualizada segundo os índices oficiais, porque assim estará sendo reposto o poder de compra da moeda, corroído pelo transcurso do tempo. Isso tudo não isenta o devedor do cumprimento da cláusula penal convencionalmente fixada pelas partes quando da constituição da obrigação, pois tal instituto representa a prefixação das perdas e danos estimadas pelos contraentes para a hipótese de inadimplemento. Ou da multa acaso prevista, que tem principalmente caráter punitivo.

Conclui-se, portanto, que a estipulação de cláusula penal para o caso de descumprimento da obrigação impede qualquer das partes de reclamar perdas e danos contra a outra, tendo em vista que o conteúdo da convenção já funciona como antecipada delimitação dos encargos a serem suportados pela parte que deu causa à inexecução. Já na hipótese de multa fica viabilizado, em tese, o pleito de indenização das perdas e danos cuja existência for demonstrada, eis que nela não se vislumbra o fito de prefixar prejuízos. O raciocínio acima expendido encontra respaldo no parágrafo único do art. 404. Conforme a citada norma, provado que os juros da mora não cobrem o prejuízo, e não havendo pena convencional, pode o juiz conceder ao credor indenização suplementar. Tal verba deverá ser suficiente para recompor os prejuízos causados pelo inadimplente ao pólo oposto, tendo natureza reparatória das perdas e danos apurados e devidamente provados. Quanto à incidência de juros de mora, o art. 405 estipula que se contarão desde a citação inicial, pois é nesse momento que o devedor formalmente está cientificado da pretensão do credor, ficando constituído em mora e suportando os efeitos que dela dimanam.

3.5. Danos morais por inadimplemento obrigacional

Já se disse anteriormente que no conceito de perdas e danos estão inseridos os danos emergentes e os lucros cessantes. Aqueles consistem no que a parte efetivamente perdeu em razão do inadimplemento; estes no que deixou de ganhar como conseqüência da mesma ocorrência. Cabe, agora, examinar a questão atinente à inserção ou não dos danos à moralidade como resultado possível da falta de cumprimento da obrigação.

A reparação dos danos morais causados à parte adversa integra os encargos a serem suportados pelo lesante, desde que tenham relação direta e imediata com o evento apreciado *in concreto*. Atualmente não mais se discute essa realidade jurídica, já que os atributos da moralidade são constitucionalmente protegidos e vêm constantemente sendo tutelados com maior intensidade por avançadas normas positivadas. A indenização recomendada pelo legislador não alcançaria integralmente seus objetivos se fosse inviabilizado o acesso do lesado à recomposição dos danos extrapatrimoniais, entendidos estes como ilídimas incursões na seara da moralidade alheia. A dor do espírito, o transtorno profundo, o abalo na credibilidade, os assaques à honra e todas as demais formas de agressão aos atributos morais devem ser reparados pelo lesante. Não apenas como forma de compensação e conforto à vítima, mas também como meio de punição ao agressor e oferecimento de exemplo didático-pedagógico à sociedade em geral.

Porém, isso precisa ser investigado em consonância com as peculiaridades inerentes ao âmbito obrigacional das relações jurídicas. Inicialmente, destaca-se a circunstância de que a palavra *indenização* é mais condizente com a idéia de prejuízos de natureza material, ao passo que o vocábulo *reparação* se ajusta com maior pertinência à recuperação da esfera psíquica lesada. Ao falar em perdas e danos, o legislador deixa entreaberta a perspectiva de que o lesado poderá pleitear indenização vinculada a afetações de índole patrimonial, pois no art. 402 considera como tal aquilo que o credor efetivamente perdeu e o que razoavelmente deixou de lucrar.

Ademais, a prática revela que no campo do direito obrigacional o inadimplemento gera prejuízos econômicos. Quanto aos aborrecimentos ou transtornos causados pela conduta do devedor inadimplente que se limita apenas a desatender ao comando da relação jurídica, não parece correto divisar a ocorrência de danos à moralidade do credor. Mesmo que tenha criado expectativas em torno do recebimento da prestação, e que da falta protagonizada pelo sujeito passivo resultem sobressaltos pessoais e econômicos, nisso não vai embutida afronta reparável ao plano moral do sujeito ativo.

Diante do exposto, afigura-se certo afirmar que a existência de danos morais com origem no descumprimento de dever situado no campo obrigacional somente se planifica quando ao inadimplemento estiver associada outra conduta ofensiva. Seria o caso, por exemplo, do devedor que descumpre a obrigação imbuído, comprovadamente, da intenção de fazer o credor cair em descrédito perante as pessoas junto a quem ele empregaria o dinheiro para pagar as próprias dívidas. Mas aí já se estaria no meio do caminho que separa a responsabilidade contratual da aquiliana, de maneira que na conduta de inadimplir, oriunda do direito obrigacional, ficaria inserido comportamento adicional lesivo, que, sozinho, pertenceria ao campo extracontratual.

O entendimento sufragado pelos Tribunais não tem sido outro, mesmo porque do contrário a própria viabilidade das contratações e dos atos de natureza obrigacional ficaria fortemente abalada. *"O inadimplemento contratual implica a obrigação de indenizar os danos patrimoniais; não, danos morais, cujo reconhecimento implica mais do que os dissabores de um negócio frustrado. Recurso especial não conhecido"* (STJ, REsp 201414). Quem se dispõe a produzir um vínculo negocial sabe desde sempre que a falibilidade da parte contrária é um dos aspectos que tem de ser sopesado antes da efetivação do liame. *"A inobservância das cláusulas contratuais por uma das partes pode trazer desconforto ao outro contratante, mas um desconforto a que todos podem estar sujeitos, pelas próprias condições da vida em sociedade. Mas, seu mero descumprimento contratual, ainda que culposo, não enseja, por si só, danos morais indenizáveis"* (TAMG, Ap. Cível n. 481.501-8). Esse quadro não sofre alterações em se tratando de relações de consumo, pois "a reparação do transtorno sofrido pelo consumidor decorrente do inadimplemento contratual se faz a título de dano patrimonial" (TJRS, Ap. Cível n. 70003723772).

De qualquer sorte, contanto que sejam levadas em linha de conta as observações postas, é possível vislumbrar, excepcionalmente, a presença de danos à moralidade como fruto do inadimplemento da obrigação. Todavia, no mais das vezes os contratempos experimentados pelo credor inocente não passam da seara das repercussões previsíveis e imagináveis em qualquer vínculo obrigacional. Por isso mesmo, ficam postadas como eventos cuja verificação não se pode descartar antecipadamente, porque ordinária e comum a possibilidade de acontecer a falta de cumprimento do dever jurídico pelo sujeito passivo. Logo, a eventual consumação objetiva desse potencial de risco não acarreta, senão em caráter excepcional, incursão reparável contra a moralidade do sujeito ativo.

Capítulo 4

DOS JUROS LEGAIS

4.1. Conceito

A finalidade primacial dos juros é remunerar o uso do capital alheio. Entende-se que durante o tempo em que o credor não tiver consigo um valor que lhe pertence, a única forma de fazê-lo frutificar será por meio da produção de juros. Com isso, legitima-se a reclamá-los de quem possuir o referido capital, eis que a maneira de auferir alguma contrapartida é exatamente por meio da cobrança dos rendimentos gerados pelo dinheiro. Logo, cabe ao devedor pagar pela utilização de algo que não lhe pertence, como, de resto, acontece noutras searas das relações jurídicas (*v. g.*, locação, arrendamento etc.).

Sob a ótica do direito, os juros são frutos civis do capital, postando-se como acessórios dele. Diante disso, é correto afirmar que lhe seguem a sorte, já que *acessorium sequitur principale*. Assim, caso a obrigação principal seja nula, automaticamente os juros padecerão de igual vício. O contrário não ocorre, pois se apenas os juros sofrerem de anomalias o liame de onde surgiram se conserva intacto, haja vista a incidência do mesmo preceito segundo o qual é o acessório que segue o principal e não o inverso.

4.2. Classificação

4.2.1. Juros compensatórios e juros moratórios

Os juros chamados *compensatórios* ou *remuneratórios* têm por finalidade alcançar ao credor uma contrapartida pela privação do uso pessoal dos seus próprios recursos econômicos. A sua denominação já deixa perceptível essa faceta, pois o sujeito ativo é compensado ou remunerado em virtude da circunstância de alguém que não o titular permanecer com o capital à disposição. Aliás, trata-se da modalidade mais empregada no âmbito extrajudicial, pois emerge de inúmeras espécies de relações negociais, mormente daquelas relacionadas aos contratos de mútuo e financiamentos em geral, nos quais o tomador dos recursos se compromete a restituí-los e a pagar juros a título de retribuição ao titular do capital. Na idéia de juros compensatórios vai embutida a concepção de que o credor experimenta algum grau de risco quanto à efetiva recuperação do capital empregado (*v. g.*, por insolvência ou má-fé da parte contrária), de maneira que a contrapartida exigível do devedor teria também essa outra função de retribuir ao sujeito ativo a assunção desse perigo.

A fonte ordinária dos juros compensatórios é a vontade das partes, e, mais especificamente, o contrato. No concernente à sua extensão, é freqüente a criação de normas destinadas a refrear os arroubos usurários dos investidores, que muitas vezes fazem previsões abusivas acerca das taxas de juros. Daí que o legislador procura compatibilizar a necessidade de circulação de riquezas com a expectativa de lucro do titular do capital disponibilizado, limitando com maior ou menor eficiência os índices aplicáveis, de acordo com a realidade social contemporânea à edição das medidas legais. Os arts. 406 e 591 do Código Civil, cujo teor e amplitude serão examinados na seqüência, ocupam-se dessa tarefa.

Os juros denominados *moratórios* incidem quando o devedor deixa de cumprir a obrigação nos moldes ajustados, especialmente quando se tratar de negócio envolvendo restituição de dinheiro. Há de ser lembrado o fato de que não somente as obrigações pecuniárias se submetem à aplicação de juros por retardo no adimplemento, mas também todas as demais cujo valor puder ser liquidado. Assim, a noção de juros moratórios carrega consigo o objetivo de indenizar os prejuízos resultantes do retardamento culposamente ensejado pelo sujeito passivo.

Como se percebe, os juros moratórios aparecem como repercussão do descumprimento ou do retardo no adimplemento de um dever jurídico de caráter econômico. Enquanto isso, os compensatórios não pressupõem qualquer forma de inobservância da obrigação pelo sujeito passivo, porque importam em contrapartida alcançada ao credor em virtude da atuação de outrem sobre o seu capital.

4.2.2. Juros convencionais e juros legais

Como do próprio nome deflui, são juros convencionais os que têm origem no acordo de vontade entre as partes, ou seja, nascem da convenção. Admite-se que o credor e o devedor ajustem o que melhor lhes aprouver quanto ao pagamento de juros, contanto que respeitados os balizadores postos no ordenamento jurídico. Por outro lado, nada impede que a utilização de capital pelo sujeito passivo seja gratuita; porém, para que assim ocorra será necessária expressa menção nesse sentido, porque se presume oneroso todo negócio dessa natureza. Os juros compensatórios são geralmente convencionais, porque dependem de estipulação pelos interessados, mas não há impedimento para que o ordenamento os estabeleça em situações que entender cabíveis.

Já os juros legais surgem a partir de previsão normativa quanto à sua existência e aplicabilidade, ficando a cargo do legislador disciplinar as hipóteses em que incidirão. Os juros moratórios geralmente decorrem diretamente da lei, embora às partes seja dado fixá-los pela via convencional.

4.3. Disciplina dos juros no Código Civil

Quando os juros moratórios não forem convencionados, ou o forem sem taxa estipulada, ou quando provierem de determinação da lei, serão fixados segundo a taxa que estiver em vigor para a mora do pagamento de impostos devidos à Fazenda Nacional (art. 406). Os juros devidos em função da mora podem ser convencionados pelas partes, ficando a critério delas a determinação do índice a ser aplicado, o qual, contudo, não poderá exceder da taxa que estiver em vigor para a mora do pagamento de impostos devidos à Fazenda Nacional. Se as partes convencionarem a incidência de juros para a hipótese de descumprimento da obrigação, mas não fizerem menção à taxa aplicável, ficará esta igualmente limitada nos moldes acima. Na mesma trilha, sempre que os juros moratórios decorrerem de lei e forem independentes de fixação pelas partes, terão por taxa aquela que à época vigorar em proveito da Fazenda Nacional para o caso de mora no pagamento de impostos.

A limitação da taxa de juros, como posta no art. 406, visa a estabelecer critérios objetivos e regular a sua incidência de acordo com a realidade econômica vivenciada em cada momento. Assim, a cada variação da taxa de juros moratórios aplicada em proveito da Fazenda Nacional haverá correspondente alteração da taxa incidente sobre as relações privadas. Esse mecanismo humaniza e dinamiza as operações econômicas, promovendo mais justamente a remuneração do capital e o uso do dinheiro, ao mesmo tempo em que evita o enriquecimento sem causa de uma das partes e o imotivado empobrecimento da outra. Atualmente, a jurisprudência e a doutrina se voltam no sentido de que os juros legais, para os fins estatuídos no art. 406, são aqueles indicados no § 1º do art. 161 do Código Tributário Nacional, isto é, de 1% (um por cento) ao mês. Com isso, a taxa de juros empregada em débitos debatidos judicialmente, quando outra não incidir, duplicou em relação ao disposto na codificação revogada, que apontava para uma taxa de 0,5% (zero vírgula cinco por cento) ao mês.

Ainda que se não alegue prejuízo, é obrigado o devedor aos juros da mora que se contarão assim às dívidas em dinheiro, como às prestações de outra natureza, uma vez que lhes esteja fixado o valor pecuniário por sentença judicial, arbitramento, ou acordo entre as partes (art. 407). Em tal contexto, a lei considera que a simples falta de cumprimento do dever jurídico acarreta prejuízos ao credor, e, sem exigir-lhe efetiva prova da sua ocorrência, prevê a agregação de juros. A alegação de existência de prejuízos e a correspondente prova não funcionam como fatores de incidência de juros de mora sobre as obrigações descumpridas, eis que estes são aplicados pelo só fato do inadimplemento e visam a associar uma espécie de composição ao capital ou à expressão pecuniária que deixou de ter o repasse efetuado ao credor oportunamente. Por outro lado, volta-se a salientar que os juros moratórios têm aplicação não apenas nas dívidas em dinheiro, mas em todas as que apresentarem conteúdo econômico imediato, circunstância presente nas obrigações que tiverem valor fixado pelas partes, por arbitramento ou por sentença judicial transitada em julgado. É o caso, por exemplo, da obrigação de dar coisa incerta, cuja especificação posterior fará com que revele seu conteúdo econômico, sobre o qual serão contados os juros de mora se houver descumprimento pelo devedor.

É importante observar que o art. 405 do Código Civil prevê, para contendas judiciais, a incidência de juros de mora desde a citação inicial. O marco inicial da contagem dos juros moratórios situa-se na juntada aos autos processuais do mandado de citação devidamente cumprido, haja vista que nessa ocasião fica patenteada, por meio inequívoco, a formal ciência do devedor acerca da existência de demanda proposta pelo credor com o objetivo de receber a prestação.

Em verdade, os efeitos da mora apresentam-se com diversas demarcações temporais, embora a constituição em tal estado possa ocorrer em razão do próprio vencimento da obrigação (*dies interpellat pro homine,* ou *mora ex re)* ou por de interpelação (mora *ex persona*). Assim, importa asseverar que a partir da data do inadimplemento ou retardamento culposo, ou então da interpelação — quando necessária — flui a correção monetária e incide a pena convencional. Os juros de mora, conforme asseverado, principiam seu curso com a citação quando a obrigação não tiver termo prefixado para cumprimento. Naquelas dotadas de termo, a mora fica patenteada no simples fato do advento do marco temporal estipulado, por força da incidência da regra *dies interpellat pro homine* e também porque a sua incidência independe de alegação de prejuízo ou de qualquer outra circunstância.

Ainda a respeito do momento inicial da aplicação dos juros, convém estremar as obrigações em dinheiro daquelas estabelecidas noutra espécie. Sendo em dinheiro, os juros incidem a partir do vencimento, pois desde então o devedor sabia qual o *quantum debeatur* e o momento em que estava obrigado a adimplir. Se a obrigação em dinheiro for ilíquida, porque até então ignorado o seu exato montante, os juros moratórios somente terão aplicabilidade a contar da citação inicial. É nesse rumo o já mencionado art. 405 do Código Civil, secundado pela Súmula n. 163, do Supremo Tribunal Federal, que diz: *"Salvo contra a Fazenda Pública, sendo a obrigação ilíquida, contam-se os juros moratórios desde a citação inicial para a ação".* Nas relações obrigacionais cuja prestação consiste em espécie diversa, há juros desde quando lhes seja fixado o valor, por sentença, arbitramento ou acordo entre as partes, pois antes disso ao sujeito passivo não era dado conhecer o caráter monetário do seu dever.

Tudo o que se disse até agora a respeito do regramento civilista em torno dos juros tem aplicabilidade quando se tratar de responsabilidade contratual. Para os casos de responsabilidade de índole extracontratual, os juros são computados de acordo com o mecanismo posto no art. 398, no qual está patenteado que nas obrigações provenientes de ato ilícito, considera-se o devedor em mora, desde que o praticou. A Súmula n. 54, do Superior Tribunal de Justiça, anterior à vigência do atual Código Civil, já firmava idêntica posição: *"Os juros moratórios fluem a partir do evento danoso, em caso de responsabilidade extracontratual".*

4.4. Disciplina complementar dos juros

A preocupação com o regramento e com a limitação dos juros ultrapassa as fronteiras individuais dos países e assume contornos internacionais. A propósito, a preocupação não é apenas com a situação a que se submetem pessoas naturais e pessoas jurídicas de direito privado ou público interno. Os países também sofrem os reflexos das taxas de juros, pois na qualidade de devedores ficam ao alcance das variações havidas. Abstraída essa considerável amplitude, cabe, neste momento, examinar o tema especificamente no que concerne ao direito civil brasileiro e às relações que lhe estão atreladas. Assim como noutros países, o ordenamento nacional procura estabelecer regras capazes de limitar as taxas de juros, para que não se transformem em instrumento de desmesurada opressão e nem inibam o desenvolvimento de quem produz. No contraponto, todavia, existe o intuito de facilitar a circulação do dinheiro e dos produtos, motivo pelo qual uma intervenção legislativa muito profunda talvez trouxesse conseqüências nocivas nesse particular.

O Decreto n. 22.626, de 7.4.1933, conhecido como Lei da Usura, foi um dos primeiros diplomas pátrios a se preocupar efetivamente com a demarcação da taxa de juros. Ainda hoje está em vigor, mas a superveniência de outras normas acabou minimizando a sua eficácia prática. Nele previu-se o índice máximo de 12% ao ano quando se tratasse da celebração de contratos. Além disso, vedou-se o *anatocismo*, pois o art. 4º diz ser proibido contar juros dos juros; esta proibição não compreende a acumulação de juros vencidos aos saldos líquidos em conta-corrente de ano a ano. O art. 591 do Código Civil afirma que se o contrato de mútuo destina-se a fins econômicos, presumem-se devidos juros, os quais, sob pena de redução, não poderão exceder a taxa a que se refere o art. 406, permitida a capitalização anual. Ressalvada esta operação, o anatocismo não encontra espaço no direito pátrio, estando a matéria inclusive pacificada no plano jurisprudencial. A Súmula n. 121, do Supremo Tribunal Federal, veda a capitalização de juros ainda que expressamente convencionada, afastando qualquer entendimento que considere viáveis cláusulas dessa espécie, por si mesmas abusivas e de nenhuma validade ou eficácia. Portanto, salvo expressa disposição em contrário, os juros devem ser empregados na forma simples e não na composta, pois prevalece o entendimento de que são elementos estéreis e não produzem frutos. O art. 11 da Lei da Usura, por sua vez, afirma a nulidade *pleno jure* do contrato celebrado com infração dos preceitos ínsitos no Decreto, assegurando ao devedor a repetição do que houver pago a mais.

A Lei n. 4.595, de 31.12.1964 dispôs sobre a política e as instituições monetárias, bancárias e creditícias, e criou o Conselho Monetário Nacional. Com suporte em tal diploma ficou definido que as relações de natureza bancária seriam regidas, no pertinente às taxas de juros, por regras provindas do referido órgão (art. 4º, IX). Assim, a Lei da Usura não se aplica aos serviços e contratos bancários, do que resulta a possibilidade de aplicação de taxas superiores às nela previstas.

Houve uma tentativa de constitucionalmente estabelecer limites aos juros. Todavia, o art. 192, § 3º da Constituição da República acabou sendo revogado pela Emenda Constitucional n. 40, de 29.5.2003, publicada no DOU de 30.5.2003. Ele tinha a seguinte redação: *"As taxas de juros reais, nelas incluídas comissões e quaisquer outras remunerações direta ou indiretamente referidas à concessão de crédito, não poderão ser superiores a doze por cento ao ano; a cobrança acima deste limite será conceituada como crime de usura, punido, em todas as suas modalidades, nos termos que a lei determinar"*. Entre a promulgação da Carta Maior de 1988 e a revogação da referida norma, grassou nos Tribunais intenso debate em torno da sua auto-aplicabilidade ou não, pois enquanto uma corrente dizia que a expressão "nos termos da lei" indicava a irrefragável necessidade de posterior regulamentação da matéria, outra linha pugnava pela tese de que o dispositivo apresentava imediata vigência. Com isso, muitas decisões chegaram a limitar até mesmo os juros bancários, situação que trouxe grandes vantagens ao consumidor e fez mais justas as relações com as instituições financeiras. Contudo, a revogação da norma promoveu o retorno das coisas ao estado anterior, qual seja, o da ausência objetiva de fronteiras para os juros praticados por bancos e entidades afins.

A respeito da possibilidade de serem estabelecidos juros na sentença mesmo quando o interessado não os postule expressamente, mister analisar o tema tendo em vista a circunstância de serem elementos acessórios. Com isso, o seu destino é seguir a sorte do principal e a ele aderir, de maneira que a fixação de juros *legais* é viável *ex officio* e observa a natureza do instituto. O art. 293 do Código de Processo Civil permite chegar a essa conclusão: *"Os pedidos são interpretados restritivamente, compreendendo-se, entretanto, no principal os juros legais"*. Assim, ao decidir pela procedência da lide o juiz estabelecerá a incidência de juros legais, especialmente os moratórios, ainda que o vencedor não os tenha postulado. Não ocorrerá o mesmo, todavia, quando forem de outra espécie, como no caso de existir no contrato previsão convencional de juros remuneratórios, mas a parte interessada não pedir o seu reconhecimento quando aparelhada a ação.

Adicione-se, por fim, observação no sentido de que eventual omissão da sentença quanto aos juros não impedirá a sua inserção no cálculo final de liquidação, conforme exsurge da Súmula n. 254 do Supremo Tribunal Federal: *"Incluem-se os juros moratórios na liquidação, embora omisso o pedido inicial ou a condenação"*. A interpretação da lei permite inclusive afirmar que *"os juros moratórios podem ser incluídos em sede de apelação ou remessa necessária, desde que a sentença de piso não os tenha fixado expressamente, sem que isto configure* reformatio in pejus *ou julgamento ultra petita"* (STJ, Ag. Reg. no AI n. 517882/RS).

Capítulo 5

DA CLÁUSULA PENAL

5.1. Considerações gerais e conceito

Ao contrário do que fez no tocante a outros institutos, o legislador não se ocupou de conceituar *cláusula penal*, limitando-se a disciplinar os seus caracteres. Essa ausência de conceituação, quer tenha sido fruto do acaso ou de deliberada omissão, não prejudica o exame da matéria, pois desde longa data se sabe quais são os elementos basilares do instituto em todas as legislações que o acolheram. Basta dizer que o Código Napoleônico já trazia, em seu art. 1.226, a seguinte construção: *"A cláusula penal é aquela pela qual uma pessoa, para assegurar a execução de uma convenção, se compromete a dar alguma coisa, em caso de inexecução"*. O Código Civil Francês, no art. 1.229, dispõe: *"A cláusula penal é a compensação das perdas que o credor sofre em virtude da inexecução da obrigação principal"*. Ao longo do tempo não variou em demasia essa visão no plano universal, percebendo-se, nela, a realidade de que a cláusula penal é uma avença acessória pela qual os contraentes fixam pena ou multa, em dinheiro ou espécie diversa, que incidirá sobre a parte que descumprir ou retardar o cumprimento da obrigação e reverterá em favor do pólo contrário ou de terceiro previamente indicado.

Ao estipularem a cláusula penal, os celebrantes de antemão vislumbram a sanção a que ficará submetido o sujeito que desatender com culpa ao comando obrigacional, seja por inteiro ou em algum dos seus aspectos, segundo o que restar avençado no momento da instituição do mecanismo. A sua praticidade faz com que se mostre bastante útil nos contratos de execução diferida ou trato sucessivo, pois carrega determinado grau de segurança ao credor ao estipular a aplicação de pena econômica para a hipótese de inobservância do dever principal fixado.

Também denominada *pena convencional* ou *multa contratual*, a cláusula penal é normalmente pacto adjeto a contratos; porém, nada impede que seja acrescido a outros atos jurídicos (*v. g.*, testamento), bastando para tanto que derive de manifestação válida de vontade. No mais das vezes, a título de cláusula penal é fixada uma soma em dinheiro, que terá de ser entregue pelo infrator à parte adversa; todavia, pode-se estabelecer pena convencional em espécie diversa, inclusive obrigando o faltoso a dar alguma coisa ou a fazer algo em proveito do pólo contrário. Em qualquer das situações, será sempre acessória e seguirá a sorte do elemento principal, isto é, da obrigação a que adere.

5.2. Natureza jurídica

Aparecendo ordinariamente como ajuste vinculado a uma obrigação convencional, a cláusula penal não se constitui e, quando existente, não se conserva em vigor, caso a obrigação principal venha a fenecer. É, portanto, elemento acessório e secundário que se atrela a outro liame, este de caráter obrigacional. Submetida à máxima *acessorium sequitur principale*, carece de existência autônoma, dependendo sempre da vigência de uma relação jurídica que lhe é superior em forças. Disso emerge óbvia conclusão no sentido de que qualquer circunstância que venha a macular a obrigação principal, fazendo-a desaparecer, automaticamente estará determinando a ruína completa da cláusula penal. Eventual nulidade da obrigação produzirá igual conseqüência sobre o acessório, assim como a afetação parcial daquela atingirá este em maior ou menor grau conforme a porção do liame obrigacional que tenha sido atingido. Em suma, independentemente do fundamento que promova o desfazimento do vínculo principal, em hipótese alguma subsistirá a cláusula penal. O mesmo acontecerá se resolvida a relação matriz sem culpa de qualquer das partes, pois estas volvem ao estado anterior e, obviamente, não subsistem os seus elementos secundários. É o que emerge da letra do art. 184 do Código Civil, aplicável à espécie em função dos seus contornos.

O contrário do que se disse acima não é verdadeiro, pois a presença de defeitos, vícios ou nulidades no ajuste acessório não repercutirá no liame principal. Se a previsão de pena econômica para o caso de descumprimento desaparece, a única conseqüência advinda é a falta da relativa segurança que a cláusula conferia ao credor ao submeter o devedor ao risco da incidência concreta da sanção. Porém, o dever jurídico matriz conserva todas as suas nuanças, podendo ser exigido o cumprimento ou a aplicação das demais regras referentes ao tema se houver inadimplemento ou retardo protagonizado pelo sujeito passivo.

Quanto ao momento em que se pode agregar uma cláusula penal ao negócio jurídico ou ao ato com ela compatível, impende observar o teor da primeira parte do art. 409 do Código Civil, em que está previsto que a sua geração pode acontecer conjuntamente com a obrigação ou em momento posterior. Não poderá, evidentemente, surgir antes da relação principal, haja vista a natureza jurídica acessória que possui. A obrigação principal jamais será gerada depois do ajuste acessório, mas somente a partir de quando ela mesma for ou estiver sendo criada. Percebe-se, portanto, que não há um momento definitivo e previamente firmado ou imposto pelo legislador para o estabelecimento de cláusula penal como avença adjeta a determinado dever jurídico. Tanto pode ser convencionada a pena no instante da constituição da obrigação principal como por meio de ato subseqüente. A única ressalva, extraída de simples exegese lógica, é no sentido de que a estipulação deve ser antecedente ao cumprimento da prestação original, pois nenhuma plausibilidade haveria em acordar a incidência de penalidade sobre o sujeito que já descumpriu a obrigação assumida, mesmo porque a avença tem por finalidade exatamente prevenir ou reparar inadimplemento ou retardo futuro.

O teor da cláusula penal não precisa ser necessariamente explicitado em dinheiro. Embora no mais das vezes a vontade dos interessados se encaminhe nesse rumo, é admissível que a multa indique espécie diversa, que tanto pode ser a entrega de uma coisa como um ato positivo (fazer) ou negativo (não fazer). É possível inclusive prever a perda de bens como reflexo da pena: *"Não se pode ter necessariamente por ilícita ou abusiva toda estipulação que, a título de cláusula penal, fixe a perda das benfeitorias realizadas no imóvel por aquele que deu causa à resolução do contrato, notadamente se elas tiverem valor muito inferior ao da avença"* (TJSC, Ap. Cível n. 2004.011950-0).

Isso nada tem a ver com a natureza da obrigação principal, já que as partes têm liberdade para ajustar a cláusula que desejarem, respeitadas as normas reguladoras da matéria. Assim, inexiste óbice à fixação de multa em dinheiro para o caso de descumprimento de obrigação de fazer, assim como a título de pena é viável estipular um *facere* caso desatendida obrigação principal consistente em dar quantia certa, e assim por diante.

5.3. Funções da cláusula penal

A cláusula penal foi idealizada para funcionar como fator de incremento da garantia conferida ao credor contra o risco de inadimplemento ou simples retardo provindo do devedor. Sem ela, a obrigação primitiva, isoladamente considerada, não deixaria de ser válida e eficaz segundos os parâmetros em que constituída, mas estaria despida da maior comodidade e segurança trazida pela previsão de pena econômica contra o sujeito passivo. É certo que esse panorama acaba gerando um componente psicológico considerável, haja vista a submissão do devedor a um ajuste acessório que agrava ainda mais a sua posição jurídica ao onerar a obrigação primitivamente constituída. A capacidade de intimidação contida na pena abstratamente produzida faz com que muitas vezes o devedor se sinta compelido a cumprir a obrigação principal nos moldes em que avençada, mesmo porque se assim não fosse incidiria sobre si o ônus incrustado na cláusula acessória.

Afora isso, e como elemento de maior relevância, a cláusula penal traz consigo a vontade das partes no sentido da prefixação das perdas e danos que resultariam, presumivelmente, da inadimplência ou da mora culposamente ensejada pelo devedor. Ao ser estipulada cláusula dessa natureza, entende-se que os interessados quiseram estimar, preestabelecer o montante dos prejuízos que o credor suportará em virtude da conduta da parte adversa. Trata-se de uma exceção à regra de que as perdas e os danos devem ser demonstrados de maneira indelével pelo lesado, pois a pena estabelecida funciona como antevisão das partes em torno da afetação econômica experimentada pelo sujeito ativo.

Ao apontar de antemão o *quantum* dos prejuízos, a cláusula penal livra o credor, lesado pelo comportamento irregular da parte contrária, do ônus de provar a ocorrência e a extensão das perdas e dos danos. A propósito, é sabido que em muitas ocasiões a confecção de prova apta a convencer o julgador aparece como aspecto mais tormentoso para o lesado, que não dispõe de elementos probantes vigorosos ou não os consegue obter em virtude de dificuldades inerentes ao contexto. Exemplo disso são as obrigações de fazer e de não fazer, cujo descumprimento pode acarretar prejuízos de difícil comprovação no plano concreto, face aos ordinários obstáculos decorrentes da necessidade de atestar quanto se perdeu ou se deixou de auferir como resultado do descumprimento provocado pelo devedor. Daí que o estabelecimento de cláusula de antecipação abstrata do montante da afetação serve para clarear esse detalhe de fundamental importância em obrigações desse jaez.

Diante da formatação técnica da cláusula penal, em caso de inadimplemento ou retardamento o credor não estará adstrito ao dever de provar a amplitude econômica dos prejuízos experimentados, bastando que demonstre a inexecução da obrigação pelo sujeito passivo. Quanto ao elemento anímico culpa, essencial para a responsabilização do devedor, milita ainda em favor do sujeito ativo presunção no sentido de que toda ausência de cumprimento adequado é culposa. Recairá sobre o obrigado, portanto, a imposição de, querendo esquivar-se dos efeitos da inexecução, provar que tal se deu em razão de caso fortuito, força maior (se esses fatores atuarem na hipótese concreta como excludentes) ou atitude imputável exclusivamente ao credor. Patenteada a inexecução culposa, poderá o credor exigir o pagamento da multa convencionada que fora instituída pelos interessados. O seu teor econômico corresponde a uma espécie de pré-liquidação, ou liquidação preventiva destinada à composição de eventuais prejuízos suportados pelo credor, cuja existência é presumida e tem como fonte a simples fixação da multa.

Não se pode deixar de atentar para a circunstância de que outra função essencial da cláusula consiste em estabelecer o limite máximo a que terá direito o credor na hipótese de descumprimento da obrigação pelo devedor, ou quando este retardar o adimplemento. Valendo-se do vigor da pena instituída, o sujeito ativo não poderá reclamar mais do que a expressão econômica nela contida, ainda que venha a sofrer maiores prejuízos. Em contrapartida, não medrará qualquer alegação do devedor no sentido de que a cláusula precisa ser reduzida em virtude da ocorrência de danos inferiores ao valor teoricamente fixado. Isto porque não se debate o *quantum* da afetação suportada pelo credor, haja vista o caráter de prefixação conferido à cláusula penal. Entende-se que os interessados chegaram a um consenso em torno do montante presumível das perdas e dos danos que o sujeito ativo sofreria caso a parte adversa deixasse de cumprir a obrigação consoante gerada. Prevalece essa vontade implícita, exceto quando a legislação permitir a modificação do conteúdo da pena, como se verá adiante.

Diz o art. 416: *"Para exigir a pena convencional, não é necessário que o credor alegue prejuízo"*. E o parágrafo único acrescenta: *"Ainda que o prejuízo exceda ao previsto na cláusula penal, não pode o credor exigir indenização suplementar se assim não foi convencionado. Se o tiver sido, a pena vale como mínimo da indenização, competindo ao credor provar o prejuízo excedente"*. Uma das características mais marcantes da cláusula penal é a sua exigibilidade *pleno jure*. Tanto é assim que o art. 408 diz que incorre de pleno direito o devedor na cláusula penal, desde que, culposamente, deixe de cumprir a obrigação ou se constitua em mora. Assim, uma vez descumprida a obrigação recairá sobre o infrator que houver agido com culpa o teor convencionado da pena, independentemente de alegação ou prova de efetivo prejuízo. Realmente, configurando prefixação das perdas e danos a serem compostos pela parte infratora, a aplicação da cláusula penal é automática, prescindindo de qualquer alegação ou demonstração de que a parte inocente tenha sofrido estes ou aqueles prejuízos em razão do descumprimento. Ainda que na prática não os tenha experimentado, bastará ao interessado provar que houve o inadimplemento e que a parte contrária foi regularmente constituída em mora para que se torne exeqüível a obrigação acessória.

Ao estabelecerem os limites da cláusula penal, podem as partes mencionar a possibilidade de reclamação de indenização suplementar para o caso de a pena avençada não ser suficiente na cobertura dos prejuízos concretamente verificados. Se tal estipulação ocorrer, caberá à parte inocente provar de maneira cabal que os prejuízos excederam a previsão contida na obrigação acessória e qual a extensão do valor ainda necessário para cobri-los, pois a presunção de danos vigora apenas até o limite da pena originalmente acordada. Será tido o montante da cláusula, então, como indenização mínima devida à parte inocente, ficando a cargo desta fazer prova capaz de ensejar o reconhecimento do direito à obtenção da diferença econômica.

A inexistência de previsão acerca de eventual indenização suplementar faz presumir, de maneira absoluta, que o conteúdo da cláusula penal é rigorosamente suficiente para cobrir as perdas e danos experimentados pela parte como resultado da inexecução decorrente de culpa do pólo contrário. Destarte, mesmo diante de prova inequívoca no sentido de que a pena acordada é insuficiente para cobrir os danos, ficará obstada ao lesado qualquer iniciativa visando à complementação dos valores. Salvo, conforme visto acima, se tal faculdade for expressamente consignada quando da confecção da cláusula penal; ou então (vide tópico subseqüente) se o lesado abdicar do direito emergente da multa e reclamar a aplicação do art. 389 do Código Civil, assumindo o correspondente ônus probatório.

5.4. Espécies de cláusula penal e seus efeitos

A cláusula penal pode ser *compensatória* ou *moratória*, conforme, respectivamente, tenha sido idealizada para a hipótese de inexecução total da obrigação, ou para o caso de mora ou descumprimento de alguma previsão específica. Na primeira situação tem-se a cláusula denominada *compensatória*, porque ela se destina a compelir o devedor a cumprir integralmente a obrigação, assegurando ao credor, em contrapartida, o direito de ver compensados os prejuízos ocasionados pela inexecução, tendo como parâmetro econômico a liquidação prévia firmada pelas partes. Na segunda situação, diz-se *moratória* a multa como expressão do fato de que tenciona assegurar tão-somente a observância de certo aspecto da obrigação, ou evitar o retardamento na sua execução. Ocorrendo aquilo que se desejava evitar, o sujeito passivo terá de indenizar à parte adversa os danos presumivelmente causados, na exata medida do *quantum* previamente estimado a título de multa.

A exposição feita acima tem por base o art. 409 do Código Civil: *"A cláusula penal estipulada conjuntamente com a obrigação, ou em ato posterior, pode referir-se à inexecução completa da obrigação, à de alguma cláusula especial ou simplesmente à mora"*. Consoante explicitado, faculta-se às partes firmar cláusula penal para incidência em caso de desatendimento total e completo do dever jurídico, sendo igualmente possível fixá-la como mecanismo destinado a combater a inobservância de apenas alguma das cláusulas da avença original, ou ainda para a eventualidade de ser verificada a simples mora de um dos contraentes. Porém, uma vez expressamente determinada a causa de aplicação da penalidade, não se admitirá a extensão da mesma para abarcar circunstâncias não previstas pelos interessados, exceto quando inerente à natureza do inadimplemento. Destarte, se a pena convencional tem incidência prevista especificamente para a hipótese de inexecução completa, não poderá qualquer dos contraentes reclamar sua aplicação se houver apenas a mora do pólo contrário. Por outro lado, se a previsão objetivar coibir a mora, será viável fazê-la incidir por inexecução total, eis que aquele evento está subsumido nesta.

Mostra-se relevante salientar que não existe imposição de forma especial para a instrumentalização da avença adjeta de natureza compensatória ou moratória, mas se a obrigação principal tiver sido confeccionada por instrumento público, somente por outro poderão as partes dar azo à cláusula de reprimenda, que também tem caráter de prefixação de perdas e danos. Tal orientação obedece ao preceito emergente da máxima *acessorium sequitur principale*.

Destaque-se que o tema examinado diz respeito à responsabilidade oriunda da inexecução de liame obrigacional de índole contratual, ou então da inobservância de dever fixado em manifestação unilateral de vontade, quando dotada de força suficiente para vincular terceiros. Esta última hipótese tem como exemplo a fixação de multa contra o herdeiro que acaso deixar de cumprir em certo prazo o legado feito pelo *de cujus*. Ao contrário, sendo quadros suscetíveis de incidência da responsabilidade extracontratual ou aquiliana, caberá ao lesado invocar as normas pertinentes, inconfundíveis com a realidade ora analisada.

O art. 410 do Código Civil disciplina a espécie compensatória: *"Quando se estipular a cláusula penal para o caso de total inadimplemento da obrigação, esta converter-se-á em alternativa a benefício do credor"*. Se as partes acordarem no sentido de que a incidência da cláusula penal restringir-se-á à hipótese de completo inadimplemento, ficará a critério do credor optar entre exigir o adimplemento da obrigação ou reclamar o conteúdo da pena avençada. Em assim sendo, é vedado ao credor, cumulativamente, pugnar junto à parte contrária o cumprimento do dever jurídico e a aplicação da multa, pois ambos são inconciliáveis nesse particular. Se conjugados, infligiriam duplo ônus ao sujeito passivo, em inaceitável solução. *"A cláusula penal predetermina o valor das perdas e danos, do que resulta a impossibilidade de ser cumulada com outras verbas visando ao mesmo fim, sob pena da ocorrer bis in idem"* (TJMS, Ap. Cível n. 2005.008072-8). Portanto, descumprida por inteiro a obrigação caberá ao credor escolher qual das alternativas melhor atende aos seus interesses, excluindo a remanescente.

O fundamento da previsão normativa reside no fato de que a cláusula penal tem natureza de prefixação das perdas e danos que adviriam ao credor em função do inadimplemento do dever jurídico pela parte contrária. Logo, se preferir o cumprimento da obrigação, e sendo esta efetivamente adimplida, não terá havido perdas e danos indenizáveis. De outra banda, se optar pela incidência da pena convencional compensatória, estará o credor abrindo mão da exigência do cumprimento da prestação original, de vez que se supõe estar, pelo pagamento da multa, inteiramente compensado dos prejuízos que experimentou como fruto do inadimplemento total protagonizado pela parte adversa. Não bastasse, afigura-se necessário dizer que em geral a multa compensatória é de valor elevado, de modo que a sua cumulação com o desempenho da prestação sonegada implicaria em desmesurada oneração do devedor.

A doutrina e a jurisprudência têm admitido a utilização de uma terceira via pelo credor. Ao invés de reclamar o cumprimento ou o pagamento da multa, ele poderia abdicar dessas alternativas e optar pela assunção do ônus da prova acerca do efetivo valor das perdas e danos. Pode parecer estranho que o credor deixe a comodidade dos caminhos mencionados no art. 410 para enveredar por rumo diverso e mais complexo. Porém, em situações extremas que deixem entrever a ocorrência de perdas e danos muito superiores ao valor estimado na cláusula penal, talvez seja interessante ao sujeito ativo assumir o encargo de provar a exata extensão dos prejuízos com vista à obtenção de maior indenização. Estará se valendo, então, da regra geral contida no art. 389 do Código Civil, pela qual, não cumprida a obrigação, responde o devedor por perdas e danos, mais juros e atualização monetária segundo índices oficiais regularmente estabelecidos, e honorários de advogado. Em qualquer das situações, todavia, não poderá cumular o pedido com outro indicado no art. 410, pois isso desvirtuaria os institutos e geraria enriquecimento sem causa do sujeito ativo, ao mesmo tempo em que provocaria empobrecimento imotivado do devedor.

No art. 411 do Código Civil está prevista a espécie moratória: *"Quando se estipular a cláusula penal para o caso de mora, ou em segurança especial de outra cláusula determinada, terá o credor o arbítrio de exigir a satisfação da pena cominada, juntamente com o desempenho da obrigação principal"*. Sendo puramente destinada a coibir a mora (caracterizada não apenas por atraso na execução, mas também no cumprimento por modo diverso do estabelecido na origem), ou tendo sido estipulada como especial segurança do cumprimento de outra cláusula determinada, poderá o credor reclamar cumulação do cumprimento da pena com o desempenho da obrigação principal. Isto porque em tal caso a previsão firmada pelas partes tem por desiderato evitar e combater o mero retardo na observância do dever jurídico ou o atropelamento de alguma cláusula especial cuja proteção entende-se muito relevante.

Portanto, diante do atraso no adimplemento ou de afronta à cláusula especialmente resguardada (*v. g.*, tendo de cumprir no lugar "A", cumpre no "B"), assistirá de imediato ao credor a prerrogativa de exigir do pólo oposto não apenas a satisfação da prestação original, como também o pagamento da multa, eis que em qualquer das hipóteses será inviável afirmar que abriu mão do rigoroso cumprimento da obrigação primitiva. Não se pode falar em dupla punição, já que a pena convencional moratória tem em vista a reparação dos prejuízos decorrentes do atraso no cumprimento da obrigação ou os males produzidos pelo desrespeito a determinada cláusula especialmente tutelada. De resto, geralmente a multa moratória tem valor baixo, e, destarte, incapaz de acarretar abstrusa agravação do estado do devedor.

Havendo cláusula penal genérica para o caso de inexecução parcial da obrigação, e não para tutela direta de um de seus itens, poderá o credor buscar a incidência da multa, mas não o complemento da prestação no aspecto em que foi inadimplida. Todavia, ficará com os proveitos oriundos da execução parcial, porque a função da pena é exatamente indenizar as perdas e os danos prefixados, havendo presunção no sentido de que o somatório da fração cumprida e do teor da penalidade imposta satisfazem todos os prejuízos advindos da conduta da parte oposta. Exemplo: se um contrato de empreitada prevê multa para o caso de inexecução parcial e o empreiteiro deixa por metade a obra cuja edificação iniciara, poderá o dono da mesma, pagando pelo trabalho já realizado, pleitear a aplicação da cláusula penal, que então terá natureza indenizatória e excluirá outras postulações. Não lhe será facultado exigir que a parte contrária termine a obra, eis que a penalidade imposta servirá como reparação dos danos oriundos do inadimplemento. Ademais, a cumulação nesse caso importaria em dupla repreenda ao devedor (multa e conclusão do trabalho), situação indesejada pelo ordenamento jurídico.

5.5. Valor da cláusula penal

O legislador não se preocupou em tabelar a expressão econômica da cláusula penal, deixando a cargo dos interessados qualquer deliberação em torno do assunto. Porém, entendeu adequado colocar algum grau de limitação, para evitar práticas abusivas e capazes de prejudicar a utilidade do instituto. Com efeito, o art. 412 determina: *"O valor da cominação imposta na cláusula penal não pode exceder o da obrigação principal"*. Como já asseverado anteriormente, a finalidade da cláusula penal é prefixar as perdas e os danos presumidamente sofridos pelo credor em função da conduta irregular da parte contrária. Logo, seria demasiado exagero aceitar a tese de que o inadimplemento poderia impingir ao credor danos maiores do que o valor econômico da própria obrigação principal, pois isso refoge ao razoável. Como conseqüência, a extensão econômica da cominação imposta na cláusula penal compensatória ou moratória encontra limitação no montante equivalente à valoração da obrigação principal, não podendo dela exceder.

Caso as partes estipulem pena convencional em patamar superior ao conteúdo econômico da obrigação principal, opera-se de pleno direito a redução ao nível desta, de forma que nunca poderá a multa ultrapassar o valor da obrigação a que aquela adere como acessório. Em suma reputa-se não previsto o montante que exceder o limite acima aludido, ficando a cláusula penal restrita ao teto ditado pelo valor da obrigação principal. Se assim não fosse, seria evidente o enriquecimento sem causa do credor em detrimento do devedor, situação repelida pelo ordenamento jurídico pátrio. *"A cláusula penal inserta na promessa de compra e venda, firmada entre as partes, como prefixação de perdas e danos, não pode, em hipótese alguma, ser fonte de enriquecimento indevido por parte dos vendedores. A pena pode ser reduzida pelo Magistrado ainda que não haja pedido a respeito, ou ainda, que as partes hajam convencionado seu pagamento por inteiro. A disposição é de ordem pública, não podendo, destarte, ser alterada pelos particulares (Barros Monteiro)"* (TJSC, Ap. Cível n. 1999.020671-8).

Em se tratando de relações de natureza consumerista, regidas, portanto, pelo Código de Defesa do Consumidor, a jurisprudência tem adotado posição no sentido de que *"a multa com natureza de cláusula penal moratória é exigível cumulativamente com os juros de mora e a correção monetária, no patamar máximo de 2% ao mês, a teor do art. 52, § 1º, do CDC"*. (TJDF, Ap. Cível n. 20030110994238). Tal limitação se dá no caso de multas de mora decorrentes do inadimplemento de obrigação no seu termo.

Nunca se haverá de olvidar a circunstância de que a cláusula penal não apresenta caráter punitivo direto, motivo que se adiciona aos anteriores com o fito de justificar a impossibilidade de que a multa suplante a expressão econômica da obrigação principal. De outra banda, essa peculiaridade fundamenta a edição do art. 413 do Código Civil: *"A penalidade deve ser reduzida eqüitativamente pelo juiz se a obrigação principal tiver sido cumprida em parte, ou se o montante da penalidade for manifestamente excessivo, tendo-se em vista a natureza e a finalidade do negócio"*. Nem sempre o conteúdo econômico da cláusula penal terá de ser suportado pelo devedor na íntegra em caso de inexecução. A existência de certas circunstâncias apontam ao juiz a necessidade de redução do valor da pena, como medida de eqüidade e justiça.

Não se trata de faculdade conferida ao julgador, mas sim de imposição estabelecida pela lei, que utiliza o vocábulo *deve* ao invés do termo *pode*. Nem mesmo é preciso que o interessado postule a redução, eis que, sendo norma de ordem pública, cabe ao juiz, diante da presença dos pressupostos estatuídos em lei, determinar *ex officio* a revisão da cláusula. Quanto à porção inicial do art. 413, não existem maiores percalços, pois o cumprimento parcial é passível de aferição objetiva. Entretanto, não há como negar que a apuração do que seja *manifestamente excessivo*, para fins de aplicação da segunda parte do dispositivo legal, carrega elevado potencial de subjetividade, deixando a critério do juiz a sua apuração, a conseqüente redução, e, sob certo aspecto, minimizando o caráter eminentemente objetivo ditado pela norma.

Em primeiro lugar, haverá revisão da cláusula penal se o inadimplemento da obrigação principal for parcial, eis que o devedor liberou-se de certa fração do dever jurídico e por isso não pode ser compelido a arcar com a totalidade da pena convencional originalmente prevista. A redução dar-se-á proporcionalmente à parcela do débito extinta pelo devedor, ou seja, quanto mais extenso o parcial cumprimento, maior o corte que sofrerá a cláusula penal por determinação do juízo. Em segundo lugar, será operada a redução da pena convencional quando esta revelar-se manifestamente excessiva, tendo-se em vista a natureza e a finalidade do negócio. Caberá ao juiz interpretar cada caso em particular e dizer se a cláusula penal é demasiadamente onerosa para o devedor se comparada com os caracteres do negócio jurídico vigorante entre as partes, circunstância que a transforma em indevida fonte de enriquecimento em favor do credor e gera a necessidade de colocação em patamares compatíveis com a realidade negocial.

A redução na expressão econômica da cláusula penal não pode ser tão profunda a ponto de tornar seu conteúdo irrisório, pois isso suprimiria a finalidade da avença, que é de prefixar perdas e danos e evitar prejuízos à parte inocente. Porém, se as partes desde o princípio estabeleceram a título de pena um valor insignificante ou extremamente baixo, não poderá o julgador aumentá-lo sob esse pretexto, mesmo porque o teor da cláusula penal representa aquilo que os interessados entenderam suficiente para corrigir os prejuízos experimentados por um deles em função da inexecução culposa protagonizada pelo outro.

Finalmente, convém destacar que a eventual aposição de cláusula convencional de irredutibilidade da pena acessória não se reputará escrita. Isto porque o art. 413 contém regra cogente e pautada pelo interesse público, de modo que a vontade das partes não tem o condão de afastar a sua aplicabilidade quando evidenciada alguma das situações nele arroladas. Isso evita que o credor obtenha vantagem contratual fazendo inserir previsão de multa abusiva ou por demais ampla, valendo-se da situação de hipossuficiência em que normalmente se insere o sujeito passivo. De resto, se as partes pudessem alterar o rumo traçado pelo art. 413, na prática isso implicaria na própria supressão da sua utilidade, pois as avenças, mormente as de natureza adesiva, passariam automaticamente a conter previsão oposta à ditada pela lei, frustrando o objetivo desta.

5.6. Cláusula penal e pluralidade de sujeitos

Quando a obrigação for indivisível e apresentar pluralidade de integrantes em um ou em ambos os pólos, e se algum dos membros houver sido isoladamente responsável pelo descumprimento da obrigação em razão de conduta culposa, todos os consortes incorrerão na pena convencional e arcarão com os correspondentes encargos econômicos. Todavia, o credor somente poderá demandar de cada um deles a sua quota-parte, exceto no que pertine ao devedor culpado, pois quanto a este o conteúdo da cláusula penal pode ser executado por inteiro (*caput* do art. 414). O fundamento da solução enunciada no mandamento legal é singelo: diante do descumprimento gerador da incidência da cláusula penal, a obrigação converte-se no teor daquela, que já está de antemão prefixado pelas partes. Em assim sendo, a obrigação passa a ser divisível, respondendo cada um dos co-obrigados exclusivamente pela sua quota-parte na reposição devida ao pólo adverso. No que concerne ao devedor que deu causa ao inadimplemento da obrigação indivisível, a circunstância de ter agido com culpa obriga-o a suportar por inteiro a pena convencional incidente.

Caso a ação tendente à operacionalização da cláusula penal seja ajuizada apenas contra devedores não culpados, terão estes de promover a denunciação da lide ao consorte que agiu culposamente, medida de adoção obrigatória por força do disposto no art. 70, III, do Código de Processo Civil. Assim, em uma só sentença o julgador condena os réus originais ao pagamento das respectivas quotas-partes na pena convencionada e reconhece o direito de reembolso junto ao co-devedor culpado pela inexecução.

A responsabilização do devedor que protagonizou a inexecução obrigacional tanto pode acontecer diretamente, isto é, por meio de ação endereçada contra ele pelo credor, como indiretamente, ou seja, por intermédio de demanda regressiva ajuizada pelos co-obrigados que suportam as quotas-partes e depois voltam-se contra o responsável pela inexecução para obterem o reembolso dos valores despendidos (parágrafo único do art. 414). Em última análise, a responsabilidade econômica decorrente da incidência da cláusula penal sempre desemboca no co-devedor culpado pelo inadimplemento, o que é decorrência lógica do sistema de responsabilidade civil adotada pelo legislador nacional, fundamentalmente embasada na teoria subjetivista.

Já no caso de obrigação indivisível, só incorre na pena o devedor ou o herdeiro do devedor que a infringir, e proporcionalmente à sua parte na obrigação (art. 415). A cláusula penal é acessória em relação à obrigação principal, sendo certo que acompanha a sorte desta. Logo, a divisibilidade da obrigação principal importa em igual caráter da pena que se lhe acede, fazendo com que o devedor responsável pelo inadimplemento ou o seu herdeiro, em caso de pluralidade de integrantes do mesmo pólo, tenha de suportar sozinho todos os ônus decorrentes da conduta culposa.

A pena convencional incidirá exclusivamente sobre o devedor que infringir o dever jurídico, mas somente poderá ser executada com observância da proporção que lhe cabia na obrigação principal. Isto porque o credor, face à divisibilidade do dever jurídico, poderá buscar normalmente junto aos demais obrigados a satisfação das outras frações, motivo pelo qual o prejuízo corrigível por meio da aplicação da pena avençada é somente aquele resultante do inadimplemento da parcela cabível ao infrator. Os demais membros do pólo devedor, que não deram causa ao descumprimento, não serão atingidos pela cláusula penal, pois esta tem alcance limitado ao responsável direto e em hipótese alguma pode ser invocada contra os seus consortes.

Capítulo 6

DAS ARRAS OU SINAL

6.1. Considerações gerais e conceito

Há negócios cuja conclusão se dá pela simples conjugação de vontades, enquanto outros dependem da entrega de uma coisa para que se considerem perfeitos e acabados. Aos primeiros dá-se o nome de *consensuais*, reservando-se aos segundos a denominação de *reais*. Nos consensuais, a manifestação volitiva enseja o surgimento da relação jurídica no plano da validade, vinculando as partes. Eles não precisam de qualquer outra providência para que assim sejam efetivados. Porém, ao longo do tempo foram idealizados mecanismos adicionais com vistas à aposição de maior segurança para uma ou para ambas as partes quanto ao cumprimento daquilo que fora avençado. Tanto no âmbito das garantias reais (*v. g.*, hipoteca) como no das garantias pessoais (*v. g.*, fiança), os interessados têm considerável manancial apto a oferecer ao vínculo contornos de maior envergadura.

Ao lado disso, mas por vertente diversa, desde os romanos vem a notícia da existência de um instituto voltado para compelir mais fortemente as partes a cumprirem a obrigação assumida. Entendia-se, na ocasião, que o simples consenso não era suficiente para atender à necessidade de reforço na segurança das relações jurídicas quanto ao adimplemento devido pelos contraentes. Surgiram então as arras, instituto destinado a reforçar a vinculação contratual estabelecida entre os celebrantes. O fluir dos séculos demonstrou que essa finalidade original precisava fazer-se acompanhar de outros objetivos, como, por exemplo, o de fazer prova no sentido da existência da avença. Nisso vai o duplo intento de que até hoje se revestem as arras: confirmar o negócio jurídico e provar com maior rigor a sua entabulação.

Diante do que se expôs, é possível conceituar as arras como convenção real acessória de contrato bilateral, cuja finalidade básica é a confirmação do negócio jurídico principal, embora possa assumir feição penitencial quando expressamente enunciado pelas partes. Via de regra, prova a conclusão do contrato e a vinculação dos contraentes ao teor do mesmo. Exemplo: Pedro vende um automóvel a José pelo valor de 1.000, ficando estipulado que o pagamento se dará em cinco parcelas de 200, e que como arras ou sinal o comprador repassa ao vendedor, no próprio ato de celebração, o montante de 200. Na seqüência deste trabalho serão examinados o destino das arras e a forma pela qual se integram ao negócio jurídico.

No direito moderno, as arras foram melhor disciplinadas a partir de dois sistemas: o francês e o alemão. Este considera que elas possuem primordialmente a finalidade de comprovar a existência de acordo de vontades finalizado entre as partes, atribuindo-lhe, portanto, força bastante para confirmar o negócio e torná-lo obrigatório entre os celebrantes. Já o sistema francês entende que a circunstância de uma das partes oferecer à outra soma em dinheiro ou espécie diferente, como sinal do negócio, faz possível a qualquer delas arrepender-se, perdendo o seu conteúdo (se desiste quem deu as arras) ou restituindo em dobro (se o arrependido for quem as recebeu). O Código Civil brasileiro de 1916 filiou-se ao modo alemão de pensar, rumo idêntico ao seguido pela atual codificação. Logo, no Brasil as arras são eminentemente confirmatórias, somente assumindo caráter penitencial quando as partes expressamente consignarem vontade nesse sentido.

6.2. Natureza jurídica

Conforme observado no tópico anterior, as arras constituem pacto acessório e real. É pacto porque depende de inequívoca manifestação de vontade das partes para a sua geração, não defluindo, em hipótese alguma, de pura e simples determinação legal. Os interessados, quando assim deliberam, externam um querer compatível com o estabelecimento de arras, consistente na entrega de dinheiro ou coisa que servirá para mais fortemente vinculá-las e compelir ao rigoroso cumprimento da avença.

Por outro lado, cuida-se de elemento acessório porque sempre dependente da existência de um ajuste de vontades principal, cujo teor econômico visam a proteger e assegurar. Não há arras como instituto autônomo, fixado por si só no mundo jurídico. Ele jamais surgirá de maneira isolada, e tampouco produzirá efeitos isoladamente, pois ficará umbilicalmente atrelado à obrigação que lhe deu nascedouro. Em virtude dessa peculiaridade, submete-se ao princípio *acessorium sequitur principale*, fazendo-se subserviente à sorte do ajuste a que adere. A nulidade ou insubsistência da obrigação principal, motivada por qualquer razão jurídica ou fática, acarreta igual conseqüência sobre as arras. O contrário não é verdadeiro, já que eventual infortúnio que se abata sobre as arras não terá o condão de afetar o acordo principal. Este apenas ficará despido do elemento de segurança adicional representado pelo ajuste acessório esmaecido.

A natureza real das arras reside no fato de que o seu aperfeiçoamento depende da entrega do dinheiro ou da espécie diversa mencionada pelas partes. Um dos contraentes repassa ao outro aquilo que ficou definido como elemento material das arras, para somente então ser viável considerar plenamente válido e eficiente o ajuste. Não haverá arras como instrumento de garantia adicional de cumprimento da obrigação apenas porque as partes consentiram em estipular a sua existência; o toque definitivo que lhe confere efetividade é a tradição.

Quanto às hipóteses de cabimento, as arras são compatíveis com todos os contratos bilaterais em que se transmite o domínio de uma coisa. Vale lembrar que os contratos bilaterais são assim classificados de acordo com a lateralidade das obrigações geradas, tendo como contraponto os contratos unilaterais. Enquanto nestes apenas uma das partes assume dever jurídico inerente à avença celebrada (*v. g.*, doação), naqueles os dois contratantes assumem ônus intrínsecos ao ajuste firmado (*v. g.*, compra e venda).

6.3. Funções das arras

Consoante asseverado, no direito brasileiro a principal função das arras é confirmar o negócio jurídico, que passa a ser obrigatório entre as partes a partir da entrega do elemento previsto. Ademais, elas provam a existência do ajuste principal de vontades, vedando qualquer iniciativa unilateral de rompimento daquilo que foi livremente avençado. Não é que o negócio se torne absolutamente irrevogável e irretratável pela aposição de arras, pois é impossível evitar que na prática um dos celebrantes descumpra o contrato. Todavia, aquele que assim proceder ficará sujeito às penas correspondentes, estatuídas nas normas que disciplinam o instituto. Excepcionalmente as arras serão penitenciais, quando idealizada pelas partes a possibilidade de arrependimento, mas ainda assim quem se arrepender sofrerá as repercussões, com feições menos agressivas, indicadas no ordenamento jurídico.

6.4. Arras confirmatórias

O art. 417 estabelece: *"Se, por ocasião da conclusão do contrato, uma parte der à outra, a título de arras, dinheiro ou outro bem móvel, deverão as arras, em caso de execução, ser restituídas ou computadas na prestação devida, se do mesmo gênero da principal"*. Concluir o contrato significa torná-lo definitivo, deixando-o apto a produzir os resultados que lhe são inerentes. De outra banda, executar o contrato significa dar-lhe cumprimento como originalmente previsto, isto é, adimplir a obrigação assumida.

Caso as partes estipulem arras, mas não prevejam qual a modalidade que estão introduzindo no contrato, entender-se-á que são confirmatórias, pois a adição de arras penitenciais depende de expressa e inequívoca dicção dos interessados. Com isso, nenhum dos celebrantes poderá arrepender-se, pois tal direito é inerente à espécie penitencial e não está posta naquela outra.

As arras podem consistir em dinheiro ou bem móvel diverso e funcionam como uma espécie de prefixação de perdas e danos para o caso de uma das partes descumprir o dever jurídico emergente do negócio principal. Sempre que houver coincidência entre a natureza das arras e a da prestação prevista no contrato, consideram-se elas como princípio de pagamento. Exemplo: Paulo compra um veículo de José, pelo valor de 100, oferecendo, a título de arras, a importância de 30. Para liberar-se da dívida, terá Paulo de entregar outros 70 ao alienante, na forma e tempo estipulados, já que o montante repassado como sinal é abatido para fins de apuração do saldo devedor. O mesmo aconteceria se o débito consistisse na entrega de 100 sacas de soja, sendo 30 delas, de igual qualidade, alcançadas ao credor como arras na conclusão do negócio. Em sentido inverso, não podem ser computadas na prestação devida as arras de gênero diferente, razão pela qual o valor de 30, repassado ao credor como arras vinculadas a débito consistente na entrega de 100 sacas de feijão, será restituído ao titular original tão logo cumpra o dever jurídico assumido.

O art. 418 contém a essência normativa das arras confirmatórias: *"Se a parte que deu as arras não executar o contrato, poderá a outra tê-lo por desfeito, retendo-as; se a inexecução for de quem recebeu as arras, poderá quem as deu haver o contrato por desfeito, e exigir sua devolução mais o equivalente, com atualização monetária segundo índices oficiais regularmente estabelecidos, juros e honorários de advogado".* A inexecução do contrato e o conseqüente inadimplemento da obrigação nele consignada podem derivar de culpa de uma ou de ambas as partes, ou ainda de circunstâncias alheias à vontade das mesmas (caso fortuito, força maior etc.). Se a inexecução tiver origem em conduta culposa de quem deu as arras, o pólo contrário poderá considerar desfeito o contrato e retê-las, eis que, sendo de natureza confirmatória, inexiste direito de arrependimento, e o inadimplemento caracteriza infração contratual. Da mesma forma, tendo origem a inexecução na culpa de quem recebeu as arras será facultado à parte adversa haver o contrato por desfeito, reclamando a restituição mais outro tanto, tudo monetariamente atualizado segundo os índices oficiais, acrescido de juros e honorários advocatícios.

Na hipótese de a inexecução ter por fundamento a culpa de ambas as partes, ou decorrendo o inadimplemento de caso fortuito ou força maior, os contraentes retornarão ao *statu quo ante*, ficando obrigado quem recebeu as arras a restituí-las de maneira pura e simples, com a devida atualização monetária, mas sem juros. Na hipótese de culpa conjunta dos celebrantes, por uma questão de lógica nenhum deles poderá auferir vantagem junto ao outro, pois isso caracterizaria enriquecimento sem causa. Vale dizer, a culpa com que cada um atua acaba por aniquilar a culpa da parte adversa, eliminando a perspectiva de aplicação das normas relativas às arras como originalmente concebidas.

A parte inocente pode pedir indenização suplementar, se provar maior prejuízo, valendo as arras como taxa mínima. Pode, também, a parte inocente exigir a execução do contrato, com as perdas e danos, valendo as arras como o mínimo da indenização (art. 419). Embora as arras confirmatórias funcionem como uma espécie de prefixação de perdas e danos, é lícito à parte inocente pleitear indenização suplementar. Porém, deverá fazer prova inequívoca no sentido de que as arras não foram suficientes para cobrir os prejuízos experimentados, pois tudo o que extrapolar os limites fixados pelas partes tem de ser demonstrado para gerar direito indenizatório.

Por outro lado, se a parte inocente resignar-se com o montante das arras para fins de cobertura dos prejuízos decorrentes da inexecução, não precisará fazer prova alguma quanto à efetiva existência dos mesmos, pois milita em seu favor a presunção de que as perdas e danos por inadimplemento equivalem em limites ao conteúdo das arras. Somente diante da alegação de danos maiores do que a expressão econômica do sinal é que será exigida prova acerca da matéria, recaindo sobre o lesado tal ônus. Caso efetivamente demonstrada a veracidade da afirmação, valerão as arras não como prefixação da totalidade dos prejuízos, mas sim como patamar mínimo da indenização, a ser complementada pelo culpado de acordo com a apuração feita.

Às vezes, a inexecução tempestiva da obrigação acarreta a perda do seu conteúdo econômico, ou provoca tão ampla depreciação do mesmo que se torna inútil ao credor a prestação devida. Se ainda for interessante à parte inocente a execução do contrato, poderá reclamar do pólo oposto o cumprimento do dever jurídico assumido. Não perderá, com isso, o direito ao recebimento das perdas e danos, figurando as arras, então, como valor mínimo da indenização a ser suportada pelo inadimplente. A opção do credor pela solução contida na segunda metade do art. 419 normalmente acarretará menor ônus para o culpado, pois se a prestação ainda for útil e a obrigação restar cumprida, é bastante provável que as perdas e os danos causados ao credor sejam menores do que as derivadas do puro desfazimento do contrato e indenização dos correspondentes prejuízos.

6.5. Arras penitenciais

Se no contrato for estipulado o direito de arrependimento para qualquer das partes, as arras ou sinal terão função unicamente indenizatória. Neste caso, quem as deu perdê-las-á em benefício da outra parte; e quem as recebeu devolvê-las-á, mais o equivalente. Em ambos os casos não haverá direito a indenização suplementar (art. 420). Não obstante tenham predominantemente o caráter confirmatório, podem as arras assumir a função unicamente penitencial. Para tanto será necessário que as partes expressamente estipulem o direito de arrependimento das partes em relação à contratação principal, pois se assim não estiver previsto tomar-se-ão as arras como meramente confirmatórias, mesmo porque essa é a sua natureza ordinária.

A primeira diferença importante entre as arras confirmatórias e as penitenciais está, portanto, na própria definição de seu caráter. Disso decorre a seguinte conclusão: ao arrepender-se em contrato dotado de arras confirmatórias, estará a parte infringindo a contratação, pois não lhe assiste esse direito. Ao contrário, quando se arrepende em contrato que contém arras penitenciais, estará simplesmente exercendo um direito previamente estabelecido, embora tenha de sujeitar-se aos efeitos legais de sua conduta.

As arras, mormente as de natureza penitencial, assemelham-se à cláusula penal, pois não deixam de carregar determinado conteúdo de satisfação à parte inocente e reprimenda indireta ao culpado pela inexecução do contrato principal. Ainda que seja assim, há diferenças marcantes entre ambos os institutos, a começar pelo aspecto real das arras, que somente se perfectibilizam com a entrega do objeto de uma parte à outra, enquanto que a cláusula penal é avença puramente consensual, não dependendo do repasse prévio de dinheiro ou bens de um para outro contraente. Ademais, as arras prestam-se para inserção em contratos bilaterais, ao passo que a cláusula penal encontra adequação em qualquer espécie de obrigação.

Em termos de arras penitenciais, quando a parte que exercer o direito de arrependimento for a que as deu, perdê-las-á em proveito do pólo contrário. Se o arrependimento for de quem as recebeu, terá de devolvê-las, mais outro tanto em equivalência. Porém, em hipótese alguma haverá direito de pleitear indenização suplementar, pois as arras penitenciais têm função eminentemente indenizatória e presumem-se bastantes para a satisfação de eventuais prejuízos resultantes do arrependimento protagonizado pela parte adversa. Frise-se, igualmente, que para a produção dos efeitos previstos no art. 420 não há necessidade de alegação de prejuízo ou de prova acerca da sua real ocorrência, sendo suficiente o só fato do arrependimento para a geração das conseqüências normativamente estipuladas. Somente as arras confirmatórias é que possibilitarão a busca de indenização que supere os limites estabelecidos pelos contraentes, pois nesse caso o arrependimento com culpa configura infração contratual e sujeita o infrator à reparação integral das perdas e danos que excederem do valor das arras, e cuja existência for devidamente provada.

Ainda que a norma não mencione a incidência de atualização monetária, é preciso concluir pela sua aplicação quando as arras forem dadas em dinheiro, eis que a operação nada mais representa do que a forma adequada de repor o poder de compra da moeda. O mesmo não se dá em relação aos juros, que constituem remuneração do capital empregado e somente incidiriam caso houvesse expressa menção no dispositivo legal. Por fim, impende frisar que o desfazimento do contrato por caso fortuito ou força maior faz as partes retornarem ao estado original, de maneira que a restituição das arras se fará com aplicação dos índices oficiais de atualização monetária, a fim de que se recomponha o teor econômico da moeda.

BIBLIOGRAFIA

ALVIM, Agostinho. *Da inexecução das obrigações e suas conseqüências*. 31. ed. São Paulo: Editora Jurídica e Universitária, 1965.

AZEVEDO, Álvaro Villaça. Consignação em pagamento. In: *Enciclopédia Saraiva do direito*. São Paulo: Saraiva, 1977, vol. 18.

BASTOS, Celso Ribeiro. *Curso de direito constitucional*. 20. ed. São Paulo: Saraiva, 1999.

BEVILACQUA, Clóvis. *Direito das obrigações*, 4. ed. Rio de Janeiro: Freitas Bastos, 1936.

BITTAR, Carlos Alberto. *Reparação civil por danos morais*. São Paulo: Revista dos Tribunais, 1993.

CAHALI, Yussef Said. *Dano moral*. 2. ed. São Paulo: Revista dos Tribunais, 2000.

CARVALHO SANTOS. *Código civil brasileiro interpretado*. Rio de Janeiro: Freitas Bastos, 1964, vol. II.

CAVALIERI FILHO, Sérgio. *Programa de responsabilidade civil*. 2. ed. São Paulo: Malheiros, 1998.

COELHO, Fábio Ulhoa. *Curso de direito civil*. São Paulo: Saraiva, 2003, vol. II.

COMPARATO, Fábio Konder. Obrigações de meio, de resultado e de garantia. In: *Enciclopédia Saraiva do Direito*. São Paulo: Saraiva, 1977, vol. 55.

DIAS, José de Aguiar. *Da responsabilidade civil*. 10. ed. Rio de Janeiro: Forense, 1995.

DINIZ, Maria Helena. *Curso de direito civil brasileiro*. 22. ed. São Paulo: Saraiva. 2007. vol. II.

FIUZA, Ricardo. *Novo código civil comentado*. Vários autores. São Paulo: Saraiva, 2002.

GAGLIANO, Pablo Stolze. *Novo curso de direito civil*. Em conjunto com Rodolfo Pamplona Filho. São Paulo: Saraiva, 2006, vol. II.

GOMES, Orlando. *Obrigações*. 15. ed. Rio de Janeiro: Forense, 2002.

GONÇALVES, Carlos Roberto. *Direito civil brasileiro*. São Paulo: Saraiva, 2003, vol. 11.

LIMA, Alvino. *Culpa e risco*. 2. ed. São Paulo: Revista dos Tribunais, 1998.

LOPES, Serpa. *Curso de direito civil*. Obrigações em geral. 7. ed. Rio de Janeiro: Freitas Bastos, 2001.

LOTUFO, Renan. *Código civil comentado*. São Paulo: Saraiva, 2003, vol. Il.

MATIELLO, Fabrício Zamprogna. *Código civil comentado*. 2. ed. São Paulo: LTr, 2005.

_____. *Dano moral, dano material e reparações*. 6. ed. Porto Alegre: Doravante Editora, 2006.

MEIRELLES, Hely Lopes. *Direito administrativo brasileiro*. 16. ed. São Paulo: RT, 1991.

MELLO, Celso Antônio Bandeira de. *Curso de direito administrativo*. 13. ed. São Paulo: Malheiros, 2001.

MENDES, Gilmar. *Curso de direito constitucional*. Vários autores. São Paulo: Saraiva, 2007.

MONTEIRO, Washington de Barros. *Curso de direito civil*, 37. ed. São Paulo: Saraiva, 2004, vol II.

PEREIRA, Caio Mário da Silva. *Instituições de direito civil*. Teoria geral das obrigações. 10. ed. Rio de Janeiro: Forense, 1990, vol. 11.

REALE, Miguel. *O projeto do novo código civil*. 2. ed. São Paulo: Saraiva, 1999.

RIZZARDO, Arnaldo. *Direito das obrigações*. Rio de Janeiro: Forense, 1999.

RODRIGUES, Sílvio. *Direito civil*. 30. ed. São Paulo: Saraiva, 2002, vol. II.

SERPA LOPES. *Curso de direito civil*, 4. ed. Rio de Janeiro: Freitas Bastos, 2000, vol. II.

SILVA, José Afonso da. *Curso de direito constitucional positivo*. 16. ed. São Paulo: Malheiros, 1999.

VENOSA, Sílvio de Salvo. *Direito civil*. 3. ed. São Paulo: Atlas, 2003, vol. II.

WALD, Arnoldo. *Curso de direito civil brasileiro, obrigações e contratos*. 14. ed. São Paulo: Revista dos Tribunais, 2000.

Produção Gráfica e Editoração Eletrônica: **Peter Fritz Strotbek**
Capa: **Eliana C. Costa**
Impressão: **Cromosete**